国家出版基金项目

分卷主编　张丽

中华民国时期外交文献汇编

1911—1949

第三卷

上

中华书局

本卷说明

本卷所收录的系北京政府后期(1924年—1928年)中外关系的有关资料。这个阶段时间跨度虽然不长,但有关中外交涉的资料相当丰富。其主要内容有六个方面,即中苏新关系的建立、五卅惨案交涉、关税和法权会议的召开、修订或重订中外通商条约交涉、日本在东北的扩张以及北京政府对某些突发事件的交涉。

在资料的选取上,本卷以中国第二历史档案馆的馆藏资料为主要依据,辅以北京政府的官方外交文书,如政府的对外宣言和声明、政府间的往来照会以及政府代表的重要言论。由于这一时期是国民外交勃兴的年代,重大外交事件的社会反响亦择其重要者予以收录。外文资料方面,主要是选译英、美、日外交文书中的有关资料,以展示中外交涉的全貌。需要说明的是,为了保持资料的完整性,某些专题的时间跨度并不拘泥于本卷的时限。

参加本卷编辑的有中国第二历史档案馆的戚厚杰,主要负责二档馆藏资料的搜集整理,其余内容则由张丽收集整理。书中所用翻译资料,除注明译者外,英文由张丽翻译,日文由徐志民翻译。

由于编者水平及掌握资料的局限性,书中未尽妥善之处在所难免,敬请读者批评指正,以便以后修订时使本书更臻完善。

目　录

一、中苏新关系的建立

说明:1917 年 11 月,俄国爆发十月革命,苏维埃政府在取得政权后宣布采取全新的对外政策。这一时期中苏关系的主要线索,系谋求解决旧俄政府侵华历史遗留问题,建立两国正常的国家关系。1920 年 9 月中华民国大总统发布命令,停止旧俄使领待遇,中国政府正式断绝了同旧俄势力的所谓"外交关系",清除了中苏建交的最大障碍。1919 年—1923 年间,苏俄政府发表了三次对华宣言,作为其对华政策的指导原则。在此期间,苏俄方面先后派出了优林、裴克斯、越飞三个代表团来华与北京政府进行外交磋商,但均无果而终。1923 年,苏俄政府派遣全权代表加拉罕使华,并最终于 1924 年与北京政府达成《中俄解决悬案大纲协定》,中苏正式建立邦交,中苏关系从此进入了一个新时期。本章资料要说明的即是 1917 年—1924 年间中苏关系的演变过程,其中越飞与孙中山的南方政府接触的资料参见第五卷有关内容。

本章主要资料来源:

中国第二历史档案馆藏北洋政府外交部档案、北洋政府陆军部档案、北洋政府财政部档案、北洋政府内务部档案、北洋政府零散军事档案、北洋政府参陆办公处档案、北洋政府督办参战事务处档案、北洋政府督办边防事务处档案、北洋政府步军统领衙门档案、北洋政府热察绥巡阅使署档案、北洋政府临时执政府军务厅档案

北京政府外交部编:《外交公报》第 36、38、45 期

台北中研院近代史研究所编:《中俄关系史料——一般交涉》,民国九年,台北,1968 年

台北中研院近代史研究所编:《中俄关系史料——一般交涉》,民国十年,台北,1973 年

台北中研院近代史研究所编:《中俄关系史料——中东铁路与俄政变》,民国十年,台北,1974 年

台北中研院近代史研究所编:《中俄关系史料——东北边防与外蒙古》,民国十年,台北,1975 年

薛衔天等编:《中苏国家关系史资料汇编》(1917—1924),中国社会科学出版社,1993 年

程道德等编:《中华民国外交史资料选编(1919—1931)》,北京大学出版社,1985 年

上海《民国日报》、北京《晨报》、《东方杂志》。

其他资料来源文中说明。

(一)苏俄两次对华宣言及与
北京政府的接触

说明:1919 年夏,苏俄红军击溃高尔察克白卫军,进军西伯利亚和俄远东地区。为了打破帝国主义的包围,尽快消灭高尔察克军队,苏俄政府决定加强对东方的工作,与中国建立联系。苏俄政府于 1919 年 7 月 25 日公布第一次对华宣言,作为其对华政策的纲领性文件。在宣言中苏维埃政府主动提出清理前俄历届政府侵华历史遗留问题。1920 年 9 月 27 日苏俄政府发表第二次对华宣言,提出缔结中苏友好协定的八个要点。与此同时,北京政府以考察团名义派出了张斯麟代表团赴苏考察,而苏方先后有优林、裴克斯和越飞三个代表团来华,与北京政府就两国关系中的重大问题进行商讨。

1. 苏俄第一次对华宣言

（1）苏俄第一次对华宣言

加拉罕①致陆徵祥②

1919 年 7 月 25 日

北京外交总长转中国人民及中国北方与南方政府同鉴：今日广义政府之军队，既将恃外械、外饷为奥援之高尔恰克专制背叛革命之军队扑灭，已进达西伯利亚，并将与西伯利亚革命人民联合，故人民委员行政部特向中国人民作下列之博爱忠言：

广义政府之俄罗斯及其赤军，既战斗两年，既出不可思拟之力量，今向乌拉山之东进行者并非压制，亦无奴民夺地之心，凡西伯利亚之农民、工人均已深悉矣。吾侪今愿将自由之权给与各地人民，使东方各民族得解脱外族强权及外族金钱之压制束迫。中国民族即此等被压民族之一，并系其最著者。今吾侪不仅专施援救于工党，并且兼施于中国人民。故请将吾侪自一九一七年十月大革命以来，从未懈于宣告，而被出卖于欧美、日本之报纸秘匿不宣之事，再普告于中国人民。

自一九一七年十月吾劳动农民政府执政以来，曾屡次以全俄人民之名义，致书与全世界之人民，力劝伊等建立耐久之和平。此和平应以彼此放弃侵占他人土地，及放弃吸夺他人金钱为根本。所有民族，无论或人或小，无论在何地点，无论是否自由，或在他国强权压制之下，均应在内部生活上完全自由，任何权力不应从而羁束之。吾劳动农民政府又曾续行宣言，将从前俄国与日本与中国及与从前联盟各国所订结之一切秘密条约，概行作废。因此种条约实为俄皇政府及其联盟各国力

---

① 苏俄劳农政府代理外交部长。

② 北京政府外交总长。此文件即苏俄政府第一次对华宣言。

侵利诱,压迫东方各民族之机械,其中以中国民族为最。得其利者,仅各资本家与地主及俄国高级军官而已。吾广义政府曾邀请中国政府即开谈判,商磋废弃一八九六年之条约与一九零一年之北京草约,及自一九零七年至一九一六年间与日本订结之一切协约。简言之,即将俄皇政府自行侵夺,或偕日本及他联盟国公共侵夺之中国人民之所有者,一概归还中国人民。此项谈判开至一九一八年三月为止,斯时协约各国突扼北京政府之嗓,广用金钱收买中国官吏及报纸,并强迫中国政府拒绝与俄国劳农政府交涉,而日本与协约各国不待满洲铁道之归还中国人民,即群起而霸占之为己有,并侵入西伯利亚,从而强迫中国军队公同出兵,公同作为此项可骇而有罪之强盗行为。中国人民劳动家及农民等并不知欧美、日本军队侵入满洲及西伯利亚之真相及其原因也。

吾侪今日特致书与中国人民,望其明了广义政府曾宣明放弃从前俄皇政府向中国夺取之一切侵略品,如满洲及他种地方是也。各处人民应自行选择愿相隶属之国,及自行采定其政府之体制。

广义政府愿将中国东部铁路及租让之一切矿产、森林、金产及他种产业,由俄皇政府与克伦斯基政府及霍尔瓦特、谢米诺夫、高尔恰克等贼徒与从前俄军官、商人及资本家等侵占得来者,一概无条件归还中国,毫不索偿。

广义政府放弃中国因一九零零年拳匪之乱而负欠之赔款。本政府所以不能不三次宣言及此者,因闻吾侪虽屡次宣言放弃,而此项赔款仍由协约各国征收,以接济北京俄国旧帝国政府之使臣,及驻在中国各处之旧帝国领事官等人之滥用。此种俄皇之奴隶,其全权早经取消,而伊等仍僭守旧职,并以日本及各协约国为奥援,骗谎中国人民。中国人民不可不知此事,并应将此等谎人骗徒驱逐出境。

广义政府废弃所有各种特别权利,及俄商在中国地面上占有之一切租借地位,任何俄国官员或教士,不准干涉中国事件,如伊等犯罪,应照中国法律受地方审判。在中国地方上,只能有中国人民之权力及司法,不能有他种权力或他种司法。

在以上各重要点之外,广义政府并愿即与中国人民谈判,与其全权代表公同断结所有从前俄国政府偕同日本及协约各国对于中国所作之一切强暴及不公平之事件。

广义政府深知协约各国及日本,此次必再竭力使俄国劳动家及农人之语言,不克达中国人民,俾使中国人民不知欲收回被夺之产,须先与满洲及西伯利亚之侵占人了结。因此故广义政府今特通消息于中国人民:本政府之赤军现向乌拉山之东方前进,以援救西伯利亚之农人及劳动家,出伊等于贼徒高尔恰克及其联盟日本人之专制之下。

如中国人民以俄国人民为榜样,愿恢复其自由并避免协〔约〕各国在凡尔赛为之代定之命运,使之为第二高丽或第二印度者,则奋争自由之时,舍俄国工人农民及其赤军外,更无他同盟国及他兄弟可寻。

广义政府今以中国政府间接邀请中国人民,即与吾侪建立正式交涉,并即派遣代表来吾军前。

代理劳农政府外交总长喀拉罕签字 Karakhan①。

证明抄写无误。西比利亚及远东外交人民委员会全权委员蒋纯签字 Yanson　324。

中国第二历史档案馆藏北洋政府外交部档案

苏俄西伯利亚及远东外交全权委员致中国驻伊尔库次克领事
1920 年 3 月 2 日

敬启者:兹因俄罗斯社会联邦会议共和国外交人民委员之委托,请贵领事将俄国革命人民对于中国人民所有之友睦感情,转达于中国人民及其政府,为此,特将一九一九年七月廿六日第一八七二号敝政府之国书递交贵领事,即请转呈贵国政府,并将该国书内容通告全中国人民。该国书所载各节,足征劳农政府之诚意,欲行取销帝王政府,因军

---

①　即加拉罕。

国主义最近所继承及俄国豪富与其代表所为,有损于中国人民者,本委员敢以俄罗斯社会联邦会议共和国之名义,请贵领事向贵国政府提出速开中俄和平会议之问题,以便商决。俄政府国书内所载之各节,本委员甚盼此项提议,能得贵政府方面诚笃友睦之答复,并即速开始商议各项问题,俾红卫队东来,而中俄两政府间得有一定之关系。所附国书收到后,能否转达贵国政府及会商国书内所载各问题之时期地点,统希示复为荷。此致　中华民国驻伊尔库次克领事。西比利亚及远东外交人民委员会全权委员蒋纯。一九二〇年三月二日。第六十七号。

《中俄关系史料——一般交涉》,民国九年,俄对华外交试探,第18页

(2)北京政府及中国社会各界的反应

邵恒濬[①]致外交部

1920年4月2日(3日收)

分送国务院、边防处、外交部钧鉴:

新十码。依埠[②]难侨请车驰救,深虑弗及。嗣晤捷克粮饷处员,详探西路情形,倍切忧灼。又阅报载日官派其额外正领事与多党代表接洽,尤殷殷以中国路事为问,恒濬因于三十一日,以交涉依埠之事为题,亲造其寓,备致质诘,要其确答,以便报告政府。彼谓大纲剖晰,小节易于了结,此犹小节,无事哑哑。由是互相唇击,渐及宣言,转作接近态度,要求恒濬接收宣言文件,转呈政府,听候答复。谓劳农政府以中俄关系密切,地位相类,外患相同,首宜相亲,以图并立,凡帝制政府所攫中国利权,如中东铁路之类,悉愿退还,所订不公条约,悉愿修正,以表诚意,但求中国政府答复一言,以交换意见,互相接洽,其他小节,不难迎刃而解。恒濬以依埠事实与宣言宗旨矛盾,不矜小节,终累大纲之意

---

① 驻海参崴总领事。
② 伊尔库次克。

驳之。彼亦脱去外交官常习,而以坦白谈话相订,谓俄所深患者,即中东路界内之俄贼,如中国不将霍尔瓦特及旧党一般文武驱除净尽,则俄忧未已,依埠对华之政策不易变更,所谓先订大纲,交换意见,实欲以此事为前提。告以此事因有主权与治安关系,业已办到,无烦重提。彼谓若辈既未一律驱逐出界,而吉林交涉局复为若辈护符,多方袒庇,不宁惟是,谢党余孽,仍习故智,以路界为屯扎地,蓄谋再举,出入满洲里,往来海拉尔,尝所亲见,从未闻华官有驱逐拘捕之举,种种暧昧,均足为前途障碍之媒,故依埠迫而出此,以促觉悟。告以路事系鲍督军主持,交涉局亦难为力,虽霍氏在哈多年,与地方官绅不乏交好,但公事私交,岂能并作一谈,果有私于霍氏,断无现在之结果,此不待辨而明。至谢党出入,实所未闻,敢谓地方官亦所未知,否则,已有固定办法,无不履行之理。因此种种援案,不加深察,而欲饿死数万华侨,以为报复,是小节尚不能忍让,何望于大纲。彼谓果所解释,真乃万幸,但能将霍、谢、阔三党孽一律驱尽,方为真确之表示。至谓依埠华侨受饿,哈埠俄工何尝不受饿,盖未领工资已有两月,两埠华俄人数亦正相等,此亦应作一比较,并请注意。

此时辩论已久,窥知其意之所在,因询其能否扫除散石,以修坦途,能否保证宣言之条件,俾可据以入告。据云宣言系彼政府诚意,依埠、哈埠各事,愿同时双方各自竭力为之,以期互相满意。因谆谆以文件为托,急补具公函,上款填作高等委员名义,未及修改,恒瀿允以带回阅看再订。除将文件邮呈钧部饬译裁核外,伏祈迅示方针,俾资遵循,幸甚。恒瀿。二日。

《中俄关系史料———一般交涉》,民国九年,俄对华外交试探,第13—14页

国务院致邵恒瀿

1920 年 4 月 6 日

海参崴邵领事鉴:新十码。密。二日电悉。宣言文件,关系国际,在我国未经承认以前,自未便由政府答复。惟应如何酌量应付,已交外

部核议,俟决定后,另电奉达。院。六日。

《中俄关系史料——一般交涉》,民国九年,俄对华外交试探,第19页

外交部致顾维钧[1]

1920年4月7日

三日电悉。俄劳农政府直接来电,要点如下:(1)放弃俄前政府夺取之一切侵略品,如满洲及他种地方,该地人民应自择愿相隶属之国及采定政府体制。(2)将中东铁路及租让之一切矿产、森林、金产等,无条件归还。(3)放弃庚子赔款,并反对协约国征收此款以供驻华俄使领之用。(4)废弃各种特权及俄商在华占有之租借地,俄官员、教士不得干涉中国事件,并服从中国法律审判。(5)愿与中国人民谈判,断结俄前政府偕同日本及协约国对华所行强暴及不公平事件。(6)希望中国人民与俄农工及赤军提携从事奋夺自由之事业。

上列各项,除第二项意尚确定外,一项语涉含浑,且满洲为我国领土,列入放弃权利之列,尤难索解。三项目的系在断绝旧党使领接济。四项虽合公平旨趣,但该党势力,尚难及于在华俄官商,难期见诸事实。五、六两项,有煽动中国人民仇视协约国及反对政府之意义,不能认为友谊举动。政府意见,倘将来对于俄劳农政府正式承认之时,中国自当一致办理,并以上述一、二、三、四四项为开始商决中俄各项交涉基础。惟劳农政府于目前权力所及,如不侵犯中国边境及保护华侨等事,亦应积极加以注意,方能增延中俄人民感情。俄使来文表示反对,法使亦曾来函对于第二项声明有关法国利益不能承认,特复。希查照,并就近邮转欧美各馆接洽。外。

中国第二历史档案馆藏北洋政府外交部档案

---

[1]　巴黎和会中国专使。

全国报界联合会致苏俄政府

1920 年 4 月 8 日

俄国人民及俄国人民的政府公鉴：

我们接俄国劳农政府很公正而有力的通牒，无任欢喜。我们谨代表中国底舆论，对于俄罗斯社会主义联邦苏域共和国人民表示最诚恳的谢意。希望中俄两国人民在自由、平等、互助底正义下面，以美的友谊，致力于芟除国际的压迫及国家的、种族的、阶级的差别。

中华民国全国报界联合会

《新青年》第 7 卷第 6 号，1920 年 5 月 1 日

国会议员致苏俄政府

1920 年 4 月

全俄人民暨全俄劳农政府诸执事公鉴：

吾人奉读贵政府外交委员喀拉罕致中华民国国民之通牒，关于放弃从前取得中国一切不正当之权利，纯基于正谊人道平等自由之观念，绝不含有国际间一种市恩责偿之意思，允为世界放一光明。兹对于贵政府之通牒感谢之忱，尤非言语所能尽达。吾人参居国民代表之列，所受国内官僚武人厚结外援，以奴隶人民之祸害，亦既竭力与之抵抗；加以全国学生及工商各界，日夕谋所以消灭此祸害，重建真正民意之政府，与世界共享和平之福者，至今犹在至苦极窘之中，未偿所欲于万一，实对于世界宝爱自由之人类，惭愧欲死，而丁贵政府拳拳忠告之意，更不胜其太息。自今后，吾人惟本其固有之责权，不敢自荒，期有以副盛意者，兼以慰世界表同情于吾人之良友。至贵通牒提议正式恢复两国国民友谊，及推派代表一节，吾人自当以极诚恳之心赞成而力行之。谨此答谢。中华民国国会议员（全体署名译发）。

《新青年》第 7 卷第 6 号，1920 年 5 月 1 日

全国各界联合会致苏俄政府
1920 年 4 月

俄国人民暨俄国劳农政府公鉴：

顷接俄国劳农政府通牒，不胜欣喜。吾人前此，以中外报章传闻复杂，无从悉俄国之真相。今读俄国通牒，一种正谊人道之主张流露言表。凡世界各国人民中之宝爱正谊人道者，当无不表示赞同。吾人更信中国人民除一部分极顽朽之官僚武人政客外，皆愿与俄国人民携手。中华民国全国各界联合会，用敢代表中国人民，答复俄国人民暨俄国劳农政府之盛意。

溯自武力主义及资本主义印入于世界各民族之脑筋，遂因国家的种族的阶级的差别，而屡演惨剧；于是强侵弱富欺贫的惯习，充满于社会与国际。俄国人民首先为正谊人道努力，此次通牒声明，将中东铁路矿产森林权利，及其他由俄帝国政府、克伦斯基政府、土匪霍尔瓦特、谢米诺夫、俄国军人、律师、资本家所得之特权，皆归还中国；俄商在中国内地所设之一切工厂，与夫俄国之官员、牧师或委员等所以不受中国法庭之审判之特权，皆一律放弃，并抛却庚子赔款，无非以俄国人民极信仰之自由、平等及互助主义，推行于世界，不独向中国人民表示好感也。从此旧式政治家、资本家之迷梦无由实现，而公正有力之声浪，弥漫世界，则各国人民群起打破国家的、种族的、阶级的差别之期不远矣。

吾人不能不为俄国人民告者：西南政府及北京政府，皆为一部分极顽朽之官僚武人政客所盘踞；彼辈恃武力与外资而固其位置，实与俄国高尔哲无异。频年以来，北京政府为仰日本之军械金钱之援助，竟与彼国军阀私订种种不平等条约，吾人甚为痛心。刻下已经觉悟之中国人民，正准备与一部分极顽朽之官僚武人政客奋斗，无论如何牺牲，均所不辞。惟如辈挟有数十万之军队，此类军队未受教育者居十之八九，素为彼辈所蒙蔽，吾人已拟设法唤醒之。俟大多数军队觉悟之后，彼辈之凭借已失，必不能压制中国的人民。是时吾人之进行毫无障碍，不难屏前日俄帝国所任命之公使及领事于中国境外。本会谨依俄罗斯社会主义联邦苏域共和国人民所组织之劳农政府之通牒,正式声明:收回各项权利,庚子赔款;并恢复中俄两国人民之邦交,至遣代表赴俄国军队之前一节,亦所深愿。希望俄国人民再接再厉,作正谊人道之前驱。中国人民为世界人类之一部分,自应共负维持正谊人道之责任也。

《新青年》第 7 卷第 6 号,1920 年 5 月 1 日

中华实业协会致苏俄政府

1920 年 4 月

俄罗斯共和联邦国国民暨苏维埃政府红卫军公鉴:

吾辈中国劳农学商全体人民,接到贵邦通牒,声明无条件退(送)〔还〕俄前帝国政府强力取去中国之土地及各项权利;交还中东铁路及林业矿业等,以及从前俄帝国政府、克伦斯基政府、霍尔瓦特、谢米诺夫、柯尔恰克等,及其他军人律师资本家所强夺中国之特权,皆一律返诸我国;又放弃领事裁判权,庚子赔款;又声明废止一千九百六年、一千九百七年日俄私订条约。此项伟大壮举,非仅为世界七千年历史第一次创见,抑且足以扫清旧世界国际间一般罪恶,开辟现世界全体民族互助宏基。此中华民国国民所以欢迎贵邦通牒之伟壮精神,较诸欢迎物质归还之情绪,尤为殷恳倍切者也。吾人深信贵邦通牒所含蓄真精神,苟中俄两国劳农全体人民,能合力不欺,以发扬之,足以维持全球民族间之永久和平;而东亚及世界各民族,欲恃武力欺凌残暴诡秘诸种私图,以为立国根本者,终当受上帝与公道之惩罪,无以自存。故吾人深愿与俄国拥护公道正义及东亚与世界永久和平之人民,正式通好,以达世界大同,民族互助之远大意志。抑我辈尤有慎重声明者,现在我国南北各方,皆属黑暗武人及腐败官僚之集合体,无论其号召与目标如何动听,要皆残民以逞,私利是图,与全体国民之公意及幸福,绝对不相容。国民对于彼辈间之争端等若械斗,非特不援助任何方面,并且毫不注视其情况;想俄国人民必不为彼辈之一切诡词所淆迷,对我中华民国之真

实状况,早有正当明确之见解也。

《新青年》第7卷第6号,1920年5月1日

2. 北京政府与苏俄的外交接触

曹云祥①致外交部
1920年4月19日(24日收)

　　十三日电及转电两件敬悉。本日密与在丹俄劳农政府外交代表会晤,一询以俄劳农政府提出六条②,是否接洽。闻驻京俄法两使,均表示反对。伊称曾见诸报纸,惟中国政府尚无答复。至现在驻京俄使,失其政府,全无代表价值,中国政府当然置之不理。二询与英法等国新近谈判之结果,伊称俄新派赴英财政代表,要求与在丹外交代表同往,英国政府刻未允许。惟英代表现已由丹赴义圣物摩城,与协约各财政专员会议,以解决各交战国财政通商诸问题。三告以奉部电,谓俄如能抱定宗旨,不侵犯边境,并保护旅俄华侨,则可为将来交涉基础。据伊尔库次克等处报告,均有虐待华侨情事,尚望注意等因。伊称侵犯边境一层,非我之罪,因中国援助旧党,遂为军事上所不免。至待遇华侨,与待遇协约国人民相同,遵当电达中央政府,严行禁止虐待。四询以对于报载六条意见若何,请另具节略见示。伊称须俟底稿寄到,逐条讨论后,方可表示意见云云。临行时,复称俄国诚意愿与中国和好,深盼彼此忘念旧恶是幸等语。特闻。云祥。十九日。

《中俄关系史料——一般交涉》,民国九年,一般交涉,第102页

---

①　中国驻丹麦使馆秘书。
②　即苏俄第一次对华宣言。

北京政府致驻丹麦使馆

1920 年 5 月

　　自驻丹麦曹代使①报告列国对俄态度并请求办法,以便与俄恢复贸易及邦交后,政府随即电示曹代使,令其将下列各语转告俄劳农政府派赴丹麦之代表。兹节录其词如下:中华民国对于俄国劳农政府前日提议将各种权利及租借地归还中国,以为承认莫斯科新政府之报酬,此种厚意实感激异常。惟中国为协约国之一,所处地位不能对俄为单独行动,如将来协约国能与俄恢复贸易与邦交,则中国政府对于俄政府此种之提议自当尊崇。希望劳农政府善体此意,并希望即通令西比利亚及沿海各省之官吏及委员勿虐待中国人民及没收其财产,并令伊城及崴埠之劳农政府对于前日所没收中国商人之粮食及货物以赈济西比利亚之饥民,一律予以公平之赔偿,以增进中俄国民之友谊云云。闻关于后者之要求,劳农政府已允斟酌办理。现在除谢米诺夫及日军所占领之地外,在西比利亚之中国人民将可得一充分公平之待遇云。

北京《晨报》1920 年 5 月 12 日

曹云祥致外交部

1920 年 5 月 29 日

北京外交部:

　　麦。二十七日电悉。莫斯科电系由丹人助俄万国通商团密得,在丹劳农代表,虽经各方面攻击,目下丹政府已停止驱逐,前丹助俄商团,因在俄激烈派否认国际代表,并宣布停止举办,现经俄商务代表声明,该命令非指在丹之代表,故该商团重复进行,并于二十日丹俄已新订续约,其宗旨仅求实际俄金若干,现已运到。日昨俄代表密请晤谈,据称西新政府②在外交上之方针,与劳农一致,中俄如早日议约,将来各国

---

　　① 曹云祥。
　　② 远东共和国政府。

承认俄政府时，中国可凭密约收回东清铁路权利，并请转达大部，可否择定地点秘密开议，或函商俄派代表赴京，或中国派代表赴伊尔库次克，或在丹麦开议均可。又称中国政府遇有要事，可密电代表劳农外交代表杨森 Yanson 等语。

云祥默察大势趋向，逆料不日各国将承认俄政府，波兰虽小获胜，而俄人现已新旧合力御敌，旧党名将 Brussiloff[1] 复出督军，波人势难前进。据前俄代表密派之员云，西政府之设，虽称为永远中立国，其实冀免与日大战，借以要求撤兵。今瑞典与俄亦有非正式商约，在丹之俄商务代表 Krassin[2] 等三人，业经赴英，报载六月八日，英、法、义、丹、瑞典、瑙威、荷兰、瑞士等国，将开大会于巴黎，讨论向俄要求赔偿损失及通商等事，我政府亦宜先期进行，是否有当，敬祈钧裁。云祥。二十九日。

《中俄关系史料——一般交涉》，民国九年，俄对华外交试探，第44页

契切林致陆徵祥[3]
1920 年 7 月 8 日

第 4791/2 号

今接自称中国外交使团团长的张斯麟将军来电，内称他将率使团抵达莫斯科，就恢复与苏维埃政府的外交和贸易关系进行谈判。现荣幸地请您，外交总长先生，正式向我们证明，上述张将军率领的使团是否确系代表北京政府行事，该使团是否持有相应的全权证书。如情况属实，我们将很荣幸地接待该使团并派遣相应的使团赴北京。

同时我们被告知，与张将军代表团同行的还有一个中国红十字会代表团，该代表团为华侨运来一万普特面粉。为避免误会起见，请向贵

---

① 伏罗希洛夫。
② 克拉辛。
③ 经伊尔库次克转电北京。

国红十字会代表团发出明确指令,要根据苏俄现行法律向华侨分配这批粮食,质言之,只能由苏维埃粮食供应机关或旅俄华工联合会分配,而绝不能由外国机关直接分配。因此,红十字会运入的面粉到达苏俄后,应即按协议交与上述一个粮食机构。

总长先生,请接受我的崇高敬意。

外交人民委员 契切林

《苏联对外政策文件集》第 3 卷,第 19 页,转引自《中苏国家关系史资料汇编》(1917—1924),第 77—78 页

张斯麟[①]致边防处
1920 年 9 月 15 日

边防处钧鉴:其密。麟抵莫斯科情形□齐电陈在案。是日劳农代表外部总长喀拉罕邀往私邸接见,昨又约往该部正式续谈。首询此来何宗旨及应商事件。并谓如有全权可以办事,更迭请电达我中央愿否与该政府订立预先协约,表示双方恢复旧好之意。愿则电委麟全权办理,一面电致该部知照。其协约内容,双方详细讨论。故既谋亲善,遇事无不可和平解决等语。

查该政府成立迄今,势力日见扩张,国际地位亦益形巩固。英、法等国工人示威运动,足使该党声气一壮。如意、丹麦等国,均经先后互派非正式代表办理侨民事宜,借端携手。又如意大利及诸小国与订简单暂行通商条约,为异日承认之初步。我国接俄疆,在昔交涉素繁,关系尤密,为著名交涉难办之邦。今其政府因属新选,志在重修旧好,以利通商,故不惜委屈迁就,一切均可让步,是亟宜利用时机,挽回已失国权在兹一举。惟麟此来,并未携有正式字据。彼称,前曾电询我外部,迄未得复,不解我究属何意,猜疑百端,更为亲日一派再四解释,终不足坚其信仰。实则,彼政府及一般人民皆乐与我接近。麟此次不避险阻

---

① 中国军事—外交代表团团长。

而来,原非易事,若使坐失时机,委实可惜。惟有仰恳钧处会商外部,能否如所求,与订恢复旧好协约,委麟全权办理。并乞迅赐训示对付方针,俾资遵循,以便接洽。如认为正式交涉,尚非其时,则请仿照他国派全权代表来俄办理侨民事宜名义,给予办理遣送回国正式委任一纸,直接电知该外部查照,据此,另设他法与该政府作非正式之接洽,似此事属亲善,问题较小,不致招各国猜疑。再查现时俄国华侨,尚有十万之众,沿途环诉困苦,请求遣送回国者甚夥,转瞬冰冻,交涉势难。麟详察情形,据实呈报。是否有当,伏候钧酌。赐电由伊城转莫斯科劳农外部收交为盼。谨闻。斯麟叩。删。

《中俄关系史料———一般交涉》,民国九年,俄对华外交试探,第 100—101 页

张斯麟致边防处、外交部

1920 年 9 月 18 日(21 日收)

边防处、外交部钧鉴:

劳农极愿与我亲密,麟等到后,备极优待。远东代表尤林,实兼办劳农使节,计已到京。此次无论是否正式,务乞钧部特加优待,赐予接洽,并优予保护,俾免发生困难。前经该国政府派代表茄绵聂夫赴库,亦曾优待。此次接见尤林,谈判情形,并乞随时密示,以资接洽,以免纷歧。

再,昨晚托名回民之蒙古代表六人,暗行抵俄。又闻前次新疆回族,亦常有密派多人来俄情事,来意无可侦知,情形实属可疑。今劳农正与我竭力要求先订协约,似宜审查商订,匪特足以防范一切妨害。麟两次往晤外部,据所提取消一切旧约等条,实与我有益无损。设令拒绝,在我,则将失时机,在彼,必以我懦不足恃,届时另生他策,结合蒙古,并派员与他国订立条约,协谋中国,为害滋大。麟等鉴察险象环生,未敢缄默,务请迅筹对待方针,以免贻误,毋任盼切。谨闻。张斯麟、朱绍阳叩。巧。

《中俄关系史料———一般交涉》,民国九年,俄对华外交试探,第 99 页

外交部致朱绍阳
1920 年 9 月 23 日

部中有事面询，希即日回国。外。

又致张中将斯麟电（代拟稿，由总长带至国务院）：台端久劳于外，甚念。顷有面询事一件，希即日回国。参陆办公处。

《中俄关系史料——一般交涉》，民国九年，一般交涉，第247—248 页

张斯麟致外交部
1920 年 10 月 6 日（13 日收）

外交部转陆军部、参陆办公处钧鉴：其密。

感日奉钧处有电，兹有要事面询，饬速回国等因。业于堪日电陈遵办在案。

麟当往劳农外部告以奉召回国报告，该总、次长恳切坚留，且言中俄关系密切，贵代表此次不避艰险而来，本部希望接洽事件甚多，不日有重要宣言书送达，仍盼北京政府同见。目前两国甫经携手，贵代表接洽未终，突于中途离俄，殊骇外人听闻。本政府将蒙其影响，实非甚重友谊之道。麟答以此次奉命回国，原系面询贵国详情，然后筹定修好办法，今一俟贵部宣言书送来，先予转陈，政府复谕到后，再定行期。

查该部以为麟之回国，不啻两国外交中断，虽经解释，终觉不慊于怀。冬日赍到意见书，当夜赶译，于汇电奉闻。由我部处核议之后，设有认为不当之处，尽可由麟就近明白转知，总以获得满意为度。再，俄乱频年，长途困难异常，麟苟非军人，不易通过，此次我派代表独占各国之先，彼以为奇荣。对于去岁国书，仍坚持不变其第一款，及重言声明已除一切旧约。将来改定新约，头绪繁难，我国亟宜从事考察筹备，庶免临时隔阂受亏。幸麟此来，颇得此间重要人物欢迎，要求联络。麟若一时毅然带同全体以去，实于国际感情有伤，且虑前功尽弃，异日希望于我则不易办。加以欧俄及西比利亚一带，侨民数十万，生活极艰，奔走呼号请送回，麟抵莫一月，昕夕与之接洽。此间百俱乏职，经费早罄，

窘困备尝,思归甚切,惟以各方面关系太多,该部所提意见书,盼复甚殷。麟拟俟复谕到日,即行相机交涉归计。所有遵办回国交涉经过情形,理合驰电奉闻。张斯麟叩。鱼。

《中俄关系史料——一般交涉》,民国九年,俄对华外交试探,第114—115页

张斯麟致外交部

1920年10月9日(14日收)

外交部转陆军部、参陆办公处钧鉴:密。

江、鱼两电计均呈览。歌电敬悉。劳农各方面与麟接洽甚繁。以挽回国权,时不可失,连日晤商,遇事慎重,所幸尚融洽,议有头绪,随时报告。一俟办理就绪,即遵谕回国。

江电劳农宣言书,事关重大,我政府对此有何意见,盼复至殷。乞迅赐商外部,确定对俄方针,并训示祗遵。

再,歌电到后,外交部询知麟已奉准俟接洽就绪后,再行回国。深以我政府诚意修好,表示感谢。

又,查谢氏对我感情甚恶,此次知麟西上,仇视益深,若回国假道,势必加以危害。拟取道蒙古,近据职处回京陈随员电告,恰、库间向无汽车,库、张间仅有破车数辆,价昂险多,遇雪即停,费当在三千元以上,辛苦万难行走。麟思归至急,今归途阻塞,踌躇无计。因有以上情形,致起程日期一时尚难预定。合再据实奉闻。张斯麟叩。青。

《中俄关系史料——一般交涉》,民国九年,俄对华外交试探,第115—116页

加拉罕致张斯麟

1920年10月16日

第285号/2

您10月12日关于中华民国向莫斯科、鄂木斯克和伊尔库次克三城市派驻领事的第1081号函敬悉,现奉告如上。

关于中国向我国派常驻代表一事,谨表示真心的满意。此举是两

大国在互相亲善道路上的第一步。

不管中俄两国将缔结何种协定和条约,有中国代表常驻俄国必将有利于进一步建立两国和两国人民间的友好关系,必将加速建立有利于双方的政治、经济和商务关系。

贵国代表将受到应有的接待和享有我国法律规定领事享有的一切权利(免服劳役,文书受到保护,有权使用密码和信使等),并将得到各种帮助,以顺利完成贵国政府交办的各项任务。

我方已饬令各边镇当局对贵国代表准予放行,不予阻拦,并向其提供旅途一切方便。关于这一点已相应知照我们的友邦远东共和国政府。

我国将使用对等权利向中国派出苏俄代表,向北京派外交代表团,向天津、上海和广州派驻领事。

望中华民国政府也保证我国代表享有与中国驻俄代表同样的外交代表的权利。

将军先生,请您将上述情况告知贵国政府并请贵国政府允许我国正式代表自由入境;代表姓氏容后告知。

因我国代表拟在封冻前动身赴任,恳请您采取一切必要措施,力促贵国政府尽快予以答复,我们希望在本年 11 月 1 日前得到贵国复文。

请将今后一切情况告知我们。

副外交人民委员　加拉罕

东方司司长　杨　松

《苏联对外政策文件集》第 3 卷,第 283—284 页,转引自《中苏国家关系史资料汇编》(1917—1924),第 78 页

加拉罕致张斯麟

1920 年 10 月 22 日

今接我国驻伦敦代表克拉辛同志转来中国驻伦敦代表的口头照会,内称中国驻伦敦代表奉中华民国外交部之命通知我国,中国政府似

乎并未赋于您进行谈判的全权并请您动身回国。该通知使我们的相互关系变得十分不明确了,使进一步谈判一事已根本不可能了。因为据您的口头声明,我们一直把您当作中华民国的全权代表。

烦请您就此次误会向我们做出相应的说明,并请与中华民国外交部商洽,以便该部将解决该问题的办法直接通知我们。

现附上我们收到的电报①的俄译文抄件。

副外交人民委员　加拉罕

东方司司长　杨　松

《苏联对外政策文件集》第3卷,第291页,转引自《中苏国家关系史资料汇编》(1917—1924),第83页

3. 苏俄第二次对华宣言

加拉罕致张斯麟

1920 年 10 月 2 日

俄劳农共和国代理外交委员长即代理外交总长喀拉岑氏致中国军事外交代表团主席张中将斯麟函　一千九百二十年十月二日

兹特将致中国外交部通牒一件送呈。该通牒内所列条款系我劳农俄国认为中俄两国订立盟约时之主要事项,即希将该各项提议转达贵国政府,并将其对于提议各项之观察点说明,深望贵中将设法早日订立两大民国亲密盟约,是为俄国之主要目的。此颂

日祉

附:俄劳农共和国外交委员长代理喀拉岑氏致外交部通牒②

一九二〇年九月二十七日

前于一年前,即一千九百一十九年七月二十五日,俄劳农共和国外

---

①　即 1920 年 10 月 18 日中国驻伦敦大使馆照会。

②　即苏俄政府第二次对华宣言。

交委员长部署（即外交部），曾向中国国民及中国北政府、南政府发出通牒，俄国政府于此通牒内允将前俄帝国政府与中国所订各约概行放弃，并允将俄国政府及俄国中级社会人士强取据为己有者，悉以归还，用请中国政府即与正式磋商，冀以成立友谊交际。

现已得悉，前次通牒业经中国政府接到，中国国民各团体及各阶级，咸与推诚表示极愿中国政府与俄国商订两国之友好交际。中国政府派遣军事外交代表团前来莫斯科，张中将斯麟为主席，该代表团来此，无任欢迎。现并希望与中国代表直接议商，冀以互相了解中俄两国共同利益，深信中俄两国为两国国民谋幸福，当无不能解决事项。惟中俄两国之仇敌，现方竭力阻碍我两国之交欢亲近，盖彼等稔知若我两大国友好互相提携，将必益使中国巩固，无论何国不能再若今日以奴视中国，抢掠中国矣。深惜有此以阻害中俄两国友好交际之迅速成立，中国代表团当能确信劳农俄国对于中国之诚笃友好，但迄今尚未得有相当训令，使两国友好正式成立。

外交委员长部署（即外交部）深惜两国亲交迟滞，致使两国政治、商务重要利益不能成就。现因欲使两国友好迅速成立，极拟助济其事，特为宣明：俄国政府必将确守一千九百一十九年七月二十五日俄劳农政府通牒内所列各宗旨，并以此项宗旨为中俄两国友好条约之纲要。今为中俄两国国民谋幸福，应将下列各条款向中国外交部提议，以引伸前次通牒内所宣明之各宗旨。

一、俄国劳农政府宣明，所有昔日俄国各前政府与中国所定各条约为无效。放弃中国领土之侵占及在中国境内各租界，并将从前俄帝国政府及中级社会人士所掠夺者，俱以无报酬永久还付中国。

二、两民国政府迅即设法将有秩序之商务、经济交际成立，随即根据使两缔约国得最大惠利之宗旨，商订专约。

三、〔中国政府承担下列义务〕（甲）中国政府应不扶助俄国反革命派之旧党各团体及各个人，并不容其在中国领土内有所动作。（乙）应将反对劳农俄国及其联合国之军队及各团体解除武装，收容于签画此约时留在中国者,并以交付俄国劳农政府,并连同其所有武器财产。(丙)俄国劳农政府对于背叛中国之各个人及各团体,亦应同负上项责任。

四、所有居住中国之俄国人民,服从中国领土内现行之法律规章,任何领事裁判权不得享有。其居住俄国之中国人民,服从劳农俄国领土内现行之法律规章。

五、中国政府应于批准条约后,即从速向僭居俄国外交领事代表名分而未受有劳农政府委任之各俄人停止交际,并将其放逐中国领土以外。所有在中国领土内归属俄国公使、领事之馆第,以及公使领事他项公产并档库,交给俄国劳农政府。

六、劳农政府放弃拳匪赔款,不再收受。惟中国政府将来无论何时,不得因前俄国领事或他项人等以及俄国各种团体不合法之要求,将此项赔款付与。

七、此约批准后,中俄两国外交领事代表应即急速成立。

八、中俄两国政府允即商订专约,规定劳农俄国需用中东铁路办法之专约。定立此项条约,除中俄两国外,远东共和国亦加入之。

外交委员长部署(即外交部)将上列协商主要各条特行通知,如中国政府为谋两国公共幸福有须酌加修改之处,可与贵国代表和衷商改。

中俄两大国国民交际,自非仅限于上列之协约各条,其通商、界务、铁路、税关各事项,当由两国代表随后特别商定专约。我国现在筹划订立两国最亲密诚笃之交际,并深望中国方面亦有如此诚笃迅速之回复条件,并即与开始迅速规定友好之条约,是为至盼。

中国第二历史档案馆藏北洋政府外交部档案

外交部致陈广平[①]

1921 年 2 月 11 日

外交部发莫斯科总领事陈广平电　十年二月十一日

---

① 驻莫斯科总领事。

二十八日、三十日电均悉。前边防处驻俄代表张斯麟,于去年冬由莫斯科回京带到劳农政府宣言书一件,兹本部拟就英文复文,仰该总领事亲往外部将该文面交,余续电外交部。以下即英文复文。此电系由伊尔库次克领馆转(莫斯科)陈总领事广平。

附原文译件如左:

贵国代理外交委员长喀拉罕君之宣言书,本总长已由前边防处代表陆军中将张斯麟处收到,书中各节本国政府已加注意,而于国际平等及相互之宗旨尤为注意。查中俄界连长至数千里,证之历史,考之地理,两国一切关系情形,当然极为切近,故本国政府深盼有最早之机会,循此次宣言书中指示之程序,以与贵国直接开议也。然本国政府现亦有极望贵国当局加以注意之件。查自贵国改革以来,本国人民侨居贵国境地者数千之众,所遇之非常困苦并虐待情形,不一而足,迭据该人民等呈诉前来,本国政府何能视若罔闻。现虽盼有开议之机会,而一面殊望贵国通国当局于该管地方之所有本国人民认真保护,以礼待遇。倘本国在贵国之人民能令安居乐业者,则本国政府当信昔日之友好恢复,与中俄人民历史关系再有正式基础,必为日益近矣。

中国第二历史档案馆藏北洋政府外交部档案

4. 远东共和国优林代表团来华

克拉斯诺晓科夫[①]致中国政府及驻京各国公使

1920 年 5 月 16 日

俄国远东共和国成立,已志昨报。闻新政府之外交总长克拉斯纳西却哥夫通电我国政府及驻北京各国公使,兹译其原文如下:日本帝国政府对于远东问题所采之态度,五月十一日驻海参崴日军司令之宣言,已明白宣布其所提出之条件,吾等已欣然应诺。依据日司令之宣言,于捷

---

① 远东共和国外长。

克军完全撤退后,尚须在远东设立一独立而巩固之民主政府,以保证住居该地外人之生命与自由及财产,而后日军方能撤退。远东各省,实为国际上之重要问题,此种问题,关涉于协约各国甚深,非依据国际的基础,以为解决,其道无由。故因上述种种原因,故予以远东共和国政府名义,认为此时应向贵国政府及国民与各协约国政府及国民一为陈述也。

溯远东各省,由贝加尔以东,直达太平洋岸,自近二年来,为国内国外军队战争之场,占领的军队,及征伐的军队,与袭击的散兵,皆蹂躏吾等之土,以致财产匮竭,民居星散,加以该地毗连数国,密接太平洋,遂至所发生之问题,愈趋于复杂。然远东之人民,因党派之战争,致分崩离析,因顽固派军队之暴虐,致困顿艰屯者,至此时遂不得不将和平统一之责任而自行担负之矣。故吾国人民,以土地辽阔,人民散处,皆决定以为唯建立一独立之国家,包括上述各地,设立一强固的民主的政府,以为统辖各处之人民,夫而后今日之问题,可易于解决。今远东共和国之独立宣言书,已由吾等代表所组织之国民会议发布。此种宣言书,已树立吾国之根本法,确定吾国民主制度之基础,今将原文一份,附送贵国。该国民会议,今已建立政府,并将议决政纲,委交该政府办理,以联属前日分离之各省,使归于统一,以安集前日流离之人民,使回复其旧居,以制定法令,改革工人境遇,俾其安心以从事于建设的事功,并与外国通商,及订立邦交,而尤与东西两面之邻国通商,及订定邦交,以恢复和平。凡上述各种之任务,新政府皆着手实行,以达其所期待之目的,使彼我国纷乱如麻之大部分地方,一归于和平与秩序之境也。

故欲达上述之目的,第一,全俄苏维埃政府之赤军,须于彼此赞成之地点,停止东进;第二,现集中赤塔之旧党残军,外国政府不可援助,而日本之远征队尤不可援助;第三,须使吾国政府,得直通赤塔与联贯后贝加尔,使与远东各省结合;第四,须使吾国得立刻与协约国订立邦交,拯救危难,俾两方俱受其益;第五,凡外国远征队,须一律撤退,俾各种实业得以回复。

凡上所云,皆吾国人民之希望,而于此危急之秋,皆视此为谋和平与统一远东之唯一方法。故于兹开始媾和，以讨论日司令所提议条件之际，予以新政府名义，将日司令之条件，重行申明，而根据严格的实用基础，以与贵国磋商，并依照和平正义树立基础，以为解决远东问题之标准。希望贵总长速将此宣言书转达贵政府，并赐以答复，万勿于收到该宣言书之后，而默然不为一答也。非尼乌典斯克，一九二零年五月十六日远东共和国外交总长克拉斯纳西却哥夫。

上海《民国日报》1920 年 5 月 24 日

优林①致中国外交总长

1920 年 6 月 12 日（17 日收）

北京中华民国外交总长鉴：

本总代表现充远东共和国赴华外交代表团领袖，于本月十日晨间行抵买卖城。本代表团奉敝国政府派赴北京，其职务系将敝共和国之立国目的及志愿缕陈于贵政府之前，以期兴发贵我两共和国间之睦谊，而使其愈加亲善。敝代表等面晤此处之贵国地方长官，承称发给通行护照，非地方官所能专擅，应即请示贵部等语。敝总代表用敢电请贵总长，迅速电饬贵国驻此处副使，即将护照发给敝代表等，俾得遄赴北京接洽一切，实为感纫。远东共和国外交部全权代表兼赴华外交总代表优林。印。六月十二日。第二十一号电。

北京《晨报》1920 年 7 月 2 日

外交部发西北筹边使署函

1920 年 6 月 22 日

径启者：据俄远东共和国外交代表优林自恰克图来电称：代表团于本月十日行抵买卖城，此行职务系奉政府训令，将立国目的及志愿，缕陈于中国政府之前，以兴发两国亲睦，请电驻此处副使发给护照，俾得

---

① 远东共和国代表。

遄赴北京,接洽一切等语。

查现时协约各国,对俄正在接洽通商事宜,惟对于发生政治关系一节,认为时机尚属未到,该代表既已行抵恰克图,并来电表示愿与我国接洽一切之意,在我虽未便过予接近,以至惹起国际间之误会,而对于恢复商务暨一切不关政治事宜,正不妨借此机会与之接洽,免落他国后着。惟发给护照,准其来京,不惟迹近承认,于国际上颇感不便,而以我国首都地方,同时有两俄国外交代表驻扎,亦易发生误会,似惟有先派相当人员,前赴恰城,验明该代表等奉委确实凭证,即与就近接洽,将该代表等意见报明政府核夺,再定因应方针,最为妥协。现李佐理员业已来京,库恰方面有无相当人员堪以委派前往,暨应如何与之接洽之处,相应抄录来电,函达尊处,即希核夺办理,并见复为荷。此致

　　附件(略)

《中俄关系史料——一般交涉》,民国九年,俄对华外交试探,第 52 页

克拉斯诺晓科夫致中国外交总长
1920 年 6 月 24 日

外交总长钧鉴:

现在远东共和国之领土,已渐向西部展拓。查贵国派入敝境之委员等[①],其欲赴之地点及所抱之目的,究竟何在,尚未蒙正式知照。且贵国红十字会所派之委员等,已由其总会指挥,竟越敝国边境,以向俄罗斯共和国进发,并未得莫斯科外交部之正式允准。兹为免除无谓之稽延起见,敢请贵总长电知敝政府,俾得周知,上开两项委员等究赴何处,暨所奉之任务为何。至敝政府所派赴贵国之外交委员等,已抵恰克图、买卖城等处,竟为贵国阻止,未允前进,究竟是何理由,并乞示知为幸。要之,贵我两国既欲互派委员,自应互通声气,方能为两国通好之预备,诸希鉴察,迅赐电复为盼。远东共和国外交总长克拉斯那司特赤

---

① 指张斯麟等——原编者注。

可夫。印。第一百二十五号。六月二十四日自上乌金斯克发。

外交部致优林

1920 年 6 月 26 日

　　接准六月十二日第二十一号来电备悉。并准徐筹边使①回京报告,略同前因。查通商事宜,世界各国无不视为要图,如贵代表团拟于通商事宜有所陈述,尽可就近与地方官接洽,随时商明本部,当较来京一行,诸多便利,暂可无庸议及京行也。外交部。

国务院致外交部函

1920 年 7 月 7 日(9 日收)

　　径启者:公府抄交条陈一件,内开:

　　"查上乌金斯克所发远东共和国外交总长致我外交部之电,以所派赴华委员为恰克图阻止,遂反诘我红十字会员,未有知会,竟越边境为抵制。查各报,日本虽有不认远东共和国之说,而文字往来,尚未断绝,且有要求一律停战,及许谢米诺夫与议条件。又查日本兵力,现只注重尼港②一带,骤难西侵。我边境与所谓远东国者,接连地段较长,似亦未便拒之过甚,外交部于该处六月十二日电,已复电止该代表团来京,如嗣后该处倘来电要求,似亦在可允之列,或由部派员在边境与之接洽,以期联络感情,免生枝节。总之,中俄毗连,应商事件颇多,即未能骤与通商,亦必宜稍为筹备,不宜过伤感情等语。奉批交部"等因。相应函请贵部查核办理可也。此致　外交部。七月七日。

《中俄关系史料——一般交涉》,民国九年,俄对华外交试探,第 60—61 页

---

　　①　徐树铮。
　　②　尼古拉耶夫斯克港,即庙街。

优林致中国外交总长

1920 年 7 月 18 日

北京中华民国外交总长钧鉴：

敝总代表致贵总长之甲字第六十四（64/a）电拍发一日，即七月八日，奉钧电派王承传等为来俄特别委员，领悉种切。现在贵我两国须派员会议，业已决定，且贵政府之会议专员，亦已派定将到。至将来应在何时何地开会，亟须迅即商定。查关于会议地点一层，贵国外交部原有决定，惟嗣接敝总代表七月七日之甲字第六十四号电，或变更初意，亦未可知。故敝总代表对于会议地点，并未发表意见。贵总长见余之缄默，想必误以为系完全赞同贵总长所拟之地点，其实不尽然也。盖此次之会议，宜视为贵我两国接洽之开端，敝总代表颇不欲于买卖城举行，而拟以在库伦举行为善。缘该处为贵国大员集中之地，且敝总代表亦可借此调查该处俄侨居留地之状况，庶可将该居留地与地方官厅之关系，设法规定。尤有进者，将来会议若能圆满结果，则敝代表等前请准予遣赴北京一节，较为省便。至此次会议，非由贵国中央政府指挥，则效力浅薄，此意贵总长已无异议，而敝总代表之七月七日电，已将意旨明白声叙，当能动听。查远东共和国问题，关系于贵我两国如此其重，倘能妥为解决，实为两国国民所同深盼望者也。关于此事，敝总代表亦已心力交疲，倘延缓无成，则敝总代表对于两国国民均可告无罪矣。据外交公例，凡此种文电，均应奉致贵外交部，以转达贵国政府及国民，讵贵部对于远东问题，似未蒙省察而加以留意。现必须得贵总长切实明了之答复，方能措手。敢盼于三日内赐复，因敝代表等抵此已久，且自初次电达以来，已非朝夕，贵政府对于此事之态度如何，尽可表示，敝代表等深信贵总长为保护贵国国民利益起见，必能极力设法，使贵我两国间之友谊，从此增进，愈加巩固也。耑此敬颂贵国国运昌炽，并候贵总长日祉。远东共和国外交部特派全权代表兼驻华外交总代表优林（Ignatius Yourin）。印。七月十八日。甲字第七十七号电。

《中俄关系史料——一般交涉》，民国九年，俄对华外交试探，第 61—62 页

优林致中国外交总长

1920 年 7 月 26 日

北京外交部总长钧鉴:敝代表等现正首途遄赴北京,以便会商贵我两国通商事宜,故特电奉闻。

窃维贵我两国之通商关系,惟以诚恳之感情,互相信任,方可图根本解决,历久不渝。若能躬与贵国中央政府之当轴会商一切,则彼此亲善之谊,当较浓挚。故敢请贵总长极力设法协助,并即发给来京护照,以利进行。

至此次来华人员,除总代表一员外,分代表及随员共三员,另汽车司机二人,请按照填发护照,实纫公谊。远东共和国赴华商务总代表优林。印。秘书喀斯安宁(Kassanin)署名。七月二十六日买卖城发。

北京《晨报》1920 年 8 月 7 日

优林致颜惠庆①

1920 年 8 月 24 日

北京外交颜总长钧鉴:

本代表等已于昨日行抵张家口,曩经库伦,蒙贵国官宪承贵政府意旨,备极欢迎,殊为感激。查本政府此次派代表来华,其所任之职务,于贵我两国之利益,极有关系,代表等深盼将来在北京与贵政府接洽时,彼此以诚恳之友谊相待,俾将一切问题,得以圆满解决也。现代表等由张来京,订包车辆,甚为困难,故特电商钧部,希即转商铁路管理局,饬派包车一辆,以便代表等乘搭。另货车一辆,运载汽车。此事盼迅赐设法,并即电复为祷。代表等敬祝贵总长新猷克壮,贵国民实利赖焉。远东共和国赴华总代表优林。八月二十四日由张家口发。

《中俄关系史料——一般交涉》,民国九年,俄对华外交试探,第 84 页

---

① 中国外交总长。

章祖申①会晤优林

1920 年 9 月 10 日

优林:远东共和国政府,今遣派予来中国宣达其与华亲善之意旨,今与足下相晤,至为荣幸。

章参事:中国亦有同情,今予与足下相晤,颇为欣慰。

优林:足下有话见教否。

章参事:足下代表之远东共和国政府,是否已能统一远东全部。

优林:远东共和国实已统一,惟因现在俄国远东地方尚多被日军占领者,故事实上颇多困难,然此不过一时之现象耳。

章参事:远东共和国如能统一,非特贵国之幸,即吾中国,亦代为愉快。现在海参崴及阿穆耳等处,均尚各有政府,究竟上乌金斯克政府能受彼方承认否。

优林:海参崴及阿穆耳均曾派遣代表来上乌丁斯克公同议事,早经承认上乌丁斯克政府为远东共和国正式政府。至该二处之政府,不过地方行政之性质,并非国家政府,且予此次前来,并已得该二处政府代表之同意矣。

章参事:足下曾否将贵政府正式委任状带来,请赐一阅。

优林:已经带来。(即出二件相示。一为七月二十七日委任优氏为远东共和国赴华全权代表之俄文书一纸,中有七条职务,由远东共和国外交总长签名盖章。一为法文译文一件。)

章参事:(读毕。)此件已读悉矣,可否请暂留外交部,以便呈请总长察阅,阅后当即送还。

优林:当然,请即留下可也。

章参事:细读此件,其中多系贵委员会之职务问题,不知足下尚携有他种正式委任文件否。

优林:吾等前在买卖城与中国政府商定,以商务代表名义前来北

---

① 外交部参事。

京,现在手中尚有远东共和政府之正式委任文件一纸,可请阅览。(随即交出俄文文件一纸,仍系伊国外交总长签字文件,委任优氏为赴华全权代表,其中措词较为普遍,未涉详细职务。另有法文译文一件。)

章参事:此件亦请暂为留下,俾请本部总长过目。至本部对此二项文件,现在只考查其形式是否正当,其系贵政府对于足下之训条,本部暂可不问此意,应向足下声明。

优林:是。

章参事:闻现在海参崴政府已在该处召集临时议会,各处选举赴会之代表,已满二百余人。

优林:吾等深知其事,此系地方作用,并非国会性质。

章参事:上乌丁斯克政府究竟与闻其事否。

优林:知其事而不预闻,因此系地方事件也。至远东共和国之正式政府,现在上乌丁斯克则并无疑义。

章参事:海参崴政府曾派全权代表亚加勒夫 Agareff 等人来京,已有数月,足下知其现仍在北京否。

优林:现仍在北京,并且与本委员团一致行动。

章参事:足下既称远东共和国政府为海参崴、阿穆尔等处政府所承认,能否得该二处政府之来电或来文证明承认足下为代表之意,俾使上乌丁斯克政府中国政府所有协商事件,可得该二处政府之一致承认遵行。

优林:本委员团先已得海参崴及阿穆耳政府之承认,故以远东全共和国代表之名义前来北京。至上乌丁斯克政府商定之事件,必可得该二处政府之承认一致进行也。

章参事:予并非不信足下之言,但中国政府既允许贵委员团前来北京,自然具有中俄两国亲善之好意,故甚希望足下能有海参崴与阿穆尔两处之来电或来文,作一度承认,使我政府益可相信。

优林:此事吾当设法去办。今日与足下相晤,至为欣幸,下次想可见及贵部总长。

　　章参事：总长近日甚为忙迫，将来商议事件，必无暇亲自谈判，仍必派人代谈。至与足下相见一事，迟早必可达到目的。

　　优林：今日谈话为时已久，请即告别。敝国政府人民，对于贵国之诚意及希望通好之意，尚请详达贵部总长。

　　章参事：当然。（欢颜握手而别，时已六时又半矣。）

《中俄关系史料———一般交涉》，民国九年，俄对华外交试探，第94—96页

优林与北京《晨报》等记者的谈话

1920年9月17日

　　俄国远东政府商务委员团团长优林Yourin氏，昨日下午二时，邀请晨报、益世报、惟一日报各记者到北京饭店谈话。首由优林氏起言，由华俄通信社经理何多洛夫Hodoroff用英文翻译，略谓：鄙人（指优林氏自言）此次邀请贵报记者到来，乃代表远东共和国国民意思及各报意思问候北京各报代表，并希望各报将鄙人意思转达贵国国民。鄙人探悉贵报向来注意俄国远东情形及近今中俄交涉之状况，不惜详细登载，甚为感激云云。继本报记者询问关于恢复通商事宜，远东政府将如何与中国政府交涉。彼言：前日高尔哲、谢米诺夫纠合土匪党徒骚扰西比利亚，以致民不聊生。赤军本救民之念，将彼等匪徒驱逐东徙。然远东各地人民惩前日之骚乱，求将来之革新，相率而组织团体，以为自卫之计，因之各地团体群起鼎立，不相统属，以致彼此冲突，常有所闻，而各人俱感其困苦，遂联合组织一远东共和国，根据民治主义，融和各方面之感情，而成为缓冲国。此缓冲国非特对于莫斯科苏维埃政府而独立，并且对于欧亚二洲各国而独立，一与其他各国无异。远东共和国国民对于中国国民感情之深厚，一与侨俄华人无异。然两国国民既具如是感情，而远东共和国南境几完全与贵国接壤，则二国国民不可无一固定关系，以为交接之基础，故鄙人此来与贵国政府磋商，正为此事。但鄙人来此，绝无有各种之政治活动存乎其中，不过仅代表本国国民之好意而传达于贵国国民之前，希望两国国民因此而恢复一种商务上之关

系及友谊上之关系。鄙人以为贵国国民自身之前途皆当自为决定，前日贵国政府停付庚子赔款，敝国国民无论何方面皆一致表示欢迎，盖现在所谓北京之俄公使，乃俄皇之帝国公使，俄帝国已亡，公使资格早已消灭，而彼尚雄据中国所付赔款之厚赀，日肆奢华，而不办理俄民之事。原庚子赔款其成立时已不合公理也，今帝国云亡而又受中国之赔款，是二重不合于公理也。故鄙人此次来京，乃以取消前日一切帝国条约，而另行依据公平之道，与贵国订立新条约，拟即遵此与贵国政府磋商也。至于近来北方五省发生饥荒，敝国国民深为怜恤，而极愿与贵国协力救助云云。

本报记者又询问远东共和政府与莫斯科政府有何关系。彼言：远东共和国乃经大乱之后而始成立，其经济地位异常困难，其南则中国，南北分裂无力援助，而东则日本，方且接济谢米诺夫，助桀为虐，至于美英等国又复袖手旁观，故远东共和国所恃为唯一救星者，只有莫斯科政府，因此经济上遂与彼发生多少关系，然政治上之分离则与他国无异云。

又本报记者询问近日日本对于远东共和国采若何政策。彼言：日本政策时时变动，不可测度，故时发生日俄冲突。日本究取何政策，现时不容易断定。随〔后〕本报记者言：日本政策向来取自私自利主义，此次政策时时变动，实基于此。优林氏亦然其说。本报记者又询问：将来究提出何种条件与中国磋商订立条约。彼答言：此乃非彼之地位所能宣布，盖具体条件纯属于政府权力范围，然据彼所知，将来条件必以完全平等地位为基础云。后惟一日报代表询谢米诺夫之近状。彼略言其种种盗贼行为，遂即兴辞而出。原来此次到场之人，尚有英文北京日报记者，旋该报记者见晨报等三报记者随至，遂与优林氏相约，明日再谈，先行退出，似欲避人独对者，不知其何意也。

北京《晨报》1920 年 9 月 18 日

优林谈来华任务与目的

1920 年 10 月 2 日

俄代表优林来京后,迭向我国各界宣布其意见。兹闻该代表前日与其外人谈话一则,述其此来之任务及目的,极为详尽,颇含有具体宣言之意,特志其谈话于左,已见前报者从略。(一)通商条约问题。修改以武力强迫中国承认各约章,实出于俄国人民崇尚公理之心思,新俄罗斯情愿与中国开诚布公,开始谈判,以友谊的精神,解决有关二共和国之案件,俾其在世界之威望能力日见增加。(二)代表之权限问题。目下俄国只有二政府,即劳农政府与鄙人所代表之远东政府。是凡俄国在华(概言之在全远东)之利益,莫斯库政府均将其委托于敝政府手中,故敝政府与鄙人(鄙人代表敝政府)实有讨论并解决此问题之必要之权力。吾人之决议,必不致为劳农政府所反对。敝政府与劳农政府,实互有关系,必要时,不妨共同讨论一切问题也。(三)保护俄国人民问题。敝政府之天职,自应保护旅居敝国国内及旅居外国国境各俄人之利益。至就鄙人论,余当竭力设法以便利侨华诸俄人之生活,若有情愿复返故乡者,宜扶助之。(四)停止俄使待遇问题。鄙人并不知北京有俄国使署在,盖俄国在中国尚未设有使署也。至旧时俄皇所派之官吏,彼辈不过等于前朝之余烬。鄙人可明晰宣言,前朝之公使大使领事,在人民方面,毫无感情,中国停止俄使待遇之举,在国际惯例上,诚为确当。乃尚有借词反对者,多见其不知量也。(五)庚子赔款问题。鄙人欢迎中国此等举动,视为一种对于俄国表示友谊之行为。庚子赔款,虽系俄国帝制时代一种暴动之结果,然中政府目下之政策,实足证明该国甚愿使俄国之币,勿致为外人所浪用私挪,其停止交付,诚适合于一种最明显之公理者也。(六)保护侨居西伯利亚华人问题。侨居西伯利亚之华人,约数十万,但斯等华人,与俄国土著杂居甚久,异常接近。至外间所称俄国对于华侨,常有所需索及虐待等事,询之中国所派委员团中之某代表,渠告余以华人因需索所受之损失,一大部分已由劳农政府偿还。凡欲知华人旅居远东共和国之情形,可往询问陈西林(译音)①将军,及吴芳桃(译音)诸人,彼辈必能相告也。(七)互市与银行问题。关于该问题解决方法,一时甚难详论。余意拟将采用贸易货之制度及创办银行之二种手续,宜兼而用之。余当与中政府详加讨论。(八)西伯利亚之财产问题。西伯利亚需用蒙古之五畜,满洲之茶叶、大麦。西伯利亚可以盐、玻璃器用供给蒙古,亦有银、金、羊毛、皮、木料等等。目下吾人缺少制造品及化学品,与夫其他诸货物。西伯利亚诚中国商业上及实业上之一大市场也。(九)领事问题。中俄互市后,华人之前往远东共和国者,为数必甚多,而俄国人之来华者,亦将日众一日,故中国之宜在俄国设立领事,与夫俄国之在中国设立领事,实急不可缓。就近来论,因无领事制度,交涉上已觉有种种之不便,每逢华人在俄国苟有事故,中政府不知向谁诉说,俄政府亦感有同样之苦痛也。(十)领事裁判权与中东铁道问题。领事裁判权,自应取消。惟取消一事,尚当讨论。至中东铁道解决之方法,克赖益②牒书中,已言其大略。敝政府之意思,与该牒书大旨相同。中东铁道一案,宜从根本上详加修改,凡各种权利,足以损及中国自主者,吾人均当抛弃,另觅一种之办法,以能使〔两〕共和国均克满意者为得当。(十一)过激主义之鼓吹问题。方敝政府命鄙人来华也,曾告鄙人曰:俄国人民,并无干涉他国内政之思想。中国幅员广阔,国内自不乏哲学家、经济家及明哲之士,指示人民使趋于富强之途。余之前往中国,非系政客性质,乃代表政府建中俄二国经济上之往来,友谊上之接近。夫鄙人之职,既为代表我人民我政府,故不当从事政治上之活动。各报纸所载关于上乌金斯克委员团之消息,与夫其所称过激党在华之运动,均系臆闻也。(十二)结论。鄙人深信合商之结果,定能产出一种条约,为中俄友谊巩固之根基。鄙人对于华人,异常亲爱,即对于沿途所遇各官吏,脑海中亦

---

① 张斯麟。
② 加拉罕。

均存有最良好之纪念。深信此种思想,定为敝国人民所赞同。目下俄
国人民,甚欲交欢中国,使理想之民治,得实现于亚洲大陆,并所潜图自
由、平等、亲善三主义之完全胜利也云。

上海《民国日报》1920 年 10 月 4 日

优林致颜惠庆

1920 年 11 月 23 日

余首先论及电报一事:外交部收余本月十九日致赤塔本国政府之
电报,允为转达,乃于二十日将该电交还未发。嗣得通知,以电政系交
通部主持,已于十一月四日停止余用密码与本国政府往来通电,又因库
伦边界发生乱事,无法代为转递。余想与本国政府通电,无须证明地方
代表之必要,因此项证明,中政府显然视为必不可少,料中政府十分明
白。以此原因,置余于如何困难地位,使不能请示本国政府训令,在此
间办理重要问题。余谓类此之事,非一端,而代表团与中国政府彼此交
际各事,将连合而成为一也。

余来京之初,代表团交涉进行之事,显然无一定之计划。然代表团
之宗旨,当在边界成立之时,中国政府业已知之。两邻邦经济与友谊必
要之接洽,颇符以上之宗旨。余此来系得其同意,中国政府以此事与他
事表示愿与远东共和国代表团在北京为经济之联络,然未开议之先,预
行要求远东各政府批准办理此事之凭证,代表团是否代表远东全政府。
中国政府放过代表团之时,深知远东实力,可以统一。至于实际连合远
东,谢米诺夫适成为单独之障碍。如在珲春之胡匪,中东铁路与库伦地
方,均为第三方面所注意,设将彼种事件赶紧办理妥协,即行开始商议,
则中国政府所要求者,乃正当之意见,不难了解。远东政府所付之全
权,于一千九百二十年十一月二日,业经呈验。此时谢米诺夫已无能
为也。

关于实际连合远东,以中央政府统率,业已成立。一切情形,有裨
于开始,商议即在目前,然对于此事不但至今未能开议,甚为可惜。余

记此项办法,裨益良多,然距开始商议则甚远耳。中国政府起初注意代表团外间之组织,欣然迎合,而代表团向日亦能与本国政府密码通电。当余在中政府面前,将不能驳之全权,以全远东政府名义,呈验之后,现时反遇种种阻碍。紧要事件,代表团无日无之,讨论关于租房合同问题,未经批准,已两越月矣。代表团特别人员与服务者亦不能自由居住,最后交通部主持,无论代表团致海参崴、赤塔、黑河①等处电报,均不收受。代表团服务人,亦不能得华官之批准起程回国。查阅代表团与中国政府近日交际之历史,可以证明代表团企图与中国政府接近解决信而有征之各项问题,如讨论义勇舰、中央粮食救济会存储之粮食、哈尔滨邮政局以及在中东铁路沿线区域等事,均无效果,盖因从未答复故也。令人料想,此篇言词,或者束置高阁,未蒙阅看。

代表团在北京居住三月,其结局距开始公同商议与解决部分问题尚远,并未得有何等效果。然以时间而论,颇足解决代表团交涉之事项,并此时外间与正当之阻碍者,均已除去。中央与各分政府一致宣言,愿由余作中,与中国政府为亲密之接洽,乃形势依然如前,极其含混,中国政府尚未觅得方便之法,详悉代表团之意思与志趣及代表团所有之计划。如实行该计划,已完满解决各项问题。盖该问题中国与远东共和国颇有关系也。友谊邻邦之交际,或他项私事,余不望中政府必能成立,余亦不敢邀成立此事之功,若欲成立,须添加余忍耐之力,静候时机。盖静候时机,则双方面便当多矣。

余奉政府委派来此,未得指示解决何项问题与分析国际情势,此事在远东尤为注重。该项问题,关系两国自由之存在与地方自由之发展,均以迟延丧失,受害非浅,不得不令人深思也。中政府对于交际之意见,甚不明晰,尤不明晰者,则中国政府口头上之表示十分明白,并谓历年交际界务交涉尤多,必须联络彼此交谊,整顿商务,又声言此项曲衷之表示,时为外间牵制。余敢信中政府对于何种问题,应与何人或何时

———————

① 此指布拉戈维申斯克。

开议,均有自主判决之权,况得正直之友谊,如远东共和国以整顿商务上之交际乎。所引外间牵制一层,余甚诧异,余并未惹出累及中国国际受有影响之事。代表团租房问题,无关要紧之细事也,以他故搁置不理,本年十一月十七日,余函中所请求者,并未轶出范围,至今未见答复。尚有一事,极为不合,中国政府与远东共和国代表团实际上之谈判,不能答复该项问题,他事亦然,恐一答复,则为间接承认代表团矣。

余来中国,以直爽之请求,以诚恳之意向,并不希图间接承认,亦不用何种外交奸滑手段使承认远东共和国。余之宗旨明显,事有决定,亦须明显答复。最后交通部禁止联络电报一事,以致关于此后居住之事,亦无法请政府训令,甚为可惜。

余来中国,系经中政府知照同意,并以清心诚意邀请而来,原为将新远东政府之热心感情意志转达中国政府,余受委托转达中政府之件,则远东人民,待遇中国,不似从前帝制政府。并委托商议,实行联络与中国亲密,不逐利益,不作不公允之事,如旧俄政府施行于中国者。从前中国人民受欺侮及不公平等事,托余竭力安慰,并辅助恢复公平与平等,成立永久不败之和睦。两国人民,在亚洲从新友谊敦好,显而易明者,则远东共和国与中国经济政治之联络,较诸其余各国为多,其利权外溢于中国者,较诸他国又不知凡几。远东人民知和平判决各种问题之利益,联络俄国,为中国要务,静候中国方面举步接近。设俄民在远东伸出之手,至今悬系空中,则非余罪也。

至转达本国政府与人民,谓中国政府愿两方人民战争,希冀幸福与自由而致离散,余甚痛心①。此种衰弱两方之事甚夥,余不必指出,以致使许多财产落于公共敌人之手。余请贵总长将待遇远东共和国问题,置诸中国政府之前,以便知所决定,究竟若何意见。余知政府与远东人民,预备实行坚固两方人民盟约,若谢却迎合双方人民友谊之志愿,因此发生不幸之事,中国政府负其责任。驻北京远东民国代表团首

---

① 原文如此。

席优林。一千九百二十年十一月二十三日。

《中俄关系史料——一般交涉》,民国九年,俄对华外交试探,第137—139页

优林致外交部正式宣言
1920 年 11 月 30 日

　　两年以来,远东俄罗斯人民,于缔造新政府新社会之际,受尽僭越者扰乱者复古派与谢米诺夫党之荼毒,迁延以至今日,乐土沦为荒芜,兴隆富庶之区,陷于饥馑凌乱之悲境。然我远东人民热望自由与和平之心从未少减,内息争端,奠国基于民治主义之上,远亲近友,对世界抱大同平等之旨,凡我人民,共守此义,所以一举而摧灭专制之威权,崭新之共和赖以成焉。今我国版图,西自贝加尔湖东至太平洋,论疆域则大于欧洲各国,天产富庶,足以自豪。然我俄罗斯人民,绝不敢以此自足也,仍将保持私有制度,予各国以自由投资之机,又为促进列强经济实业关系起见,凡友邦资本家有欲投入以参加天然富源之开采者,莫不输诚以待,特予以优先保护之实。中国自古与远东为兄弟之国,利害相共,壤土相接,经济之关系既深,互相之仰赖尤热,故我远东俄罗斯首先欲与巩固友谊者,舍中国其将焉属。忆三百余年间,中俄两国缔约不下五十余项,此足以证明我两大民族友爱之必要矣。不过彼等条约之主动,追原祸始皆帝国政府之私意,我俄国人民对此不公平之交涉,殊为遗憾,中国人民明达,必能谅解此衷,而不归罪于我俄国人民也。当俄国被世界封锁时,中国与俄国名谓断绝往来,实则商业之关系未尝或间,即此一端,可知我两国历史之关系诚非口头文字所能拘束也。考欧战以前,中国对俄商业,进步至为猛勇,一九十年①总数为二千万两,一九一六年则为一万万两,对俄出口竟至倍于进口,此项贸易,或由远东各港,或由附近铁路,或自张家口、库伦等埠辗转而来,几全数输入现为独立共和国之远东俄罗斯。我两国商业上之关系,既如此其重,而俄国

---

　　①　即 1910 年。

人民于推倒帝制之后,又以民治原则,为树立邦交之依据,本委员所以本于〔此〕精神亦有深感于中俄邦交之关系。故中国与前俄帝国所订立之条约,本委员团认为有根本修正之必要。盖条约修正问题,实为两国促进邦交之先决问题也。本委员团以为一切关于特殊权利之条件,凡非互相之利益者,宜概行抹除之。其带有帝国主义式侵略意味之条件,或有损害一国威严主义之条件,永不许出现于今后中国与远东共和国关系之间。我两共和国之条约,应以同等机会为原则,以期两国邦交之巩固得以实现。此本委员团所望于中国政府者一也。唯国际对外贸易,苟无相当之裁判,则经济步骤必难合作,而货物之交换亦多障碍。故关于商业关系之各项问题中,亟应解决者,厥为双方经济代表制度之恢复。换言之,即赋有领事全权机关于设立而为国际间早已实行者也。俄国驻华领事停止职权于今两载有半,一旦恢复,自以适应于以上各原则为合理。由此观之,则一八五八年天津条约第七条,一八六〇年北京附约之第八、第十两条,以及一八八一年圣彼得堡条约之第十一条,势非修正不可。此本委员所望于中国政府者二也。本委员团深信中国政府与人民颇能应旅华俄侨之需要,故以为前举各条件中所载之章程,以及关于领事裁判权诸条文,尽可取消而速定对于俄侨之相当司法权。此本委员团所望于中国政府者三也。中俄两国对于中东铁路关系之问题,亦非从速解决不可。铁路在两国历史上所占之位置,甚为重要,今后两国应即订立无交换条件之协定,以公平为原则,以维持两国之权利与义务。至于道胜银行之非法要求,请拒绝之。此本委员团所望于中国政府者四也。此外两国政府亦宜注意及测量新路、改良铁道水路交通之问题,以求商业之进步。寻常税、海关税两事,尤宜详细讨论。此委员团所望于中国政府者五也。本委员团既于此日宣言中,提出各种之待决问题,同时又声明关于两国邦交之重要,深信中华民国对于恢复中俄邦交之志愿,正与远东共和国相同。若各种问题能早日解决,则两大民族友谊邦交之会巩固与增进,必可依此而臻于良好之境,两共和国之幸福与兴隆,亦必可期也。此致中华民国外交部。远东共和国驻华代表团团长优林,又秘书柯尚宁。西历一千九百二十年十一月三十日。

北京《晨报》1920 年 12 月 5 日/12 月 12 日

优林致外交部

1920 年 12 月 13 日

径启者:十一月三十日与刘公使会晤之结果,兹以敝国政府名义于商议远东共和国及中国间经济及商务交际之先,悉从尊意,承认四项:

(一)在中国领土之内不为任何政治行为之鼓吹,即此种鼓吹行为与中国之社会组织不能相容者。

(二)赔偿中国侨俄人民由于俄国革命以来所受之损失,其中包括俄国纸币价格奇落所受之损失。

(三)担任保护现居远东各地方之中国人民之生命财产,并予以一切利便。

(四)中国人民在新疆边地及后贝加尔湖各地方,曾遇种种可憾情事,应明白处理,须遏止此种情事重行发生。

请将指定开始会议之日期示知为荷。

中国第二历史档案馆藏北洋政府外交部档案

外交部致优林

1921 年 2 月 5 日

本国前边防处派驻俄国代表陆军中将张斯麟于上年十二月间由莫斯科回京,带到劳农政府致本总长函一件,本部总长均已阅悉。当令本国派驻莫斯科办理总领事事务陈广平行抵莫斯科后就近答复,应请执事先行电致赤塔政府转电劳农政府接洽为荷。外交部。

中国第二历史档案馆藏北洋政府外交部档案

远东共和国立宪会议致中国人民及政府宣言

1921 年 3 月 24 日

民治主义之公敌于俄国远东横施阴谋害其统一者有日矣,今者,远东乃获得胜利,达其统一之目的。宪法议会之议员,皆此次统一后之新选代表,现正于议会席上解决自己之命运。

远东人民为争自由而奋斗久矣,今得从事于自由光明且独立之生活,故其视现在为极郑重庄严之时期。于斯时也,不禁思致词于俄国民族之旧友焉,即中华民族及其代表是也。盖历经迭次变乱,矢志恢复民族国家统一之大中华国,定能明白已得统一之远东民族之欢忱。今宪法议会抱友爱之同情,与中华之民族相接触,于中华图谋国家统一及民族独立之志愿,极表欢迎,想大中华国必能明悉此回感情之出于衷诚也。按中俄两国之界,其相毗连者,当达数千里,今此项边界之大半,已由远东共和国继承。夫既紧相衔接,则一方面之不(隐)〔稳〕及扰乱,其影响于他方面者必甚速。中国深晓此种情形,故前日毅然解除谢米诺夫羽党之武装,此于中国之利益亦极相符。证之现在恩琴一股反革命之匪党,扰及中国土地,则上述之情形益觉显著。假使两民主国之间,已有条约,定明相互之关系,想中华民族及其政府,未必至于忍受窜入中国之反革命匪党之纷扰。而远东共和国人民及政府,亦自能与中国协议妥善,以除因匪党而发生之公共危险焉。远东共和国自由之民族,极愿依据彼此尊重公道及双方安全之确定办法,以订结善邻之友谊关系。远东共和国及中国,因保卫自己独立以防外力之干涉,有共同利益,足使其相互联络。且两国经济关系,异常密切。俄国远东之市面,可为将来商务工业之中国之销货场,此事可引起中国之注意者也。今本宪法议会郑重宣布俄国远东之民族毫无何种侵略之野心,亦无种族上之成见,于昔日中俄相互之关系间,在前帝国政府之政策,专以侵犯中国主权为事之情形,亦深悉之。是以对于昔者所有缔结之条约,极欲另加研究。关于中东铁路之约亦然。改订之时,务求中国与远东共和国之间,遵守双方之原则。至远东民族所希望者,在订定巩固之条约关系,使两国人民恢复向来之正当商业,此于两国民族之幸福极有裨益。本宪法议会就改造生活之大纲,对待各民族及其政府,一本于诚心,以期彼此竭诚相遇。兹特全体议决,致词于中华民国之政府,并请其承认远东共和国而与之为正式交涉焉。

上海《民国日报》1921 年 4 月 7 日

优林向北京中外各报记者发表讲话
1921 年 7 月 30 日

时间:1921 年 7 月 30 日

地点:北京南长街私邸

中俄英美日记者凡二十人

各报记者提出各种问题后,优林氏即分别答复如下。(一)此次来华之任务有三:(1)解决蒙古问题;(2)中俄通商问题;(3)中东铁路与取缔俄旧党问题。此三种任务之中,又以通商问题为最重要。中俄两国必需通商之理由有二:(1)中俄两国国境之交界有数千里之长,两国人民当然有通商之必要;(2)中俄两国内地,互有数十万之侨民,更非通商不可。有此二理由,故一年以来,远东共和国即向中国政府交涉,惜中国政府因不明远东共和国之真意与建国之内容,遂未肯毅然承诺。迟至今日中国外交部始将《中俄通商条约草案》提出。余此次行至中途,始接到此草案原文,故对于其内容尚未十分研究,但中俄通商草约之内容,大致双方尚无差异。因两国此次所订之通商条约,系以“友谊”、“公理”、“互助”为根据,故双方无大争持之处。一俟彼此稍加研究后,即可开始磋商通商办法。

(二)赔偿中国侨民损失问题。此(次)〔项〕问题当议订商约时,并未提及,盖因中国在俄之华侨因曾受损失,而此次库伦变乱,俄侨亦受损失数百万,苟互相要求赔偿,实与友谊有伤。中国政府倘不顾友谊,必欲得此“特殊利益”,而单独向远东共和国政府要求赔偿,远东共和国政府势难承认。此不可不预先声明者也。

（三）蒙古问题。去年以来，俄旧党军官因在俄国无立足之地，遂多窜入蒙境。当时远东共和国政府即认此为俄旧党扰乱蒙古之动机，曾请求中国政府取缔，而劳农政府亦曾为同样之提议。不幸中国政府误认此种提议为俄国新旧党之倾轧，而不加以注意。嗣后远东劳农两政府复要求中国共同出兵铲除俄旧党，中国政府亦竟拒绝。未几而恩琴居然直入库伦，驯至恰克图至张家口均入其势力范围之下。远东政府非常忧虑，屡欲出兵驱逐恩琴，惟恐有侵犯中国领土之嫌疑，遂一再无形打销其计划。顾前次余回赤塔，同时发生两种变化，即：（1）海参崴发生变乱；（2）恩琴益形活动。是时远东政府更得有许多证据，知恩琴之活动确为谢米诺夫所主持，且证明恩琴确为谢米诺夫之党羽，与其听彼等长此扰乱中俄两国边境，实不如为一时权宜之计，而派兵为中俄两国除此大害。此远东政府毅然派兵入蒙之理由也。查第一次接战，系恩琴亲自出马，远东民军奋勇直前，遂获大胜利，而与彼等一绝大之教训。且经此一战，已足证明恩琴军队毫无战斗之实力。未几而远东民军遂将中国之库伦从恩琴之手夺回矣。在远东民军占领库伦时，想各国人民均发生一种感想，谓远东政府之占领库伦，必有特殊之目的与希望。其实远东政府始终以维持"中俄邦交"、"中俄安宁"为目的，并无丝毫野心存乎其间。故当然无条件将库伦交还中国。盖远东政府只有扑灭恩琴势力之心，并无侵略中国领土之意也。况中蒙问题须完全由中蒙人民解决，远东政府毫无干涉之权。惟恩琴虽退，而其党羽犹布满蒙古各处，故远东政府现尚积极谋扑灭恩琴之方法。恩党肃清之日，即远东政府无条件交还库伦之时也。

（四）对于太平洋会议之观察。此次高唱入云之太平洋会议，其唯一目的，在"以和平手段解决国际间一切问题"。远东共和国亦主张和平手段解决国际间问题之一员，对于此次会议之宗旨抱有同情，当然极端赞成，惟予尚抱有绝大怀疑焉。盖国际间虽时有以和平手段解决国际间一切问题之论调，而其结果，国际间一切不能解决之问题，仍惟诉诸武力。此为远东共和国对于此次会议根本怀疑之点。更进一步言之,此次会议能否成立尚属疑问。盖凡尔赛会议为各国同意所召集,而其结果尚不过尔尔。则此次会议之前途如何,令吾人怀莫大之忧虑也。且此次会议既树"以和平手段解决国际间一切问题"之目标,何以并未招待俄国而径将西伯利亚问题列于讨论范围之中。果不招待俄国而代解决俄国之西伯利亚问题,是其所取之手段当然非和平的而为武力的。于此一端已证明此次会议纵已成立,而将来之结果亦必出乎今日理想之外也。此外吾人更宜注意者,则此次会议,维提倡于美总统,其实暗中别有主张之人。盖英日续盟问题至无法解决之时,故有此变相之太平洋会议发生。谓予不信,行将见其结果,披露与吾人之前矣。余因时间仓卒,不欲多所发言也。

(五)与张使接洽情形。余此次经过奉天,曾与张作霖氏接洽一次。诸君均知中国政府将库伦问题委张氏以全权。余对此问题不能不与张氏有所接洽也。

(六)海参崴近况。海参崴问题,为俄日问题之一。实际上日军阀已渐起不信任(威)〔崴〕埠政府之态度。海参崴政府势将无形取消。须知各国各有其主国之道。远东共和国不反对各友邦主国之道,深盼各友邦亦勿为远东共和国发展国家之障碍,则远东共和国不难根基日固矣。

上海《民国日报》1921 年 8 月 2 日

颜惠庆会晤优林
1921 年 10 月 3 日

总长云:检查文件事,前日已由刘公使①与阿格辽夫议商,将可解决,不过稍有不同意之一点,似可再由阿格辽夫与刘会长议商。余今日可与优林先生磋商他事。

优林云:检查文件之事,不过尚有一二字之争议,今可即与贵总长

---

① 驻俄公使刘镜人,并任外交部俄事研究会会长。

先将此事解决。

总长云：前次优林先生曾谓此事可稍从缓议，须先言他事，何以现又与前言不同。

优林云：因日前贵总长谓须将检查文件之事，先行结束，余今颇表同意。且现所争执不过一二字，若允将文件及抄件交还载入声明内，即可将此事了结。

总长云：此种抄件，业已分散他处，一时何以遽能收回。

优林云：不必齐集同时交还，只须将抄件字样，加入声明文内。

总长云：交还此项抄件，前次刘会长与阿格辽夫会商时所争执者，即在此一点，刘会长以为不必将此节载入声明文内，而阿格辽夫则以为必须载入。今若将其载入，在我方面拟将中国政府对于委员团中认为不满意人员应即撤回一节亦载入在内，方为公允。

优林云：现在既有重要事件须待协商，故所议结束检查文件一事，可即照此商议者办理。

总长云：如此可即将所商议之声明文稿，另行缮写，今日下午由刘会长与阿格辽夫签字备存。

优林云：可以照此办理。余尚有数事，须与贵总长一谈，未悉有无余暇。

总长云：今日时刻已不早，余尚有他事，可请将欲谈之事，撮要言之。但现有一节，余拟先行询明，即今优林先生欲向余议谈各事，究系以何项名义。系以远东共和国外交总长名义，抑系以驻京代表团主席名义。

优林云：系以外交总长名义。今余欲于未谈各事之前，先行询明中国政府于此次解决检查文件以后，与我国议商各事，是否仍能根据友好之意。深恐因此事发生，两方现或有扞隔情形，于解决各事留有痕迹，以致不能浃洽。

总长云：此事既经解决，两方商议他事，自应友好如初。

优林云：如此余可报告我国政府，此后中国政府仍拟照从前友好之意,与我国议商各事,不使留有何项不愉快之痕迹。

总长云:如此甚好。

优林云:余现拟提议之事,第一问题即系蒙古事项,此一事究须在何处商议解决。

总长云:亦可即在北京议商。

优林云:是否可即由阿格辽夫与贵部议商。

总长云:此事即可由阿格辽夫与本部议商。

优林云:现本国政府承认中国政府对于蒙古之主权,并可撤去现在蒙古之俄国兵队,惟是俄国旧党现多在中东铁路沿线盘踞,其他又与赤塔蒙古两地接近,如有所谋,颇为容易。设使再有何种举动,殊有不利于我国,乃至发生事故,再议办法,实有种种困难,自须先拟一妥当办法,方可免去后患。

总长云:俄国旧党在中国境内东省铁路沿线有所图谋,倘得有确实证据,中国政府自当设法处置,现即预为商定办法,亦无不可。

优林云:第二问题是两国协议通商,即须从速进行,并不可虚伪延宕致耗时日。

总长云:通商条款似觉并无困难商订之处,倘能先将蒙古及中东铁路两事从速议妥,则通商条款有两三星期,当可议定。

优林云:再如中东路事,两方亟宜从速组织委员会,该委员会须注意两事:一即彼此须先互换意见,研究解决办法。一则应随时留意,查探华盛顿会议对于此事若何,恐该会内将有提议此问题之事。

优林又云:现此数事已经说明,惟仍有他事拟一并言之,不知尚有余暇否。

总长云:今日为时不早,余尚有别事,明晨又有国务会议,可请于明日午后四点半再来部一谈,但余现亦有数语,须向优林先生一言。一、中东路事须速由我双方先自解决,免致他国在太平洋会议提议,致于我双方不利。现如能将蒙古俄兵撤回,并将中东铁路及通商条款议妥,则我国在太平洋会议,虽不能积极帮助远东共和,亦可消极帮助,赤塔当亦受益不少,彼时赤塔政府地位巩固,我国即可考量承认问题。深望对于上言数事,详细筹思,妥拟办法,总期彼此协议,易于解决为妙。

优林称是,并允于四日下午四时半来部。

《中俄关系史料——一般交涉》,民国十年,第549—551页

远东委员团致外交部

1922年5月29日

本代表曾于本月二十三日与贵总长晤谈,兹再奉达者,贵部二月十五日答复本团二月二日节略之复文内,有在开议订约以前,应用文件声明之意。查贵部所提议由本代表先行宣言,以作开会之前提一节,本团以为所有应行讨论之各项问题,可于开始会议时由双方提出,以求彼此同意,无须一方面预先决定之,并以为若用此种切实办法以图进行,最易于开始会议也。本团所持之意见,向来如此,始终未变,相应再行奉达。

中国第二历史档案馆藏北洋政府外交部档案

远东共和国政府宣言书

1922年11月17日

十一月十七日,远东革命团在赤塔按照远东革命民会之意旨宣布:远东共和国之全境均莅于本国威权之下,其领土主权之范围连同东海滨省北库页岛、猎海湾、东省铁路均在内,所有以上地方劳农政府之势力尚未达到者,本团将设法将该地帝制派之势力、军阀势力及其他在该地攘夺劳农政府国民之权利自由财产者均一律驱逐,此等政策系在远东施行劳农政府之威权。本革命团不仅仰赖劳农政府之权势,且招致邻壤地方受专制之压迫、赞成劳农主意各人民之势力,此项人民均认劳农政府为社会主义之发源地者也。

中国第二历史档案馆藏北洋政府外交部档案

劳农代表致外交部

1922 年 11 月 18 日

劳农俄国代表通知中国政府,远东共和国国民议会及其政府于一九二二年十一月十四日自行取消职权,并声明苏维埃权力普及于远东共和国境地并与之合并。因远东共和独立国停止存在之决议及事实,远东共和国驻华之委员团亦即停止存在,至其他驻华远东共和国代表机关现均改作劳农代表机关。

自今以后,所有与远东委员团一切交涉,应请向本代表接洽可也。

中国第二历史档案馆藏北洋政府外交部档案

远东委员团致外交部

1922 年 11 月 18 日

总长台鉴:敬启者。远东共和国国民议会及其政府业于本年十一月十四日取消其职权,并宣布苏维埃权力达于远东共和国全境,而远东共和国合并于俄罗斯社会联邦苏维埃共和国。本委员团特此通知中华民国政府查照,根据此项决议及其事实,远东共和国之独立共和国资格业已终止,而远东共和国驻华委员团即不复存在,至其他在华远东各代表,自今以后均转为俄罗斯社会联邦苏维埃共和国之代表机关。

所有中国政府与远东委员团所商一切问题,此后应与驻华苏维埃代表接洽。本委员团除将以上情形通知贵部外,惟为清理公事及移交俄罗斯社会联邦苏维埃共和国代表各端,约须两星期左右,在此期间本委员团在京尚有寓所,合并奉闻,并请贵部发给本团各员外交护照,俾平安离京回国返苏维埃国。顺颂

日祺

中国第二历史档案馆藏北洋政府外交部档案

5. 裴克斯代表团来华

裴克斯[①]对记者谈话

1921 年 12 月 10 日

（一）来华之任务　派氏[②]云：中俄两国间有关共同利害，亟待解决之各种问题，已至正式谈判之期。故余此次与中国开始之交涉，无论何人，皆不至惊。苏维埃俄国对华毫无野心，早已不辩自明。俄国处分蒙古之事，中国虽抱不满，然误会一旦解除，前嫌定可冰释。查俄之对蒙，绝无侵略之意，诚以当时恩琴势力日强，中国当局未能实行痛剿，不得不派兵入蒙耳；俟蒙境对于俄国之危险组织完全消灭后，俄军自当完全撤退。中国如能谅察俄国之诚愿，蒙古问题即不难解决也。中国在中东路一带之主权，苏维埃政府完全承认之，故谈判开幕以后，俄国将竭力使问题圆满解决，以保路区以内俄国工人之利益。

（二）华府会议之观察　华府会议最有关系之国家，未得全行加入，则会议之成绩必难良好。吾人亦不必以积极的结果相期许，就其大体言之，列强召集华府会议，不过欲以和平方法及简易手续宰割弱国民族。中国以弱国资格，似不应希望过奢，盖即使中国之要求，一一见诸于列强，事实上亦属空文，决无实行之理，况中国之要求已无往而不被拒乎？苏维埃俄罗斯此次未得列席，所有决案对俄自不能发生效力。俄国受外侮内乱之影响，经济方面损失元气不少。然自新经济政策推行以来，已有复原之趋势。俄国对于列强，素采和平政策，不愿轻开战端。列强见俄人之缓和态度，以为软弱可欺，遂相继加兵于俄。厥后俄人一再表示其自卫之能力，全球为之惊讶不置，列强之对俄态度，亦为之稍变乎。

---

①　苏俄代表。

②　即裴克斯。

（三）俄国灾荒之情状　俄国灾情至为可虑，人民所受痛苦亦前所未闻，男女老幼待毙者数千百万，报纸所载犹不能描写苦况于万一。俄国政府与人民虽竭力图谋补救，然杯水车薪，势非求助友邦不可。可不幸高唱人道主义之西欧诸国，乃欲利用灾荒以逞其私，苟非俄人据已往之经(济)〔验〕，发觉列强之阴谋。苏维埃政府亦大施助力，竟其全功，美国人士固常道及之也。

（四）大连会议之将来　大连会议为日本与远东共和国所开之谈判。远东共和国系独立之国家，故余只能以私人之观察发表非正式之意见。日本自数年来，侵略远东，不遗余力；强占远东土地，虐杀远东人民，已属目无公法；犹复在大连会议席次，以战胜国之态度，迫远东容纳所请，以亡其国。是故日本若不循俄人之意，速将军队撤还，大连会议必无良法结果，可断言也。旧党报纸，谓日本与远东共和国已订某种密约，对于中国甚为不利，悉属捏造之词，幸勿轻信而生误会云云。

上海《民国日报》1921 年 12 月 21 日

颜惠庆会晤裴克斯

1921 年 12 月 16 日

巴①云：今日晋谒贵总长，不胜荣幸。余代表本国政府及人民向贵总长表示对于贵国政府及人民祝颂之意。

总长云：今日晤见贵代表，本总长甚为欣悦。

巴云：今日带奉本国政府派余为会议中东铁路事全权代表之信任状一件，请贵总长察阅。本代表兹又接到本国政府委任本代表与贵国政府办理其他事务之信任状一件，改日当再面陈。总之，本国政府对于中东铁路问题，仍愿本其当初宣言之宗旨办理。至蒙古问题，亦视为易于解决之事。

总长云：将来会议中东铁路问题时，贵代表与远东代表之权限

---

① 巴意开司，即裴克斯。

如何。

巴云：本国政府有处理该路之全权，故关于该路之主体问题，当由本代表全权办理。远东共和国所派代表系专注重于技术方面。

总长云：贵代表当有签字之全权。

巴云：然。

总长云：是否远东共和国所派之代表即为贵代表之技术顾问。

巴云：远东共和国所派之技术代表亦系独立，本代表有全权处理该路主体问题，惟远东共和国境界与贵国境界互相连毗，关于该路运输问题，当由远东共和国代表与贵国接商。

总长云：将来讨论该路运输问题，贵代表是否参预，其议决办法，贵代表是否签字。

巴云：讨论该项问题时，本代表仍当参预，其议决办法，亦须签字。总之，将来开议时，本代表当首先将此权限问题详加声明，免致误会。

总长云：甚善。

总长又云：顷贵代表提及蒙古问题，本总长为此事对于远东共和政府方面颇为不满，当优林上次到京来晤时，本总长曾询其以何种资格来晤，系远东共和驻北京委员长资格，抑系远东共和国外交总长资格，渠答称系远东共和国外交总长资格来晤云云。当时优林与本总长接洽蒙古问题，其结果决定各派代表在满洲里召集会议，并劳农在伊尔库次克军队某司令亦在赴满洲里参与会议之列，厥后本国代表早经派定，正当赴满之际，本部忽接阿格辽夫君通知，谓远东军队业经撤退，毋须开此会议等语。本总长至深异诧，查劳农军队开往蒙古，道经远东共和国境，既与本国政府有此接洽，何能失信。劳农政府对于该问题究持何项宗旨。

巴云：本国政府与远东共和国政府为防止白党由蒙境侵犯俄边起见，曾订有一种协定，本国政府对于蒙古绝无存有侵占之意，仅因白党羽翼四散蒙边，至今犹未肃清，本国边界之安宁殊属可虞，且蒙古地方政府近有请求暂不撤兵之举，并声明彼实无力阻止白党之重来使用蒙古为其扰乱之根据地等情,是以贵国方面倘能以实力确保白党不再侵占蒙地借以扰乱本国之安宁,本国军队当可立时撤退。总之,本国政府深愿与贵国互相提携,蒙古问题由本国居间,不难解决也。

总长云:本总长自今以后甚愿不时晤见贵代表接商一切,贵代表之信任状暂时留下,俟抄录一份后,原件当即奉还可也。

《中俄关系史料——中东铁路与俄政变》,民国十年,中东铁路,第473—474 页

裴克斯对中美通信社记者之谈话

1921 年 12 月 24 日

裴克斯氏谓此行目的主要在中东路问题,然亦有特权可以讨论中国与苏维埃共和国间其他问题,如外蒙问题,与其他交涉进行中发生之问题。然此须交涉进行结果满意,始可及此。关于中东路问题,苏维埃共和国愿依照历次宣言,将此路交还中国。此行使命,即与中国外部商量将此路交还中国政府与中国人民之办法,绝对不求取任何财政与经济的利益。然苏维埃共和国极望中国与以确实之保证,无论其为全部,或一部,不使中东路归于第三国。尚有其他条件,与苏维埃共和国有关,然非财政的亦非经济的,凡此皆在交涉中,不便宣布。关于远东共和国对此次交涉之态度,则裴氏已与远东共和国外交部长屡次讨论,两政府政策完全相同。克拉斯基对赤塔在中东路之利益,亦极注意。嗣复询以如果该路于满意条件下交还中国,俄国是否欲于中东路及该路一带,使俄国人民得有最惠国之政策,并不欲俄国人民在华得有与其他在华外人之待遇。裴氏又谓苏维埃共和国关于外交自有其理想,然亦知立求实现之难,然决不以此而放弃其理想也。故此苏维埃共和国欲与中国政府交涉,使中俄人民两蒙其利,不令其有发生冲突之可能,俾两国间友谊,永敦睦善云。中美通信社代表谓如果华盛顿议决国际共管中东路,则如何。表示谓无论华盛顿有何解决,苏维埃共和国均不负责,以并未参加也。其次中国或将反对外人之干涉其内政,且于不信华会有解决此种问题之能力。即使有他国主张,美国无论政治家、银行

家、商人当均不赞成任何国际共管之计划。前次各国干涉西比利亚结果,何国所得利益最大,已明白表示于世界矣云云。(二十四日)

上海《民国日报》1921 年 12 月 26 日

裴克斯致外交部
1922 年 3 月 29 日

前以开会协议之故,荷贵政府邀请为劳农共和国代表,当承允一到即行开议。此项允诺并于上年十二月十六日面晤,经贵总长重行申说,而于本年一月十二日二次会晤贵总长时,又经决定不日开议。乃本代表抵京以来已三个半月,即就最后允诺之时计之,亦逾两个半月矣。至于开议问题则仍在渺茫之中,其延搁原因贵部且视为不必通知,迄置不告。不特此也,即本代表旅京期内,贵政府曾颁种种命令,并举行多事对于苏维埃政府所代表之俄民毫无友睦之表示。此类新发生事实如下:

(一)本年一月八日,大总统命令取消一八八一年中俄陆路通商条约,自四月一日起实行。一月十九日海关税务司遵行上项命令暨总税务司训令,发布三三二号通令,申明所有以前关于俄国进口暨由满洲出口各货物减征关税权利,自四月一日起停止云云。

(二)本年二月贵部通电上海、烟台交涉员,畀以出租义勇舰队船只之权,该项船只系俄国国家产业而为劳农政府给予远东政府使用者。

(三)哈尔滨灾荒赈济会为救济难民,意欲发行彩票。中国官吏以殊难索解之理由禁止之。

(四)二月二十七日华官偏信与有感情之俄反革命党诬告,无端搜查安分俄民居室多处,并且违背国际互相尊重之常规暨中国与远东共和国现有之友谊,竟搜及远东特别代表之房屋。

中国政府此种举动,本代表惜乎不得不视为异常非法不公之举动,故迫不得已,特由政府名义提出抗议。

查一八八一年条约,仅关于由天津、肃州经过蒙古陆路之商务。该约虽停止实行,亦不能将一八九六年条约所规定之税权连带取消,所以海关税务司之通令显属非法。至论及一月八日大总统命令,就一八八一年条约言之,亦甚似诧异,盖中政府实在无单独废弃该约之必要。劳农共和政府曾迭向中政府宣告:劳农政府准备及情愿与中国政府商改前俄帝政府所订各项中俄条约之意,以期除去妨碍中俄人民友好之条款,劳农政府至今仍准备从速开议修改各约。故中国政府未经预商遽尔取消该约,殊难索解。其尤难索解者,一月八日大总统令内并有现在俄国正式政府尚未成立,无从提议修改条约之语。劳农政府与英、义、德、奥、波兰、瑞典、那威、土耳其、波斯及其他各国订立商约,度中国政府人民亦已知之审矣。然则英、义等国寻得俄国政府之地址,何以毫不费力耶? 若谓我在北京政府前故以他国为榜样,我亦并无此意。凡依照其国民主愿治国之政府,我侪即承认之。兹我侪之所欲明悉者,中华民国政府何以去年九月允许苏维埃商务代表团来华,十二月邀请劳农代表赴京会议,本年一月十二日又有不久开会之允诺? 乃于一月八月大总统令及宣言在苏维埃俄罗斯国内未见有政府足使中国得以与之议改条约者,岂非自相矛盾耶?

　　溯苏维埃政府于一九一七年成立之时,废除前俄政府之掠夺强迫政策,并经宣告人民有自决之权。故在俄国本部并对其他各民族均抱定此旨,至今不变。苏维埃政府对于受前俄帝政府奴视之东方各民族,许以完全自主并联以友善亲睦之忱。一面并请中华民国政府从速开议,以便将前俄帝政府用强力所获一切交还中国人民。在他人莫不以为俄国人民暨苏维埃政府具有种种理由,可以深信中国人民及政府之友谊真切可靠,岂料其实际适得其反耶? 如俄民之仇敌,俄反革命党以及华民同受困苦之俄帝制派,在华境内显然宣传并组织各种团队攻击劳农暨远东共和国,中国政府不但不加阻遏,转予以最优礼待遇,聘为顾问、税员、译员等职,而一方面安分俄民专为其国民谋利益者,则单凭反革命党之一言,受华官种种压迫。苏维埃政府深信中国人民必抱兄弟友于之情,与俄国人民无异。俄国政府切望中国政府能将由以上各节所发生疑惑一概销释。一俟与苏维埃政府从速开议以后,即将竭力设法俾两邻国之友谊及早巩固为盼。

中国第二历史档案馆藏北洋政府外交部档案

6. 苏俄代表越飞来华

顾维钧①会晤越飞②

1922 年 8 月 15 日

劳农旧代表巴意开司
朱鹤翔　伊万诺夫 在座

姚③云:今日偕同巴君前来谒见贵总长,曷胜荣幸。

总长云:贵代表来京,谅一路平顺?

姚云:承哈尔滨贵国地方官厅照料周至,至为感谢。贵总长在外交界中声誉卓著,素所敬仰。希望从兹中俄间之交通及两国邦交关系得以恢复。本政府及国民对于贵国政府及国民均抱极深之同情,余当力谋中俄之亲善。

总长云:贵代表在欧声望为本总长素所深悉,此次奉使来华,贵我间之各项问题定可有解决之望。贵代表顷云力谋中俄之亲善,本总长以为目下有一绝好机会足以促进两国间之感情者,即贵国方面自动的撤退在外蒙之红军是也。今日本总长于各项手续未经定备以前即向贵代表提及外蒙撤退红军问题,实因本国方面对于此事极为重视。贵国方面如能迅予办理,则为中俄间亲善之最好机会,且其他各问题亦必易于解决也。

姚云:总长提及蒙古问题,余甚欣喜。此事将〔与〕其他各问题同样讨议。盖当初本国出兵外蒙,纯为剿灭白党而起。则今日于撤退红

---

① 北京政府外交总长。

② 苏俄代表。

③ 亦作姚斐,即越飞。

军之先,亦当确定办法也。

总长云:外蒙撤兵问题,本国国民及舆论极为注重。本总长查阅案卷,前任颜总长为此事曾与巴代表一再提议,当时贵国出兵,事前既未征我同意,现在外蒙秩序业已复旧,贵国出兵之目的已达,自应从速撤退,表示诚意,俾免本国国民及舆论之误会。故本总长以贵国撤退外蒙军队为中俄增进情感之良好机会也。贵代表在贵国政府中为有数之人物,并居重要地位,对于此事甚望注意。

姚云:现在红军驻在外蒙,对于蒙事并不干涉,而地方之秩序及通商之安宁,则赖以维持。故该处华人、俄人及蒙古人中颇有请求红军留驻外蒙者在也。如果余电请本国政府将外蒙红军即日全数撤退,则中国方面、俄国方面或蒙古方面是否裨益,殊难逆料。余此次奉使来华,系专具有两种宗旨:其一为本国政府对外之宗旨。此与旧俄帝国之对外政策完全不同,即本国政府对于凡能自力之国家,尽力予以扶助是也。其二为本人所抱之宗旨,即此次奉命来华,系以专使名称,并非寻常代表,深愿贵国政府之重视是也。此外并奉本国政府命令,与日本商议撤兵问题,将来或在北京,或在哈尔滨开议,惟于开议之前,极愿与贵国先行接洽。

总长云:所谓与日本商议撤兵问题,是否即系撤退西伯利亚日本军队之谓? 其范围如何?

伊万诺夫云:其范围约在满洲里以南,哈尔滨以东及海参(威)〔崴〕以北。

总长云:以本总长观察,此系商议撤退在俄国领土以内所驻之日本军队,至在本国境内之日军撤退问题,中国政府现正与日本从事商议。事关本国领土主权,未便经他国出而预闻也。

姚云:此事与贵国方面不无利益关系之处。将来无论在北京或在哈尔滨开议,余拟请贵国政府派定代表一名,如遇与贵国方面有关系时,俾便咨询接洽。贵总长意见如何?

总长云:此层本总长当为考量可也。

姚云：此次余奉本国政府命令以专使名义来华，随带国书一件，照例应递呈贵国大总统。此事手续上如何办法，拟请贵总长见示。

总长云：贵代表来华之待遇，当与巴意开司代表同等，当时曾经知照在案。惟巴君来京并未带有国书，现在贵代表之国书请暂留下。应如何办理，本总长当令交际司讯查向例，再行核定可也。

《中苏国家关系史资料汇编》(1917—1924)，第 175 页

越飞致顾维钧

1922 年 8 月 25 日

本月二十三日与贵总长所谈一节，兹将本代表团向贵政府建议如下：自俄国劳农政府最初成立之时，曾力向中国政府与人民表示，对于中国不但准备放弃前俄帝制侵掠政策，并欲依据新基础重订交谊，此为两国政治经济平等之入手办法。一九一九年七月二十五日，国民委员会曾致中国人民及南北政府之宣言书中，已将劳农政府期望与中国订立新交之原则明白表示矣！此等原则前于一九二〇年九月二十七日本国代理国民委员会外交总长致贵政府照会中，亦曾概括建议，盖愿订立中俄友谊之协议也。乃中国政府非特于前项建议未置答复，且对于劳农政府常持不友睦之态度，即如参加反对俄国之武装干涉，及准许白军党徒与匪首潜匿中国境内。然俄国劳农政府对于力争自由之中国人民，犹表示最高同情与友谊。此次北京各人民代表对于本代表团一致热诚欢迎，本代表本此再向中国政府重行磋商关于双方之一切问题，俾两国间成立政治、外交、经济、商务上适当之关系，以符二国人民所互相希望之缔交连合之意向。

今劳农政府诚愿达此目的，故按照以前二次宣言内之原则，仍欲与中国开议。中俄两国之密切关系已数百年于兹，自中国与前俄帝制政府所订一切条约停止效力以来，各种未经解决之悬案甚多。本代表之意见，以为中俄会议中应先讨论两国间政治、经济关系之根本原则，订立主要条约，然后即照向来办理此类事务之手续进行，回复应有之使领

关系。其余解决各项细则,及实行主要条约各事项,或可归特别委员会,或可归使领各代表办理之。以上本代表之建议,中国政府如表同意,即请贵总长将中政府所愿择之中俄会议地点及时日见示为盼。

中国第二历史档案馆藏北洋政府外交部档案

越飞致顾维钧

1922 年 9 月 2 日

敬启者:兹因彼此迭次晤谈之故,谨将所拟中俄开议之节略附呈察阅,敬请贵总长俯鉴鄙人至崇敬之意。此致
中华民国外交总长顾博士

越飞

西历一千九百二十二年
中华民国十一年 九月二日

附:节略译文

关于八月二十三日、三十日、三十一日与贵总长迭次晤谈各节,本全权代表兹向贵政府提议如下:

自俄国劳农政府最初成立之时,曾力向中国政府与人民表示:对于中国不但准备抛弃前俄皇之帝国侵略政策,并欲依据完全之新基础,即两国政治经济应首先完全平等者,重订相互之交谊。国民委员会于一九一九年七月二十五日,发表对中国人民之宣言,已将劳农政府期望与中国新订邦交之原则明白表示矣。此等原则,前于一九二〇年九月二十七日本国代理国民外交委员长加拉罕氏致贵政府牒文中,亦曾为具体之提议,盖欲藉此订立中俄友谊之协定也。乃此项友谊协定,虽未订立,而劳农俄国对于力争自由之中国人民,仍抱极大之同情与友谊。本全权代表现向贵政府再行提议磋商关于双方之一切问题,以期中俄两民国间成立善邻之睦谊,而符两国人民之心理。

今劳农政府主张始终一致,故现仍欲悉照以前二次宣言内之原则,与中国开议。

此次本全权代表之提议,中国政府如表同意,即请贵总长将中政

府所愿择之中俄会议地点与日期见示为盼。

西历一千九百二十二年
中华民国十一年　九月二日

中国第二历史档案馆藏北洋政府外交部档案

外交部致越飞

1922 年 9 月 7 日

本年九月二日准贵代表节略,内述劳农政府对华意志,本部业已阅悉。贵代表拟请会议中俄一切问题用奠双方邻好关系一节,中国政府可表同意,并准备即与执事开议。所望会议时贵代表一本劳农政府迭次对华宣言之精神,及贵代表此次节略所述旨趣,彼此竭诚谈判,俾所有悬案得资圆满解决,一切问题自可顺利进行。其会议地点,本部主张即在北京,至开议日期,本部之意不宜久延,惟现在贵代表既赴长春,何日回京,应请贵代表先行见告,俾能酌定开议日期。相应略复,即希查照为荷。

中国第二历史档案馆藏北洋政府外交部档案

施肇基①会晤越飞

1923 年 1 月 13 日

朱鹤翔、魏文彬在座

总长云:本日会晤贵代表甚慰。本总长深信尊体业已复元。

姚斐云:贱躯尚未回复。

总长闻之怅甚,并云:然尊容似无抱病之状,深盼并非重症。

姚斐云:医师因本代表久病不愈,力劝赴南养病。

总长云:旅行恐于贵体更形疲惫,甚盼贵代表能暂留本京,俾便继续前贵代表因赴长春所中断之谈判。

---

① 北京政府外交总长。

姚斐云：关于本代表与前任顾外长之谈判，似不能谓因予赴长春而中断。盖此项谈判不过为中俄会议之"预先接洽"而已。双方议定在北京开会，但日期未曾订定。本代表以为如果贱体粗健，然中国旧历年关在迩，即使现在开议，亦将因假期而中止，故拟乘此时机赴南养病，贱体亦未必因此旅行而益觉疲劳也。今日本代表能与贵总长会晤，至深欣慰。贵总长在外交界负有盛名，敝国素有所闻。设如贵总长今日有暇，本代表原有数项问题欲借以说明，因本代表今日会晤贵总长，非止为辞行已也。本代表非旧式外交家，于国际问题甚愿开诚布公。

总长云：中国旧年放假不过两日，就本国政府方面而言，旧历年假并不至为会议之阻碍。且贵代表赴长春之前，曾声明由长归京即当开议，本部有案可考。

姚斐云：贵总长对于下项问题之意见如何，拟请见示：一、会议是否仍照前任顾外长时所择定之手续进行；二、抑或系两国正式会议为订立一中俄条约。

总长云：本总长莅任不过数日，只愿继续因贵代表赴长春而中断之会议，以图解决中俄两国间之重要悬案。本总长兹有一事拟向贵代表言之：本部迭接俄属阿穆尔省中国商民请愿，声称该处警察深夜搜查中国商会，会董被拘，而物件亦被携去等语。本国政府及人民对此大不满意。设使此项消息传往外国，海外人士对于贵国亦将发生恶感。本总长以为贵国苟有诚意与中国保持友好关系，则上项被拘人员应即释放，而所携去之物件，亦应同时检还。贵国须担保嗣后不再发生此种事件。

姚斐云：关于本代表与前任顾外长之谈判，兹欲首先说明：本代表并不视之为中俄条约之磋商，不过认为预先接洽而已。查本代表与前任顾外长会晤计有三次：第一次讨论本代表本身法律上之资格，第二次及第三次讨论中俄会议是否解决特别数项问题抑或包括中俄两国间之一切悬案。本代表以为中俄两国间并无特别问题，此次开议盖欲订立中俄正式条约也。

（以下双方讨论伯力华商会案，从略）

总长云：贵代表与前任顾外长会晤内容已有记录可考。……只望贵代表根据历次对华友谊之宣言，将驻蒙俄军迅予撤退，并盼即行开始中俄会议，开诚讨论两国间各项重要悬案。贵代表如能延期旅行，正深企盼。

姚斐云：关于阿省华商会案，本代表今日即致电该地方长官加意郑重，并主从宽办理。贵总长所提前次会晤，本代表以为并无正式记录。如果正式开议，必须将中俄间所有问题一并商议。医师屡催本代表前往天气较为温和之处调养，所以于明后日即当起程南下。今日本代表拟向贵总长提议决定中俄会议在本年三月正式开会，惟不知会议时贵国将派何人为首席代表，敝国则已派定本代表为全权代表。

总长云：本总长甚盼贵体早日复元，俾可即行开议。延至三月，为期似觉太远。开议时能将各重要悬案先行解决，则其余问题自易商议。本国方面，本总长拟派一精通英语大员代本总长莅会。如有（功）〔工〕夫，本总长甚愿亲自列席。目下贵代表既须他往，此问题自可待返京时再定。又本总长昨日甫知贵代表今日见访，今日因有要公不及畅谈，甚为抱歉，请为见谅是幸。

姚斐云：承示一切，至为感谢。贵总长声望素著，本代表深冀将来开议时，贵总长能亲自莅会。

总长云：贵代表此行，本总长深望善自静养，勿太辛劳，并能早日返京，尤盼。

姚斐遂兴辞而别。

《中苏国家关系史资料汇编》（1917—1924），第179—180页

越飞致外交部
1923年1月15日

总长先生钧鉴：兹因抱病，按医生云，以前往中国南方调治为宜，不日起行。在本代表出京期内，应由本团参议达夫庆氏 Davtian 暂行代理

本代表执行事务。专此函察照。顺颂

公绥

劳农代表姚飞

中国第二历史档案馆藏北洋政府外交部档案

达夫庆①致外交总长

1923 年 1 月 30 日

为照会事:顷遵本国政府训令,奉达如下:查本国驻华代表越飞久病未愈,本国政府拟请将中俄会议移至莫斯科,想此举与贵国欲速期中俄两国邦交缔结告成之意正相同也。特此。顺颂

政祺

劳农驻华代表达夫庆签押

中国第二历史档案馆藏北洋政府外交部档案

外交部致劳农代表团

1923 年 2 月 13 日

本年一月三十日来略具悉。查中俄会议姚飞代表来京即与本部顾前总长商定,以北京为开议地点,只因姚飞代表须先赴长春会议,以致中俄会议之期,未能遽定。当时本部接有姚飞代表函约,俟长春回京再与本部接洽,讵意姚飞代表于归途撄疾,绵延至今,以致中俄会议无由进行。旋姚飞代表于上年十二月中旬②赴沪养疴,临行时曾来晤本部施总长,面约于三月间回京开议。兹接来咨,劳农政府提议将中俄会议移往莫斯科一节,正值会议时机接近之际,中途忽有此项变更,如此办法,恐于会议之期更将因而耽延,与来略所述之希望适得其反。本部为促进中俄会议早日实现起见,仍主照姚飞代表原议,请其提早回京,或

---

① 劳农代理代表。

② 公历本年 1 月中旬。

另派人开议。统希查照,并转达莫斯科为荷。

中国第二历史档案馆藏北洋政府外交部档案

达夫庆致外交部

1923 年 2 月 23 日

关于中俄会议事,接准本年二月十三日第一五五号节略,表示贵部对于中俄会议应在北京开议之意,本代表团业已转达本国政府矣。兹奉本国政府训令,用特奉达贵部如下:

俄国政府之所以提请将中俄会议迁往莫斯科者,无非期副中国欲提前会议之期望。查本国代表越飞于长春到京之后,既已因病不能即刻开议,继复因病离京,更使中俄会议遥遥无期。故本国政府于闻贵国驻莫斯科特别代表沈君表示贵国政府期望之后,加以考虑而有此提议,俾会议可从速进行,在莫斯科即刻开议也。

本国政府此种之提请,乃事所当然。良因中国社会中人,既多盛传俄国故意延迟会议,而贵国各报对于本国代表团团长,亦复肆向攻击,且讽示于人曰,该代表团团长应予更换云。此种攻击,固为毫无根据之谈,乃有时含有半官〔方〕性质之意味,故本国政府何能漠然视之,遂有提前在莫斯科会议之提议也。

兹因贵部表示甚愿俟越飞返京在京开议,本国政府仍持前议,如越飞代表能以回京时,即可在京开议。特此奉达,诸惟察照是幸。

中国第二历史档案馆藏北洋政府外交部档案

外交部致驻莫斯科沈委员

1923 年 3 月 27 日

政府因重视中俄交涉,二十六日奉令特派前外交总长王正廷筹办中俄交涉事宜,希通知劳农政府转饬姚飞迅速回京,以便开议,并电复。外交部。二十七日。

中国第二历史档案馆藏北洋政府外交部档案

外交部致劳农代表

1923 年 3 月 28 日

本月二十六日奉大总统令：特派王正廷筹办中俄交涉事宜，等因。相应达知贵代表查照，转达贵国政府，并电姚飞代表迅速回京，以便早日开议为要。

中国第二历史档案馆藏北洋政府外交部档案

劳农代表团致外交部

1923 年 4 月 2 日

苏俄政府代表团接准外交部中华民国十二年三月二十八日节略，关于王正廷任命事，特将本日接到驻华苏俄全权代表姚飞复电照转如下，请外交部查照。

余得此通知，深为感谢，并欣幸如此有经验之外交家如王正廷者，被派代表中国，且中国政府异乎前此延宕会议之政策，终竟预备开议，余尤为欣幸。此事与余意完全相同，一旦余能起床，即于回京时清理一切事务，余虽仍在病中，亦将庆其终得与中国开议也。本代表团特请外交部查照。

中国第二历史档案馆藏北洋政府外交部档案

驻莫斯科沈委员致外交部电

1923 年 4 月 5 日

外交部：九新。二十七日电敬悉。遵达。彼称姚不日回京。勋。五日。

中国第二历史档案馆藏北洋政府外交部档案

（二）北京政府停止旧俄使领待遇及筹收俄租界

说明：十月革命后，北京政府继续承认沙俄政府派驻中国的所谓外交代表，保留沙俄政府在中国攫取的一切权益。1920 年 9 月，在经历了近三年的观望之后，北京政府认定旧俄复国无望，而且，失去政府支持的旧俄使领人员在管理俄侨方面也产生了诸多问题。因此，北京政府决定采取措施，停止旧俄使领待遇，并筹收天津、汉口的俄国租界。北京政府取消旧俄特权的行动遭到了列强的反对。

1. 北京政府停止旧俄使领待遇

外交部与驻英美等国使馆来往电
1920 年 8 月—9 月

（1）外交部致驻英、法、美、义、比、荷等公使代办电（8 月 19 日）

亚俄远东各临时政府，各国对之持何态度？有无表示意见？再，前俄皇政府代表在各国留驻者，驻在国如何待遇？希详查迅复。外。

（2）唐在复①致外交部（8 月 20 日）

十九日电悉。和政府对于俄远东临时政府并未有所表示，驻和俄使馆仅留代办，照常待遇。复。二十日。

（3）魏宸组②致外交部（8 月 20 日）

十九日电悉。欧洲各国对于亚俄远东各临时政府，此时尚无正式发表之意见，惟有两种原则不同。最为注重：一以广义政府为主，欲与商议解决俄国政府，置其余诸团体于若有若无之列，英国是也；一以攻

---

① 驻荷公使。
② 驻比利时公使。

击广义政府为主,暗助非广义诸团体,日本是也。近因法国于八月十一日承认在 Crimeeplfo Wrangel① 事实上之政府,并未派代表前往,英首相大为不悦,两国邦交顿生疏远,颇有背道而驰之举,其结果大概专在日内俄波战事优劣而定。赞成英政策者义、德各国,偏于法方面者为美,然美亦不纯与法同,故亦无承认 Wrangel 之事实政府。至驻比俄使,因系革命后自由政府所派,故宴会亦与使团同请。闻法国则完全置之不理,余俟详查再电。组。二十日。

(4)王广圻②致外交部(8月22日)

十九日电悉。此间以经济关系,主张与俄暂时通商,并与劳农政府订立章程,有协商互派非正式代表,经外交总长于议院公宣在案,对于亚俄各临时政府毫无表示。前日与某当局谈论俄事,彼意日后国际态度有无变动,全视俄波和议如何。至待遇前俄皇所派大使,外交名单尚属存在,惟实际久已不见该大使踪迹。新年入宫觐见,俄馆员尚一体入觐,至二月间波斯王来义,则无俄员列席。圻。二十二日。

(5)顾维钧③致外交部(8月23日)

十九日电敬悉。询据美外部俄股长言:亚俄各临时政府屡请承认,均未允准。美政府之政策,凡分割俄土而建设之新国,除波兰、芬兰、亚美尼亚外,其余未得将来俄国正式政府之同意以前,概不能承认云。再,现驻美京之俄使,系前格林斯基政府所遣派者,仍列入美外部按月所刊之外交团名单。据该股长云,该使所代表之政府,曾由美承认在前,故仍以大使待遇。钧。二十三日。

(6)施肇基④致外交部(8月30日)

十九日电悉。晤哈副外部,据称:部中紧要事务已应付不遑,俄远东各政府应持何态度,实尚未顾虑及此。基当将廿五日海参崴路透电

---

① Crimeeplfo,地名,应为 Crimeepl,克里木。Wrangel,弗兰格尔,白俄中将——原编者注。
② 驻意大利公使。
③ 驻美公使。
④ 驻英公使。

述日本统帅见访问人谈设立瓯脱政府事示彼,哈初默然,经基询其对此瓯脱拟持何态度,彼称目前尚难预料。英政府宗旨,无论如何政府总须为国民公举或议院推选者,方与之交议。基询在西比利英驻官员与当地必有交涉,持何状态? 哈称:就彼所知,早已撤退云云。至俄皇政府代表一层,据称:早无往来,虽其馆员仍有来部访见司员及函文致部,但均照常人待遇接待答复,此仅止个人表面礼节,以免误解而已等语。查英外部所刊之外交团名单,俄国一段首先一行云前临时政府代表 Representatives Late Provisional Government 次列各员衔名。基。三十日。

(7)岳昭燏①致外交部(9 月 2 日)

亚俄远东临时政府,法国对此尚持冷静态度。至俄皇前政府所派代表留驻法国者,自劳农政府操政后,名义上早经正式取消,惟对于反对劳农政府办事机关,遇事仍不无接洽,并闻有予经济上之便利,其中似有所利用。并闻。昭燏叩。二日。

中国第二历史档案馆藏北洋政府外交部档案

外交部对待旧俄使领问题的意见

1920 年 9 月 2 日

驻华俄使及领事,自俄旧政府倾覆后,既失代表之资格,又无办事之能力,而俄使对于我国,往往遇事提出抗议,或运动他国公使出面干涉,外交上诸感困难,亟应妥筹办法,以期根本解决。但我国对俄曾经声明与协约各国取一致态度,此次倘与俄旧党使领断绝关系,应有步骤,以期免生障碍。现拟第一步办法,由本部备文向俄使声明,此次高梅阔夫②潜匿一案,系俄领主谋,自难辞咎,而俄使来部,反为领事辩护,殊属非是。自俄帝国政府倾覆后,中国政府对于俄使领本无接待之必要,所以维持其地位者,无非出自中国政府之好意。乃俄使对于分内

---

① 驻法代办。

② 指为中国政府扣押的白匪高梅阔夫于 1920 年 7 月经旧俄驻吉林领事馆潜逃一事。

应办之事,多不能尽其应尽之责,而于此次高梅阔夫案件,所有举动,尤为不能体谅中国政府好意。且俄国使领,已无实力办理中俄交涉各事,中国惟有遇事停止其与俄使领接洽之举云云。一面通电各省长官,俄领已失其办事之能力,并时有不正当之举动,此后遇有中俄交涉问题,可自行酌定办法,随时报部。惟对于俄国商民,仍须竭力保护云云。以后体察情形,如无窒碍,即可再进一步,正式宣告与之断绝关系。惟此项办法,系专为无权办事而徒能掣肘之俄使领而设。至中国对俄态度,如对于新旧党之中立,与协约各国态度之一致,及希望中俄两国人民之亲善,并无丝毫更变。如此,则协约各国及日本,自难有所借口。至俄领职权取消以后,所有关于照料俄国商民等事,仍可就地方情形,酌量与之接洽,其原有之领事裁判权,自难听其存在。应如何处置,拟请司法部妥筹办法。是否可行,应请公决。

《中俄关系史料——一般交涉》,民国九年,停止俄使领待遇,第13页

颜惠庆会晤克来佛[①]
1920年9月22日

克代使云:关于驻京俄使之地位,未知贵总长可否见示?库使近谓余云,贵总长希望该使辞职,并自行取消所有俄国在华领事之资格。据该使之意,实不愿从彼方面发生表示辞职之情愿,致负此项重大责任。

总长云:当余此番初次会晤库使时,库使即以自己地位困难,颇欲卸却仔肩,藉图休养为言,余以该使久已不能行其职务,而其所辖领馆领事,甚至在华俄民大都不听该使之命,而俄领亦早已不能行其职权,近复发生领馆藏匿逃犯之事。于是余遂授意库使根据上述理由,自行辞职。余个人对于库使甚有敬爱之情,无如本国政府所居之地位极其为难。前闻贵国外务大臣面谓施使云,本国待遇俄国大使不过以常人礼节耳。再观贵国外交团职员录,俄国代表之头衔有前俄国大使字样。

① 英国代理公使。

克代使云:诚然,本国政府久已认伦敦俄国大使为无完全外交资格,至于如何待遇驻在大英帝国各处之俄国领事,余则不甚知悉。再者,库使又谓贵国政府业已取消该使使用电报密码之权,但准西伯利亚在京代表使用密码。

总长云:自从高密果夫案发生以后,政府即将俄使使用密码之权取消。至若实有准许西伯利亚在京代表使用密码之事,必是因该代表之电系拍至俄国,而库使之电系拍至在中国境内所有隶属该使之领馆,是以二者之情形不同,更以俄领俱有党派,故此不能准其利用电报密码传递消息。

克代使云:若准西伯利亚在京代表使用电报密码,是不啻承认西伯利亚之组织,为事实上之政府矣。

总长云:不然。况是否准许该代表等使用密码余尚不知,当为一查。惟现在发密电事已属普通,不复检查如前矣。近据报纸登载,俄国新党现有代表二名在英,彼等日来与贵国政府接洽之情形如何?

克代使云:余所知者亦是阅自报纸。余固早知本国政府要求劳农政府停止其所设报纸机关 Daily Herald 为一最先条件,因该报系受劳农政府津贴。余闻贵国南方亦有劳农主义之机关报及印刷品。

总长云:余可令上海交涉员密查,以便迅为制止。惟此等俄人俄领既难约束,在我亦无法取缔。

克代使云:如若俄国现在贵国使领全行解职,以后关于审理俄人之司法权,贵国有无预备?

总长云,司法部正在研究,此事关系重要,各顾问亦有条陈。

克代使云:诚然。

总长云:中俄边境相接有二万四千基罗迈当之长,两国人民有商务密切关系,是以极需厘定暂行施用方法,重整两国人民之商务。新疆省宪前已与俄属土耳其斯坦订立暂行通商规则数条,今早本京报纸已有登载,想贵代使已见之矣。

克代使云:尚未,不知载在何报。前陈代部务谓该项通商暂行规则将刊入政府公报,旋以事关一隅终止,今既刊入日报,当以一阅为快。

总长云:余曾于华字日报内见过,但不甚记得该报之名矣。

《中俄关系史料——一般交涉》,民国九年,停止俄使领待遇,第32—34页

俄国驻华公使致外交部

1920 年 9 月 23 日

大俄国驻华特命全权公使王爵库为照会事:前于一九二〇年九月八日在贵总长宅中会晤时,贵总长婉告本爵公使,现在俄国驻华使领馆几已完全失去代表之资格,并不克履行其负责之职务,而此项履行实为该使领等得继续在华享受条约上正式待遇之唯一根据,因此中国政府于断定该使领馆待遇上之地位极感困难。又贵总长提及俄国领馆人员某某曾有藏匿重要罪犯并设法助逃情事,故深盼本爵公使因此情形能自行设法,以免除此项不独使中国政府,即本爵公使亦多难且常感困苦之处境,等因。查近来发生俄国领馆二职员牵涉以上所提之该案,因本使馆对于此案所持之态度已为贵总长所深悉,姑置不论。惟贵总长以上所述之口头婉告,以及停止收发密码电报之办法,令本爵公使臆度之中国政府或欲俄国使领各馆停止履行其负责之职务,抑已决定停止承认本爵公使及所属各领事之正式代表之资格,并已照此决定办理。乃会晤后本爵公使与贵总长及贵部往来非正式之函件,令本爵公使殊疑此项(忆)〔臆〕度之是否适当,以致实难明晰九月八日在贵总长宅中会晤之义意。此事非特于本爵公使及侨(民)〔居〕华境之多数俄人有紧要之关系,且于驻京公使团之同僚亦有局部之关系,是以应请贵总长对于下列二节正式示复,实深感纫。

(甲)中国政府是否继续承认本爵公使及所属各领事正式代表之资格,仍与近年相同(即自一九一七年十一月起,俄国发生变乱时代亦在其内)。如继续承认,则应将收发密码电报之权恢复与本爵公使及各领事。

(乙)抑中国政府虽继续承认本爵公使及各领事之资格,惟欲本国

使领各馆闭馆以致停止履行其负责之职务耳。本爵公使深愿竭尽心力免除中国政府因本爵公使驻在而感受之困难,惟于中国政府未明晰表示所欲以前,实不能将执行四年余国家付托之职务竟自放弃,前与贵总长两次会晤之际,已经提及此情矣。相应照会贵总长查照,即希见复为要。须至照会者。

《中俄关系史料———一般交涉》,民国九年,停止俄使领待遇,第34—35页

外交部致大总统呈

1920 年 9 月 23 日

呈为驻华俄国使领已失代表资格,呈请明令宣布停止待遇事。窃中俄两国壤地相接,邦交夙称敦睦,自该国内部发生政变,扰攘经年,迄无统一之政府。原驻我国之公使领事等本系俄前帝政时代所派遣,我国仍照常待遇,无非顾念两国旧好,暂予维持。惟该公使领事等既已完全失去其代表之资格,实无由继续履行其负责之任务,是该使领等从前在华所享受之正式待遇当然停止。且查俄前政府派驻各国之使领,或自行去职,或无形取消,现已大半不复存在,我国自可仿照办理。曾将此意面告驻京俄使,该使于面谈时亦尚了解。应请明令宣布将现在驻华之俄国公使领事等停止待遇,至两国人民旧有之交谊依然存在。所有侨居我国之俄国人民及生命财产,仍应切实保护。其在津、汉等处俄国租界暨中东铁路占用地以及一切管理审判俄侨等事,端绪纷繁,应请饬下主管各部、各省区长官分别妥筹办理。是否有当,伏乞鉴核施行。谨呈　大总统

《中俄关系史料———一般交涉》,民国九年,停止俄使领待遇,第39页

中华民国大总统令

1920 年 9 月 23 日

据外交部呈称:比年以来,俄国战团林立,党派纷争,统一民意政府迄未组成,中俄两国正式邦交暂难恢复。该国原有驻华使领等官,久已

失其代表国家之资格,实无由继续履行其负责之任务。曾将此意面告驻京俄使,应请即日明令宣布将现在驻华之俄国公使领事等停止待遇,等语。查原呈所称各节,自属实在情形。惟念中俄两国壤地密迩,睦谊素敦,现虽将该使领等停止待遇,而我国对于俄国人民固友好如初,凡侨居我国安分俄民及其生命财产,自应照旧切实保护。对于该国内部政争,仍守中立,并视协商国之趋向为准。至关于俄国租界暨中东铁路用地,以及各地方侨居之俄国人民一切事宜,应由主管各部暨各省区长官妥筹办理。此令。中华民国九年九月二十三日。

国务总理、陆军总长靳云鹏

外交总长颜惠庆

内务总长张志潭

财政总长周自齐

海军总长萨镇冰

司法总长董　康

教育总长范源濂

农商总长王廼斌

交通总长叶恭绰

中国第二历史档案馆藏北洋政府外交部档案

外交部发各省督军、省长、三都统电

1920 年 9 月 23 日

统密。本日奉令俄国驻京公使暨驻各地方领事等,已失去代表之资格,应即停止待遇。惟我国对于俄国人民,友好如初。凡侨居我国安分俄民及其生命财产,自应照旧切实保护。对于该国内部政争,仍守中立,并视协商国之趋向为准等因。

查现在各地方俄领,均系该国旧政府所派遣,自此次奉令后,各地方对于所驻俄领,均应停止待遇。至一切保护及管辖俄国在华人民等事宜,即由各当地特派员或交涉员接续行其职权。其有俄租界地方,由特派员代为管理。至中俄人民诉讼及俄人犯罪等事件,均归我国法庭审理,由司法部另订详细办法续达。其余暂仍照旧办理。希饬属遵照,并请就地方情形,有无应行变通办法,妥筹电部为盼。外。漾。

《中俄关系史料——一般交涉》,民国九年,停止俄使领待遇,第40页

外交部致孙烈臣、张作霖、鲍贵卿、徐鼐霖① 1920 年 9 月 23 日

统密。停止驻华俄使领任务事,蒸、蒸、冬电悉。本日奉令将该使领等停止待遇。惟我国对于俄国人民,仍友好如初,凡侨居我国安分俄民及其生命财产,自应照旧切实保护。对于该国内部政争,仍守中立,并视协商国之趋向为准等因。

查现在各地方俄领,均系该国旧政府所派遣,自此次奉令后,各地方对于所驻俄领,均应停止待遇。至一切保护及管辖俄国在华人民等事,即由各当地特派员或交涉员接续行其职权。东省中俄杂处,交涉繁赜,因应最宜审慎。所有安分俄侨,自应照旧保护,但应服从中国法律,俄领事裁判权即行废止,中俄人民诉讼及俄人犯罪等事件,均归我国法庭审理,由司法部另定详细办法续达。至东省铁路界内地方行政权,应即收回,饬由道尹交涉员禀承尊处并会商宋督办②妥慎执行。其铁路界内俄审检厅,应即宣布取销。仍希饬属各就地方情形,妥筹办理,并随时电部为盼。外。漾。

《中俄关系史料——一般交涉》,民国九年,停止俄使领待遇,第40—41页

---

① 孙烈臣,黑龙江督军。张作霖,东三省巡阅使。鲍贵卿,吉林督军。徐鼐霖,吉林省长。

② 东省铁路督办宋小濂。

外交部致驻外各使馆各领事馆

1920 年 9 月 24 日

奉令俄国驻京公使暨驻各地领事已失代表资格,应即停止待遇。惟我国对于俄国人民友好如初,凡侨居我国安分俄民及其生命财产,自应照旧切实保护。对于该国内部政争,仍守中立,并视协商国之趋向为准,等因。各地方俄领停止待遇后,所有保护及管辖在华俄人等事,暂由交涉员接续行其职权。此次对俄旧使领停止待遇,为事实上必不得已之举,与前此对德绝交情形不同,一切办法仍主维持现状,不多更张。如外人询及,希婉切解释为盼。所驻国当局对于此事意见暨报馆议论,希酌要报部。外交部。廿四日。

中国第二历史档案馆藏北洋政府外交部档案

刘式训①会晤芮德克②

1920 年 9 月 24 日

芮参赞云:本馆据使团内所得消息云,中国政府即拟取消俄国使馆职权,并将俄国租界收回。本馆顷接敝国政事堂来电,此电全文尚未译出,但以本馆所知者,敝国政府甚望贵国保全中俄条约所有之利益,勿使作废。现在外间对于此事风声甚急,未知贵次长可否以中国政府所持之意见赐教?

次长云:中国政府并非欲废弃中俄条约,良以俄前政府久已无存,而现时之俄国使领亦不能履行职务,有此种原因,对于俄国使领等不能继续待遇。至俄国租界,本国拟令特派交涉员替代俄领职权,以待俄国正式政府成立后,再作计议。至于俄民个人之权利,既属友国人民,本国仍旧善亲也。

---

① 外交次长。
② 美使馆参赞。

芮参赞称谢,握手而别。

中国第二历史档案馆藏北洋政府外交部档案

俄前使馆致外交部

1920 年 9 月 28 日

为照会事:阅本日政府公报内载贵国大总统据外交部呈称各节,于本月二十三日颁布命令,将现在驻华之俄国公使领事等停止待遇,等因。此项命令旋经贵部刁参事①以贵署总长名义面交前来,本爵公使当将此令之内容电知本国驻华各使事,晓谕其管辖区域侨居之俄民,俾众周知,是则现在侨居中国之俄国人民已失驻华代表正式之保护。本爵公使兹冀贵政府自当设法将大总统令内所称"凡侨居我国安分俄民及其生命财产,自应照旧切实保护"等语认真施行,且此项保护应根据维持俄中条约上关系之现状。缘贵政府近三年内违背俄中条约之举动,于将来经中国承认正式全俄政府表示同意后,始能发生效力。此节本爵公使屡经预告。兹将违背之举动择要如下:

(一)一九一八年五月间取消俄中于一九一六年所订沿边及松花江施行禁酒办法之条件(参考贵部一九一八年五月二十一日节略);

(二)一九一九年十一月二十二日颁布命令取消关于外蒙自治之各约;

(三)一九二〇年一月二十八日颁布命令取消呼伦贝尔特别区域之条件;

(四)近来屡次违背一八九六年所订中东铁路建造合同规定之义意;

(五)一九二〇年七月停止交付俄国庚子赔款,以致违背一九〇一年之和约(参考贵部本年七月二日及八月七日各节略);

---

① 刁作谦。

（六）一九二〇年夏间施行征收俄中陆路通商之关税，以致违背一八八一年条约（参考本使馆本年八月二十八日节略）；

（七）一九二〇年七月二十三日颁布命令将根据一六八九年、一七二七年、一八五一年、一八五八年、一八六〇年、一八八一年各条约，以及出于该条约之特别各契约等件，俄国人民及其财产之地位根本变更。

以上各节，除照录送致驻京外交团领袖公使外，相应照会贵署总长查照。须至照会者。

中国第二历史档案馆藏北洋政府外交部档案

外交部致岳昭燏

1920 年 9 月 29 日

停止俄使领待遇事，廿四日电计达。政府此举持之有理，国内舆论一致，英美亦未示反对。中法邦交夙笃，班氏来华后，两国人士感情尤惬。中国今昔情形不同，深盼法政府对于此举勿持异议。至法国方面利益，决不有所变更，希婉告法外部，并电复。外。

中国第二历史档案馆藏北洋政府外交部档案

颜惠庆会晤克来佛

1920 年 9 月 30 日

总长云：本国停止待遇俄国使领，昨晚大总统颁布明令一道，想贵代使已经阅过。

克代使云：已经阅过报纸所登之译文。

总长云：俄国驻在吾国之使领，久已失去代表之资格。因彼等之地位所生之困难问题，本国与俄使自身俱同久感困苦，俄使既不愿自行辞职致负此项重大责任，中国政府亦只有以大总统命令解决之。本国对于俄民之友好感情，及对于俄国内部政争所持之政策，俱明列大总统明令之内，冀我友好皆可谅解一切。

克代使云：俄库使已不成问题矣，但未知贵国拟以外交权利与优林否。

总长云：余闻优林曾以可否准其接收俄国使馆为问，余不禁以为可笑，近日连使用密码拍电之权查明禁止。总而言之，本国对俄之主张，胥以各协商国之趋向为准。

克代使云：余闻优林与莫斯科互通声气，优林之名，确系假冒，其真名，余现时虽不记忆，然知此人于克伦斯基时代曾露头角。至于贵国在西伯利亚之领事所受之待遇如何？西伯利亚各处地方政府俱承认贵国领事有保护中国侨民之权否？①

总长云：是。本国驻在伯利副领，今日有电来部，请求派舰保卫侨民。中俄相接之处甚多，关系尤綦切。旧俄既无与我继续关系之资格，本国自应等待新俄成立，俾与重订通商事务，接洽保护侨民。

克代使云：莫斯科与远东共和国之关系究竟如何？

总长云：本总长亦不甚明悉，但闻两处彼此俱不反对。又闻克日新 Krassin 近在伦敦代表莫斯科，未知确否？

克代使云：并无政治资格。

总长云：克日新岂非代表劳农政府发言乎？

克代使云：此则非余所知。惟闻关于波兰及劳农问题，本国外部系以无线电与劳农政府接洽。

《中俄关系史料——一般交涉》，民国九年，停止俄使领待遇，第60页

外交总长会晤柏卜②
1920 年 9 月 30 日

柏使云：昨见大总统命令对于驻华俄使领停止待遇，本使意深盼以后各项办法请与有关系之国先行协商，以免误会。

总长云：贵使所指何事？

---

① 原文如此。此句应为克来佛之提问。
② 法国公使。

柏使云：如俄租界等事。汉口俄租界地有历史上关系，一（九）〔八〕六四年先为法租界之地，后于一（九）〔八〕九六年始作为俄租界。

总长云：俄使在华实不能尽其职务，旅华俄侨早已不承认其为俄国代表，是以中国地方官遇事极为困难。此次中政府决定办法正与他国相同，舍此别无他法。

柏使云：本使请先行协商，不过免除日后误会起见，贵国对于租界办法可得闻否？

总长云：俄领毫无办事资格能力，应即离去，现派华官一员代理其职务，其工部局仍行接续办事。汉口、天津交涉员已接训令照此办理。

柏使云：为免除日后误会起见，最好由华官会同有关系之领事办理一切事宜，至俄正式政府成立，中政府承认时为止。

总长云：关于俄租界事最好维持现状，日后如有不满意之处，本总长极愿商谈。

柏使云：本使请由华官会同有关系之领事办理，系为外人财产关系起见。

总长云：俄人财产照旧保护，他国人亦然。

柏使云：贵总长既为此言，本公使当报告巴黎。

中国第二历史档案馆藏北洋政府外交部档案

顾维钧①致外交部
1920 年 10 月 1 日（4 日收）

外交部：顾。晨报事，顷电计达。本日下午往见美副外部，请其设法消除误会，并告以：一、我国之停止俄使领待遇，为事实上不得已之举，与劳农政府并无关系，中国对俄政策，历与美及协约一致。惟旅华侨民，党派纷歧，每有不认俄国使领之事，而该使领等，亦以在实际上已非代表，无权约束，以致在华俄民，恒起政争，此于中国治安甚有妨碍，

---

① 驻美公使。

今由中国管理保护，实较妥洽。二、事前中国曾与俄使接洽，该使亦知所处地位名实不符，并未十分不加赞同。三、驻华俄使领久恃中国赔款以作开支，该使领等既已失代表资格，将来俄新政府正式成立，对于中国所付此项赔款是否承认，亦不可知，不得不防。

该副外部言，中国此举，亦有理由，并可信其非受劳农政府运动。但为中国着想，时机欠佳。俄在中国所享政治性质之各种特权，美国本不赞成，但乘其不能自顾之时，骤以明令取消条约所许，废弃民权，恐非中国之利。一、某国大使闻中国有停止俄使领待遇消息，曾来提议，将俄在中国各种权利，由各国公共代管，至俄平静，交还俄国。当时美对此议，并不赞成，不过中国现有此举，恐贻人口实，而不能止公管之议。二、中国此举，曾经旅华俄民反对，现既毅然执行，恐难免发生恶感。三、中国大宗事业，方待外资发展，现在各国资本家见俄商在华所享条约上权利，片面以明令取消，不免恐惧，不敢投资。且闻劳农代表现在北京商订条约，愿以各项权利退还中国，劳农首领某并在某处演说，主张煽动中国排外，以逞其志。现在中国此举，适与劳农政府之主张若合符节，一般人民，难免视为排外之兆。鄙意中国最好亦与劳农代表不相往来，庶释众虑。

钧言公管万难承认，俄领无实权，中国政府接管保护，实有益俄侨。且我仍主维持现状，不多更张，俄侨尤应无所虑。所有变更要端，仅系治外法权，至俄侨在华所有财产及所投资本，并无没收之意，何至排外。彼言此足称慰，惟恐一般人民未能明白，最好由中国政府宣言声明，庶可消除误会。

钧又告以接待劳农代表一层，此间并无确信，即使属实，大概系步英义后尘。彼言义与劳农代表所议为交换货物办法，并非商约，至英与劳农，业经停议。钧言我国对俄政策，期与美及协约一致，业于明令内声明。不过中俄接壤广阔，边民时相往来，不能无临时规定。兹据前情，如有接待俄国代表情事，想与其他沿边俄国临时各政府代表亦有接洽，不至偏信劳农，更无承认之意。

嗣询以闻在华之俄商会,曾电驻美俄使,转请美政府出为周旋,如果属实,如何答复。彼言昨日俄使来见外部,谈及此事,虽当答以美国对于中国此举,认为不协时机,惟事关中俄两国,未便越俎,且美亦深信中国用意至诚,断不致对于俄民有失公道,美政府现已饬驻华美使向中国政府有所表示,如果将来中国有不公道行为,当设法周旋。

此外,该副外部又言,今晨接待各报访事人,亦将上述大意告之,俾释群疑云。又美政府近日反对劳农政府尤甚,据要人密告美外部之意,我对俄政局守中立,即是间接偏向劳农,不甚谓然云云。大部如拟宣言,似不妨仅谓我参照美与协约政策,对俄亦坚守不干涉主义,不云中立,或可免彼误解。又闻将来交涉员审讯俄侨,拟聘俄籍律师帮审,确否。美外部视我停止待遇之举,颇多过虑,大部答复美使询问情形,可否电示梗概,俾资应付。钧。一日。

《中俄关系史料——一般交涉》,民国九年,停止俄使领待遇,第73—74页

汪荣宝[①]致外交部

1920 年 10 月 2 日

二十四日电悉。停止俄旧使领待遇极为正当。瑞士对俄政策纯取反对过激主义,现关于 Wrangel 一派政府未加承认,然俄驻瑞非正式代表确系 Wrangel 一派。瑞报载,中国此举系因与俄过激政府议订商约所致。日来接见瑞官绅谈及此事,已声明停止旧使领待遇,并不即含有承认过激政府意见,以免贻误,惟议商约一节是否属实,亦乞电示为幸。荣。三十日。

中国第二历史档案馆藏北洋政府外交部档案

---

① 驻瑞士公使。

白斯德①致颜惠庆

1920 年 10 月 4 日

大日斯巴尼亚国领衔钦命驻华全权公使白为照会事：查本年九月二十三日大总统命令驻华俄国公使领事等停止待遇等因，本领衔公使会同辛丑签约各国驻京代表会商保管俄公使馆产业，因该馆在使馆界内，按照辛丑条约规定，使馆界为特别区域，一俟俄国经各国承认正式政府之代表来，再行交付。本领〔衔〕公使特此奉告贵总长，以上所言保管俄使馆一事，本月二日经各国驻华代表议决承认担负责任，暂托库达摄福王爵代办，俟库王爵离京时，再由各国代表接管。相应照会查照可也。须至照会者。右照会大中华民国外交总长颜。中华民国九年十月四日。西历一千九百二十年十月四日。

附洋文一件（删）。

《中俄关系史料———一般交涉》，民国九年，停止俄使领待遇，第 76 页

外交团收领衔公使说略

1920 年 10 月 11 日

收领衔日斯巴尼亚国白公使说略

驻京各国公使对于本年九月二十三日停止俄使领待遇之命令所开各节，与中国有约各国公使研究关于各国在中国利益上有何影响，外交团各使请本领衔公使通知中政府：请将各公使与外交总长关于此事会谈各节，正式照会领衔公使，来照内声明令开办法，中政府万不能永远取销俄人按约在中国所享之利益，此不过暂时办法，俟俄国将来政府成立，经各国承认时再行议定一切，外交团愿助中政府办理令开各节。因此，本领衔公使代表各公使，请中政府与外交团商订暂时管理俄人在中

---

① 西班牙驻华公使兼领衔公使。

国之利益办法。西历千九百二十年十月十一日。

中国第二历史档案馆藏北洋政府外交部档案

外交部致外交团领衔公使

1920 年 10 月 22 日

为照会事。接准十月十一日说略,具悉一切。查本国政府宣布停止俄国使领待遇,实因俄国使领久已失去代表资格,不能行使其职权,故不得已按照他国先例,有此停止待遇之举,以免除事实上之困难。现在适用一切办法自属暂时,至俄国正式政府成立,得中国承认时,再行议订一切。对于俄国在华人民,仍留其由条约所赋予之利益,俄国租界由中政府代为保管,界内一切行政暂无变更。倘为情势所必须改良时,亦可酌量办理。俄领事裁判权当然中止,但如中国法庭审理他国人控告俄人案件,可引用俄律,以与中国法权不相抵触者为度,或延用精通俄律专员备法庭顾问,亦无不可。此等办法中政府于维护俄国人民固有利权,委曲求全,当为各国公使所谅解,自无再与外交团另订暂时管理俄人办法之必要。惟各国在中国利益,如因停止俄使领待遇而或有可受影响之处,本部极愿与驻京各公使随时接洽,以解除一切困难也。相应照复贵领衔公使,即希查照并希转达各国公使为荷。须至照会者。

中国第二历史档案馆藏北洋政府外交部档案

白斯德致颜惠庆

1920 年 11 月 11 日(13 日收)

大日斯巴尼亚国领衔钦命驻华全权公使白为照会事:十月四日,曾经照会贵总长为外交团议决保管俄使馆一事在案。查俄政府在华产业,非只此一处,所有其他各处产业,外交团不能不设法保管。据外交团细思,俄政府在各口岸领事署产业,自九月二十三日停止待遇令颁布,至今尚无订定切实保护及保存办法。一方面各领事职权消灭,且无经费,该领事等既无职权,不能主张将产业交与华官管理。一方面尚有领事署在各国租界内(如上海、广东等处),华官不能直接管理。外交团意见,筹一面面俱到办法,与中国有益,且与将来俄政府亦有益。其办法系令俄前领事官等,将所有产业,开具清册,交与外交团,再由外交团交与各该口岸领事团,转交中国地方官接收。如有不能交与中国之处,即归该口岸领事团保管,中国不担负保存责任。其交与中国者,归中国负保存完全责任。外交团甚望速为解决此事,故请本领衔将以上办法照会贵总长查照,尤望中国政府赞同此意,并请分饬各处地方官,并由外交团通知各该处领袖领事及前俄国领事。无领事团之处(如新疆、蒙古等处),俄前领事官可直接与中国地方官办理接收。但是无领事团之地方,或有领事团之处,皆系代表外交团办理,所有各处俄前领事,如尚欲在该署暂住者,照贵总长前与各公使面允之言,仍准其居住。相应照会查照可也。须至照会者。右照会大中华民国外交总长颜。中华民国九年十一月十一日。西历一千九百二十年十一月十一日。

《中俄关系史料———一般交涉》,民国九年,停止俄使领待遇,第187—188页

外交团收领衔公使照会

1920 年 11 月 18 日

收领衔日斯巴尼亚国白公使照会

为照复事。本年十月二十二日接准来照,以现在适用对于俄人一切办法自属暂时,至俄国真正式政府成立,得中国承认时再行议订一切,对于俄国在华人民,仍留其由条约所赋予之利益。俄国租界内一切行政暂无变更,倘为情势所必须改良时,可酌量办理。总之,各项办法中政府于维护俄国人民固有权利,委曲求全,等情前来。经外交团具悉一切,惟查所有对于俄国在华人民之地位,现已适用之一切办法,与上列中国政府所称各节径相抵触耳。

遇有关涉俄人民刑各案件应归其本国法庭,照该国法律审理,与其他各国人民一律,此系俄人由条约所赋予之最重利权。而贵署总长来照亦称,对于俄人仍留其由条约所赋予之利益,然十月二十三日来照内

对于司法权利不过局部提及之,其本年十月三十一日以大总统命令公布之东省特别区域法院编制条例,以取消俄人于东省铁路界内所享治外法权为趋向,按照此等条例,裁撤俄国法庭并将俄人归于中国法庭管辖,至该条例拟聘之外国顾问于中国法庭仅有次等之关系,其对于俄人适用俄国法律一节,该条例内毫无提及也。

天津华官对于管理该埠俄国租界已施之各办法,与中国政府所拟议之俄国租界内一切行政暂无变更,倘为情势所必须改良时,亦可酌量办理等语,亦相抵触。此语于管理该租界警察一层,有首先之关系。照现行适用及各关系人所公认之制度,租界警察应归该市政厅管理,华官此次逾越天津俄国租界市政厅行政权之主要部分,似于事无济,且可激成重大之误会,以至侨居该租界各国人民均可受其影响焉。

中国政府对于俄国在华人民于中国所承认俄国正式政府未成立以前所拟暂时办法,仍将关于俄人应行厘定之各问题,如民事及公证人各状认人册、护照、正式契约等事留而未定,乃挂念以上各事将归何项文官之职权一层,对于常与侨居华境多数俄人有交易之各外国人最重之利权有关也。

以上各节经外交团详为核议,兹为保护公共利益起见,拟将中国政府已施之各办法略为变更如下:

(甲)租界

承认(一)所有俄国租界可自编警察,应归市政厅管理。(二)所有俄国各租界之市政厅,仍应照现行制度继续办理。

(乙)法权

所有俄国在华原有之各法庭,其组织及职员均仍其旧,嗣后该法庭以中华民国名义行使其法权,按照一九一八年八月五日所公布命令之意义,适用俄国法律。遇有俄人与俄人或俄人与外人所发生之案,应归该法庭审理。至俄人与华人发生之案,如俄人系被告人,应归就地俄华审判官组织之混合法庭审理,如华人系被告或加害人,应归其本国法庭审理。此等办法,以解除事实上之困难为目的,含有纯粹暂时之性质,其维护出于条约关乎治外法权之各利权仍应完全保存其主义也。

（丙）公证人及行政各职权

中国侨居多数俄民之各地方，于交涉员公署内设置俄国顾问，对于俄国人民行政及公证人之各职权，其外交部内应设俄务总局，派中国办事大员一员主持其事，并由中国政府委任俄国顾问，以资统一及监视上列之各机关，自然有益也。

前列各节仅为大纲，兹为详筹各办法起见，应由贵部召集混合会议，务令中国各处及东省铁路界毫无政治意味之俄国各机关选派代表参与会议。外交团念所有由本年九月二十三日大总统命令所发生暨涉及与中国有约各国人民利益之各困难，仅可以根据上列各大纲之办法解除之，〔否〕则外交团自不能漠视。是以本领衔公使及各国公使，极愿遇有照上列各大纲拟重派俄国审判官及顾问时，应由中国政府及外交团互商选派，缘各该员之行使职权，自不免涉及各外国人之利益。如因施行本年九月二十三日大总统命令或有可受影响之处，各该国公使自留有权与中国政府随时接洽商办耳。再，俄国人民在华之地位尚未有确定及圆满之解决，已逾六星期之久，本领衔公使兹以各国公使之名义，将上开各节照会贵署总长查照，即希从速见复为盼。须至照会者。

中国第二历史档案馆藏北洋政府外交部档案

外交部收英馆问答

1920 年 11 月 23 日

十一月十七日下午四时

黄宗法、巴参赞在座。

克代使[①]云：使团要求共同接管俄国领馆一事，贵部拟如何办理。

总长云：拟分两种办法，一、其已由本国交涉员接收者，则继续不变。二、其未经本国官吏收管者，俄领如交使团收管，本部拟不过问。

---

① R. H. 克来佛。

当即将按照上述两种办法答复领衔公使。

《中俄关系史料——一般交涉》，民国九年，停止俄使领待遇，第 194 页

外交部致外交团领衔公使

1920 年 11 月 29 日

致领衔日斯巴尼亚国白公使照会

为照会事。准十一月十八日来照，具悉一切。查中国对于在华俄人现在一切进行办法，与十月二十二日照会所称各节，实无抵触之处。俄侨民刑案件，按照条约固应归领事裁判，但俄国领事既经停止待遇，已无能行使此项职权之人员，所有在华俄侨民刑事件裁判之职权，自不能不暂由中国执行，此亦事实上当然之结果。

东省铁路界内之有俄国法庭，既非根据于东省铁路合同，亦并非在中俄条约领事裁判权范围之内，当时俄人方面擅自设立法庭，未曾得中国政府之许可，此项逾越条约范围本属侵损中国主权之行为，在停止俄使领待遇以前，业经东省铁路督办暨地方官送向俄领交涉取销，已有成议，并非因停止待遇而始有此举，其与停止待遇系截然两事，理甚明了。

本国政府对于俄事本甚看重，最近司法次长赴哈尔滨实地调查，为顾全俄人在华利益起见，特将东省铁路界内作为特别区域，组织特别法庭，所有地厅高厅及地方分庭均得委用外国人为咨议或调查员，各分庭并得准咨议或调查员助理纯粹俄人诉讼事件。此外，外国律师得在上指之特别法庭出庭辩护，而俄国各证人仍许继续其职务。至适用俄国法律一节，在中国公布之法律适用条例范围以内，当然可以引用，故此次组织条例中自无提及之必要。

至天津华官逾越俄国租界工部局行政权一节，查俄租界工部局一切办事章程，均已许其暂行照旧，特派员本系代行俄领职务，遇事当然有监督之权。来照所称逾越工部局之行政权云云者，恐属误会，且似未尝为躬负责任之官员，一为设想也。至于护照契约等，自应均由代行俄领职务之官员管理，一切办法悉参照俄领原定者办理，俾与侨华俄人以

便利,自不致与俄人有交易之各外国人利益有所妨碍,应请无庸过虑。兹并将贵公使团所拟变更办法别解释如下:

(甲)所有租界内工部局,业经仍照现行制度继续办理,警察关系地方治安,按之法理,本国政府自应负相当之责任,惟所有属于工部局董事会自治范围之权限毫不侵犯。

(乙)此次东省特别区域内组织各级法庭及其地点,虽俄国旧有各法庭我国并未承认,然为维持俄人便利起见,均经仿照设立,且俄国各级法庭旧有法官业已有委充咨议及调查员者,以后尚拟继续委用,其余俄人书记官及翻译官等,亦经酌委充任业经就职者,已有十七人,其余尚拟续派。

(丙)俄国旧有公证人已许其继续职务。

本部为慎重俄事起见,并已在部内设立俄事研究会,以本部各机关重要人员及熟悉俄事人员组织,并派前驻俄刘公使镜人为主任。至俄侨较多之各地方交涉署内,如汉口、海拉尔等处,业经聘用俄人为顾问,此外各地方于必要时尚拟继续聘用。

上答各节均为本国政府内部行政,俄国在华各机关如有意见发表,仅可向本部俄事研究会陈述,本国政府无不详加考量。至召集混合会议一节,现在俄国党派纷歧,非但召集时必致发生枝节,酿生许多困难问题,且事属本国主权以内之事,本国政府认为碍难照办,谅为贵公使团所喻解。

(住)〔至〕法庭内委用咨议或调查员事,属司法范围,应由司法部遴派,以符司法独立之大纲,各交涉署聘用之俄人属于行政范围,应由外交部监督。

总之,凡涉及各外国人利益之处,本政府业经声明郑重注意,断不(住)〔至〕发生任何影响。本国政府对于此事审慎之诚意,仍请切实见信。至关于俄人方面各问题,本国政府遵奉大总统命令,维护其利益,济助其艰困,体察筹谋有加无已,此堪自信而深愿为贵公使团共鉴者也。即以此次俄国政变而论,沿边一带如新疆、吉林、黑龙江、海拉尔等处俄国败兵难民逃来华境,不下数十万人,本国正值北国饥馑,自顾不遑之际,本可悉数拒之入境,但为人道起见,均经分别接济收养或递送,因而经济上受巨大损失。更有为贵公使团告者,俄人滋挠我边疆,虐待我侨民,没收我商货,类此情事,(比)〔不〕可胜举,是在俄人方面于条约内应尽之义务,久已未能遵守,而本国体念俄艰,顾全友谊之厚意,非但不因之而陡减,反使本国国家及人民均增重大之担负。此种情形,系各国所无而为中国所独有者。

贵公使团既因俄事有所提议,亦祈为本国设身处地而一加考量焉。相应照会贵领衔公使查照,即希转达各国公使为荷。须至照会者。

中国第二历史档案馆藏北洋政府外交部档案

白斯德致颜惠庆

1921 年 1 月 11 日

大日斯巴尼亚国领衔钦命驻华全权公使白为照会事:查去年十月四日曾经照会贵部外交团管理俄国使馆在案。现库达摄夫于本月十二日出京,所有俄使馆保管事宜经外交团公推和兰国驻京公使欧登科代表外交团管理一切,俟俄政府经各国承认正式代表来华,即行交付。相应照会贵总长查照可也。须至照会者。右照会大中华民国外交部总长颜。民国十年一月十一日。

《中俄关系史料——东北边防与外蒙古》,民国十年,停止俄使领待遇,第 8 页

外交部致符礼德①

1921 年 4 月 15 日

为照会事:驻华旧俄使馆问题,前于中华民国九年十月四日准前领衔白公使照称:由领衔公使会同辛丑签约各国驻华代表会商保管,于十月二日经各国驻华代表议决承认担负责任,暂托库达摄福王爵代办。

---

① 葡萄牙驻华公使兼领衔公使。

俟库王爵离京时,再由各国代表接管。嗣于十年一月十一日又准前领衔白公使照称:库达摄福于本月十二日出京,所有俄馆保管事宜经外交团公推和兰国驻京公使欧登科代表外交团管理一切各等因在案。本部据此,应特为声明,所有保管旧俄使馆事宜既由贵公使团担负责任,则所有该馆之房屋、器具、案卷暨其他附属物之保全,中国政府对于无论何方面概不负责,为此照会贵领衔公使应请转达各国驻京公使查照可也。须至照会者。右照会大葡国领衔驻华全权公使。

《中俄关系史料——东北边防与外蒙古》,民国十年,停止俄使领待遇,第98—99页

2. 筹收旧俄租界

内务部致外交部

1920 年 9 月 21 日(23 日收)

径密复者:准函称:"自俄旧政府倾覆,驻华俄使领全失办事实力,遇事徒多掣肘,本部拟与停止外交关系,曾经电致东三省巡阅使暨吉、黑、新疆等处督军征询意见在案。现闻俄使领有离职消息,倘竟实行,所有接收租界以及管理审判俄侨等事,自应预筹办法,以免临时发生窒碍。除电东三省巡阅使、吉、黑、新疆督军暨直隶、湖北督军、省长密为筹备外,相应照录本部致各处电稿,函达查照,即希对于俄使领职务范围以内关涉贵部主管事项,转饬注意筹备为荷"等因。

准此,查本部主管范围内,如接管租界、管理俄侨两项,应即详拟办法,会商查核。其使馆及各埠领馆,拟请俟贵部订定办法后,知照本部,转行遵照办理。惟近据外国顾问辛博森、福开森、宝道等条陈中东铁路一带整顿办法,内有治理哈尔滨俄侨及收回铁路区域内之城市行政权等语。该处俄侨众多,关系重大,此后收回治理,似应有特别规划,所有中东铁路区域管辖之条约关系及经过成案,本部无案可稽,相应函请查照,详细见复,以凭核办,是为公盼。此致外交部。九月廿一日。

附办法二件

管理俄侨办法

（一）在中国境内之俄侨，得于商埠或向准该国人民居住地方继续居住，并得从事于平和适当之职业，及受身体财产之保护，但须服从中国现在及将来随时颁布之法令章程。

在前项地方，如须租赁房屋，应遵守该地方租赁房屋章程，呈请地方官署许可。

但俄侨传教或办理慈善事业，得在内地租赁房屋，并仍应遵章呈请。

（二）在中国境内之俄侨，自本办法公布后七日内，将姓名、住所、职业报明于所居住地之地方官厅，请其登录。俄侨有新入国境者，并应呈请登录。（眉批："此条应酌。"）

（三）俄侨如有携带违禁物品之嫌疑者，应受地方官厅之检查。

（四）俄侨如有干犯法纪、扰乱秩序之行为或嫌疑者，及认为有必要情形时，除依法令办理外，得随时令其退出国境，或加以相当之监视及制裁。

（五）俄侨赴内地游历，应向地方官厅请领护照，在游历地方，不得有所测勘。

（六）本办法所称地方官厅，在已设警察地方为警察厅局，在未设警察地方为县公署。

（七）本办法自公布之日施行。

对于天津、汉口俄国租界接管办法

（一）租界原由领事管理，现俄领既不能行使职权，自应由我政府派员接管。其职权暂定如左：

（甲）管理该区内警察及其他行政事宜。

（乙）实施警察处分及其他行政处分。

（丙）监督自治事宜。

但关于外交事项，应会同交涉员办理。

（二）前项政府委员之名称，拟定为特派俄国租界监理员。（此项委员，即以津、汉两警察厅长暂兼，并由内务部派员会同办理。）

（三）租界内自治事宜监理员之监督权限如左：

（甲）对于自治事宜认为有划分处理之必要者，得呈部核办。

（乙）自治会议，非得监理员之同意，不得施行。

（四）监理员公署得设署助理人员如左：

（甲）委员。

（乙）顾问。

（丙）雇员。

（五）监理员发布各种单行章程，应由内务部核定之。

（六）租界内原有一切管理章程及警章税则，暂准照旧办理。但与中国现行法令章程相抵触，及有其他情形认为必要时，得停止或变更之。

中国施行之法令章程，在租界内，得酌量情形分别施行。

（七）租界内一切行政经费，由监理员详列预算，就原有收入拨用。

（八）凡未经规定事宜，监理员得酌拟办法，由内务部或经内务部核转其他各主管部核定施行。

《中俄关系史料———般交涉》，民国九年，停止俄使领待遇，第35—38页

黄荣良①致外交部

1920年9月25日（28日收）

呈为遵饬筹议俄领离职，关于租界及管理审判俄侨各办法，分项开折覆请核示事：案奉钧部九月九日十码电开："自俄旧政府倾覆，驻华俄使领早无办事实力，近闻俄使领有离职消息，倘竟实行，所有租界以及管理审判俄侨等事，应如何预筹办法，俾免临时发生窒碍之处，希禀承督军、省长办理，并电复"等因。并奉省长令饬会同直隶高等审判、

_____

① 外交部特派直隶交涉员。

检察两厅暨直隶全省警务处密筹办法,分项开折呈核。

本署遵查俄国自改革后,迄未组成统一政府,以致中俄两国邦交无法继续进行,所有驻华俄使领各员,均系俄旧政府所派,久已失其代表国家之资格,早应令其离职,我国优容至今,实已异常宽大,兹恭读本年九月二十三日大总统明令,宣布将现在驻华之俄国公使领事等停止待遇,惟对于俄国人民友好如初,凡侨居我国安分俄民及其生命财产,应照旧切实保护。即以天津论,当此俄领离职,原有之俄国租界,我国应即克期接收。此外如管理审判俄侨各项,在在均关紧要,自不得不分别预筹,但其中有极当研究者。此次因俄国政变,旧政府早经推翻,新政府尚未承认,其旧政府原派驻华使领各员,有处于不得不离职之势,一切条约,因之暂停效力。论国际地位,与前此对德奥宣战废止条约情形既有不同,论人民关系,亦未便援引待遇无约国人民办法办理。迭经详加审酌,窃以为此项办法约分三端:一、俄租界治安,系属地方责任,应由本交涉署会同天津警察厅先行接收,即将接收后应办事宜会衔公布,俾旅津各俄侨得以一体遵照,嗣后俄国租界即由天津警察厅正式妥为接管。二、俄国人民如与其他各国人民出有交涉事件,得呈由本交涉署主持核转。三、如遇中俄人民诉讼,以及其他各国人民控告俄国人民案件,均一律归中国司法官厅裁判。以上三项办法,并经悉心酌拟,商由直隶全省警务处暨高等审判检察两厅,意见均属相同。除会同该厅处等分呈督军、省长核示外,理合将会拟办法开具清折,呈请钧部鉴核,俯赐裁夺办理指令祗遵,实为公便。再,正呈报间,续奉钧部九月二十三日十码电令,遵已将接收俄界事宜先与俄领接洽,即会同警察厅禀承省长妥为办理,再行随时呈报,合并呈明。谨呈外交部。外交部特派直隶交涉员黄荣良。中华民国九年九月二十五日。

计呈清折一扣

附:会筹酌拟接管天津俄租界暨管理审判俄侨各项办法清折

谨将会筹酌拟接管天津俄租界暨管理审判俄侨各项办法,开具清折,恭呈鉴核:

计开

一、关于接管天津俄国租界事项：

甲、天津俄国租界，应由交涉署会同天津警察厅先行接收，即将接收后应办事宜，会衔公布，俾旅津各俄侨得以一体遵照。嗣后该租界即由天津警察厅正式妥为接管。至俄租界名称应否暂仍存在，抑应特别规定之处，应候中央核定。

乙、该租界内原有一切管理章程及警章税则，暂准照旧办理，但与中国现行法令章程相抵触及有其他情形认为必要时，得停止或变更之。

丙、该租界内管理警察并实施警察处分及其他行政处分，均由该管官厅执行之。

丁、该租界内自治事宜，应受该管官厅之监督，遇有自治会议，非先得该管官厅之同意，不得施行。

戊、该租界内外交事项，应会同交涉署办理。

己、通告旅津俄侨，在该国领事离职期内，所有从前领事职权内行政事宜，概由接管之地方官厅主办，交涉事宜，由交涉署主办，裁判事宜，由司法官厅主办，各俄侨均应切实遵守。

二、关于俄侨交涉事项：

甲、俄国人民与其他各国人民出有交涉事件，得呈由交涉署主持核转。

乙、旅津俄侨，遇有须往中国各省内地游历时，得呈由该接管地方官厅查明核准，函请交涉署发给护照。

三、关于审判俄侨事项：

甲、中俄人民遇有民刑诉讼，均归中国司法官厅审理裁判之。

乙、其他各国人民，遇有控告俄国人民民刑诉讼，亦归中国司法官厅审理裁判之。

丙、凡俄侨民刑案件，应行管收及刑事判决执行，均于新监狱内执行之。

四、以上各项办法，自公布日施行，以我国正式承认俄国新政府该国派有驻华使领各员就职之日,该办法即行废止。

《中俄关系史料——一般交涉》,民国九年,停止俄使领待遇,第50—52页

旧俄驻天津领事布告

1920 年 9 月 25 日

为布告事:本总领事于本日奉到驻京俄使谕:"本日大总统颁布命令,停止承认本使及在华各领事为俄国正式代表,所有在俄国租界及中东铁路界内之俄国人民财产,均由各地方官负责保护。即希转知尊处所管界内居住俄人。至贵领事之职权,自接到此电后,即行停止"等因。奉此,本领事之职权,自本日起,即行停止。特此布告。

天津俄总领事梯特曼(译音)。九月二十五日。

《中俄关系史料——一般交涉》,民国九年,停止俄使领待遇,第95—96页

天津收回旧俄租界

1920 年 9 月 27 日

自俄国明令停止俄国公使领事等待遇后,外交部特派直隶交涉员黄荣良办理天津接收俄租界事宜。今日午刻警察厅长杨以德、交涉员黄荣良及丁麟德等,各带同随员,共乘汽车驰至俄国工部局。当有俄国领事馆秘书长乌特君迎候,俄国总领事戴德蒙君卧病法国医院,未能接见。黄荣良君述说来意,并声明此处租界,自今日始,即回复中国主权之下,地方上一切治安秩序,警察厅长杨以德当负完全责任。至于其他事件,凡属前领事戴德蒙之职司者,均由余暂摄。关于诉讼案件,俄民与俄民或俄民与华民之案件,均在中国法权之下。若俄民与其他外国人民之案件,俄民为被告者,亦归中国法庭审理,其他外国人民为被告者,则当依各国条约之规定,归被告国之法庭审理。其他一切凡领事所行之事,如发给护照等类,亦当由余承理云云。黄君语时,备极恳和。当即由乌(德)〔特〕君移交一切文书卷宗帐簿等项,时已下午一钟余,即将该局钟楼上原有之俄旗撤下,升换中华国旗,俄租界上所有之旧俄

巡捕一律改换中国警衣,改称警察,并派有保安队百余名,驻扎旧俄工部局内,协同维持治安。外国人民对此举之态度,虽不一致,大约胸怀素来宽达之国民,颇赞许中国政府出此手续,已经审慎考虑,不为轻率冒昧,并望中国政府能善为管理此租界,确立外人之信仰,以为将来收回其他租界之余地。至于反对中国政府此举者,不出三派:(一)俄国人民。俄民以切身利害关系,领事裁判权撤销,种种俱感不便,心怀怏怏,固其所宜。(二)在俄租界上握有财产之人民。盖若辈常惴惴于中国管理之不良,今归中国收回,不特在领事裁判权下之特别保护,尽归丧亡,中国官僚办事之腐败,应响于财产者,必非鲜浅。(三)第三类人。既非俄国人民,无非在俄租界握有财产,特欲借事生风,从中作梗。此类人闻皆出于某国,并闻有数方面,准备提出抗议。特其人数不多,且中国此举,态度光明,手续持稳,反对者将无所措词,抗议之说,或亦不至成为事实也。

北京《晨报》1920 年 9 月 28 日

天津俄侨要求保留天津旧俄租界董事会

1920 年 9 月

自北政府收回德界后,俄国侨民及一般外人在俄界置有财产者,咸惴惴不安,颇以中国管理能否满意为疑,因之起而反对收回者,颇不乏人。观于昨日(二十八日)俄国俱乐部俄侨会议之时,一方要求中国政府担负积极保护俄民之责,一方复联电北政府,竭力反抗收回俄界。二者似不合逻辑,然其惟恐中国管理之不良,因而反对收回之心理,已昭然若揭。由此观之,各方面反对声浪,非待北政府明白宣布管理方法,视为满意之后,不易平息。在北政府方面,只有收回租界之决定,而收回租界后之办法,尚未顾及,因之天津方面,仅从表面上收回租界,内部组织,以及管理问题,尚无头绪。外人方面所以心怀不安者,亦正以此。关于管理俄界,中外人士集视之焦点,则在董事会议之废留问题。盖租界上习惯,一切设施行政,均由董事会议决,交由领事办理。领事仅处于执行之地位,故董事会之权极大,领事之权极微。人民德谟克拉西之思想亦极盛,而一切权利之保障亦即在此。当德奥租界收回之时,中德势成敌国,德奥侨民,对于董事会之废留,无复有张喙之余地。此次收回俄国租界,情理不可同日而语。故俄民心中所争之目标,即在保留董事会议,一般外人之舆论,亦以为非此则管理无良好之望,权利无保障之具。北政府方面虽尚未有具体办法发表,然二十三日发致直隶交涉使之电文,谓所有俄民一切权利,当然维持等语。则董事会代表,亦是一种权利,当然在维持之列,董事会即不应取消矣。然据内幕中人云:董事会之权限甚大,有支配警务之权,若不取消,则杨以德管理俄界警察事宜,将不啻伏处董事会之下,即不啻伏处领事之下,盖租界制度,警察当受领事指挥。此次命令,以杨以德管理警察事宜,以黄荣良承办领事职务。黄与杨官级为同僚,今俨然有上下属之意,不特杨所不甘,即亦黄所不敢。故黄已电致北庭,请示办法,而杨以德则竭力运动废去云。

上海《民国日报》1920 年 10 月 3 日

王占元、孙振家①致外交部

1920 年 10 月 1 日

外交总长鉴:

统密。接管俄界事,已饬吴特派员②遵照大部迭次来电,妥为筹备办理。现俄领已将领署及工部局国旗匾额一律摘除,并将邮局关闭,文卷亦定数日内移交。日前虽闻法领有异议,但英、美两领,于我国接管,则深愿协助,占元等已密饬吴特派员妥为应付。大部电所谓办理移交,不宜铺张等因,吴特派员已领会此意矣。惟报纸载俄使于交管一层,尚有抗议,想不确实。尚希随时密示方针为感。王占元、孙振家。东。

《中俄关系史料——一般交涉》,民国九年,停止俄使领待遇,第68 页

---

① 王占元,湖北督军。孙振家,湖北省长。
② 江汉关监督兼外交部特派湖北交涉员吴仲贤。

外交部关于处理旧俄租界行政和处置旧俄政府财产的办法

1920 年 10 月

外交界消息：日昨外交部致各国公使之通牒，关于处理俄界之行政，及处置俄旧政府财产各项问题：（一）西历一九二十年九月二十三日总统之命令，停止待遇俄使，中俄邦交，并未决裂。（二）该项命令，并未取消中俄协约，以及俄人各项权利。（三）乌金司克政府之劳农代表优林氏，此次晋京，与停止待遇并无连带之关系。（四）中国政府暂时管理俄界，俟俄国正式政府成立后，重订协约，再行交付。（五）俄界行政，须由交涉员监视，与俄前领使之职务相同，但自治机关，各董事会、警察队、征收税款，以及俄界经费，选举董事各项事宜，均照旧章，但于时机必要时，中国有建议改良俄界之权衡。（六）中国治外法权依然享受，不过稍有改革。如遇俄人诉讼案件，遵照俄国法律，在中国法庭审判，并同时聘请俄国律师以资商酌。闻外交团对于此项通牒已表承认，惟要求（公）〔正〕式答复，俾有确实保障。末复声称：将来处理俄侨事宜，如有困难情形，可与外交团协议办理。

北京《晨报》1920 年 10 月 16 日

俄租界工部局董事会年终报告书

1920 年 12 月 31 日

俄租界工部局董事会一千九百二十年十二月三十一日年终报告书

俄租界工部局董事会会长及董事，谨将一千九百二十年全年各种报告、公文、说明书，及一千九百二十一年全年收入支出计算表，报告于本租界纳税诸公之前。

于详述本租界管理设施计划之先，拟先将本租界现在情形，及一千九百二十年中华民国大总统停止俄国公使领事待遇之命令所改变本租界之地位详述之。于一千九百二十年九月三十日，即中华民国政府接受俄租界五日之后，本董事会曾有通告，将一千九百二十年九月二十五日本租界经过情形报告于纳税诸君之前，将于十月五日本董事会与前升任直隶特派交涉员黄荣良开会讨论善后,其议事程序曾亦经通告诸君。于此会中,本董事会曾详释本租界此后所处之地位及其应举行之各种事业,并及本董事代表纳税人组成董事会之地位,并董事会管理地方事务之权力等问题。当时本董事会即得该交涉员代表中国政府切实答复,谓此次中国政府对于本租界之举动皆为暂时性质,实因昔日监察管理租界事务之俄国外交领事人员之待遇既经停止,本租界当由中国政府管理,以待俄国正式政府成立,并由交涉员切实声明,所有管理租界之一切规则章程悉承其旧,惟警察管理权已由中央政府制定须归天津警察厅权限之内。至征收各项捐税及管理地方款项之事,则仍归本董事会及其主管各部遵循前定章程办理,万无干预之意云云。

即于此会议中,本董事会代表纳税人抗议中国政府减削本董事会管理警察部之权限,并当接收租界时于市府厅房屋上悬挂中国国旗,及改易本租界警服为天津警察厅制服,与占用市政厅房屋等举动,要求特派员将此种逾越范围之事设法更正。后由特派员答复,谓此等问题非其权力之所能解决,须请示北京政府裁夺云云。故于一千九百二十年十月八日本董事会函致直隶特派交涉员,请其将上列问题呈部候决。嗣后,新任直隶特派交涉员祝惺元君于一千九百二十年来函云,所有关于俄租界自治范围之章程,悉承其旧,惟租界警察权须归天津警察厅,盖因该厅负有保护及维持该租界内治安秩序之责,租界警察自应服从该厅所谨慎选派警察委员之命令。后复切实声明,天津警察厅决不干预为维持租界所征收之各项捐税,并言警察工资及工部局各种费用仍归本董事会发给。至其余问题,特提出关于更易警服及悬挂中国国旗二项,本董事会之要求完全否认。

减削本董事会管理警察之权,实为本租界形势之一大改革,此问题迄未解决,而于一千九百二十年十月三十日直隶特派交涉员祝惺元君致函本董事会书记,嘱将应付租界警察工资用支票交付交涉公署,并附十月份付给工资清单一分。当由本董事会于十一月一日非正式集议,全体同意,拟召集纳税人临时大会,惟于开会之前尚须与特派员作一次之会议,希两方面对于不同意之点得彼此了解。

　　于一千九百二十年十一月十日,本董事会与祝特派员复开会议。本董事会当时声明,所以反对天津警察厅管理租界警察之故,盖因此实分管理警察者为两方不相统属之相对的机关,并解释此等组织实无坚持之必要,该租界警察属于本董事会管辖范围之内,而亦即属于中国政府之代表——代理俄领职权直隶特派交涉员,即本董事会会长管辖之下本会警察部之一切进行,彼皆能得完全之报告,且既为本会之首领,苟见租界警察事宜有不当之处,不论提议何种改革,皆在其势力范围之内,是以本董事会等为天津警察厅管辖租界警察事重提抗议,再请特派员呈请政府,将该警察权还付与本董事会之手。当时再由本董事会劝告特派员,天津警察厅管理租界警察实与地方自治之精神不符,是以与中国政府及地方当事者所宣布之意旨相径庭,而与自治章程亦难求吻合,是以中国目前此种行动之所有一切费用,本董事会不能担负,且按自治章程除纳税人所承认之预算表所载明者外,不论何种事业,皆不得动用自治公款。本董事会当时又声明,因此问题未解决之故,本会自一千九百二十年九月二十五日起暂止办公,倘此后再延宕不决,本董事会不得不请副会长主席开会,以料理应办事宜。

　　一千九百二十年十二月初,未得特派员何等答复,当于是月七日本会开非正式会议,议决请特派员以本会会长资格出席,再开一次之会议。于此会议中,须再抗议天津警察厅管理租界警察事宜,且示以本董事会坚持收回此管辖权之决心,倘无结果,即惟有请北京外交团与中国政府交涉。至由副会长主席开会问题,因特派员命其秘书来告本会云,彼不能承认应办事宜于非彼主席之会议讨论。盖彼既代理俄领职权,即具有本会会长资格,故对于本会不论何种决议,皆须负有责任。本会以不愿再生枝节故,已将此问题取消,当再议决,须将此宗旨通告纳税人及本埠领事团。

　　兹将本租界目前情形列左:

　　董事会开会,由代理俄领职权直隶特派交涉员主席;工部局中各委员会开会,由各设会会长主席。工部局中各分部〔除〕警察部外照常办公,本董事会管辖指导各分办事人听命于董事会及各部委员,警察部中则有根本之改革。租界警察事宜归天津警察厅委员卢箓管理,所有华人警察原为工部局之雇员,仍由工部局给薪雇用,及解职之权仍归工部局,由警察部主任执掌之,惟租界实地巡察事宜则由中国警官管理,中国官厅派武装警察约五十名,分布于俄界地面,间有十二职,工部局巡捕杂于其间,如工部局门首、工部局地院、车站附近及十一号路各处,而其余数名则轮流巡视界内各处也。凡违反警章及卫生规则与罚金诸事,或归中国警察自行料理,或与工部局巡捕会同办理。但违反警章及卫生规则诸罚款,中国警察官厅可以截留,至于他种罚款,则应提交工部局会计收执。关于此层,本董事会曾向直隶特派交涉员提出抗议,该罚款为工部局收入之一,抑亦工部局之特权,现中国警察厅将此项罚款截留,实与宣言相违反,且与罚款收入藉可维持租界、中国警察厅不加干涉之意旨不相符合也。至于租界卫生事宜,仍归工部局总巡办理,而捐务处及办事员人数与前此毫无差异,但工部局及各派出分所之房屋均被中国警察兵士及书记官居住,不敷应用,应请中国官厅速将现住各处及早让出。(下略)

中国第二历史档案馆藏北洋政府外交部档案

(三)苏俄第三次对华宣言及《中俄解决悬案大纲协定》的签订

　　说明:1923 年 7 月,苏俄决定改派副外交人民委员加拉罕使华,加拉罕抵华后于 9 月 4 日在北京对报界发表谈话,此即苏俄政府第三次对华宣言。与前两次宣言比较,第三次宣言有了一些微妙的变化,反映出苏联国内及外交形势的好转,使得他们在对华交涉中更多地坚持自己的要求和立场。中方全权代表王正廷与加拉罕举行了一系列会谈,并在《中俄解决悬案大纲协定》草案上签字,但草签的大纲协定遭到外交总长顾维钧等人的强烈反对。其后,顾维钧与加拉罕以秘密方式就草约修改进行了谈判,最终于 1924 年 5 月签订《中俄解决悬案大纲协定》,中苏正式建立邦交,中苏关系由此进入了新的历史时期。

1. 加拉罕来华与苏俄第三次对华宣言

劳农代表团致外交部

1923 年 6 月 27 日

本代表团奉本国政府训令开,姚飞代表奉调回国,特派代理外交委员长喀拉罕君为驻华全权代表,拟于日内由莫京来华等语。相应达知查照。

中国第二历史档案馆藏北洋政府外交部档案

外交部致劳农代表团

1923 年 8 月 6 日

接准贵代表团六月二十七日节略开,奉本国政府训令,姚飞代表奉调回国,特派代理外交委员长喀拉罕君为驻华全权代表,拟于日内由莫京起程来华等语,本部业已阅悉。相应复请查照。

中国第二历史档案馆藏北洋政府外交部档案

加拉罕声明书

1923 年 8 月 16 日

一、予此次来华之目的,系为观察极东事情。近来太平洋岸各种问题发生,形势渐趋变化,为世界注目之点。最近欧洲除对德压迫外,全欧形势大得和缓。太平洋岸各国积极整顿军备,恰一欧洲战前之形势。华府会议议决限制军备,然其有无效果,殊属疑问。我国与中日两国壤地相接,互相会议通商,殊为必要。越飞氏以缓和中日两国感情为使命,效力此事,其奋励将事有足称者。我国帝政时代,对于中国时有欺凌、侵略的行为。然至我苏维埃政府,放弃侵略政策,务求亲善态度,愿中国自古文明大开,国民爱和平,吾人尊重中国主权。

二、中国人系最亲爱之同盟者。中俄两国宜协力一致,共登世界大舞台上。但中国国内之不统一,不外民主主义与帝国主义之争斗,深为遗憾。吾人希望中国早日统一,而举国一致。若夫东省铁路,系以俄国资力所筑成,其于经济上为俄国、为中国、为满洲裨益匪少。故东省铁路问题,必见圆满解决,信而不疑。该路问题,当由中俄两国解决,不许他国置喙。各国关于地亩租借权而干涉,殊属无谓。而公使团亦关于此问题,竟提出抗议,尤属可异。

三、日俄预备会议业已终了。此次会议本属非正式。至会议内容,亦无效果,惟略得相互意思所存。至正式会议,早开一日,则有一日之利,谅日本无反对之意。如两国国交恢复,通商开始,则于极东经济界开新生面,我国民谁不望日俄邦交之恢复者。我国国边,渐次恢复,已臻巩固之域,而不与各国通商,我国亦可以独立。故日俄会议,须以对等资格相见,毫无降格以求通商之必要云云。

上海《民国日报》1923 年 8 月 24 日

加拉罕对报界的声明①

1923 年 9 月 4 日

我们对中国的政策是相当清楚的,它并不是新近制定的。苏维埃政府在俄国建立之后,我们就确定了我们对亚洲各国的政策原则,也立即确定了对中国的态度。早在 1919 年、1920 年,我们就已十分准确地制定了我们对华关系所应遵循的原则,我们希望在这些原则基础上同中国人民建立友谊。1919 年和 1920 年我对中国人民和中国政府发表的宣言,谅已周知。我对这些宣言没有什么可补充的,只想明确申明一

---

① 即苏俄政府第三次对华宣言。

点,即这两次宣言的原则和精神迄今仍是我们对华关系的指导原则。中俄人民极愿彼此友好和亲睦,这也勿须我证明。我们于1919年及1920年曾两次正式建议两国修好。遗憾的是,我们的两次宣言当时并未得到反响。可是现在,中国人民和中国政府都渴望迅速解决俄中两国间的一切问题和建立两国人民之间的友谊。俄国对中国十分关注。但为避免误会起见,必须明确指出,新俄国,即现今的苏维埃社会主义共和国联盟对中国的关注与过去的沙皇俄国的关注和要求是根本不同的。

沙皇俄国的宗旨是侵占中国领土、征服毗邻俄境的领土上的中国人民。为达此目的,沙俄曾不择手段,依靠军事力量和经济实力推行其政策。沙皇俄国伙同其他帝国主义国家推行这种政策,这些国家伙同俄国共同损害中国人民的主权,掠夺中国人民的财富。

俄国工农革命推翻了沙俄政府,并本着完全尊重主权,彻底放弃侵略别国人民的一切领土与财产的精神,正在制定对各国人民的政策。苏联的对华政策也正在制定。

伟大的中国人民有本民族的文化,热爱和平、酷爱劳动,是俄国人民在亚洲最好的同盟者。俄中友谊是远东和平的保证。应该使中国所有人士都珍视这种友谊的必要性,并使任何人都不致企图阻碍这一友谊。况且俄国和中国都还有许多敌人,他们害怕我们友好并千方百计进行阻挠。所有帝国主义国家都想把俄国变为它们的殖民地,不久前我们才脱离反帝的艰苦斗争。中国还没有脱离这场斗争。在斗争过程中我们是中国唯一的朋友。各国的对华政策有两种,一种是只有苏维埃共和国奉行的政策;另一种是所有其他国家都毫无例外地奉行的政策。我以土耳其为例,具体说明如何实行这两种政策。近东外交家皆称土耳其为"欧洲病夫"。象许多欧洲国家的利益集中在中国一样,许多国家的利益,掠夺成性的帝国主义者的利益都集中在土耳其,为了进一步统治土耳其,欧洲国家要使土耳其软弱无力,政权不稳,没有强大的军队,经济不发达,为使土耳其不能自立,他们煞费了心机。他们需要一个病夫式的土耳其,因为一个病夫,是无力反抗他们的。欧战以后,根据强加于土耳其的,由土耳其人民的叛徒所缔结的色弗尔条约,土耳其的存在只是徒具虚名了。但是土耳其人民及其优秀分子不承认这个条约,他们开始了反对欧洲帝国主义的斗争。唯一向土耳其伸出援助之手,并不顾本国的艰苦条件而支持土耳其的国家,就是俄国。结果就是诸位现在所知道的,土耳其赢得了斗争的胜利,并同欧洲国家签订了过去任何一届土耳其政府所梦想不到的条约,一个平等的条约。欧洲国家只好放弃侵犯土耳其人民主权和权利的一切。

中国的命运与土耳其的命运何其相似。中国比土耳其强大、富饶,但欧洲列强的对华政策与他们在土耳其所实行的政策雷同。他们希望中国成为一个"病夫",希望中国没有强大的军队、四分五裂、软弱无力、忙于内讧,从而无力抵御外来压迫。只有苏维埃共和国,只有俄国人民愿意中国强盛,愿中国拥有强大的军队,以保卫本国人民的利益和主权。只有我们希望"病夫"站立起来,挺起腰杆,完全恢复健康。

我应该十分满意地指出,中国各阶层人民普遍主张中国必须统一,中国的优秀分子正为此而奋斗。我知道,这一事业面临许多障碍,这项工作很困难,在前进的道路上会遇到艰难险阻,其中外国列强的政策恐怕是最甚者。我知道,有人正竭力施展种种阴谋,有时竟不惜进行直接干预以阻止统一。以便在内讧中,在中国人民最大的不幸中建立自己的幸福。

我应该声明,中国冲破重重困难取得斗争胜利、统一、强盛之时,将是俄国人民、苏维埃共和国最幸福欢欣之日。我们的愿望不仅是由我们的原则产生的,为了这些原则我们俄国革命者在俄国进行了数十年反对沙皇政府的斗争。我们这一愿望还出于我国的政治利益。一个强大、统一、足以抵御一切外部影响的中国,是苏维埃共和国最可信赖的、最好的友邦,因为没有可促使中国对俄国产生侵略意图的利益和目标,犹如苏维埃共和国没有这种利害关系促使我们在中国找寻什么借口侵犯中国人民主权和利益一样。只有强大的中国才能坚定不移、光明磊落、真正实行自己国家的政策,不为讨好列强及受其影响而损害本国利益。而我们的希望也恰恰在于中国应奉行自己的政策。因为在这个前提下,中国对俄国人民的政策将是友好亲善的政策。

近几年来发生了许多事情,中国政府和中国当局对俄国采取了不友好的行动,但是我们在莫斯科却一直很明白,这些不友好的行动和个别行为并不真正反映中国民意,而是敌视我们的外国列强操纵,施加压力,有时是直接使用暴力的结果。今日我应该指出,外国对俄国的影响已减少到最低限度,尽管这些影响依然存在,尽管它们仍仇视苏维埃共和国,然而必须同我国友好并恢复关系的想法却如此强烈,以致无论什么也无法阻止。

同时,我想指出,我们绝不会放弃我国在中国的利益,因为它们并未侵犯中国人民的主权。况且我们认为,中国人民一定明白,我们在华的实际利益必须予以承认,因为这些利益很容易同中国人民的利益和主权协调一致起来。我知道,我们在这方面并无什么困难。

我尚未来得及充分了解中国国内的复杂形势。我认为这种形势不能成为解决俄中问题的严重障碍。来北京之前,我曾在哈尔滨和奉天停留,处处受到亲切友好的接待。我与中国国家要员曾多次晤谈。我应该特别指出,张作霖元帅曾接见我。我看到,东三省和中国其他地区一样,也认识到必须同我们友好,而且无论社会各界人士,还是政府官员,均一致渴望尽快同俄国建立联系。我曾与张作霖元帅多次晤谈,他给我留下了极好的印象。昔日我有过某些怀疑,经奉天逗留之后,已在相当大的程度上消除了。

我到京那天,国会代表、当局和社会各团体代表,特别是学生们的欢迎会,更增强了我对于迅速达成协议和调整俄中关系的希望。

最近列强就临城事件发出通牒一事,是它们对中国人民态度最好的例证。我对全中国不分党派一致反对那些闻所未闻的苛刻要求表示欢迎。我从不怀疑正常的民族感情对于这类掐中国脖子的企图一向是持反对态度的。我只希望看到中国政府强大,任何人不敢再用这种关于临城事件通牒的语言对中国政府讲话。我坚信,统一的结果必将使中国出现这样一个政府。

《苏联对外政策文件集》第6卷,第427—431页,转引自《中苏国家关系史资料汇编》(1917—1924),第193—196页

苏俄劳农代表团致外交部

1923年9月5日

本代表团现奉本国政府训令,特请贵部查照如下:

查俄罗斯社会主义联邦制苏维埃共和国、乌克兰社会主义苏维埃共和国、白俄社会主义苏维埃共和国、外高加索社会主义联邦制苏维埃共和国、阿塞尔贝绛社会主义苏维埃共和国、乔治社会主义苏维埃共和国、阿尔美尼亚社会主义苏维埃共和国,对于宣言书与公约业经承认,该书约经各该共和国最高当局之赞同,业由苏维埃社会共和联邦之中央行政委员会批准作为该联邦之宪法。现根据书约,俄罗斯社会主义联邦制苏维埃共和国与上述其他各共和国已行建设成为合众国矣。因经宪法之组织合而成现该合众国,业定名为苏维埃社会主义共和联邦。至俄罗斯社会主义联邦制苏维埃共和国之主权,此后在数事之中固有限制,因照大联合国宪法之条款已转移与联邦为其权能,但于一切他项事件之中仍由该共和国执行之,而一切主权则由联邦卫护之。

联邦之各国际关系,包括俄罗斯社会主义联邦制苏维埃共和国连同上述各共和国在内,并其国外贸易关系与关税制度、交通经营、邮政电务以及用联邦名义或用俄罗斯社会主义联邦制苏维埃共和国名义所订之各利权协约,自此以后应照联邦宪法所予之权力,由联邦中央机关执行之。按照上述之情形,故俄罗斯社会主义联邦制苏维埃共和国已将其一切国际关系之行为转移与联邦,包括担任实行以前该共和国所订一切条约协约在内。此外,各利权协约如按照该共和国法制亦已在该共和国境内实行者,联邦须令在该共和国境内保存旧有效力,现该共和国并将其国外贸易关系之行为转移与联邦,故将来应由联邦人民国

外贸易委员团之国内国外各机关办理之。专此。敬请查照。

中国第二历史档案馆藏北洋政府外交部档案

苏俄劳农代表团致外交部

1923 年 9 月 6 日

本代表团现奉本国政府训令,特请贵部查照如下:

苏维埃社会共和联邦之中央行政委员会,于本年七月六日已将宣言书与公约批准实行,作为联邦之宪法。该书约等已经俄罗斯社会主义联邦制苏维埃共和国、乌克兰社会主义苏维埃共和国、白俄社会主义苏维埃共和国、外高加索社会主义联邦制苏维埃共和国、阿塞尔贝绛社会主义苏维埃共和国、乔治社会主义苏维埃共和国、阿尔美尼亚社会主义苏维埃共和国等承认。

此项宪法已经上述各共和国之最高当局赞同。现根据该法,此后各该国融为一合众国,业定名为苏维埃共和联邦,所有上述各国之领土均收入联邦疆域之内,在此境界之中当此项书约发生效力之时,该联合共和国之主权,按照宪法条款在数事之中固有限制因已转移与联邦为其权能,但在一切他项事件之中,仍由上述各该共和国执行之,而一切主权则由联邦卫护之。

此后,联邦应由其中央各机关照宪法所授之权执行,联邦一切国际关系包括此联邦中各共和国之国际关系、国外贸易关系、关税制度、交通经营、邮政电务以及用联邦名义与用联合之各共和国名义所订之各利权协约在内。

按照上述之情形,联邦人民外交部委员团应以联邦名义担负其一切国际关系之行为,包括担任实行以前用上述各共和国名义所订一切条约协约在内,此项条约在各该共和国境内仍保留其原有效力。

兹因根据宪法,联邦之国外贸易查照国家专办成为统一,此后实行之职,应由上述各共和国之一切从前管理国外贸易机关改归联邦人民国外贸易委员团之国内国外各机关办理之。

各利权协约,倘已在联合之各共和国中按照该国法制发生效力者,仍留有原来效力。

本代表团兹特抄附联邦宪法一(分)〔份〕,与一九二三年七月十三日联邦中央行政委员会宣言书一(分)〔份〕,送请接洽,以上情形统希查照。

中国第二历史档案馆藏北洋政府外交部档案

苏联劳农代表团致外交部

1923 年 9 月 7 日

本月五日第三四三二/一四号与六日第三四三四/一五号节略计达。现本代表团此后改名为苏维埃社会共和联邦驻华全权代表团。专此奉达,即希查照。

中国第二历史档案馆藏北洋政府外交部档案

2. 王正廷与苏联全权代表加拉罕的交涉

王正廷[①]会晤加拉罕[②]

1923 年 9 月 3 日

出席者

中国代表	特派筹备中俄交涉事宜	王正廷
俄国代表		喀拉罕

在座者

中国	中俄交涉事宜公署会务处主任	赵　泉
	中俄交涉事宜公署代理翻译股股长	黄鸿墀
俄国	前代理苏俄驻京代表	德夫金

---

① 筹办中俄交涉事宜代表。

② 苏联全权代表。

　　　喀代表秘书　　　　　　　　　　　伸舍夫

　　督：加代表路上辛苦，已否休息复元？

　　加：路上辛苦，昨晚歇息一夜已觉复元。但少受寒浸，谅无妨事。

　　督：此次加代表来华，我辈甚为欢欣。达代表前次曾提及加代表有来华之举，鄙人于加代表在俄政治之活动及向来之主张极为钦佩。中俄间之问题急待解决，此次得加代表来华办理，当有圆满结果。越代表因多病之故，未能办有结果，迁延至今，深为可惜。

　　加：承王博士盛意欢迎，曷深感激。博士为人，鄙人久已仰慕，深知博士于外交上经验甚深，办事向用实在，不务虚名，佩服之至。中俄问题实有不容延搁之处，故于王博士主张深表同情。鄙人深信可得良好结果。

　　督：辱承谬奖，实不敢当。加代表意思鄙人佩服之至。中俄问题既不容延搁，自当早定日期开议，以资解决。

　　加：开议日期自当早定，但鄙人才到贵国，一则须略事休息，二则须将种种问题加以研究方可办理。报载日本地震一事不甚详细，不晓督办有其他消息否？

　　督：除报载者外，并未得何详细消息。昨日曾派人至日本使馆探询，但因电线俱被毁坏，尚未得何消息。贵代表如现在欲赴外交部晤顾总长，鄙人可以奉陪前往。

　　加：拜晤顾总长一层，现在尚不能往。

　　　　　　　　　　《中苏国家关系史资料汇编》(1917—1924)，第198—199页

顾维钧[①]会晤加拉罕

1923年9月6日

　　　朱　秘　书在座
　　　商深夫秘书

---

　　① 外交总长。

喀云:本代表今日晋谒贵总长,恭贺贵总长到任之喜,实深荣幸。

总长云:本总长久闻喀先生令名,且前曾到过远东研究学术,熟悉此方情形,经验宏富。此次奉派来华,本总长甚为满意,深愿中俄间一切悬案均可由喀先生而商决也。

喀云:本代表此次来华,备受中国人民及各界之欢迎,至深感慰。此诚足以坚余对于圆满结果之希望。纵有出乎本代表及中国人民预料以外之障碍,本代表对于将来完全之进步亦深信不疑。目下全俄社会主义之各国结成一大同盟国,本代表此次来华,系以全俄同盟国代表之资格而来,此事不日即行正式通知贵部,特先奉闻。

总长云:此项通知送到时,本总长当特加注意。去年此时,本总长曾与姚飞先生晤谈二三次,甚望即决定开中俄会议,解决两国间一切问题,俾中俄关系早有进步。惟姚飞先生始而赴长春会议,继又以身体患病赴日本就医,致命两国所希望解决之一切悬案未能迅速实行,不无可惜。深盼喀先生身体健康。北京气候宜人,谅能久留此间,开始此项会议。

喀云:谢谢。想北京气候不致造成有影响于本代表身体之健全也。

总长云:喀先生现在已否到任办事? 所以询及者,因尚未接到喀先生委任状故耳。

喀云:顷告贵总长,不日即有通知。本代表之委任状亦可随同此项通知送达贵部。惟中国现在总统缺席①,该项委任状究应呈递何人,拟请见示。

总长云:俟送到后,如何办理再行通知可也。喀先生初到此间,将来浏览各处名胜,如有所需,请随时通知本总长,当饬令予以一切便利。

(喀称谢而别)

《中苏国家关系史资料汇编》(1917—1924),第 199—200 页

① 大总统黎元洪于 1923 年 6 月 13 日离职,至同年 10 月 10 日曹锟任总统止,此即"总统缺席"——原编者注。

加拉罕致顾维钧
1923 年 9 月 9 日

　　顾总长阁下,敬启者:查本代表业于本日就职。前于本月六日与贵总长晤谈之际,承告以目前固难向中国总统呈递到任国书,然不因此使本代表地位上有正式解决之阻碍,一俟收到本代表到任国书之誊本,阁下允予见示一切必经之手续,等因。兹特将苏维埃社会共和联邦中央行政委员会致中国大总统委派本代表为驻华全权代表(全权公使)之国书抄录,附送察阅。专此。顺颂勋祺。

喀拉罕(署名)

1923 年 9 月 9 日

北洋政府外交部中俄交涉公署会务处编:《中俄会议参考文件》第 2 类,《中俄问题往来文件》,第 148 页,转引自《中苏国家关系史资料汇编》(1917—1924),第 201 页

外交部致加拉罕
1923 年 9 月 13 日

　　本部接准九月八日照会内称:本代表业于本日接任苏维埃社会共和联邦驻华全权代表之职,抄送委任状底稿请查照,等因,本部业经阅悉。中俄会议可期进行,实深欣幸。查本月六日本部总长会晤贵代表时,询问已否就代表职务,贵代表答称,不日即将就职日期及委任状同时奉达贵部,并询及目前中国大总统缺席,此项委任状如何呈递。本部总长答以俟送到研究后再行答复等语。此当日贵代表与本部总长谈及委任状之实在情形也。本部现正考量此事,一俟认为适宜之时,即行奉达。

北洋政府外交部中俄交涉公署会务处编:《中俄会议参考文件》第 2 类,《中俄问题往来文件》,第 149 页,转引自《中苏国家关系史资料汇编》(1917—1924),第 201 页

朱鹤翔①会晤加拉罕

1923 年 9 月 13 日

德夫金
伊凤阁 在座

鹤翔云：兹送上答复贵代表节略一件，内容系告知欣悉贵代表到任视事及呈递委任状，现正在考虑之中，一俟适当之时，即行奉达。再贵代表开议中俄会议之全权文据已否带来？

喀代表云：本代表全权文据业已带来。此项文据照外交上普通习惯，当于开议之时与贵国全权代表之文据互相出示校阅也。

（喀代表命伊凤阁将本部节略译诵俄文）

喀代表云：本代表对于贵部答复，认为不能满意，缘此措辞等于未曾答复耳，请君将该公文带回，本代表不能接受。

鹤翔云：如果贵代表坚欲余带回该节略，本部当将贵代表之公文同样退回。且在上述公文之内，贵代表提及本月六日本部总长有面告贵代表“本国大总统现虽缺席，但与贵代表正式地位并无障碍”之语，而本部总长并未发出此语，殊与事实不相符耳。本部原拟将贵代表来文直接驳回，但为免除无谓之误会起见，仅将当日关于委任状谈话之实在情形叙入而已。再按照国际普通惯例，凡发表两国间有关系之文件，应先经彼此接洽同意后行之，乃贵代表致本部之上述公文，昨日俄通讯社竟将全文发表也。

喀代表云：同时发表之文件颇多，致将该公文误入其中，本代表亦甚以为憾。本代表对于中国素主亲善，人所共晓。此次起身之前，本国方面重要人员均劝本代表中止来华，静观中国国内之变迁。惟本代表勇于任事，毅然就道。抵京之时，承贵国各界人士之欢迎，感慰奚如。本月四日接奉本国国民外交委员长齐赤霖来电谓：目下北京总统缺席，中国国内情形益形繁乱，倘与北京政府接商各事，是否为中国全体所承

① 外交部秘书。

认,应遇事格外审慎进行云云。本代表因之甚为顾虑。俟本月六日本代表拜访贵部总长后,即复莫斯科一电,告知晤见顾外长情形并可以与北京政府开始谈判等情。今贵部答复之措词如此事出意外,是为本代表观察之错误,甚为失望。中俄会议开始日期因之亦不能决定也。劳农政府成立以来已逾六年,目下全俄统一国家根基日益巩固,欧美诸大列强之所以未经承认俄国者,实因我方不愿承认数种问题之故,并非彼方之不愿耳。中俄关系至深,非其他各国所能比较,且彼此未曾经过宣战状态。而中俄间旧有之条约,我方为表示善意起见,自行宣告中止发生效力,且本国政府对华迭次宣言尊重中国主权。而本代表到华以来,又在各处演说,对于库伦及中东路,又切实声明此旨。此为中国政府及国民所共见共闻者也。中国现在情状四分五裂,北京政府已失其中心之点,列国有乘此时机提出共管之议,其能奋斗为中国帮忙者,惟独俄国耳。如中国政府欲以恢复中俄间正式外交关系为一种交换条件,是为大谬,本国政府万难承认,缘按照本国政府迭次宣言,决不侵害中国任何主权故也。况乎成立正式往来甚有裨益于中国前途及中国对外之情势。贵部总长熟悉世界大势,当能深明此项情形,与俄正式携手以打破前任各总长对俄之一种无宗旨之办法耳。本代表所云各节均属开诚之语,诸请见谅。明日下午王正廷君约晤本代表,如此项问题未能解决以前,中俄会议碍难进行,请君回陈贵部总长。如何情形,于明日午前答复本代表。贵部如以照复芳泽公使之词意答复本代表,最为妥适。

《中苏国家关系史资料汇编》(1917—1924),第202—203页

王正廷致加拉罕

1923年11月28日

喀代表惠鉴:接准十一月二十三日台函,敬悉一切。所称呈递委任状迄未续准外交部答复一层,业已转达外交部查照核复。至恢复中俄正式关系,尚未经鄙人答复一节,似执事不无误会之处。溯自最初与执

事会晤时，即经鄙人以恢复邦交应与其他各项悬案大纲一律在会解决奉告，维时深荷鉴（亮）〔谅〕，予以赞同。故鄙人得与执事本此意迭次晤谈，业将邦交恢复与其他问题合并讨论。除中东铁路问题一项，意见已趋一致。即就中东铁路问题而论，双方意见相差本不甚远。而所区别者，即执事虽认该路所有权属诸中国，然以交还及管理该路之条件，应俟大纲协定签字后，另行协议。鄙人则主张中东路问题不应除外，宜与各问题大纲同在会议解决。彼此谈话经过情形若是。今执事忽又以恢复邦交问题书面责难，反使已渐接近者转而趋远，于中俄两国均无所利。查自苏俄拟与中国协商悬案派遣代表来京，业已一载有余，其所以未能开议者，因双方各有问题要求先事解决耳。越飞前代表有鉴于此，故坚决反对有提出任何条件在会议前解决之事。此层早经双方了解。执事到京后与鄙人晤谈，亦深赞成此旨。当兹双方意见已相接近之际，仍信执事本宗旨，于鄙人由日本归国后开议一切也。专此。顺颂台绥。王正廷敬启。十二年十一月二十八日。

上海《民国日报》1924 年 1 月 14 日

王正廷与加拉罕谈话节略
1923 年 9 月 3 日至 11 月 30 日

关于筹备中俄正式开会事宜，自（哈）〔喀〕代表到京之后，王督办与喀代表计谈话者八次。彼此对于中俄各项问题所持之意见约略如后：

一、会议手续。

按照外交部顾总长与苏俄驻华姚飞代表所成立之谅解，中俄两国业已赞成将一切悬案均由会内讨论解决，无论何方不得事先提出任何条件预行裁决。因是王督办拟即查照当日所已赞同之会议手续进行。

喀代表不允赞成。查其所持理由，以为彼已由莫斯科奉有切实训条，嘱其非俟中俄两国正式邦交恢复之后，不得遽与北京政府开议。

至于调处之办法，王督办与（哈）〔喀〕代表业已赞成先于正式会内将各项大纲签订一种协定,其一切细目,一俟协定签字之后,即行商议。但商议此项细目,须从速竣事,无论如何不得迟过该协定签字后六个月。且该协定所列各项大纲之中已将恢复两国正式邦交规定在内。故于签字之后,不独两国间之外交关系自行恢复,亦即各项细目正式协商之日也。

二、未需若何之讨论而即同意之各项。溯自最初谈判之时,即经王督办向喀代表明告,谓其对于一九一九与一九二〇等年(哈)〔喀〕代表所代苏俄政府发表之各宣言极表同情,并经提议将所宣言叙于各项大纲协定之内。此层(哈)〔喀〕代表亦已表示准备赞同。所有后列各项大纲均已彼此同意。

(一)俄国在华之租借地、兵营、操场,以及领事裁判权,并俄国部分所余庚子赔款,概行取消;

(二)一俟各项大纲协定签字之后,应即成立通商新约,并以平等相互为原则定立征收彼此货物关税章程;

(三)根据(哈)〔喀〕代表各宣言,将疆界重事勘定;

(四)所有在中俄公界之河湖并其他流域及其下海处,由中俄船只行用,至其详细办法,另行根据平等相互公允原则规定之;

(五)恢复中俄正式邦交,并将俄国使领馆屋由中国交付苏俄;

(六)禁止凡有仇视各该政府之机关或团体在各对方境内存在;

(七)彼此不为与两国公共秩序或与社会组织相反对之宣传;

三、尚待考量之各项。

取消中国与旧俄帝政时代各约

王督办所表之意见,凡系中国与旧俄帝政时代订立之一切条约、公约、协定、议定书等等概行无效,另由双方本平等、相互、公允之原则及一九一九与一九二十两年苏俄政府各宣言之精神重订条约、协定。

(哈)〔喀〕代表赞成取消此项各约,惟有关中俄界务者,应予除外。

外蒙问题

依从王督办之提议,(哈)〔喀〕代表赞成承认外蒙完全为中国内之一部分，并将在外蒙所驻俄国军队连同宪兵撤退。但对于王督办之所提议限于六个月内撤尽一层，彼犹迟疑未允。

赔补及偿还事项

王督办所表示之意见，以为苏俄政府对于中国官民要求偿还因俄国政变所受之损失之赔补及费用之偿还，应予赞成，适当公平处理之。

喀代表未允赞同，但另提办法使此项要求有所限制：（一）仅限于中国人民；（二）限于在中俄断绝邦交期内；（三）此项损失要须系因违犯苏俄法令而波及者。

四、争持之件。

中东铁路

查一九一九与一九二十两年（哈）〔喀〕代表宣言内曾允将该路无条件交还中国，现则反是而转允以该路之名分给与中国，且为易此名分，须中国以该路赎价还与苏联政府，至其赎取之款并当取之于中国国内资本。再其债还之条件与路归中国之情况，尚须俟各项大纲协定签字之后另开会议，以事解决。在未开此会解决以前，苏俄政府应将该路之一切权利为苏联保留并将一八九六年该路章程存留有效。现复规定，该路之前途，只允中俄两国从事取决，不得有第三国之干涉。

王督办所持之态度，以为凡为该路本身并其附带他项一切财产上之所有权利、名分特权，均应按照（哈）〔喀〕代表宣言立时以名义与实际交付中国。然为谋与（哈）〔喀〕代表相互让步起见，王督办可允将该路现值实价偿还苏联，未再要求以该路按照（哈）〔喀〕代表本人宣言无条件交还中国矣。更欲得与（哈）〔喀〕代表意见接近之故，王督办并提议可将此项债还用国库券交付，以该路财产担保，庶使苏联在此项库券未经中国赎取以前，得以留有债权者之权利。惟声明中国将库券交付之后，则该路之俄国股份与债票即应还与中国。

喀代表既觉其本人难以承认王督办之提议，而王督办亦以喀代表所持之意见与其对此间前所发宣言不符，故其结果彼此意见未能一致。

《中苏国家关系史资料汇编》（1917—1924），第205—207页

王正廷谈话

1923 年 11 月底

从前余与劳农远东代表加拉罕氏交涉之要领,为中东铁路问题,国境问题,两国经济关系,卢布清算问题,外蒙问题,黑龙江航权问题,俄领华侨之利权拥护问题等。惟劳农政府之承认问题,乃我中国一国无可如何之世界的问题,特于直接利害关系最密切之东京政府之意响,认为有倾听之必要,故余有此项东京之行。至于震灾时惨杀华人事件,若回想大震灾当时之大混乱状态,苟非事出故意恶意,其解决点殆可推想而知。若事件有调查之必要,亦不过此悲惨事件,果否出于故意之问题耳。余所以欲特在奉天勾留数日,并无他意,不过欲知于中俄交涉有直接深切关系之张作霖氏之所见,并冷静考虑余从前交涉之经过而已。若抵日本后,因久未接日本风光,故欲充分吸受其空气,且于廿一条件问题之解决点,亦欲一研究之也。

北京《晨报》1923 年 12 月 5 日

苏联代表团致中国外交部

1923 年 12 月 7 日

据俄代表团消息,本月六日,中俄交涉事宜督办公署照会俄代表团,述及该署因俄代表呈递证书及恢复中俄邦交问题,与外交部往返交换之公函,意在使俄代表知外部对该署询问之答复。俄代表接到此项照会后,即于次日将原函送回,并附有复略,大意谓:中俄交涉事宜督办公署与苏联政府之关系,不能代替中国外交部,故俄代表团不能接受此项照会,即使中俄交涉事宜督办公署以会议交涉机关而论,俄代表团亦不能对上项照会加以考虑,盖该团对此机关并未得若何通知,中国外部只于本年三月二十八日通知该团任命王正廷,且若会议举行,不独只由督办担任磋商,尚须由特别任命之代表进行。

北京《晨报》1923 年 12 月 9 日

苏联代表团对北京《晨报》记者的谈话

1923 年 12 月

若会议开幕,俄代表团自应于王正廷或将来再加派之代表接洽,至于某委员会或某署,此或为由上述代表所组织,俄代表团与之不能发生关系,对此事首应特别注意者,即外交部每欲不答复俄代表公文,而令其他机关代答,一若外部欲将中俄邦交停顿之责,卸诸于王正廷及交涉事宜督办公署者。但此非俄代表团所应过问之事,盖此乃中国各机关之内部事宜。而俄代表团对于与各机关之关系,须取严正之合法手续也。俄代表对于证书问题,曾致牒外交部,外部亦已允于答复,现若外部不愿答复或以为非其分内事,则俄代表团决不能接受其他机关之答复,俄代表团深知此举之性质,含有声明中国政府不准备恢复中俄正式邦交之意,若然,则至少应决然作坦直之表示。

北京《晨报》1923 年 12 月 9 日

加拉罕致王正廷

1924 年 1 月 17 日

尊敬的王博士阁下:

一九二四年一月九日来信收到了。从您来信中可以清楚地看出:双方确实存在许多严重的误解,有许多问题您完全没有弄明白。不过,这一点我在上一封(十一月三十日)信中就已经指出来了。上次信中我向您全面地阐述了苏维埃政府对俄、中关系的看法。不过,看来阐述得还不够。

我不得不再次重申:我们的分歧不在于如何解决某一个问题,而在于:我建议,一切问题均提到作为俄、中之间恢复正常关系的结果而将召开的代表会议上解决;可是您却竭力要我立即对俄、中有争议的问题作出最后的决定或解决。

关于您对一九一九年宣言的看法问题,对下述一点我不能不表示极大的惊异:我指的是当时给外交部的权威性的说明书已经完全解决,而一九一九年和一九二〇年两个准确文本也已随我的十一月三十日信送交了外交部。在此之后,北京政府的代表竟又提出重新回到这个问题上来。

我不知道,北京政府在公文往来中继续坚持他们惯用的、然而是不正确的一九一九年的宣言稿,其用意何在? 事实上,倘若一九一九年宣言果真能给中国政府什么根据(不要说是权利)向苏联政府提出关于它在宣言中已经承诺的要求的话,那么这种坚持还可以解释得通。但正如特命全权代表处一九二三年十一月十五日和十二月十三日给中国外交部的照会中业经详尽地阐明的那样,一九一九年宣言并没有给中国政府提供任何根据。大家知道,中国政府并未接受一九一九年宣言,而且它用了最粗暴的、以推翻苏维埃政府、继续支持白卫军及其组织机构为目的的干涉方式拒绝了我们的建议。然而今天,北京政府在他们拒绝了我们的一九一九年建议已事过五年之后,却又异常顽固地企图以被他们拒绝了的宣言作为某些权利和要求的根据。当北京政府不是响应在为争取独立的斗争中牺牲极大的俄国人民兄弟般的呼吁,而是参预了妄图消灭作为一个独立国家的俄罗斯共和国,并且可能把它置于比中国目前的处境更坏的大国干涉境地的时候,它所遵循的是什么呢? 至今它未向苏联政府做出任何说明。中国政府甚至没有说明,它为什么用义和团赔款去支援白卫组织,而不是赞同苏联政府的意见,把义和团赔款用于中国人民的教育之需。时至今日,俄国代表团和领事馆还操在帝制派和白卫分子的代表们手中(这些帝制派和白卫分子是受到中国当局庇护的)。甚至中东铁路也操在这些帝制派和白卫分子手里。他们侵吞、毁坏应为中、俄两国人民享用的物质和文化珍品。至今白匪残余在中国港口还受到庇护,而中国政府却不认为对中国领土上的俄国官产的洗劫行为有必要加以制止。相反,属于俄罗斯共和国的武器他们却购(买)去用于中国军队之需。这也就是支援在中国发生的内战,已是众所周知的了。在满洲里,在划归铁路使用的地带上,苏联公民正不断遭受种种迫害和限制。苏联政府放弃对自己的公民享有的治外法权,以此表示它对中国人民主权的尊重;而中国当局却把苏联尊重中国人民主权的表示用来迫害和限制苏联公民。当帝制派和白卫军管理的许多学校散播对苏维埃俄国仇恨心理而受到中国当局的庇护和鼓励的时候,满洲里的俄国学校,却遭受着迫害。它们受迫害的原因只是由于它们用本国的精神来教育未来的苏联公民。

面对这些事实,应特别提出这样一个问题:中国政府批评和指责苏维埃政府政策的虚伪性,这是从哪儿得来的这种权利和理由呢? 而在苏维埃政府的行动中类似敌视中国人民的事情却一件也找不到。

假如苏维埃政府认为在所有这些行动中,中国人民负有完全的责任的话,或者假如苏维埃政府在自己的政策中不遵循俄国革命的各项原则(俄国革命的这些原则比之任何一国政府的行为都更珍贵)的话,那么,在此情况下我的政府就会是另一种做法。它就应当宣布:它不认为自己在谁面前要受一九一九年和一九二〇年宣言的约束。由于中国政府的不友好态度,苏维埃政府将象其他大国一样行事。看来,中国政府是把那些大国、强国当做比苏维埃社会主义共和国更友好、更亲密的国家了。但我们向中国人民讲过的话,我们一定履行诺言。正如我们对亚洲其他国家——波斯、阿富汗、土耳其等国的各被压迫民族所做的那样。近几年来,我们看到,政府的政策不断变化,政府不断更迭,但这些政府同人民的利害关系,人民对它们的态度,却依然如故。面对这样的历史事实,我们可以坦然地说,不管中国政府的政策怎样变化,我们确信,在未来的俄、中条约中我们能够坚守我们的诺言。

至于说到由于我们的军队被迫留在蒙古而使你们怀疑苏维埃政府的诚意,那么,我们应当向你们阐明一些事实(其实,这些事实在我和您的私人谈话中,在许多公开集会上,我已做了充分的说明):

还在一九一九年,当苏维埃政府向中国人民和中国政府发出呼吁的时候,就表现出了对中国人民的真诚的兄弟般的态度。可是,苏维埃政府得到的回答却是打击。按理,受到中国方面这一打击是极少可能的,因为中国自身处于被压迫地位。但,它却支持以它自身所遭受的这类压迫为宗旨的干涉!

　　蒙古事件发生在一九二一年,即在我们的宣言发表两年之后。尽管苏维埃政府有着令人信服的证据,证明中国政府对俄罗斯共和国的敌视态度,但是,在红军被派往蒙古镇压谢苗诺夫、温哥尔等白匪之前,苏维埃政府却再一次请求中国政府采取措施,不让白匪侵犯俄罗斯领土。大家知道,中国政府对我们的请求是漠然置之的。它没采取任何措施消灭这些匪军。顺便问一句:导致中国政府奉行这项政策是基于它所承担的国际义务来支持这些匪徒向苏联进攻的呢?还是中国政府没有足够的军事力量来消灭这些白匪呢?至今我们还不清楚。

　　处于这种情况,苏维埃政府只有用自己的力量保卫独立和自由,没有别的选择。这一点我们做得非常顺利,并且已经实现。

　　我可以向您证明如下一点(这一点现在已经毫无疑义了):假如中国任何一块领土上重新出现白匪军的话,中国政府定会对他们进行庇护,即使我们提出请求,中国政府也绝不会、或者不能够消灭这些白匪。因此,苏联政府就不得不象它在一九二一年在蒙古所做的那样,为了自己的安全,采取必要的措施。我们是经过了过于艰难的斗争才获得了自由和独立的,我们不能让这种自由和独立再遭受来自任何方面的危险。

　　至于说到中国人民的看法,我不能说全体中国人民都会同意您的观点。正如我不能断言,中国人民会赞成中国当局参预旨在推翻我所代表的政府的干涉一样。我们对蒙古问题的态度异常清楚,而且直言不讳。我们认为,蒙古是中国的一部分。我们已做好准备,一俟中国政府给我们的边境安全提供必要的保障,我们就撤走在库伦的红军部队。即使我们从好的方面设想,即一九二一年白匪没有受到中国方面的鼓励,仅仅是由于军事力量的不足,才未采取措施使白军远离蒙古。那么当前呢?当前北方的形势,恐怕未必比一九二一年更好一些。在这种时候,我们在会议上就应以更大的注意力研究北京政府打算向我们提供的保障了。我们不能没有任何安全保障就把自己的军队撤出蒙古。

否则,对我们的国境必将造成新的威胁。在代表会议上中国政府应当提供真实的证据,证明它自一九二一年以来的政策和条件均已发生了变化。我的这一观点是人所共知的,况且我已就这个问题不止一次地公开发表过意见了。遗憾的是,您竟提出了一个在我们之间恰恰不存在实质性分歧的蒙古问题,来证明苏维埃政府的虚伪。特别是因为蒙古问题这一论据正被俄、中友好的敌人用来阻碍俄、中两国良好关系的恢复。

我在去年十一月三十日的信中已经详尽地阐明了迫使我国政府坚持先恢复正常关系的那些论点。遗憾的是,你在复信中没举出任何理由反对这一无可辩驳的论点。其实,迫使苏联政府坚持自己的观点,最重要的理由之一就是担心和北京政府有密切关系的某些大国反对恢复和苏维埃社会主义共和国联盟的关系。我们有新的证据证明,这种干涉别国内政的勾当实属寻常之事。仅在最近,因企图阻挠意大利与苏联恢复外交关系,法国政府就通过它驻罗马大使向意大利政府提出了正式的警告。但我们对北京受到如此的压力感到惊讶,特别是(如果注意一下)北京政府自己竟用它以往的政策去迎合其他大国这些类似的企图。指出下述一点就够了:还在一九二一年总统的一项命令(这项命令至今似乎还没撤销)中就规定了中国对俄关系所奉行的政策将"遵照协约国对此问题的态度行事"。

您对我们的频繁谈话做了简要的概述,对此我深表感激。因为从您的概述中可以清楚地知道,您对我们的谈话,对我的观点不清楚、不明了到了什么程度。我不想谈您概述中那些不准确之点的全部无足轻重的细枝末节,因为我的观点在上一次和这一次的信中已基本上做了实质性的说明。再者,既然有关恢复正常关系的根本问题未能达成协议,纠正我们谈话中那些细枝末节也就没什么作用了。

为了不给您留下任何疑难,我要证明下述一点是正确的:由恢复俄、中两国正常关系的结果而召开代表会议,在这个会上一切问题都可用一九一九年和一九二〇年宣言精神以及我给您的信件中所阐述的那些观点来解决。我已准备好在苏维埃社会主义共和国联盟与中国之间恢复正常关系之后,依据您的酌定,于近日召开会议。

对下述一点我并未失去希望:即随着时间的推移,北京政府终将会接受我的观点。从近几年来北京内阁已经有了进步(在我们看来)的态度中我看到了这一希望。先是一九一八——一九二〇年,北京内阁参预了推翻苏维埃政权的尝试;之后,一九二一——一九二二年,它就拒绝这种干涉了。但暂时还反对交换代表,也不同意恢复正常关系,认为只限于通商条约为好;最后是目前阶段,即中国政府似乎同意恢复正常关系,只是需要一定的条件,而这一定的条件仿佛成了这一重要政治行动的"代价"。我相信这样一天一定会到来:即中国政府将改变它目前的态度。到那时我将和您一起庆幸地召开会议,以便解决俄、中之间显然很容易解决的问题。

我认为,在会议上和您进行谈判比目前的信函往来要好,但无论如何我不愿意完全指责这种信函往来。因为(我觉得是这样)信函往来解释清楚了许多误解,而这些可能由于翻译的过错所造成的误解(这些误解在我们的频繁谈话中被疏忽过去了)也就成了您的概述中不准确的根据。

我为您从日本顺利归来感到高兴,请允许我向您表示我真诚的敬意!

加拉罕

1924 年 1 月 17 日

又及:对您如此殷勤地赞成发表您的信函不胜感激!

胡守信译自《苏中关系文件集》,转引自《中华民国外交史资料选编(1919—1931)》,第 180—186 页

加拉罕致王正廷

1924 年 3 月 16 日

王正廷博士台鉴:

本年三月十四日晨,鄙人与阁下代表中、俄政府签字于重建两国正式关系之协定,并拟于是日签字于缮清之约文,以代业经签字之初本。阁下签字后,贵国政府决定不认可阁下之签字,并不许阁下签字于缮清之约文。本代表因此照会阁下,并请转达贵国政府,本代表对于贵国政府批准阁下与鄙人已签字之协定,愿待候三日,由本日起计算,期满后,该协定对鄙人即不能约束。同时鄙人并代表本国政府照会贵国政府,交涉破裂及协定失败,其责任应由贵国政府单独负之,一切随此而生之结果,其责亦在贵国政府。须至照会者。

《东方杂志》第 21 卷第 8 号,1924 年 4 月 25 日

加拉罕致外交部

1924 年 3 月 19 日

上年三月二十八日接准贵部照知:中国政府已派王正廷为与苏俄政府谈判之正式代表。本年三月十四日与中国政府正式代表之谈判完全告竣,所有各项协定业经签字,同日应将各该项协定手抄多份,并将此项誊清本重行签字。但中国政府不承认其正式代表之签字,致毁前项协定。兹苏俄政府因上项情形,训令本代表照知贵总长如左:

一、苏俄政府认为,此次与中国政府正式代表之谈判业经终了。

二、苏俄政府坚拒重行讨论业已议定并签字之各项协定。

三、苏俄政府警告中国政府,勿铸足以影响于苏俄与中国政府将来邦交上不可补救之错误。

四、在本代表本年三月十六日致中国代表第一〇一一号函内所指定之时限届满时,苏俄政府对于本年三月十四日所签协定内开各项不能认有拘束,并保留将来与中国协定之各项条约有自由订立条件之完全权利。

五、在上述时限届满后,中国政府于无协定并无条件与苏俄政府恢复寻常正式邦交以前,不能与苏俄政府重开谈判。为此照会。

《外交公报》第 36 期

加拉罕致王正廷

1924 年 3 月 19 日

敬启者：一九二四年三月十八日第五〇九号来函已悉。查其内容，系由贵督办转达国务院对于本代表前函之答复。兹再请贵督办将下开各节转达贵国政府：

查国务院之答复，对于近日状况之原因，并未注意。故应将一切事实陈述如左：

（一）三月十四日午前，所有交涉业已完竣，双方最后修正之各项协定，亦已签定，并经双方相约，将各项文件立即誊写，即日加以签订。国务院所谓交涉并未完竣等语，乃因国务院对于事实并未深悉所致。

（二）国务院愿将本月十四日签定之协定，加以磋商，虽以慎重态度为词，然考其事实，当交涉完竣，协定业已签定之后，而尤欲重行讨论者，足征内阁之处事并不慎重，而于亲善上毫无诚意之志愿也。

（三）苏联政府认为，破坏交涉及取消业已告成之协定之手段，其原因不外一种极有关系之政治上之事实。盖公众所知，中国政府外交之方针，本以列强之政策为主，其对于苏联之方针尤见其然。有前此中国大总统关于此事之命令足以证明。查中国各种正式之文件，中国对于此项政策，并未加以更正，则可知中国迄今仍以各列强之政策为准。现在中国政府不承认其代表之签字，其原故必不外上述政治之情事矣。一切经过之情形，足以证明也。本代表与中国代表在近数星期以来，彼此交涉，本为顺利，并未发出如何意外之情形。中国代表时常将交涉之经过报告国务院，国务院来函亦声明此节。然则政府对于交涉之情形，始终备有确实之报告，而中国代表一切之行为，本与政府同意办理。惟双方签字前一日即三月十二日，忽然发生问题，以致推翻一切已成之结果。盖当三月十二日法国致中国政府一恫吓之警告，此为现在状况之确实原故也。法国以外之他国，亦已警告中国，但其他各国之举动，并无公开之形式。法国之公开者，乃因世界各国之中，法国最为仇视苏联之故耳。

（四）国务院提议拟定一协定，将所有各问题完全解决。此种提议，本代表不能容纳。缘照此办理之后，殊无开中俄会议之必要。双方原定于一个月期内，开中俄正式会议。而三月十四日所签定之协定，不过为将来会议之一种根据而已。在苏俄政府方面，亦以为该协定中尚有若许问题，并未解决或解决而未得圆满之结果。所以甘于缄默者，亦希望将来会议中加以妥协之磋商耳。查三月十四日所签定之协定，对于中国国家及人民之利益，已能如愿以偿。此种有利益之协定，恐任何第三国皆不能拱手让之中国。设若有第三国能将该协定中尊重中国利益及人民希望之点，以十分之一付之中国，则中国政府必以为有无量之幸福，而将感激于无涯矣。

（五）国务院所谓本代表对于中俄亲善造成一种障碍，并谓三日之限大背以前宣言之旨。此种声明，本代表应以愤懑之态度驳回之。苏联政府系一九一九及一九二〇年提议与中国造成亲善之政府，其亲善之原则，此次三月十四日所签宣言之协定中，业已详明列入。中国政府在道德上、政治上、事实上皆无责备我苏联政府之权。缘中国政府对于苏俄最亲善之提议，竟答以助推翻苏联政府及扼制俄国国民自由独立之举动。中国政府曾随同帝国主义之列强，欲灭除苏俄政府。用种种方法援助白党，容纳白党在三省存在，且任其侵略苏联领土。但我政府对于中国政府之罪恶，始终并未责成中国国民负其责任。故现在仍将数年前所允许之利益让与中国，并且列入此次所订之协定中，以资信守。五年以来，我俄力劝中国政府与俄亲善，虽中国人民屡次表示愿意，而中国政府竟置之不理。故中国政府如欲有责备苏俄政府阻碍亲善之权，则必须将五年以来固执及仇视之事实，觅得相当之理由以解释之。

（六）苏联政府闻之三月十四日协定告成，甚为欣幸。本国全国人民莫不额手相称庆，咸谓自三月十四日起，俄国人民得与受痛苦压迫之中国巨大民族，用正当之方法发展两民族间之友谊，俾日形坚固。及闻知此项协定又被中俄亲善之仇敌破坏，其怨痛正与欣幸相等。苏联各邦,对于中国政府取消一切交涉之结果,及种种轻视阻碍之举动,十分愤懑。

此项所订协定,中国政府倘以历来与各国所订条约略一比较,则必无不满意之根据。而中国政府徒在琐细小节上十分注意,而反对已经妥协之重要节目置而不言。例如,撤消领事裁判权、种种租借优越权及庚子赔款等项,在威尔赛、华盛顿两次会议,中国力争求脱除各种与优越权有关之不堪之束缚,而在华盛顿会议,仅争得组织委员会审查治外法权一节,但以法国之反对,迄今未能成立。然此次所订之协定中,此种权利我俄已一律抛弃矣。

现在各列强责成中国最重者,厥为关税条约。此种条约破坏中国实业无余,而且税则既经与人订立,则经济实权操之外人之手,而最重之财政来源,亦遂为外人所监督矣。

华盛顿会议,曾允许中国增加关税。而此等允许,迄今并未实行。而于三月十四日之协定内,苏俄则愿抛弃束缚中国之一切商务关税之协定,并本相互平等之原则规定之。因中国政府不设法肃清在蒙古白党之故,苏俄不得已而派兵入蒙,但于协定中切实声明,尊重中国主权,并准备一俟在会议中商定期限及保障,即将军队撤退。至中东路问题,苏俄所让于中国政府者,较中政府所能正当要求者实多。惟中政府对于因苏俄公平主张而得之圆满结果,则默然焉。苏俄政府欲铲除在中国境内帝制主义之罪恶污辱之余烬(按即白党),迄今继续五年之久,方克达到目的。中国政府就三月十四日协定中,苏俄对于中国之尊敬及对于中国国民之友谊,极应接受而重视之,乃中政府竟牺牲以中国名义签字该协定之代表,而欲将该协定推翻,殊出意外。

此种闻所未闻之行为,苏联政府应认为五年来之忍耐力消耗已尽,尤以最近确商交换意见之半年为甚。苏联政府为使中国易于接受友谊协定起见,对于中国无不表示让步,且对于从速无条件恢复邦交,为开会之先决条件,亦已抛弃。而中国政府对于苏俄政府之友谊努力,并未加以相当之注意。

苏俄政府因中国政府取消双方正式代表三月十四日所签订之草案，不得已于十六日备函要求明白确定。兹本代表为证明三月十六日函起见，更以苏联政府名义声明如左：

（一）与中国政府正式代表谈判已于三月十四日告终。故苏联政府对于业经议妥之协定，拒绝重行讨论。

（二）三月十六日函中所指之三日期限满后，苏联政府为对于三月十四日所签之协定不受若何拘束，并将来与中国订约时保留完全自由之行为。

（三）苏联政府应预为声明，将来中国政府若欲重提谈判时，惟须先行与苏联恢复正式邦交，不附任何条件及协定。

（四）苏联政府应预先警告中国政府，勿铸成不可补救之错误，勿破坏已告成之协定而负重大之责任。因此种不慎重行为，足以影响于将来中俄两国邦交也。

《外交公报》第 36 期

外交部复苏联代表

1924 年 3 月 22 日

接准贵代表本年三月十九日文称：上年三月二十八日，接准贵部照知，中国政府已派王正廷为与苏俄政府谈判之正式代表。本年三月十四日与中国政府之谈判完全告竣，所有各项协定业经签字。但中国政府不承认其正式代表之签字，致毁前项协定。并称苏俄政府认为，此次与中国政府正式代表之谈判业经终了，各等语。本总长阅之深为诧异，所称三月十六日致王督办函内期限一层，尤难承认。查王督办之签字草约，事前并未请示政府。故本国政府认为商议并未终了。况去年十月二日，中国政府给予王督办之证书载明，只有商议议决之权，将来议决事项，如经政府准其签字批准，定予施行。贵代表面称，当时并未阅看全权证书，如一检阅当不致有此举动。故此项签字，中国政府实未能承认。至于贵代表本月十九日致王督办之函谓有他国出而阻挠云云，中国政府并无此事,即使他国有言,而中俄两国办理外交,决不受他国之干涉,请勿顾虑。总之,中俄间关系极为重要,中国政府仍不变更愿与苏俄恢复邦交之诚意,深盼迅速继续谈判,俾得早日解决。兹于本月二十日奉本国大总统令,中俄交涉关系重要,王正廷等筹办以来,与俄代表意见虽渐融洽,而条款尚未确定,应责成外交部接收办理,迅与俄代表继续商议进行,以专职责。此令,等因。本总长现已遵令准备与贵代表继续商议,俾资结束。为此略复贵代表并请转达贵国政府为荷。

《外交公报》第 36 期

加拉罕致外交部

1924 年 3 月 25 日

接准贵总长本月二十二日节略,对于中国政府破坏三月十四日与中国正式代表王君正廷议定之协约一节,将中国政府之理由加以辩护,并表示愿意继续开议,俾资结束等因。查该节略对于本案之事实及本代表本月十六及十九两日之照会,均置而不理。故本代表不得不再将事实重行申述,并将中国政府破坏已成协约所负之严重责任,再为一度之解释。

一、关于中政府授与中国正式代表王正廷之训条一节,本代表认为不能从事讨论。此节系中国政府与王君正廷及中国国民之事,彼等可自为裁判。至于中华民国官吏间相互之关系,本代表亦不便讨论。虽经贵总长之请,本代表实不能将本国政府牵入讨论此案。

本代表曾与中国政府之正式代表进行协商,并已完竣即将预约会同签字在案。苏联政府暨其代表对于中国代表,是否有权同意于该协定内开各项或其他之条件一节,不能从而讨论。本代表对于中国代表议决之全权,无权表示疑问。如对中国政府代表之权限加以疑问,何异对贵总长提出三月二十二日节略内开各节之权加以疑问。本代表深知中国政府正式代表之权限,前在一九二三年三月二十八日外交总长曾通知政府派王君正廷开议并有商议议决之权。据此,则王君正廷即确有权签字草案,以表明双方会议业已完竣,并已议决,即贵总长亦曾承认王君正廷有议决之权。然国务院否认其全权代表之签字,是不啻否认大总统付予该代表全权之命令矣。故以形式言之,三月十四日签字之草案,系属绝对无疵可求之文件。关于此项文件,中国政府当可予以采纳或拒绝之。贵总长对于本案之解释,并不能使案情更加明显,恐徒增迷惘而已。

二、关于本代表三月二十六日致王君正廷函内所开三日之限,贵总长表示诧异一节,倘贵总长之意,以为时期太促,无暇承认或拒绝三月十四日签字之协定,此则或较易了解。但在三月二十二日节略内,贵总长并未言明国务院曾否核准该项协定。据此可断言,中国政府业已拒绝该项协定,不特不利用三月十四日至十九日之期限,且对于苏联共和国允否展限亦未提及。本代表之所以郑重声明此事者,实因中国政府有意以期限太促无暇取决为词,否认破坏协定之责任也。

查破坏协定,国务院实负完全责任。苏联共和国政府决不能以形式或期限关系,认为此项责任可以减轻。

三、贵总长否认他国出而干涉破坏中俄间之协定一节,大与事实不符。北京国务院曾受压迫,而尤以与中国财政有关之人为最。种种事实,可以证明,无庸赘述。兹仅言法国本月十二日之照会。该照会与中俄协定实少补益,想贵总长当能同意。本代表希望贵总长对于证明法国抗议毫无法理根据之一切文件,均曾阅悉,并知悉华俄道胜银行对于中东铁路毫无权利之可言。再则,该行依法国之保护在华生存,乃系由一部分背信之人,利用机会,借法国之保护强占各分行之结果。即如一九二〇年华俄道胜银行已受法国保护,曾致函于中国交通总长声明中东铁路一切事件,只与中俄两国有关而已。本代表并不知自何时起,有新事实发生,予法国以干涉此事之权。盖此事并与法国无关也。本代表兹声明:法国三月十二日之照会,并非为保护法国在中东铁路上所无之权利而发,实系法国所常有种种侵略主义之伎俩,意在抵制苏俄共和国故。同时,对于中国国民之权利及主权,自然亦予以攻击。贵总长否认他国出而干预,而置法国之直接干涉于不顾,本代表实深诧异。同时,本代表对于贵总长声言,中国外交政策不容他国干涉一节,无任欣慰。虽然本代表必须指明,中国政府对俄政策,直至今日,全视列强政策为转移,人所共知,并毋庸抄录文件以资佐证。

四、苏联政府之方针,自本代表抵京之日期起,即主张首先恢复中俄正式邦交,然后进行会议,签订条约。然与中国政府正式代表交换意见之余,此项办法严遭非难。五年以来,中国政府尽情妨害苏俄政府之利益,与怀抱侵略主义各国对俄攻击,意在推翻其政府,展缓与苏俄共和国恢复邦交之时机,并促起两国友谊上之纠纷。故当与王君正廷开议时,即已明悉中国政府欲托词莫斯科政府不愿决定将来协定之大纲,借图展缓与苏联政府恢复邦交。本代表因极愿尽其力之所能,俾此事早日办妥,故允缔结预约,而以同时恢复邦交为条件。但本代表于兹须声明者,中国政府对于本代表之让步既不知感,本代表亦深觉前此之非。本代表允许签字之预约,对于中国人民之利益虽极为圆满,而中国政府仍以为可以破坏协定,以便展缓恢复两国间之邦交。

限期三日核准三月十四日签字协定一节,原意使中国政府勿再延缓解决此两国历史上最大事件之机会。苏联政府深知,倘不限期核准或拒绝该协定,则中国政府对于本案之解决将为无期之延宕。设使苏联政府再为开议,则协定必至又不能成立,而迁延无期,此实系北京国务院之任务也。因中国政府否认三月十四日之协定,及迄今外交部对于追认协定并无直接宣言,两事所引起之情形,现使吾人归于苏联共和国原来之地位,即与中国政府代表王君正廷开议之始之地位是也。

五、就公理平等相互及完全尊重中国主权观之,三月十四日预签之协定,乃一空前的文件。自中国与他国通好有史以来,此为中政府第一次之机会,得签此因俄国革命所作成之协定。如谓中政府将借口该项协定无利益于中国,而拒绝签字,人谁信之。盖此项全中国人民庆祝赞成之协定,只有外来压力仇视中国利益者能令其破裂也。据此观之,贵总长节略谓中俄关系极为重要,中国政府有恢复邦交之诚意等语,苏联政府实难承认。本代表因中政府仍不明了与苏联缔交之重要,对于此点,本代表只有表示十分遗憾。然此项缔交,实为全中国人民所热烈同意者。

六、关于贵总长节略所称,现已准备继续商议,俾资结束等语,本代表鉴于已往,兹特声明,此项交涉于三月十四日既已告竣,贵外交总长既未通知本代表,中国政府对于三月十四日协定是否赞同,则苏联政府以为,本代表与中政府正式代表已终了任务,若再从事,实为无益,本全权代表不得已声明断然拒绝此项交涉之任何进行。此种声明,本全权代表于十九日与贵外交总长私人晤谈时,业已提及。现时本全权代表以为,如贵外交总长及中国政府,对于苏联政府交涉如真抱有热诚及坚定之愿望,鉴于现时情形,第一步必须采用立即恢复两国正式邦交之手续。此节办到时,贵总长节略内所提及本代表已预备开始之交涉途径方能实现也。

《外交公报》第 36 期

国务院致各省通电

1924 年 3 月 20 日

中俄交涉事,迭经王督办与嘉拉亨代表磋拟有中俄解决悬案大纲,及暂行管理中东路协定各项草案,呈报政府审核。连日阁议,详加讨论,如废止旧约,重订新约,取消治外法权(按即领事裁判权),收回租界,抛弃庚子赔款,关税平等各节,业已双方同意,其他各条,凡经政府认为可允照办者,即经修正规定。现所争论之点,如:

(一)俄、蒙所订各项协约,政府主张在协定内载明立时废止,俄代表仅允将俄帝国政府与第三者所订条约等有伤中国主权者废止之,而于苏俄与外蒙所订之条约等,不肯明白取消。查苏俄与外蒙所订条约,系认外蒙为独立国,且外蒙在俄派有驻使,此实与尊重中国主权一语相抵触,关系不可谓不巨。

(二)撤退外蒙俄军问题,政府主张即行撤退,俄代表仅允声明一俟蒙古撤兵之条件（即限期及制止白党之办法）在会议中确定后，始尽数撤退。嗣政府拟改为声明一切军队应尽数撤退，其撤兵期限及关于双方边界之安宁问题，于会议中商定之。因俄军入蒙原系侵损吾国主权之举，原则上似应即允撤退。若以条件之商妥与否为撤兵之标准，将来转多纠葛。

（三）俄代表要求用换文，在中国境内俄国教堂不动产等，须移交俄国政府等语，政府因恐将来他国援例要求在内置产，诸多窒碍，认为未妥。

以上三点迭经阁议修正，交由王督办切商喀氏，是彼此尚在磋商之中，而十四日双方代表径将各项协定草案与附件等一并签名。王督办事先并未奉有命令，签字两日后始询，据王督办称：系属底稿，先行画稿，静候政府批准，方能签定正约，认为与签字有别。而俄代表竟认为双方业已签字，不能再有更动。于十六日致函王督办，限期三日，候中国政府承认该项草案，否则对于该协定所规定各节，不受若何拘束，如因交涉决裂，发生事故，应由中国政府负责，等语。经王督办转呈政府，复经阁议，以关系最要各点，政府方切盼修正，俄代表忽有限期承认协定草案之来函，实深骇异。此项来函，政府当然不能承认，设因此交涉决裂，发生事故，应由俄政府负责。咨复王督办转复俄代表。特将此案经过情形，先行摘要电闻，余续达。国务院。

中国第二历史档案馆藏北洋政府外交部档案

王正廷通电说明中俄交涉经过

1924 年 3 月 21 日

窃正廷自十二年春鲁案结束之时，适拜筹办中、俄交涉之命，以两国缔交重任，加诸疏庸无具之身，绠短汲深，时虞隔越，顾念挽回国权，乃国民应尽义务，不得不勉竭驽钝，藉效驰驱。迨苏俄政府加代表到京，当即与商开议办法，而加氏始终主张先行恢复邦交，再讨论悬案；正廷以悬案先有具体之解决，斯邦交亦得立亲善之基础；加氏亦不坚持，遂双方迭次提案,往复讨论。惟关于中东路及外蒙两问题,意见相去甚远,交涉几致停顿。嗣经正廷本公平互让之精神,提出最后大纲草案,加氏于三月一日,又提出最后之修正案,正廷因于三月三日将最后原案及加氏之修正案呈报大总统,批交国务院审核训示。三月六日[①]国务会议时,正廷出席说明双方提案内容,经各部签注意见,正廷当本其意见,复与加氏协商,大体均尚容纳,惟尚有数点,未能同意。三月十三日,正廷复出席阁议,报告与加氏交涉情形,各阁员亦类多满意;但对于中俄旧约应先行废止,及外蒙撤兵条文中应将制止白党之担保,改为双方制止白党之办法两点,仍主张更改。因于是晚与加氏作最后之谈判,经终夜之力争,始得其同意。正廷以案经久悬,英、意两国既承认于先,诚恐迁延贻误;且国人亦同认主张从速解决;外察大势,内审国情,觉此案实不能再事迟疑,因即遵照大总统颁发全权证书内有以中华民国国家名义全权商议议决之权之明文,将议定大纲草案双方签证,以备呈报政府批准,正式签字,此正廷办理此案之经过情形也。正廷才疏力拙,不能将所提原案,如愿以偿,抚衷自问,良用疚心。今幸大总统用明令,由外交部接收办理,深望自兹以后,早结垂危之局,力挽已失之权,更得圆满之结果,此乃我国如天之福,亦正廷所馨香祷祝者也。谨布区区,伏维明鉴。王正廷。马。

《东方杂志》第 21 卷第 9 号,1924 年 5 月 10 日

王正廷通电
1924 年 3 月 23 日

　　窃正廷办理中俄交涉情形,业于马电内略陈梗概。惟政府号电所列争持之三点,前电意有未尽,谨用补陈如下:

　　查第一点废弃俄蒙条约问题,正廷亦曾本政府之意,向俄代表极力磋商。俄代表以为此项条约,并不要求中国政府承认。且云,已在协定

大纲内明白规定,承认外蒙为完全中华民国之一部分,并尊重在该领土内中国之主权,故此项条约虽不明言取消,而自然消灭。质言之,此项条约既未经中国政府许可,而外蒙又为完全中华民国领土之一部分,苏俄又须尊重在外蒙中国之主权,则此项条约之废弃且系原始无效,已不待言。而政府坚持将此项条约之废弃须规定在协定之内,反若先已承认苏俄与外蒙所订条约为有效,而今日始议废止之也。

第二点外蒙撤兵问题,俄代表声明一俟撤兵之条件(即期限及彼此边界之安宁办法)在会议中商定后,苏联军队尽数撤退,而政府则主张改为苏联政府声明一切军队,应从速尽数撤退,其撤兵时期,及关于双方边界安宁问题,于会议中商定之。细绎此项修改文字,与原文并无出入。谓其无条件耶?则仍有时期及关于双方边界安宁问题之商定。谓其注重从速耶?则又必须商定时期及边界安宁问题后,苏俄始行撤兵。然则政府之所主张,不过文字上之推敲颠倒,与撤兵之缓急,实际上无丝毫影响,而与协定第五条之原文及意义,亦无何种之差别也。

第三点移交旧俄政府教堂财产问题。查此项办法,盖因前俄关于宗教事项,属于国家行政,如建筑教堂经费均由国库负担。苏联政府成立,亦将国内外教堂财产继续收为国家所有。今既正式恢复邦交,则按照国际惯例,所有国家财产均应移交,此乃当然之事,且系相互之行为。至政府恐他国援例要求在内地置产一节,更殊为过虑。查国有教堂,惟俄国有之。各国教堂,既非国家建设,即不能援以为例。退一步言,就令各国竟援俄例而要求,则我国亦将对各国要求,如此次中俄协定之例,先将领事裁判权取消,关税规定平等,租界、租借地、庚子赔款概行抛弃,旧约之损害我国主权及利益者均行废止,而各国与第三国所订之有妨害中国主权及利益之条约协定等项一概无效,如此,各国倘真援例要求,我方且欢迎之不暇,又何必鳃鳃过虑也。

此外尤有应须重言声明者,十三日阁议提出中俄旧约一概废止及双方制止白党之办法,谓系最后之修改,故正廷于该晚与俄代表作最后之谈判,经其同意后,始为议决之签证。是此项签证为表示双方议决之程度,并非正式签字。按照外交惯例,无奉命令之必要。而以上三点,则系阁员最后修改后之修改,正廷亦不惮奔走之劳,仍向俄代表作最后以后之谈判。卒未获应允,是则正廷之才疏力薄,未能尽如人意,所当向政府与国民之前抱歉者也。正廷自备员坛坫,于国权所关,颇知拥护,岂有自甘放弃,误国辱身;诚恐传闻失实,致生误会,用特声明,以昭实在。伏维垂鉴。王正廷。梗。印。

《东方杂志》第 21 卷第 9 号,1924 年 5 月 10 日

外交部复苏联代表

1924 年 4 月 1 日

接准贵代表三月二十五日节略,内开各节,业经阅悉。查贵代表对于本国政府极愿早日恢复两国邦交之诚意,有未能谅解者,或因有各种之误会,兹于奉复之际,特先为指陈之。

(一)关于本国代表权限一节,本部并无引起贵代表牵入讨论之意。所应请注意者,贵代表与中国代表签字草约之预稿,系依据本部上年三月二十八日之节略。惟该节略内只称奉大总统令,特派王正廷筹办中俄交涉事宜,并无可使贵代表臆定中国代表有签字之权。贵代表来略所称三月十四日签字之文件,系草约预稿,中国政府可予以采纳或拒绝之,诚属适当之论。本部对于贵代表不允修改预稿之意见,则不能苟同。中国代表以签字而结束协商,并未得有许可,贵代表现已知之。倘贵代表借口协商业已终了,坚拒继续商议,则贵代表似有意利用协商时所发生意外之事,而不欲尽力免除解决中俄关系前途之任何障碍也。再王督办与贵代表协商之性质,原系非正式谈判,因贵代表曾一再坚持避去一切正式之协商,可见中国政府之主张更为充分矣。

(二)贵代表节略内称,限期三日签定一节,系为促成中俄邦交起见,并无阻碍解决此案之意,本部可表赞同。惟贵代表既已限期签订于前,复又归咎中国不要求展期于后,实深诧异。本国政府以为,贵代表限期签订之举,实有未当。盖双方会议共图恢复友好邦交,而一方以期

限加诸他方,迹近恫吓,殊属创见。本国政府所以不欲要求展期者,即因不能承认贵代表有可以任何期限加诸本国政府之权。

(三)贵代表所称有他国出而阻挠中俄恢复邦交一节,与本案毫不相涉。本国政府不能与贵代表论及中国对他国之关系,业于上次节略中声明。本国政府对中俄协商之方针,不容任何外力干涉也。

(四)本部兹欲声明:本国政府并未否认任何正式缔结之协定。关于所签之件,贵代表曾仅认为协定草案之预稿。倘贵代表不允商议修正之点,使之完成该约,而坚持回复王督办开始谈判以前之原状,则正足证明负延宕之责任者,为苏联政府而非本国政府也。

(五)至于草约预稿,如下开各项修正之点予以贯彻,本国政府即可准备核准签定:

一、协定预稿第四条第二项,关于苏联之义务殊欠规定,因中国政府虽声明所有中国与第三者缔结之一切条约协定等等,凡有妨害苏联主权或利益者一概无效,而关乎同样原则之苏联政府之义务,则仅限于废止前俄帝政时代与第三者所订之条约协定等等而已。至俄国政体改变以来,凡俄国政府与第三者所订有妨害中国主权及利益之条约协定等等,则毫未提及。按照相互平等之旨,两国政府俱应有同样之声明。此点原与苏联政府两次宣言之方针,适相符合,故贵代表不能坚持异议也。

二、外蒙撤兵问题,苏联政府应负有较为详切之责任。虽撤兵详细办法可于将来会议中协商,而撤兵一节,不应作为条件。换言之,即该项文字应行修改,借以表明并无意违反领土主权不可侵犯之原则。

三、苏联政府既尚未将在华俄教堂产业之面积、性质、数目、地点等必需之说明提交本国政府,故关于移交该项教堂产业于苏联政府之换文,自应暂时缓办,俟将来在会议中详细讨论。查外国政府及人民在中国内地购置土地,向所不许,当然有从长计议之必要。

以上三点,本国政府愿与贵代表商榷,俾得圆满之解决。如贵代表果有建立中俄邦交之诚意,本国政府深信,贵代表当能予以同意。倘贵代表以为修改协定预稿有重大困难,则本国政府本和平之精神及早日开始邦交之素愿,亦可同意将此项修改之点于协定签订时,以换文行之。

(六)至于先行恢复邦交一节,本国政府请贵代表注意,草约预稿第一条业经规定,中俄使领关系应即恢复,云云。该项草约一俟修改完竣,并经双方派定代表正式签字后,则贵代表所最希望而本国政府所愿观成者,均即达到。盖谋复邦交,原非最后之目的,其主要之点,在建设两国间友谊与好感之巩固新基。如本国政府所认为极重要之三点,能得充分考量,或将预稿修正,或附加换文,则现时该项草约预稿,即可作为基础,以资解决。特此略复。

《外交公报》第 36 期

3.《中俄解决悬案大纲协定》的签订

中苏建立邦交之换文
1924 年 5 月 31 日

中国外交总长照会

中国外交总长顾维钧声明,本日中、苏两国全权代表已签订协定。自本日起,中华民国政府与苏联政府恢复正常外交关系。吾人希望,今后两国人民之友谊将得巩固。谨将此项消息转致苏联政府。

苏联特派驻华全权代表喀拉罕照会

特派全权代表喀拉罕兹向外交总长顾维钧证实,五月三十一日来照内称:中俄协定业已签字,并自签字后即恢复两国之正常外交关系。特派全权代表以苏联政府之名义表示信念,两国政府恢复正常关系,必将巩固与发展中国与苏联人民之友谊。

王铁崖编:《中外旧约章汇编》第 3 册,三联书店,1982 年,第 422—423 页

中俄解决悬案大纲协定

1924 年 5 月 31 日

大中华民国、大苏维亚社会联邦共和国愿将彼此平日邦交恢复,协定解决两国间悬案大纲,为此派定全权代表如左:大中华民国大总统特派顾维钧、大苏维亚社会联邦共和国政府特派喀拉罕,两全权代表将所奉全权证书,互相校阅,均属妥洽。议定各条如左:

第一条　本协定签字后,两缔约国之平日使领关系应即恢复。中国政府允许设法将前俄使领馆舍移交苏联政府。

第二条　两缔约国政府允于本协定签字之后一个月内举行会议,按照后列各条之规定,商订一切悬案之详细办法,予以施行。此项详细办法应从速完竣,但无论如何,至迟不得过自前项会议开始之日起六个月。

第三条　两缔约国政府同意在前条所定会议中,将中国政府与前俄帝国政府所订立之一切公约、条约、协定、议定书及合同等项,概行废止。另本平等相互公平之原则暨一千九百十九与一千九百二十两年苏联政府各宣言之精神,重订条约、协约、协定等项。

第四条　苏联政府根据其政策及一千九百十九与一千九百二十两年宣言,声明前俄帝国政府与第三者所订立之一切条约、协定等项有妨碍中国主权及利益者,概为无效。缔约两国政府声明,嗣后无论何方政府不订立有损害对方缔约国主权及利益之条约及协定。

第五条　苏联政府承认外蒙为完全中华民国之一部分及尊重在该领土内中国之主权。苏联政府声明:一俟有关撤退苏联政府驻外蒙军队之问题,即撤兵期限及彼此边界安宁办法在本协定第二条所定会议中商定,即将苏联政府一切军队由外蒙尽数撤退。

第六条　两缔约国政府互相担任在各该国境内,不准有为图谋以暴力反对对方政府而成立之各种机关或团体之存在及举动,并允诺彼此不为与对方国公共秩序、社会组织相反对之宣传。

第七条　两缔约国政府允在本协定第二条所定会议中,将彼此疆界重行划定，在疆界未行划定以前，允仍维持现有疆界。

第八条　两缔约国政府允将两国边界江湖及他种流域上之航行问题，按照平等相互之原则，在前条所定之会议中规定之。

第九条　两缔约国政府允在前条所定之会议中，根据下开原则，将中东铁路问题解决：

一、两缔约国政府声明，中东铁路纯系商业性质。并声明：除该路本身营业事务直辖于该路外，所有关系中国国家及地方主权之各项事务如司法、民政、军务、警务、市政、税务、地亩（除铁路自用地皮外）等，概由中国官府办理。

二、苏联政府允诺中国，以中国资本赎回中东铁路及该路所属一切财产，并允诺将该路一切股票、债票移归中国。

三、两缔约国政府允在本协定第二条所定会议中，解决赎路之款额及条件暨移交东路之手续。

四、苏联政府担任对于中东铁路在一千九百一十七年三月九日革命以前所有股东、持债票者及债权人负一切完全责任。

五、两缔约国政府承认，对于中东铁路之前途只能由中俄两国取决，不许第三者干涉。

六、两缔约国政府允在本条第三项所规定事项未经解决以前，特行规定暂行管理中东铁路办法。

七、在本协定第二条所定之会议未将中东铁路各项事宜解决以前，两国政府根据西历①一千八百九十六年八月二十七日所订中俄合办东省铁路合同所有之权利，与本协定及暂行管理中东铁路协定暨中国主权不相抵触者，仍为有效。

第十条　苏联政府允予抛弃前俄政府在中国境内任何地方根据各种公约、条约、协定等取得之一切租界等等之特权及特许。

---

① 应为俄历。

第十一条　苏联政府允予抛弃俄国部分之庚子赔款。

第十二条　苏联政府允诺取销治外法权及领事裁判权。

第十三条　两缔约国政府允在本协定第二条所定之会议中订立商约时，将两缔约国关税税则采取平等、相互主义同时协定。

第十四条　两缔约国允在前条所定之会议中讨论赔偿损失之要求。

第十五条　本协定自签字日起即生效力。

为此，两全权将本协定英文两份各签字盖印。

大中华民国十三年五月三十一日
一千九百二十四年五月三十一日　订于北京

顾维钧　印

喀拉罕　印

（一）声明书

大中华民国政府与大苏维亚社会联邦共和国政府声明，一俟一千九百二十四年五月三十一日中俄解决悬案大纲协定签字之后，彼此应立将中国与前俄帝国政府所有之一切不动产及动产在各该国境内者，互相交换，并彼此将此项应行交还产业开列清单，送交各该政府办理。

为此，两国政府全权代表将本声明书英文两份，各签字盖印，以昭信守。

大中华民国十三年五月三十一日
一千九百二十四年五月三十一日　订于北京

顾维钧　印

喀拉罕　印

（二）声明书

大中华民国政府与大苏维亚社会联邦共和国政府声明，了解关于苏联政府实际上所有之俄国教会房屋及地产，其移转或他项适当之处置，应在大纲协定第二条规定之会议中，按照中国内地置产现行法律及章程商定之。至苏联政府实际上在北京及八大处所有之俄国教会房屋及地产等,一俟苏联政府指定接收之中国人或中国机关,中国政府即按照中国内地置产现行法律及章程设法移交之。惟中国政府应先设法保守并腾出该项房屋与地产。再,此项声明与大纲协定内之声明条款有同等效力。

为此,两国政府全权代表将本声明书英文两份,各签字盖印,以昭信守。

大中华民国十三年五月三十一日
一千九百二十四年五月三十一日 订于北京

顾维钧　印

喀拉罕　印

（三）声明书

大中华民国政府与大苏维亚社会联邦共和国政府共同声明:关于大纲协定第四条,双方了解中国政府对于俄国自帝俄政府以来,凡与第三者所订定之一切条约、协定等等,其有妨碍中国主权及利益者,无论将来或现在均不承认为有效。

再,此项声明与大纲协定内之声明条款有同等效力。

为此,两国政府全权代表将本声明书英文两份,各签字盖印,以昭信守。

大中华民国十三年五月三十一日
一千九百二十四年五月三十一日 订于北京

顾维钧　印

喀拉罕　印

（四）声明书

大中华民国政府与大苏维亚社会联邦共和国政府共同声明:在大纲协定内第十条所载苏联政府所抛弃之各种权利与特权,双方了解,中国政府不拟以其一部或全部让与任何第三国或任何外人组织之团体。再,此项声明与大纲协定内之声明条款有同等效力。

为此,两国政府全权代表将本声明书英文两份各签字盖印,以昭信守。

大中华民国十三年五月三十一日
一千九百二十四年五月三十一日 订于北京

顾维钧　印

喀拉罕　印

(五)声明书

大中华民国政府与大苏维亚社会联邦共和国政府,对于大纲协定第十一条共同声明,双方了解如左:

(一)苏联政府所抛弃俄国部分之庚子赔款,于该项赔款所担保之各种优先债务清偿后,完全充作提倡中国教育款项之用。

(二)设立一特别委员会管理并分配上述款项,该委员会以三人组织之,其二人由中国政府委派,其一人由苏联政府委派,该委员会议决事项以全体一致行之。

(三)该款于随时收入时应即存储于上述特别委员会所指定之银行。

再,此项声明与大纲协定内之声明条款有同等效力。

为此,两国政府全权代表将本声明书英文两份,各签字盖印,以昭信守。

大中华民国十三年五月三十一日
一千九百二十四年五月三十一日 订于北京

顾维钧　印

喀拉罕　印

(六)声明书

大中华民国政府与大苏维亚社会联邦共和国政府,同意按照一千九百二十四年五月三十一日中俄解决悬案大纲协定第二条之规定,在大会内议定适宜条款,以期苏联人民因该协定第十二条而取消治外法权与领事裁判权后之地位有所准则,然无论如何,苏联人民应完全受中国法律之管辖,合并声明。

为此,两国政府全权代表将本声明书英文两份各签字盖印,以昭信守。

大中华民国十三年五月三十一日
一千九百二十四年五月三十一日 订于北京

顾维钧　印

喀拉罕　印

(七)声明书

大中华民国政府与大苏维亚社会联邦共和国政府,业于一千九百二十四年五月三十一日签订中俄解决悬案大纲协定,现经同意,解释本日所签暂行管理中东铁路协定第五条所规定中华民国人民及苏维亚社会联邦共和国人民平均分配充任之原则如下,此项原则之适用,不得解作以撤换现在俄籍人员为实行该原则唯一之意义。再,双方了解,所有各项位置,应准两缔约国人民平等充任,不得对于何方人民表示区别待遇,且各项位置应照谋事者之能力、技术及教育资格补充。

为此,两国政府全权代表将本声明书英文两份,各签字盖印,以昭信守。

大中华民国十三年五月三十一日
一千九百二十四年五月三十一日 订于北京

顾维钧　印

喀拉罕　印

中国第二历史档案馆藏北洋政府外交部档案

中俄暂行管理中东铁路协定

1924 年 5 月 31 日

大中华民国、大苏维亚社会联邦共和国因中东铁路系由俄国国家出资并完全建筑在中国领土以内,彼此认定该铁路纯系商业性质。除本身营业事务外,所有关系中国国家及地方主权之各项事务,概由中国官府办理。在本铁路根本办法未经在西历一千九百二十四年五月三十一日所订中俄解决悬案大纲协定第二条所定之会议中解决以前,两国

为公同经营本铁路业务起见,同意规定暂行管理办法。为此,派定全权代表如左:

大中华民国大总统特派顾维钧

大苏维亚社会联邦共和国政府特派喀拉罕

两国全权代表将所奉全权证书互相校阅,均属妥洽,议定各条如左:

第一条　本铁路设理事会为议定机关,置理事十人,由中俄两国政府各选派理事五人组织之。中国政府派定华理事一人为理事长,即督办,苏联政府派定俄理事一人为副理事长,即会办。

理事会之法定人数以七人为至少之数,所有一切取决须得六人以上之同意,方可有执行之效力。

督、会办共同管理理事会事务,并签定各项文书。

督、会办有事故时由各该政府另派理事代行职务(督办由华理事代理,会办由俄理事代理)。

第二条　本铁路设监事会,由监察五人组织之。华监察二人由中国政府委派,俄监察三人由苏联政府委派,会长由华监察中选举之。

第三条　本铁路设局长一人,由俄人充任,副局长二人,华、俄各一,均由理事会委派,由各该政府核准。

局长、副局长之职权由理事会规定之。

第四条　本铁路之处长、副处长等由理事会委派之。

如处长为华人时,副处长须用俄人;处长为俄人时,副处长须用华人。

第五条　本铁路各级人员按照中俄两国人民平均分配原则任用。

第六条　理事会商议路务不能解决时,呈报两缔约国政府解决。但关于本协定第七条内所载之预算、决算事项不在此限。

第七条　本铁路之预算、决算,由理事会提交理事会及监事会之联席会议核准。

第八条　本铁路所有实利由理事会保管,在本铁路根本办法未经解决以前,不得动用。

第九条　理事会应将前俄政府于一千八百九十六年十二月四日批准之中东铁路公司章程,按照本协定及一千九百二十四年五月三十一日所订中俄解决悬案大纲协定,从速改订完竣。但无论如何,至迟不得过自理事会成立之日起六个月。其未改订完竣以前,该项章程与中俄解决悬案大纲协定不相抵触暨不妨碍于中国主权者,仍予继续适用。

第十条　将来中东铁路根本办法在西历一千九百二十四年五月三十一日所订中俄解决悬案大纲协定第二条所定之会议中解决时,本协定即行取销。

第十一条　本协定自签字日起即生效力。

为此,两全权代表将本协定英文两份,各签字盖印。

大中华民国十三年五月三十一日
一千九百二十四年五月三十一日 订于北京

顾维钧　印

喀拉罕　印

中国第二历史档案馆藏北洋政府外交部档案

顾维钧致加拉罕

1924 年 5 月 31 日

径启者:查本国与贵国所订之解决悬案大纲协定,业于本日经双方签字。兹特代表本国政府声明:本国政府为两国友谊关系起见,当将现在本国军警机关任用之前俄帝国人民停止职务。因恐此项人民之存留与其动作危及苏联国家之安全,倘承将此项人民开列清单,移送本国政府,自当饬知关系各机关采取必须手续也。此致
喀代表

加拉罕致顾维钧

1924 年 5 月 31 日

　　径启者:接准本日来函内开,查本国与贵国所订之解决悬案大纲协定,业于本日经双方签字。兹特代表本国政府声明:本国政府为两国友谊关系起见,当将现在本国军警机关任用之前俄帝国人民停止职务。因恐此项人民之存留与其动作危及苏联国家之安全,倘承将此项人民开列清单,移送本国政府,自当饬知关系各机关采取必须手续也,等因。业经阅悉,关于所提各节,本代表表示同意。此致
顾外交总长

《政府公报》第 2962 号,1924 年 6 月 20 日

国务院、外交部通电

1924 年 5 月 31 日

　　北京参议院、众议院,王巡阅使,冯检阅使,洛阳吴巡阅使,南京齐巡阅使,武昌萧巡阅使,天津王巡阅副使,各省督军、督理、督办、省长、各总司令、各护军使,承德、归化、张家口都统鉴:中俄交涉事,自三月二十日奉大总统令,由本部接收办理以来,当即遵令将阁议议决各端向苏联代表提议,续行谈判。该代表要求须先恢复邦交,再开谈判。经于四月一日去牒详述应行修正三端之重要,冀其容纳,该代表迄未答复。嗣经设法非正式接洽,与之讨论各项问题,时续时阻,殊费周章。最近一旬以来,往返磋商不下二十余次,一再争持,备历艰困,俄代表亦表示相见以诚之意,幸得解决。兹将重行修正暨议定各节,详列如下:
　　一、原定大纲协定第四条第二项,中国政府声明:所有中国政府与第三者缔结之一切条约、协定,凡有妨害苏联主权或利益者,一概无效。而苏联政府对我并无同样之声明,殊与相互平等之旨有背。因之再四坚持,俄代表始允将上述中国所声明一节删去。至苏俄与外蒙订有各项协定有妨中国主权者,亦经力争,俄代表允将所有俄国自帝俄政府以来,凡与第三者所订立之一切条约、协定等有妨碍中国主权及利益者,

中国始终不承认为有效一节,双方会同声明:所谓帝俄政府以来,即包括俄国临时各政府及苏联政府而言。如此措词,与我国所争之国际平等、相互主义及拥护蒙疆主权之宗旨,均属相符,就此照允。二、外蒙苏俄军队本应立即撤退,其办法虽可在会议中讨论,惟不应声明附以条件,致有违反领土主权之嫌。经再四切商,取消条件字样。该代表初则坚拒,继允考量,最后以我力争删去条件字样,另加修正,以示尊重领土主权。三、原定草案换文,所有俄国在华教产完全移交苏联政府一节,按照中国法律,外国政府及人民除各国教会外,不得在内地购置地产,若允移交,诚恐开一先例。况俄教产散处各省,非经详查,无由确知,向其切实解释,要求缓议。而彼持之甚急,最后方允容纳我国提议,将苏联政府实际上所有之俄国教会房屋及地产,按照中国法律及章程,将来在会议中商定。惟北京及西山两处俄国教会房屋地产,应由苏联政府先行指定接收之中国人或中国机关,中政府可按照中国内地置产现行法律及章程,将上述两处教产设法移交。如此与向章可无妨碍,而其他教产仍定于会议时再行从长讨论。又俄代表亦提出两端:一为大纲协定第十条所载苏联政府抛弃之租界及各项特权,要求中国不转移于第三国或任何外国人组织之团体。查中国始终主张收回权利,岂能将已收回之权利移于外人。此项提议原合中国提案之精神,遂将方式与字句斟酌,允可。一为放弃庚子赔款,最初俄代表另提条件,似有变更原议之意,嗣经切实声明教育基金政府素所注重,最后商定,除将该项赔款所担保之各种优先债务清偿外,所余之款,完全充作提倡中国教育之用。以上各项修正暨议定各件,当经阁议通过,呈请大总统核示,奉令正式签字,已于本日上午十时在外交部与俄代表签订。查中俄问题久悬未决,因之两国邦交未能恢复。现在中俄协定既经本平等相互之精神及彼此尊重主权之宗旨,继续议定,正式签字,不特多年悬案从此告一结束,即中俄两国人民所渴望之友好邦交,亦得完全恢复。除按照协定大纲立即筹备正式会议外,特此电达。院部。卅一。印。

《政府公报》第 2944 号,1924 年 6 月 1 日

加拉罕致外交部

1924 年 6 月 13 日

为照会事:本代表接到本国政府训令,兹特照会贵总长如下:

本年五月三十一日本国政府与贵国政府签订之协约,实为本国政府政策之表示。此种政策,远在一九一九年对于中国政府及国民之宣言书内,即已声明。盖本国政府对于贵国之政策,以平等相互公正之原则为基础也。从前帝俄政府尝与他国一致视中国为不能享受完全权利之国,并以中国为可以强迫使签屈服的条约之国,以阻碍中国之发展。此种态度中最显明之表示,即为对待中国与其他平等之国不同,如从前帝俄政府常派遣二等外交代表驻扎中国是也。然中国有四万万人口之众,现时在国际关系上又占极重要之地位,对于最近将来人类之发展,且可预料其负有极大之责任。故中国目前地位虽觉困难,究不能谓中国无取得第一等国地位之价值。现在本国政府与亚洲各国发生之关系,业已废弃其分别民族等级之原则,而以完全平等之原则为其政策之基础。因此亚洲各国现在均派有大使驻莫斯科,而各国都城亦均接待本国大使也。本国政府因上述各种理由,又鉴于贵国派遣及接待大使之愿望,现在可以实现,以为应将本国政府愿在北京设立大使馆及愿贵国在莫斯科设立大使馆之意,通告贵国政府。本代表谨将本国政府之意见,通知贵总长。如蒙贵国政府迅速答复,俾双方派遣外交代表问题不受无益之耽延,至深纫感。须至照会者。

加拉罕

《外交公报》第 38 期

外交部致加拉罕

1924 年 7 月 14 日

为照会事:接准上月十三日照称,现奉本国政府训令内开,苏联政府对于中国之政策,系以平等相互公正之原则为基础,并知照本总长,苏联政府拟在北京设立苏维埃社会主义联邦共和国大使馆,并请于莫斯科京城设立中华民国大使馆,各等因,本总长业经阅悉。此次贵国政府一再声明对于中俄邦交确守平等相互公正之原则,本国政府甚为欣悦。兹因本国政府之政策,亦素采同样原则待遇贵国,故愿在莫斯科设立中华民国大使馆,并对于苏维埃社会主义联邦共和国在北京设立大使馆,甚表欢迎。相应照复贵代表查照为荷。须至照会者。

《外交公报》第 38 期

加拉罕致外交部

1924 年 7 月 15 日

为照会事:接准本月十四日照称,贵总长对于苏联政府决定在北京设立大使馆,甚表欢迎,并知照中国政府拟在莫斯科设立大使馆,等因。本代表阅悉之余,无任欣悦。此次中俄两国彼此互设大使,足使两国邦交日益增进巩固,此可为确信而无疑者也。本代表深望此次之决定暨中俄协定,于中国素愿相互平等订约之国际政策,得以促进其切实发展焉。相应照复贵总长查照为荷。须至照复者。

《外交公报》第 38 期

加拉罕致外交部

1924 年 7 月 15 日

为照会事:本大表现奉派为特命全权大使,驻扎中华民国,兹将苏维埃社会主义联邦共和国中央执行委员会所颁给国书译文,照送贵总长查照,即请呈请贵国大总统允予觐见,呈递该项国书为荷。须至照会者。

附:苏联国书译文

大苏维埃社会主义联邦共和国中央执行委员会委员长谨致书于大中华民国曹大总统阁下,兹深愿苏维埃社会联邦共和国与中国素有之邦交,赓继无间。本中央执行委员会特任本国国民喀拉罕为全权代表(以特命全权大使资格),驻扎中国,凡该代表以苏维埃社会联邦共和国政府名义向贵大总统有所陈述,尚祈贵大总统推诚信纳,优加待遇,是所厚望。顺颂贵大总统政躬康强,并颂贵国人民昌盛。

一千九百二十四年六月三日书于克帘宁

喀利宁署名

齐哲利宁副署

《外交公报》第 45 期

使团对交还俄使馆条件

1924 年 7 月

日人方面消息,中俄互派大使决定后,首先引起外交团注意者,厥为苏联大使今后与使团合作问题。盖因旧俄使馆,使团既无长久把持之可能,则于交还旧俄使馆于苏联代表后,苏联代表当然为东交民巷使馆区域内组织之一分子,恐其仍以向日之政策态度,在使馆界内施展,故使团中之某某公使,对于苏联大使与使团领袖等问题,近来非常注意。最近对于旧俄使馆之交还问题,表面虽已告一段落,实则尚有种种前提条件,为使团所必坚持而为苏联代表所必难承认者。最近使团对苏联代表入东交民巷后之诸问题,已略有具体决定,姑志其大略如下:

(一)苏联代表虽允其加入外交团,然迄今日止,中国与外国既未有互派大使之事,是苏联大使在外交团之交际上,只能仍认其为普通公使,外交团领袖之地位,应照旧日习惯,以资格最旧公使充任,苏联大使不能为领袖。

(二)旧俄使馆既在东交民巷使馆区域内,且在警备区域之重要地点,苏联于移入该馆以前,应声明负警备上之完全责任。

(三)加拉罕氏迄今日止,在华所为不利于各国之宣传,颇伤各使之感情,故于移入该馆之先,应声明以后不再宣传,并须禁止在使馆界内宣传主义。

(四)加拉罕氏从前言动,多不利于各国,以后应担保不再有此言动,与各使融和感情,一致行动。

故旧俄使馆问题,表面虽已告一段落,实则使团请中国居间作调人者,惟欲取得此等前提条件之保障耳。以苏联政府及加拉罕之向来态度观之,第一条当然不能甘受。第二条则违反中俄协定之原则,不能允许,至多苏联不理此事,而将警备责任委诸使团而已。第三、第四条,关系加拉罕个人,恐更不易解决,故交还旧俄使馆问题,盖可谓为陷于困难云。

北京《晨报》1924 年 7 月 21 日

察哈尔交涉公署致察哈尔都统张[①]呈
1924 年

呈为拟具中俄会议应行提出意见,分别胪陈,祈仰鉴核采择转咨事。窃查本年五月三十一日中俄解决悬案大纲协定签字以后,按照协定第二条所规定,尚须定期举行正式会议,本平等相互原则,及苏联政府一九一九及一九二零两年宣言精神,商订一切悬案详细办法。前承钧座征集意见,以备采择转咨提议施行,具仰虚衷,莫名钦佩,兹就中俄协定各条及所附各项声明书,详加研讨,谨以管见所及,分别缕陈于下:

一、重订条约。查协定第三条规定,两缔约国政府双方同意将中国政府与前俄帝国政府所订立之一切条约,概行废止,则自前清以来,所有中俄条约、条款、续约、专条、协定、议定书及章程、合同等,无论何种名称,其效力均已消灭,自无待言。此后关于两国关系政治经济及社会方面一概缔结之条约,皆须与平等相互主义及苏联政府对华宣言不相违背为原则,重新改订,以敦睦谊而便实行。

二、撤退驻军。查协定第五条规定,苏联政府声明一俟将撤退驻蒙俄军问题于会议中商定后,即将驻外蒙一切军队,尽数撤退。所谓此项应商定之问题,即指撤兵期限及两国边界安宁办法而言。至撤兵期限如何议定,似宜于我国实行接受外蒙以前,严定期限,俾得早日撤退,如

---

① 察哈尔都统张锡元。

不能照允，即当俟我国派员到库接受外蒙时，限于二十四小时以内，将驻在外蒙境内一切军队，扫数撤去。俄军既撤以后，所有外蒙沿边安宁秩序，应即由两国各于边界以内，酌定地点，分布军警，但以维持治安为度，彼此负责，勿献侵扰。倘有外蒙青年党及蒙籍军人对于我国政府有企图反抗行为，窜入俄境者，应即依照协定第六条，由苏联政府切实担任严行取缔，并须担保以后不得向蒙边输入军械，以杜后患。

三、划定疆界。查协定第七条规定，两国疆界应重行划定，此不特指彼此现有疆界混错之处，宜予划分明确，即自我国前清所有被占于俄国之地，亦当极力争回。其在东界，如朱格朱尔岭以南、黑龙江以北之地，皆属康熙旧界，为咸丰八年条约所改。又乌苏里江口北至混同江之地，亦属咸丰八年旧界，复为咸丰十年北京条约所改。其在西界，如斋桑泊西北壤地，原属乾嘉旧界，为同治三年塔（成）〔城〕之约所改。又伊犁河两岸之地，亦属同治三年旧界，为光绪七年条约所改。又由天山至葱岭正余以南诸河源之地，亦属同治旧界，为光绪八年条约所改。综计所失各地，不下一百余万方英里，均有前清界碑图籍可资考证，亟宜由外交、内务、参谋各部会派委员，分段勘查，务期还我领土，俾复旧观。

四、协商航流。依协定第八条所载，两国边界江湖及他种流域上之航行问题，应按照平等相互原则规定之。查我国现在河流与俄界相接近而又能航行者，以黑龙江、松花江及乌苏里江为最著，若照上项所述索还我旧领边界，则此三江流域完全为我国内河流，决不可任其航行自由，致生国际上之关系。即为利益交换起见，特准俄国船舶入境航行，而所有课税、警察及审判诸权仍必由我完全主持。对于我国商船，尤须特别酌予保护。至于国界划定以后，其有河流湖泊确跨于两国境界之间者，自当按平等相互原则，协定其权利义务，或委诸自然，视其能否航行而决定公管之界线。此固有一定公例可循，无待赘陈者也。

五、赎回东路。依协定第九条所载，解决中东铁路问题，如关于赎路之款额及移交手续，均须分别议定。其最关重要者，尤须确查华俄道胜银行所投股本，及中东铁路附属一切财产，以适当之标准，估定价额，即以我国各地商民所存新旧羌帖，备作收路款项。如有不敷，再以实款补充。至其余条件，除向列国声明国际关系，视为完全中华民国国有铁路外，所有赎回以后关于铁路上一切用人行政，自应由我完全主持。此在管理中东铁路当局，必有详细之计划，兹不赘言。

六、改订关税。依协定第十三条，应于订立商约时，同时协定两国关税税则。查我国输入税自前清光绪年间议定值百抽五以后，即受协定税率之束缚，损失国家利权，阻碍产业发达，为害最深。又中俄陆路通商章程，特准俄人在边界百里以内任便贸易，毫不纳税，而华商入俄境者，则课税繁重，尤欠公允，亟应重新改订，实施国定税率，以期挽回。此次中俄协定，虽将前清各种关于通商条约废止，并声明采取平等相互主义，重订税则，而仍不脱协定税率之范围，此则须由财政部会同农商外交各部妥慎核议，务期两国入口税则轻重相等，不得稍有歧视，致涉苛征，以昭平允而便商旅。

七、赔偿损失。依协定第十四条，应讨论赔偿损失之要求。查俄乱以来，我国商民所受损失甚大，即以察区多伦一县而言，据该县商会查报，损失各商号财物几达四十万元，被害生命多至六十人，曾奉令准筹办中俄交涉事宜公署函查呈复转咨有案。至察区各商号所存羌帖，因停止兑现所受损失，亦有六百余万元之巨。又各商号存储莫斯科、比史坎等处丝绸货物，因俄乱致被俄官扣留，或被俄党抢掠者，其损失亦有一百十余万元。以上两项，计共七百一十余万元，曾经钧署于民国十八年八月检同证据，咨送财政部，并于十二年九月函达筹办中俄交涉事宜公署查照有案。除羌帖损失应请并抵赎路实款外，其余各项货物损失及戕害商民，均应切实要求赔偿抚恤，以抒商困而慰幽魂。若羌帖损失在俄国方面，只允承认苏联政府成立以后所发行者乃负赔偿之责，其在一九二二年以前者，则视与前俄政府同时消灭，必无是理。盖苏联政府既承认前俄国家之政权，则其国家所负之债务，即当继续负担，自无待言也。

八、处置教产。按照第二号声明书，关于我国境内所有教会房屋地产之移转或他项适当之处置,亦于会议中商定之。查察区各属,近经奉电饬查,先后据复,除张北县有俄国邮政局一所尚系租占民地,与我国地方官厅有借款纠葛,应行另案呈请提议解决外,其余各县局均无此项教产,是其处置方法在察区方面似无研究之必要。

九、受理诉讼。按照第六号声明书,关于取消治外法权与领事裁判权,尚须议定适宜条款。查我国司法制度现已次第完备,新式监狱亦日见推广,近自我国加入欧战以来,所有无约国人民涉讼事件,均由我国司法衙门依法受理审判,未尚与世界文明及人道主义稍有违反。此次中俄协定既经声明无论如何,苏联人民应完全受中国法律之管辖,则对于俄国居留人民之审判,自必特加慎重,务期至公至允,以为收回各国领事裁判权之嚆矢。即无特定条款为之保障,又奚虑焉? 以上各节,皆为会议中应行提出之主张,所冀我国据理力争,藉收折冲尊俎之效。至于接受外蒙,如何筹备进行,事关军事计划,应俟慎加考虑再行上陈。刍荛之言,是否有当,理合呈请鉴核采择转咨施行。谨呈

察哈尔都统张
中国第二历史档案馆藏北洋政府外交部档案

外交部致加拉罕[①]

1925 年 1 月 17 日

为照会事:现闻贵国与日本订约,日内即将签字。如该约所订各款,有涉及中国领土主权及权利利益之处,中国政府概不承认。兹特根据中俄解决悬案大纲协定第四条,郑重声明,相应照请贵大使查照,转请贵国政府注意为要。须至照会者。

《外交公报》第 45 期

---

① 苏联驻华大使。

北京外交部致芳泽谦吉照会

1925 年 1 月 17 日

为照会事:前次日俄在长春会议,曾经本部训令本国驻日本公使备文向贵国外务省声明,将来日俄会议时,如有涉及中国领土主权或中国之权利利益者,概不承认,等因。嗣经贵国外务省函复,该会议所商议者,以日俄两国间之关系为限,所称关涉贵国领土主权或权利利益云云之问题,决不发生等语,各在案。现闻贵国与苏联订约日内即将签字,兹特将上开各节重复声明,照会贵公使查照,即希转达贵国政府为荷。须至照会者。

《外交公报》第 45 期

4. 列强阻挠中苏谈判

傅乐猷①致外交部

1924 年 3 月 13 日

驻北京法使傅乐猷为中东路问题于前日(13 日)致牒外部云:

中国政府与苏俄政府之谈判,现正在进行中。关于此节,本公使(傅氏)请贵公使(顾氏)②对于道胜银行及中东路特别关系加以注意。此节从前业经迭次讨论,贵使曾于一九二二年二月二日在华盛顿会议席间详加解释。本公使兹再宣言,贵国政府曾将中东路之建筑权给予道胜银行,嗣后遂由该行拟订种种手续,最近之日期则为一九二〇年(民国九年)十月二日。此种建筑权拟订之种种手续,如不取得道胜银行之许可,不得有所变更。据现在情势以观,此种权利本公使现有保留之权,勿论对于中东路之何项变更,不经合法股东之考虑,必为法国公使馆或其他代表中东路各股东与其债权人之他国使馆所抗议。同时,

---

① 法国驻华公使。

② 原文如此,顾维钧此时为外交总长。

各项债权之要求,及其他关于利息上损失之要求,必相继而至,则中国政府财政状况将愈趋于纷乱云云。

上海《民国日报》1924年3月17日

傅乐猷致外交部

1924年3月29日

在月前中国政府与苏维埃政府谈判情形中,本公使请贵总长对于汉口俄租界之特殊情形加以注意。该地在一八六四年,中国当局业允划为法国租界之一部,旋于一八九六年经中俄法三国订约,将该地分为法俄租界,以后两界交接之区,即由法俄领使共同担任警务。按照通常惯例,非得订约各国允许,不能修改成约。一九二〇年十月八日,法领事业奉本公使命令照会交涉司,料已转达贵部矣。汉口俄租界情形,未得法国政府之允许,不能有所变更,故本公使事前对于涉及汉口俄租界以及未经征求本公使意见而中俄政府间发生之一切条款,予以保留。

北京《晨报》1924年4月4日

外交部致傅乐猷

1924年4月

法国公使因中东路问题,前曾向我国政府提出抗议,谓该路不能由中俄两国解决,道胜银行系属股东,而该行已入法籍,故该国特为该行声明保留权利,云云。外间盛传该抗议为中俄交涉破裂之一原因,而加拉罕迭次照会且引为证据。昨据某方面消息谓,外部对于兹事,业于日前依理驳复,其大意如左:

中国政府前以库平银五百万两入股,与俄籍华俄道胜银行合伙,开设生意,于光绪二十二年定有东省铁路合同,订明建造经理一切事宜,派委该行承办,由中国政府所派之总办随时查察。嗣因俄国政变,中国政府以领土主权,并种种关系,实行代管该路职权。又于民国九年,续订合同,该合同内载此项代执行俄政府职权之期限,以中国政府正式承认俄国政府彼此商定该路办法后为止等语。可见当日续订合同,确已明定中政府应与将来俄政府商定该路办法。此次中俄对于东路有所讨论,正与合同所载完全相符。且该合同内并无载明中俄于东路有何协商须经道胜银行同意之条文,则所谓非经该行同意不能变更云者,颇觉缺乏根据。又据法使函内所云,决为该行保留权利一节,查民国九年道胜银行致交通部函,特为声明东省路事,除华俄两国外,并无第三国之关系等语,足证华俄道胜银行,仅为中俄两国间之组织,他国未便加以干预。如以为该行因俄乱已归法保护,则中国政府已于民国九年照会法国公使,文内详述理由,声明对于该行归法国保护一事,碍难承认,此节自可无庸再行辩论。至谓不论何种政变,施于该路之管理,立即提出抗议一层,查光绪二十二年东省铁路合同第一条规定,所有股票,只准华俄商民购买,续订合同,亦经申引此语,是东路股东应仅限于华俄两国人民,已为契约所确载。此外其他方面,对于该行有无关系,亦惟与该行自行商议,中国政府,实难承受其抗议也。再法使云及,顾博士前在华府会议有所陈明一节,查彼时顾代表仅述明中国政府在法律主权上之地位,暨代管该路后之成绩,并声明只能负相当责任。总之,中东铁路,完全为中俄两国之关系,成约具在,中国政府,仅能依约办理,当为法国公使所谅解也,云云。

北京《晨报》1924 年 4 月 9 日

舒尔曼[①]致顾维钧

1924 年 5 月 3 日

为照会事:本公使闻中国政府与苏俄政府现有交涉。关于该项交涉,现奉本国政府训令,请贵总长注意于一千九百二十二年二月四日华盛顿限制军备会议第六次大会通过第十三次议决案。该项议决案声称,除中国外之各国,于赞成关于中东铁路之议决案,保留权利,坚要中

---

① 美国驻华公使。

国对于中东铁路股东公司债券所有者及债权者等之各外国人是否履行义务,担负责任。此种义务,各国认为自建筑铁路合同及中国照该合同之行动而发生者,各国并认一种代管性质之义务,系从中国政府施行其权力于该铁路之执掌及行政而发生者等语,并请中国政府不可遗忘中国系中东铁路之受托者。是以中国与其他方面关于该铁路开有交涉之时,不能不顾或单独取消此项受托之责任。本政府之主张,系在该铁路之各项利益内有俄国利益必须保存。若非将各债权人及其他有利益者之权利获有适宜之保护,无论如何提议,如何变更该铁路现有状况,本政府不能赞成等因。本公使转达上述之声明,乘此机缘再行通知贵总长,本国政府无意梗阻中俄两国协定之成立,此系贵总长业已知悉。因本公使已经当面声明,按照上述之议决案,中国政府对于中东铁路应担负数种责任。本国政府之意旨,乘此适宜之机缘,请中国政府注意该项责任所发生之各项权利及利益应予保存,并应履行其所有之担负。本国政府提议及此,系欲免将来之缪辖,特为中国一方面之缪辖,相应照会贵总长查照可也。须至照会者。五月三日。

上海《民国日报》1924 年 5 月 20 日

外交部致驻美使馆

1924 年 6 月 25 日

容代办鉴:东路事本部六月十六日答复美使照会如下:"为照复事:接准贵公使五月三日照会,引证华会关于东路之第十三议决案,请中国注意以受托者之资格所应负之责任,并称对于各该债权人等之权利应予适宜保护等因。查中东铁路,按诸历史与契约均系中俄两国间之关系,在中俄协定未订以前,华会所宣言乃系代管时应具之责任,现在中俄国交既经成立,情势与前迥异。此后中俄两政府处理此项,只有中俄两国有关系之中东铁路问题,自系中俄两政府应有之权利,即以此项中俄所订中东路暂行办法而言,亦与各国权利不相妨碍。贵国政府声明各节,中国政府以为无须过虑也。相应照复,至希查照谅解为荷。

须至照会者。"外交部。二十五日。

中国第二历史档案馆藏北洋政府外交部档案

日本外务省对中东铁路权利的通告

1924 年 6 月 21 日

关于中东铁路,为保留帝国政府及臣民所有权利利益,对中俄两国通告如下:

本年五月三十一日,北京之中俄两国代表间业将中俄协定签字,并有公表,以是帝国政府训令驻华芳泽公使于六月七日对中华民国外交总长及驻北京之苏联政府代表发出通告,声明日前中华民国与苏维埃社会主义联邦共和国政府间缔结之协定,关于中东铁路之条项,并根据该协定关于该铁路今后两国政府所行之协定事项,帝国政府及臣民之与该路关联保有之权利并利益,不因此而受何等限制,现奉本国政府训令,明白予以保留。为此中国外交总长于六月十六日以公文答复芳泽公使谓,中东铁路由中俄两国间之关系,在中俄协定缔结以前,因应照华府会议之决议,负代管之一切责任。然于中俄邦交恢复业已成立协定之今日,其状态已颇异于前,自应由中俄两国依外交方法而处理之。盖中东铁路问题,只有中俄两国间之关系,乃我国当然应有之权利也,即如此次缔结之该铁路条项,亦不妨害各国之权利,是以日本之声明碍难承认等语,将上述主旨,反复说明前来。因此帝国政府,此次更训电驻华太田代办公使,饬再向中国政府通告谓,六月七日提出之与中东铁路关联之帝国政府及臣民所有权利、利益之保留,乃不必特行声明之当然之事,惟为防止将来无谓之国际纷扰起见,乃唤起中国政府之注意而已,现已于六月二十一日重行通告中国政府矣。

上海《民国日报》1924 年 6 月 30 日

（四）奉俄协定

说明："中苏协定"签署后，东北奉系首领张作霖不予承认。自1924年7月开始，苏联政府派员直接和张作霖的代表进行谈判，讨论中东路问题以及松花江、黑龙江与乌苏里江的边界和航权问题。9月20日双方代表签署《中华民国东三省自治省政府与苏维埃社会主义联邦政府之协定》，史称"奉俄协定"。北京政府外交部向苏联驻华大使两次提出抗议，促令苏联政府注意张作霖公开叛离中央的事实，表示不承认"奉俄协定"。1924年10月北京政变后成立临时执政府，张作霖宣布拥护新政府。次年3月，北京执政府追认"奉俄协定"为《中俄解决悬案大纲协定》的附属协定。

顾维钧会晤加拉罕[①]

1924年6月13日

总长六月十三日会晤喀使问答

总长云：派员赴奉一层，系专指协定而言，与政局无关。中国于内政上或有纷歧，而对于外交则属一致，往事可征。故本总长对于能得奉省了解一层颇为乐观。至与奉省另缔协定一层，实不以为然。

喀代表云：如不得已在奉另签协定时，本代表仍认在京签字之协定为有效。又，本代表在奉拟签之协定，其内容亦与业已知晓者大略相同。

总长云：本总长与贵代表尚谈不到此，余愿贵代表稍待数日，看有无办法。与奉省另缔协定一事，不能赞成。请问贵代表，奉省要签字者，中俄协定之全部，抑一部？如系一部，则系何一部？

[①]　以下顾维钧会晤加拉罕问答四份文件，均系外交部抄存件。

喀代表云：除关于黑龙江及松花江航行事件外，并无甚出入，即关于黑、松两江航行事件亦将与条约相同。至关于中东铁路之修改，实无关轻重云云。

总长云：与外省当局缔结附约亦可，但须先由中央政府核准，云云。

喀云：缔结后再经北京政府核准一层，双方能否同意，云云。

总长云：余不过指通常习惯而言。

喀代表云：倘必须中央核准，奉省自当遵行。

总长云：然。

喀云：奉省恐未必遵行。

喀又云：倘本代表与奉天另签协定，其性质与普通之补充协定不同。

总长云：自有不同。但中央必须得悉其情形，然后能决定可否缔结另一协定。

中国第二历史档案馆藏北洋政府外交部档案

顾维钧会晤加拉罕
1924 年 7 月 7 日

总长云：余之见解不同，奉省在内政上无论有何设施，其对外态度，必自不同，奉省决未否认北京之外交权力，近顷派员赴奉之行，可以证明。代表倘一日不能杜绝与奉省另缔协约之门径，即一日不能解除履行协定之困难，即现时余仍未失望。倘苏联政府之政策仍以与奉天另缔协定为可以赞成，则迟缓实行中俄协定之咎，不能归诸中国政府。

中国第二历史档案馆藏北洋政府外交部档案

顾维钧答记者问
1924 年 7 月 19 日

外交总长顾维钧氏前午（十九日）接待京中外国记者，答复各项外交问题之询问，兹择译导报及路透社所记者如下：

东路问题　关于中东铁路外国债权人之义务问题，顾维钧力称，中国与苏维埃政府五月三十一日订立之协定，并不欲在任何方面，伤害对于东路正当合法之各项要求。在中俄协定签字以前，可认为正当合法者，在现时承认为正当合法。至于美国所要求六百万元一节，顾维钧谓对于此着消耗之情形，所知殊不详确，美国国务院，当有详细节目，应将承认消耗此款□□□，及此款之用途为何，详细开出，直接或间接由驻京美使馆送交中国政府。

大使问题　顾维钧证实加拉罕通知被特任为驻华大使，准备呈递国书之消息，并谓此事当取决于总统，目下正在讨论之中。至于中国驻俄第一任大使人选问题，虽经提出数人，加以考虑，但尚未决定。继又答复某记者之询问云：关于其他各国互换大使问题，已为非正式之接洽，但尚未得各国政府之答复，外交部或将发表一关于此项问题之宣言。

俄馆问题　关于俄国使馆问题，顾维钧谓彼预料并无若何重大困难。外交团最近送来之照会，正在考虑之中。并谓彼将尽力使此项问题圆满解决。

奉俄交涉　顾维钧谓苏联代表与张作霖在奉天之交涉，迄未接有正式报告，但力称一切外交事件，应由外交部与各国办理，各地方政府虽有奉中央政府之训令而与外人订立地方协定者，但如不经北京政府之认可，亦绝不能发生效力。

新俄商约　顾维钧谓新俄局部商约草案，业经政府修正加以认可，至是否业已正式签字，尚未接有报告。

北京《晨报》1924 年 7 月 21 日

顾维钧会晤加拉罕

1924 年 8 月 10 日

喀大使云：可否将库质臬特夫召回，并勿须再令其返奉，贵总长对此意见如何？

总长云:贵使谅当记忆余关于别开会议之谈话。据余意见,与奉天别开会议于事无补,反添纠纷。所有此项事件,中央政府既经尽力及注意,协定之履行,唯有任由中央政府办理为最妥。

中国第二历史档案馆藏北洋政府外交部档案

顾维钧会晤加拉罕

1924 年 8 月 12 日

喀云:兹请以本使与奉省接洽情形奉告,吾等已将约文议定,只待签字,并已召回库质桌特夫。现时贵总长既告知中央进行之步骤,故本使拟不令库质桌特夫返奉签字,以待贵总长所言疏通之结果。倘贵总长赞成在奉签字,即请声明赞成,无任感荷。盖如此则协定之签字,系贵总长所与知焉。

总长云:关于此事,余不愿再表示意见。余之意见,五星期前贵使业已知之。余意见凡有趋向与地方订约之举动,均足使中央政府难以履行中俄协定,而尤以协定内一切事件,须待中央政府与地方当局间之了解而后能实行者为更困难。如贵使一日继续存有缔结另约之希望,则中国政府一日不能易于履行协定。

喀使云:前次晤谈,贵总长曾云地方协定亦可准许,唯缔结须使中央政府事先与闻其事。本使以为此项协定当可允许,只须北京政府与闻耳。

总长云:余意素以为另定协约,徒使履行五月卅一日协定更增复杂。余前言地方协约乃仅指交涉员承北京之准许所议者而言,现时之案,并非此类。

总长又云:此种行径殊难允许。盖此项地方协定之缔结,无异表示,关乎中国之外交贵使可径与地方官办理,而开不良之先例。

中国第二历史档案馆藏北洋政府外交部档案

朱鹤翔会晤加拉罕

1924 年 8 月 19 日

喀使云：中东路事近日有何佳音？鲍贵卿与张作霖接洽情形可否见示？

鹤翔云：本国政府进行此事不遗余力，已在贵大使洞鉴之中。鲍将军素为奉方信仰之人，此次担任接洽，当可得良好之结果。今日鄙人未晤总长，故对于鲍将军最近接洽情形尚未得悉。

喀使云：前星期六本使晤顾总长时，经顾总长告以下星期内能将鲍氏接洽详情见示，本使所以询问阁下。兹本使为帮助顾总长与奉方解决中东路问题困难起见，拟将赎回期限减少二十年，请烦转达顾总长，并告知此项让步纯出自本使之诚意，并非为促进履行中东路暂行协定之代价，此层不可稍有误会，特为声明。

鹤翔云：当将贵大使上述各节转陈总长。

喀使云：顾总长意见如何，请早日见告为盼。

中国第二历史档案馆藏北洋政府外交部档案

外交部致李家鳌[①]

1924 年 9 月 24 日

苏联奉天代表与奉天当局签订中东路协定事，昨派员向加大使面询，彼已确认。奉张背叛中央，业奉明令申讨，突于此际与之签订协定，深堪诧异。向来各省对外有所协定或订契约，均须事先得有中央政府许可，方能有效，此次喀使代表行为决难承认。除照会加大使严重抗议声明否认外，希即本上述意旨，先向苏联外部口头声明，并盼复。外交部。二十四日。

中国第二历史档案馆藏北洋政府外交部档案

---

① 全权公使衔驻俄外交代表。

外交部致李家鳌

1924 年 9 月 25 日

顷致喀大使照会,原文如下:

为照会事:顷据报告称:有贵大使派往奉天代表,有与奉天当局签订某项协定之说。查张作霖背叛中央政府,已明令伸讨,乃忽于此际,贵国代表与之签订协定,诚所骇诧;况各省对外一切协定或契约非得中央政府事先核准,不能有效。因是本部对于上项传闻之协定,如果确有其事,不能不提出严重抗议,并声明否认,相应照会贵大使查照,等因,特电接洽。外交部。二十五日。

中国第二历史档案馆藏北洋政府外交部档案

加拉罕向北京政府解释奉俄协定

1924 年 9 月

二十九日北京电。苏俄大使加拉罕复外部抗议奉俄协定,先述奉张不承认五月三十一日成立之中俄协定,致该约关于东三省之部分不克实行,故经外部同意,商订奉俄协定。今协定成立,防止列强侵略中东路之野心,并增进中俄两国之利益,实不背中俄协定之精神。闻顾维钧尚拟驳复。

上海《民国日报》1924 年 9 月 30 日

外交部致李家鳌

1924 年 10 月 11 日

本日致喀大使照会文如下:

"为照会事:查贵大使派赴奉天之代表与奉天订立局部协定一事,前于九月二十五日照会贵大使,声明如果确有其事,不能不提出严重抗议,并予否认在案,迄未得复。彼时仅系得诸传闻,今则各种报纸均已登载,事实显然;而贵大使方面并未加以否认,足见局部协定一节业经证实。查中华民国对外交涉,向由中央政府主持,地方官吏容有代表中央执行一部分交涉者,然事先必得有中央之训令,事后必得有中央之核准,方能有效。是以本年六月十三日,七月七日,八月十日,八月十二日等日迭次与贵大使晤谈时,对于贵大使述及履行五月三十一日中俄协定之关于东三省各款,拟与奉省另订协定一节,即将上项意旨面告贵大使,声明中国政府不能赞成,并谓此事中央政府正与地方接洽履行,另订协定之说,徒增纠纷,足使履行五月三十一日协定更多困难,贵大使当亦忆及。当时并电由驻莫斯科李代表,历向贵国外部声明,各在案。现在奉天张作霖业奉明令讨伐,贵大使置迭次警告于不顾,仍令派赴奉天之代表与之签订协定,殊深诧异,实与前次贵我两国政府订立五月三十一日协定敦进睦谊之精神完全相反,本国政府断难承认。相应向贵大使提出严重抗议,并希查照本部上月二十五日照会,从速并案见复为荷。须至照会者"等语。特电接洽。外交部。十一日。

中国第二历史档案馆藏北洋政府外交部档案

加拉罕坚持对奉俄协定的解释

1924 年 10 月

十三日北京电。外部再向加拉罕抗议奉俄协定,加拉罕仍拟答复:与中俄协定不相抵触。

上海《民国日报》1924 年 10 月 14 日

临时执政指令第 346 号

1925 年 3 月 12 日

令外交总长沈瑞麟交通总长叶恭绰

呈请将奉俄协定核准,追认作为中俄协定之附件,请鉴核由呈悉,准如所拟办理,此令。

中华民国临时执政印

中华民国十四年三月十二日

《政府公报》第 3214 号,1925 年 3 月 13 日

临时执政府秘书厅致外交部

1925 年 1 月 19 日

径启者:奉执政发下奉天军务督办张作霖函呈一件,内称:在前中俄协定虽经北京签字,唯关于东路航权各部分尚多遗漏,当由东省另订奉俄协定以资补救,业于十三年九月二十日签字批准。兹将该项换文检抄一份,送呈察阅。等语,奉批交部会同考虑等因,除函交通部外,相应抄录原件函请贵部会核办理。此致

附:张作霖致执政呈

执政钧鉴:敬肃者:在前中俄协定,虽经北京签字,唯关于东路航权各部分尚多遗漏,当由东省另订奉俄协定以资补救,业于十三年九月二十日签字批准。兹将该项换文检抄一份送呈察阅,专肃恭请崇安,伏乞睿鉴。

张作霖谨肃

一月十九日

附:抄件

中华民国东三省自治政府与苏维亚社会联邦政府之协定①

中华民国东三省自治政府与苏维亚社会联邦政府,为增进友谊及规定关于双方利益之各项问题起见,经双方同意订立协定,为此,

中华民国东三省自治省政府委派全权代表郑谦、吕荣寰、钟世铭,

苏维亚社会联邦政府委派全权代表库兹聂措夫,

双方全权代表将所奉全权证书互相校阅,均属妥洽,议定协定各条如左:

第一条　中国东省铁路

缔约双方政府同意将东省铁路问题解决如左:

(一)缔约双方政府声明,东省铁路纯系商业性质之机关,缔约双方政府彼此声明:除该路营业事务直辖于该路外,所有关系中华民国国

---

①　此系外交部抄存件。

家及地方政府权利之各项事务,如司法、民政、军务、警务、市政、税务、地亩(除铁路本身必须地亩外)等,概由中国官府办理处置。

(二)一八九六年^{八月廿七日}[①]订立之建筑、经营东省铁路合同第十二条内所载之期限,应由八十年减至六十年,此项期满后,该路及该路之一切附属产业均归为中国政府所有,无须给价。经双方同意时,得将再行缩短上述期限(即六十年)之问题,提出商议。

自本协定签定之日起,苏联方面同意,中国有权赎回该路。赎时应由双方商定该路曾经实在价值若干,并用中国资本以公道价额赎回之。

(三)苏联政府允在双方组织委员会中,将东省铁路公司债务问题,按照一千九百二十四年五月三十一日在北京签订之中俄协定大纲第九条第四项决定。

(四)缔约双方彼此同意,东省铁路之前途只应由中国及苏联两国取决,不准第三者干涉。

(五)一八九六年^{八月廿七日}所订建筑、经营东省铁路合同,应由双方组织委员会,在签定本协定后四个月以内,按照本协定各条修正完竣。在未修正以前,两国政府根据该项合同所有之权利,与本协定不相抵触暨不妨碍中国主权者继续有效。

(六)本铁路设理事会为议决机关,置理事十人,由中国委派五人,由苏联政府委派五人。

中国派华理事一人为理事长,兼督办。苏联政府派苏联理事一人为副理事长,兼会办。

理事会之法定人数以七人为至少之数,所有一切取决须得六人以上之同意,方可有执行之效力。督、会办共同管理理事会事务,并公同签定各项文书。

督、会办有事故时,可由各该政府另派理事代理职务(督办由华理

---

① 八月廿七日为俄历,九月八日为公历。

事代理,会办由苏联理事代理)。

(七)本铁路设监事会,由监事五人组织之。其中监事二人由中国委派,其余三人由苏联政府委派。监事长由华监事中选之。

(八)本铁路设管理局局长一人,由苏联人充任,副局长二人,中国、苏联各一,均由理事会委派,由各该政府核办。

(九)本铁路各处处长、副处长等,由理事会委派之。如处长为华人时,副处长须用苏联人,处长为苏联人时,副处长须用华人。

(十)本铁路各处人员按照中华、苏联两国人民平均分配之原则任用。

注:实行此项平均原则时,无论如何,不得妨碍该路平日之生活及事务之进行,即聘用两国职员时,应以各该员之经验、品学、资格为标准。

(十一)除预算及决算之问题应照本协定第一条第十二项办理外,其余各项问题,由理事会议决,遇有不能解决时,应呈报缔约双方政府,以和平、公允方法解决。

(十二)本铁路之预算、决算,由理事会提交理事会及监事会之联席会议审定。

(十三)本铁路所有纯利,由理事会保存,在双方组织之委员会未将缔约双方分配纯利问题解决以前,不得动用。

(十四)理事会应将前俄政府于一八九六年十二月四日批准之东省铁路公司章程,按照本协定从速修正完竣,至迟不得过自理事会成立之日起四个月。其未修正以前,该项章程与本协定不相抵触暨不妨碍中国主权者,继续适用。

(十五)将来中国赎回东路之条件,一经缔约双方商定时,或该路于本协定第一条第二项所载之期满后归回中国时,本协定所有关于东路之各部分,即失其效。

第二条　航权

缔约双方同意,将双方无论何种船只在两国边境江湖及他种流域上以国界为限之航行问题,按照平等、相互及彼此尊重主权之原则解决。所有该问题之细目,应在双方组织之委员会,自签定本协定日起于两个月以内规定完竣。因中国方面对于黑龙江下游通海处之客、货有甚大利益之关系,苏联方面对于松花江至哈尔滨之客、货亦有甚大利益之关系,故双方同意在委员会中,按照平等、相互之原则,讨论保障此种利益之问题。

第三条　疆界

缔约双方由双方组织委员会,将彼此疆界重行划定,在疆界未行划定以前,允仍维持现有疆界。

第四条　商约及关税条约

缔约双方允在双方组织之委员会中,根据平等、相互之主义订立商约及关税税则。

第五条　宣传

缔约双方政府互相担任在各该国境内,不准有为图谋以暴行反对各该政府而成立之各种机关或团体之存在及举动。缔约双方政府允认,彼此不为与对方国政治上及社会上之组织相反对之宣传。

第六条　委员会

本协定各条所规定之各委员会,应在签订本协定后一个月内起首办事,所有一切问题应速解决完竣,至迟不得逾六个月。但上述各条内规定期限者,不在此限。

第七条

本协定自签定日起,即生效力。为此,双方全权代表将本协定华、俄、英三国之文各两份,各签字盖印。遇有疑义,应以英文为准。

中华民国十三年九月二十日,即西历一千九百二十四年九月二十日,订于奉天。

中华民国东三省自治省政府委派全权代表　郑　谦　吕荣寰　钟世铭

苏维埃社会联邦政府委派全权代表　库兹聂措夫

中华民国东三省自治省政府与苏维埃社会联邦之协定声明书(密件)

中华民国东三省自治省政府与苏维埃社会联邦政府声明:经东三省政府要求,对于一千九百二十四年九月二十日缔约双方政府在奉天所签订之协定第一条第六、七两项内所载"中国"之字样,应加以"中华民国东三省自治省政府"之解释,此项解释一俟中华民国东三省自治省政府正式承认北京政府时,即行无效。为此,双方全权代表将本协定华、俄、英三国之文各两份,各签字盖印。遇有疑义,应以英文为准。

中华民国十三年九月二十日,即西历一千九百二十四年九月二十日,订于奉天。

中华民国东三省自治省政府委派全权代表　郑　谦　吕荣寰　钟世铭

苏维埃社会联邦政府委派全权代表　库兹聂措夫

声明书(一)

中华民国东三省自治省政府与苏维亚社会联邦政府声明,在签订一千九百二十四年九月二十日缔约双方政府订定之协定后,中华民国东三省自治省政府允许将前帝俄之领事馆交还苏维埃社会联邦政府。为此,双方全权代表将本协定华、英、俄三国之文各两份,各签字盖印。遇有疑义,应以英文为准。

中华民国十三年九月二十日,即西历一千九百二十四年(九月二十日)订于奉天。

郑　谦　印

吕荣寰　印

钟世铭　印

声明书(二)

中华民国东三省自治省政府与苏维亚社会联邦政府互相声明:自缔约双方政府签订一千九百二十四年九月二十日协定后,如现在有在中华民国东三省自治省政府各机关服务之前俄人民,因恐其存在及举动有危及苏维亚社会联邦之利益,或现有在苏维埃社会联邦政府各机关服务之华人,因恐其存在及举动有危及中华民国东三省自治省之利益,各该政府允将该项人民开列名单,交送各该政府,并饬所属各机关采取必须手续,取缔其行为或停止其职务。为此,双方全权代表将本协定华、俄、英三国之文各两份,各签字盖印。遇有疑义,应以英文为准。

中华民国十三年九月二十日,即西历一千九一百二十四年(九月二十日),订于奉天。

郑　谦　印

吕荣寰　印

钟世铭　印

中国第二历史档案馆藏北洋政府外交部档案

(五)中俄有关具体问题的交涉

说明:1917年—1924年间,中苏两国的交往主要以谋求解决旧俄政府侵华遗留问题和建立两国正常的国家关系为主线而展开。在这个过程中,双方还就两国间的某些重大问题进行了广泛的交涉,其中主要包括白俄官兵逃入新疆问题、新疆通商问题、松黑航运问题、中东铁路问题、白俄和庚子赔款问题、航空问题,等等。本节资料即是关于这些问题的大致交涉情况。由于本书篇幅所限,各个专题的资料以中国第二历史档案馆的馆藏档案为主,其他资料来源则较少选取,特此说明。

1. 中国与苏俄劳农政府关于白俄官兵逃入新疆等问题的交涉

杨增新[①]致外交部等

1919 年 1 月 31 日

北京大总统钧鉴：国务院、边防处、陆军部、参谋部、外交部鉴：喀什朱道尹鉴：正月卅日，据伊犁杨镇守使电称：俄新党派代表来至边卡，要求四事。一、引渡俄旧党逃入伊犁官兵及俄领署人员。二、设驻伊商务员。三、开通由七河至伊犁俄电。四、引渡逃来伊民。当经派交涉局长孝昌赴边卡与之接洽，俄代表以孝昌无全权，不肯开议而去。并宣示其政会电文，略谓：此次俄旧党侵犯七河省，多由中国助力，如不依照上指各条办理，当另筹相当对待等语。事关重大，宜如何妥筹应付，祈电示等语。当经增新复电，其文曰：伊犁杨镇守使、许道尹鉴：杨使卅电悉。据呈伊代表向孝局长要求四事，按照公法前三条是否能允照办，应由两国政府商办。将来俄国政府经中国政府承认之后，可由两国政府协商，自易解决，此时请从缓议。其第四条引渡逃民一节，所谓逃民者，当系难民，该难民逃来中国，按之公法与人道主义，只能和平劝导回国，其有贫病交加不肯立时回国者，似应准其稍为展缓，再行全数回国。至此次逃来之俄旧党败兵，业经勒令解卸武装，中国系按照公法办理。自俄国新旧两党战事发生以来，新疆严守中立，对于俄国战事向取不干涉主义。俄旧党屡次要求假道塔城进兵以攻萨玛尔，迭经切实阻止。又俄国旧党要求在伊犁征调旅伊俄民当兵，亦经切实阻止。并由省派外交官至伊犁与俄领事交涉，将在伊征兵之事取消。此皆俄国新旧两党及中外人民共见共闻者，何得谓为援助旧党。乃此次俄新党代表宣示俄国政会电称：此次旧党侵犯七河，多由中国助力等语，殊与事实不符，未免误会。至于中俄两国如有协商之件，两国均有政府，究应如何办理，

---

① 新疆督军。

伊犁文武不能不请政府核示,实无允许之全权,俄公民会及俄代表当能原谅。新疆对于俄国国内战事,向守中立,毫无恶意,唯愿以后中俄邦交益笃,实为两国边境之幸。仰即转饬孝局长查照。以上指示各情向俄代表婉言解释,另将交涉情形具报为要。督军杨增新。卅。印。等语,拍发在案,除饬伊犁文武严加防范外,谨此电呈,敬祈核示。新疆省长兼督军杨增新。卅一。印。

中国第二历史档案馆藏北洋政府参陆办公处档案

外交部致参陆办公处

1919 年 3 月 29 日

　　径复者:接准函称:准新疆杨兼督灰电,俄新党派游奴索夫为伊犁商务委员带兵抵萨玛尔后开:伊犁俄领吕巴性情偏执,拟请与俄使交涉,将吕巴撤换,再行设法谢绝该商务委员,乞速核办等因,相应函达查照办理,等因到部。查本年一二月间,本部迭接该省长暨伊犁镇守使报告,俄新党屡次要求引渡吕巴,并另派游奴索夫为驻伊商务委员,并闻新党有派兵越境捕拿吕巴之消息。曾与俄使馆交涉,从速撤换吕巴,该使允于驻日本俄领事中择一人对调,但以稍需时日为言,经本部于三月六日电致新疆省长接洽在案。嗣又接该省长灰电称,同前因。复经本部切催俄使,据称驻新俄员现无资格相当堪以接替之人,仍请稍缓时日,在驻日本领事中择人对调。本部复将边局利害关系力与声辩,该使谓:并非反对撤换,但事实上实难克期办到。本日本部又致该使节略,请其先就俄员中觅一代理人,暂行维持馆务,并即令吕巴克日离去伊境。除电新疆省长外,相应将办理情形函复。查照。

　　此致

敬礼

参陆办公处

中国第二历史档案馆藏北洋政府参陆办公处档案

杨增新致国务院等
1919 年 3 月 1 日

大总统、国务院、边防处、陆军部、参谋部、外交部钧鉴:阿什噶尔朱道尹鉴:内密。顷据喀什道尹朱瑞墀电称:英俄领事要求将俄旧党军官穆哈诺夫放入中国边卡,并要求准其取道喀什由蒲犁逃入印度等语。当经婉词谢绝。查该穆哈诺夫等在伊尔克斯塘组织政府,并在俄属利用缠族失败,如准其逃入中境,俄缠亦必相率逃来,与中国缠回有宗教关系,不易防范。若藉由蒲犁逃赴印度为名,在蒲犁筹款招兵,于中国大为不利。且该穆哈诺夫为俄旧党重要之人,尤为俄新党注目之人,若逃入中国后,再由中国出境干预战事,不免破坏我中立,更难保俄新党不要求引渡,生出种种枝节。如英俄公使向部交涉,应请婉为拒绝,以免后患为祷。新疆省长兼督军杨增新。东。印。

中国第二历史档案馆藏北洋政府参陆办公处档案

杨增新致国务院等
1920 年 3 月 28 日

北京大总统钧鉴:国务院、边防处、参谋部、陆军部、外交部、内务部钧鉴:兰州张督军、伊犁杨镇守使、伊宁许道尹、喀什噶尔朱道尹、阿尔泰周道尹鉴:内密。三月廿七日据塔城道尹张熔电称:俄属莘塘失守,俄旧党巴军官所统之败兵七千数百人,内有军官一千二百人,枪四千余枝,机关枪二百杆,大炮五尊,均逃入中国境内,情愿遵照公法解卸武装,求我择地安置。又逃来难民千数,大车十余辆,难民数千人,拟暂在边界内安置等语。查塔败兵难民共万余人拼命逃入中境塔城边境,头头是道无险可扼,防不胜防,阻不胜阻,已电塔城文武饬令该败兵难民解卸武装,妥为安置。塔城粮料缺乏,已电绥来、特苏①各县转运麦粮

---

① 即今新疆维吾尔自治区玛纳斯、乌苏县。

赴塔备用。仍与俄新党妥为交涉，免生枝节。再，除逃来俄兵外，尚有澳昇阔夫□征收败兵万余人，将来亦难保不追入中境。谨电陈明，敬祈鉴核。新疆省长兼督军杨增新。勘。

中国第二历史档案馆藏北洋政府陆军部档案

杨增新致国务院等

1920 年 4 月 13 日

北京大总统钧鉴：国务院、边防处、陆军部、参谋部、外交部、内务部、财政部钧鉴：四月十三日据伊犁杨镇守使电称：据参谋祁培铭于初十日由莫敦依克报称：俄旧党军官赛多罗夫、多托夫、科尔巴科①等承认，解卸武装今日即可办理。拟于明日该官兵等交由练军马帮办带赴大营盘，妥为安置等语。除饬该参谋从速将武装解卸，雇驼派兵护运来惠，并将该败兵妥为安置外，所需食粮暂由邓知事购办供支。惟精河筹办各差已属繁累，嗣后该败兵所需食粮，应请督军电知绥定李知事购运供支，以均劳逸，谨电呈报。镇守使杨飞霞。文。印。等语。当经增新复电，其文曰：伊犁杨镇守使，许道尹鉴：绥定李知事、精河邓知事：据杨使文电悉，俄旧党军官多托夫及赛多罗夫并斜尔巴科等败兵，逃至伊犁莫敦依克地方，经中国官切实派员劝导，业已承认遵照公法解卸武装，中国自应担任保护，所有解卸军装应即解回惠远，妥为存储，共收各项军装若干，应给与收据，并造册具报，以免日后镠辖。至赛多罗夫等败兵，在大营盘安置，事属可行。唯应于大营盘设粮局一处，由邓知事择派可靠委员一名，月支薪水银廿四两外，派司事二人各月支银十四两，派局丁四名各月支银六两以上。委员、司事、局丁均由邓知事委派专办收发粮柴，并清查败兵人数各事宜。该逃来俄旧党，其每人按日准支面壹斤半，应先将人数实有若干查明具报，以统筹拨食粮。至该俄旧党兵带来马匹共计若干匹，应由杨使派人查明数目，以五百匹为一群，即分

---

① 下文称斜尔巴科，原文如此。

交察哈尔蒙古各头目代为牧放，每群用牧长一名，月准支薪水银廿两，用牧夫五名，每名各月支薪水银六两，并每名日支面壹斤半，每群月给大茶一块，并应于每群之内，由俄军官赛多罗夫等自派一二人随同照料牧放，仍盖大印为记，以期周妥。至大营盘水磨无多，磨面不易，所需赈粮，自以运送麦面为相宜。应由绥定李知事速备上面三万斤，雇备驼只驴头运赴大营盘粮局交收，仍由李知事在伊速购小麦二万石，以备支发。每日发粮若干，仍由粮局取具赛多罗夫等收条汇报，以便异日向俄国交涉赔偿价值。再，赛多罗夫败兵既安置大营盘，应如何派兵监视，由杨镇守使就近酌量妥办具报，督军杨增新。元。印。等语。查俄国旧党逃来伊犁败兵共有数起，除赛多罗夫、多托夫、斜尔巴科等逃至伊属莫敦依克地方，已承认解卸武装外，此外尚有阿连阔夫败兵大股八万余人在博罗塔拉边界，又有俄属老□夷及俄人招募东三省华兵约四千余人，亦逃至伊属红盐池边界一带，除饬令伊犁文武分别防范，并劝令解卸武装外，谨电陈明，敬祈鉴核。新疆省长兼督军杨增新。元。印。

中国第二历史档案馆藏北洋政府陆军部档案

张键[1]抄件

1920 年 5 月

今日，新疆省长兼督军杨令委驻塔马步各营统部书记官佟锡琳、翻译官包恩余，为塔城张道尹之临时代表，并派塔城县长刘希曾、额敏县长吴业芳、警察局兼筹赈局提调刘宗海前来贵军宣慰。其宗旨有三，一、接洽。二、宣慰。三、取缔。

第一节　接洽。

第一条

兹届贵军团佳节，我们新疆杨督军电饬张道尹，特备具牛十头、羊百(支)〔只〕，派本□某某等前来贺节，并询问贵军团各军官、军佐及各

---

① 塔城道尹。

马步兵丁在此居住安否？中国供支之食粮果敷用否？问毕即将牛羊如数交付，当即声明，此非犒送军人，不过因值贵国佳节聊以将意耳，望贵军团查收分用。

第二条

杨督军本拟早为派员前来款洽，但因贵国军人难民入境以来，本县长本某某等奉张道尹转奉杨督军电令，筹办食面，筹办赈务并筹办安置难民各事宜，对内对外日无暇咎，以故接洽稍迟，望贵军团各级军官及各军人，加以原谅。自今日本某某等，与贵军团全体昭面，以后庶双方感情日益亲厚，凡有一切交涉事件，自可疏通而无捍格。

第二节　宣慰事项。

第一条

自贵国发生党争以来，我新疆杨督军对于新旧两党，始终严守中立，抱定不干涉主义，在塔各文武亦恪遵我督军主持的宗旨，切实奉行对新对旧无偏无（依）〔倚〕，此不但贵军人之所深悉，亦抑中外各国之所深相谅者也。

第二条

贵军团因党争不利，而求中国。中国深恐新党越界追击，不尊重人道，以致坏我中立，自不能不遵依公法，令贵军人解卸武装，为贵国党争留调停余地。兹将塔城自贵军解除武装以后筹备一切之苦衷，为各军人言之。

第三条

自贵军人入境以后，杨督军即由他县筹拨粮石，向塔城源源运输。塔、额两县现亦日日筹备馍馍、食面，并采买烧柴，又设立筹赈局，由公家先发十日之粮，接济难民食用。凡力能做到者，无不悉心图维，约计用过金钱现已为数不少，夫以边疆疾苦，薪桂米珠，办事之难，较之他处几有天渊之别。今乃筹备尚复不遗余力者，此无他：一，因中俄邦交向来敦笃，不能以党争失利遂存薄待之心。二，因贵军人知守公法，故宁肯自受万分困难，决不使贵军团有缺乏之虑想，贵军团素明大义，睹此情景,必更能曲为体谅也。

第四条

贵军团因党争失败而来中国,此不过暂时避难,万不致久住于此。所望贵国内政早日统一,贵军团全体回俄,自与故乡父老兄弟团圆相聚,幸何如之。但目下俄新党尚未前来交涉,俄内政不知如何解决,望贵军人稍安勿躁,静以待之。

第五条

贵军团及各难民前来中境,本拟择妥地安置,第因人数太多,难觅相当地点,不得不在额敏河沿有水草处暂为驻札。又因武装解除,无力自卫,不得不遵照公法派兵卫成,贵军人素明公法,当不致尚有误会。

第三节　取缔。

第一条

以上宣慰各节,想贵军人均已聆悉。但贵军团既到中国塔城境内居住,食粮由中国供支,武装交中国收存,马匹交中国牧放,则凡一切举动即应遵照公法守中国范围。

第二条

贵军团人数虽多,大都通晓公法,当不致越守范围以外,第人心不同如其面焉,设一旦有违法举动,中国为维持秩序计,自应施以相当对待。如:前者二道桥地方有中国官一员、兵四名,抢窃俄民情事,均经张道尹呈奉督军杨电令:一律枪毙,以正军法。想贵军人早已耳闻之矣。务望贵军人等,内守俄国军律,外遵万国公法,不可任意行动,有碍我国主权。

第三条

贵军人在驻扎地点暂时限制上城者,非中国官长故为苛待,实以贵军人数太多,设纷纷混来城市,不独贵军团内容似有不整,致启中国人心之惊疑,且恐或有不肖之徒,因而别生事故,破坏中国边局。想贵军各级军人深明公理,当能谅此苦衷。如万一贵军人等有应办事件,非上城不可,亦应由该官兵向本管长官声明原委,承领执照,交由中国卫成长验明,方准出离驻扎地点,设有不法情事,庶易于稽查,藉免影射。

第四条

贵军人驻扎地点,现由中国准在相距五里地方设贸易场,以资流通。在中商固不可任意高抬市价,违者处以应得之罪。而在贵军人更当公卖,不可抢掠情事致损贵军名誉。倘有不肖者,不遵公法,则中国派有卫戍长在,自当以中国军法,呈请我们督军惩罚。务望贵军人始终遵重军律,免致贻笑各国。

第五条

贵军团驻扎地点,既由中国指定,烧柴食粮由中国供支,马匹由中国牧放。则凡塔、额两县之草湖,望贵军人尊重公法,不可任意砍伐刈取。

第四节

第一条

贵国党争,中国严守中立,初意本拟封锁国界,不准败兵、难民一人入境。嗣因贵军巴军官败退在急,再三请求救命,中国为尊重人道起见,势难得已,始准贵军团解除武装入境,择地安扎。所有一切供支均是巴军官前来交涉,因有此项理由,故我们塔城长官暨我们督军不能不正式承认巴军官为贵军首领。此后遇有琐屑小事或下情上达中国官长者,可由各当事人就近告知中国卫戍长转呈道尹核办。其重大事件,仍当由巴军官备正式公文,交塔城道尹转呈督军酌夺办理。望贵军人对内应遵守俄国军律,服从本管长官,对外恪守中国范围,不可稍事冒昧,扰乱秩序,致贵军团前后名誉判若两人,殊为可惜。

副都统衔塔城道尹张键

中国第二历史档案馆藏北洋政府零散军事档案汇集

杨增新致外交部等

1920 年 10 月 4 日

大总统钧鉴:国务院、内务部、外交部、陆军部、参谋部钧鉴:本年十月一日据驻俄七河省商务委员赵国梁电称:内密。现在俄国内部之中国社会党闻有数十华人,皆系投入俄营当兵之人,该俄人择其之粗通文学者,送入社会主义传习所,六个月速成毕业,分往中国,专事传布社会主义等语。查俄新党自实行社会主义以后,全国人民失业怨咨,为害已属不堪。兹该党又引诱华民入传习所学习社会主义,以为毕业后遣回中国,分途煽惑之谋,实为吾国大患。据电前情,除饬各属文武严密防范外,应请通行沿边各省一体防范,以遏乱源。谨此电陈,伏祈鉴核。新疆省长兼督军杨增新。支。

中国第二历史档案馆藏北洋政府内务部档案

杨增新对所属的密函印件

1920 年 10 月 13 日

径密启者:接喀道尹九月二十日来函所称:布哈尔因不服俄新党压制,已起暴动一节,七河省赵商务员亦如此报告,当属实在。喀什密迩俄疆,俄境治乱,与边防极有关系,自应随时调查,妥为防范。再,该喀道尹附寄旅俄华商约报告一件,内开:华缠在俄设立议事会,并演说,可持枪炮齐赴喀什,来华官驱逐,以报喀什众缠民曾受汉官无限冤屈苦楚,以伸此苦而享自由幸福等语。查新疆官吏对于各种族人民实行共和,一视同仁,并无虐待之事,此为众缠民所共知。唯旅俄华缠,半多下苦佣工,无知无识之游民,最易受外人煽惑,其均产主义,贫苦之人尤易煽动,自应严防,免生意外。应由各道尹督饬各知事、各县佐,实行保民政策,实行养民政策,作根本之计划。现在排外潮流日益发达,无论中外人民皆有此等思想。缠民知识早已开通,将来俄属西土耳基斯坦地方,如塔什干、安集延等处,必有实行驱逐斯拉夫族俄人以恢复霍罕古国之一日,观波兰、芬兰等处之独立,可以想见。新疆南路纯是缠民,名曰东土耳基斯坦,与俄属西土耳基斯坦人种同,宗教同,语言同,文字同。在前清帝制时,以各省协饷之力经营新疆,足以镇慑各种族而有余,今则中央与各省对于新疆不能协济分厘,新疆军费政费大多数为缠民所担负,若再施行虐民政策,则民心不能固结,再被外人煽惑,即不免发生变故,受害者必在汉人,数千年之历史可以为鉴。合行密达各道尹,各知事,各县佐,一体知照。此函须自行收存,仍守秘密,毋庸发科为要。

此致

省长兼督军杨增新启

一九二〇年十月十三日

中国第二历史档案馆藏北洋政府内务部档案

2. 中国与苏俄劳农政府关于通商、航运的交涉

(1)中俄关于通商事宜的交涉

杨增新致外交部等

1920 年 9 月 4 日

大总统钧鉴:国务院、外交部、参谋部、财政部、内务部、陆军部、农商部、司法部、大理院钧鉴:俄新党代表迭次来到伊犁要求通商,曾与声明须商订临时通商纳税税则,并保护华侨各节,方能照允。比经该俄代表一律承认。即将拟办此案情形,先后拍电呈奉政府,复令乘此时机派员商办等因,增新遵即令由伊宁道尹许国桢与俄代表接洽商办。旋据许道尹呈报,在伊犁伊宁城内会议临时通商定案内称:

甲　关于通商各问题,双方之定议:

(一)中国新疆伊犁官府与俄国土耳其斯坦政府之委员,为两国边界人民之利益及联络双方感情起见,拟互设商务兼交涉机关,以资接洽。

(二)中国得设商务兼交涉机关于俄国七河省釜尔内城,俄国得设商务兼交涉机关于中国伊犁伊宁城,以为利益之交换。

(三)俄国商务兼交涉机关,普通俄民由俄运货来伊,或由伊运货回俄,均系依照新疆统税章程,与中国税关纳税。

(四)以尼堪卡伦为两国通商出入必经之道,如有绕道出入者,即

以偷税违法论。

（五）两国人民因贸易发生争论时及所有民刑诉讼各事，均以住在国法律裁判执行之。

（六）两国人民因事过界往来，须持有双方发给之护照，始准入境。

乙　关于俄败兵逃民回国各问题，双方之定议：

（七）俄代表宣言，塔什干政府颁布之免罪书，系尊重人道为神圣不可侵犯之定案，经此番解释，该败兵逃民回俄自无危险，中国官府必极力劝其回俄，俾得各安生业。

（八）伊犁官府允准俄国派委员一人、随员二三人来伊，会同交涉局办理逃民败兵回俄事件，以俟办理就绪，即行解散回国。

丙　附条：关于中〔国侨〕民在俄迭被扣留没收之财产货物及其他之损失问题，双方之定议：

（九）俄代表声明，此项问题其职权分内之事，但关于此类事项，塔什干政府已没有调查表，拟将来应由中国商务兼外交员赴俄直接交涉，较为有效。然俄代表允认将伊犁官府之要求转达塔什干政府，并以个人名义力予维持。

（十）以上各条经双方委员同意，特以中俄文字立案，各书写贰份，双方签字互换收存，以昭信守云云。除照依新章征收俄税并将全案已印一本另文呈赍外，理合将许道尹与俄代表商订中俄临时通商条件，谨电呈明，敬祈鉴核。新疆省长兼督军杨增新。支。印。

中国第二历史档案馆藏北洋政府外交部档案

（2）外交部关于松黑航行事宜与苏俄远东委员团等交涉的有关文件

苏俄远东共和国驻华代表致外交部

1921 年 7 月 19 日

关于商议航行条约事，远东政府已派定委员组织委员团，以耶古夫列夫（Yakouleff）为领袖，工程师拉古金（Lagutin）及佛拉骚夫（Vlasoff）二人为委员，开议地点，远东政府认黑河于双方最为适宜，且以为此新约应根据公平及相互之原则办理，并完全互相承认两缔结国领域内各自之主权。远东政府之见解，以为应许华船有航行黑龙江下流之权，俄船有航行松花江之权，业以训令该委员会在案。远东政府且以为，在缔结条约以前，应先有临时之协定，以便两国船舶能立即享受上述之权利，并为保证此项权利起见，该每一船舶能藉相当之通行照，而受航行河川所属国地方官之保护。如荷贵政府赞同上项之建议，远东政府即可迅行电饬黑河、伯里、哈尔滨等处当地官吏，对于戊通公司之轮船特加扶助，并发给通行执照。特此奉达，即希查照为荷。

中国第二历史档案馆藏北洋政府外交部档案

远东委员团致外交部

1921 年 8 月 9 日

兹为答复贵政府 E 字四十六号节略，远东共和国代表团谨将本政府之意见，照会贵部：按黑龙江、松花江及乌苏里河之中俄两国船只之航行权，系根据于〔一〕千八百五十八年五月十六日中俄两国政府所缔结之《瑷珲条约》。〔一〕千八百十一年《圣彼得堡条约》，对于第十八条内所定属于两国人民在注明各河内之航行权及与沿河居民之贸易权，曾预计两国政府即应从事合行各种工作，以为实行此项条件之必须。乃迄今对于此事，并未缔结若何办法。但在此时期内，黑龙江能变成航行合式水道者，全赖俄国科学上及经济上之工作，而是河之能航行重量船只者，犹以俄国历年之技术上巨大之布置，如开深河底，及在沿河两旁，即中俄两岸设置灯号等种种工作。就此可见，欲规定两国船只之航行，应即根据〔一〕千八百五十八年之条约，从事修订航行章程及技术上之管理，方能规定该河内之一切航务。

兹为彼此主张公理及尊重两国主权起见，本政府愿以诚恳之意，解决此项问题，特向贵政府提议从速组织中俄会议，使中国与远东共和国之间有相当之办法。至本团内关于会议各员名单,已由本国政府送交贵部。如贵国政府果能依照本代表团三八五号节略内所注明之各节,则本国政府允许在此问题未解决之前,于黑龙江下游一带训令属员,使中国航行商船不致再有阻止及扣留事。至中国兵轮之航行黑龙江一事,条约内并未载明,历来亦从未有此事实,甚愿贵政府注意。但本代表团有权对于贵政府声明:本国政府决不反对将此问题列入上述之中俄会议,以便从事研究。

至关于中国炮兵向伯利开火一事,本国政府在调查,一切情形,本代表团一俟接到此项调查之结果,当即报告贵政府也。

驻华远东共和国代表团印
中国第二历史档案馆藏北洋政府外交部档案

外交部致远东委员团

1922 年 3 月 30 日

查黑龙江、松花江之航行,其密切关系纯属中俄两国。此项问题未经与中国政府协商以前,如第三国有所提议,赤政府应行拒绝,不作任何方式之表示,免致中俄日后协商诸多妨碍。为此郑重声明,应请贵委员团转达赤政府特加注意为荷。

中国第二历史档案馆藏北洋政府外交部档案

远东委员团致外交部

1922 年 4 月 4 日

接准三月三十日第五十号贵部节略,备悉种切,当将该文照录转达远东政府。查松黑航行于中俄两国关系最为密切,远东政府对于中政府意见自表同情。此项问题,若有常度之国交本易解决,但迄今中华民国与远东共和国尚无互相承认航船之切实条约,致使本国政府殊感困难也。此致

中华民国外交部

远东委员团致外交部

1922 年 5 月 27 日

前接贵部节略,知照松黑航行会议事,当即转达远东外交部去后,兹得外交总长杨松复文,谓:我国政府已准备与中国开议,惟以此事我与劳农有公共关系,且因劳农属意于缔结一种协商,于彼商务目的亦可适合者,故以为宜请劳农政府加入此项会议,等因。本委员团意见,航行问题可并入中国、劳农、远东各方面应行讨论各问题之内,此项会议可以即日开始。本国提议倘荷贵部赞同,本团长当即将劳农加入会议一节转达杨松暨劳农代表巴意开斯。至于开会地点,自以该会议性质及关系之重要为标准。

远东委员团致外交部

1922 年 6 月 15 日

(一)按照我国宪法第七条,对于一八五八年《瑷珲条约》及中国否认之一八八一年《圣彼得堡条约》,在未经修改之先,我等认为应受该两约之制裁。目下开航行会议,只能以《圣彼得堡条约》之第十八条为依据。而该条约既经中国政府所否认,则惟有得合法承继前俄帝国一切权利之苏维埃政府之同意,方能解除该条之义务也。

(二)按照《瑷珲条约》第一条,惟中俄两国有航行诸江(殆指黑龙江、松花江而言)之权,但中国既否认《圣彼得堡条约》第十八条,则在劳农方面欲为远东政府而抛弃其权利,只有参预该会议之一法。

(三)苏维埃为经济关系,愿与中国缔结友谊,则于纯属中俄权利之航行会议,彼安能漠不关心,故劳农之加入会议于中赤两方有益无损也。

（四）就现在东三省情形及就中国既愿与远东开议，而复任令境内组织军队拒抗远东之势观之，则于所议条约之履行上，有与中国及远东接壤之友邦参预其间，我等以为更多一层担保也。

（五）总以上各层言之，我等提议请苏维埃政府加入航行会议之意，中国方面殆亦只能认为有益而已矣。五月二十七日远东委员团致本部节略，请将劳农加入航行会议，经朱秘书鹤翔向该团秘书密勒面询理由，随于六月六日送到上开解释。

中国第二历史档案馆藏北洋政府外交部档案

远东委员团致外交部

1922 年 6 月 15 日

查中赤间之航行，三月三十日贵部第五十号节略内，曾经表示意见，在未经第三国（即日本）提议之前，双方有先行达到协商之必要，本委员团深表赞同。故于四月一日第三一六号节略曾揭明，若无此项协商，则遇与第三国会议之时，于我国致有困难等语。本团虽与贵部文牍往还，而中国政府是否真愿会议之进行，未能显明。且我五月二十七日第四四一号节略内含紧要性质，亦未接得复音。而日本报纸揭载驻京日使与中国政府正在协商，求得日本于松花江航行权利一节，此说核与中国政府前表意见不符，自可信其不确，但我不得不预料日本迟早必提出航行问题也。

今因苏维埃政府与日本不久将有所会议，航行问题或将提出讨论，故鄙意以为，目下系规定中俄航行地位最适宜时机，藉免中国之延迟发生中赤商务关系之逆意结果。贵部对于五月二十七日第四四一号节略所述大旨是否赞同，即请见示。至日本报纸所传中日会议消息是否确实，并祈明告为荷。

远东委员团启

中国第二历史档案馆藏北洋政府外交部档案

远东委员团致外交部

1922 年 6 月 30 日

关于松黑航行问题，外交总长杨松以赤塔政府日前曾与劳农俄国订定经济条约，故无劳农俄国之参与，则以为不能与中国会议等语，嘱余转达贵部。查此事在我方面观之，劳农俄国之参与会议，系嘱保证条约之效力及巩固耳。特此奉达，希即察核为盼。

远东委员团启

中国第二历史档案馆藏北洋政府外交部档案

外交部致远东委员团

1922 年 7 月 24 日

关于航行会议问题，接准本年六月十五日第四九六号节略，本部业(以)〔已〕阅悉。查日报所传中日会议一节，并无其事。至劳农代表不应加入航行会议之理由，业经本部声明在案。缘此项国际河流，事实上及地理上，仅中国与远东方面之关系，自应由中国与远东政府商议之。且当初优林君来华时，曾声明远东领土之区域及其政治上之独立，并经函送萨拜喀尔、阿穆尔、东海滨及库页岛四区国民议会委任状，足证会议阿穆尔之航行，纯系远东与中国间交涉。至贵团节略所称，远东与劳农新订经济条约一层，此系与远东劳农内部之事，当由彼此自行接洽，本国无由过问也。仍请将上述情形，切达远东政府，俾便了解而速进行为荷。

中国第二历史档案馆藏北洋政府外交部档案

(3)外交部关于俄轮航行中国沿海事宜与苏俄劳农代表团的交涉

外交部致劳农代表

1922 年 12 月 4 日

本部前准远东委员团第一二三九号节略，以俄国海军大将斯打尔克(Admiral Stark)由海参崴夺取之小舰队,现已离开朝鲜口岸前往中国海面,将欲驶抵上海,请中国政府设法禁止其通过中国海面,并不许其隐藏中国口岸等情。当经本部分别行知海军部暨税务处设法办理去后,现准该部处先后函复,业由税务处令行总税务司转令沿海各关,如遇该舰队进口,即行设法拒绝,一面并由海军部令行海军总司令转饬各军舰遵照办理矣。相应略复贵代表,即希查照可也。

中国第二历史档案馆藏北洋政府外交部档案

劳农代表致外交部
1922 年 12 月 22 日

本月六日第七二九号与九日第七三九号节略,关于恳请贵国将前海军大将司大克(Admiral Stark)自海参崴带往之俄轮移还代表团,并将员役旅客人等拘留看管一事,谅均邀览,惟迄未得复。

今得确切消息,谓前海军大将司某现正与某商号磋商将该批船中船只数艘变卖云。本代表团特此再行切恳贵国当局,毋任此项俄国人民之财产有被攘夺之事,并将所有俄轮统行移交本代表团接收,暨将所有员役旅客人等凡不欲归返俄国者,拘留看管为荷。

兹附上英译全俄中央委员会命令一纸,系告诫该船员役人等,凡一九二三年正月一号以前,若能将此项俄轮驶回俄国洋面者,皆有特赦之可能云。特请贵部察照,并祈早日赐复,毋任感荷。

附上上述中央委员会命令一纸。

照译莫斯科俄国国民外交委员会副会长通电:各国政府钧鉴:俄国中央执行委员会于一九二二年十二月十四日公布命令,特令海军上将司塔克(Stark)及其军官士卒等,准予回国。盖彼等自海参崴被民军占据后,即出亡在外,现限于一九二三年一月一日返至俄国航线,并连同所带之军舰军械等等交还俄政府,并担保该司令及军官士卒等准予特赦。惟俄国政府接得消息,该海军上将不愿服从中央执行委员会之命令,且将俄国国民公有之军舰出售,如蒙如(Mand Jour)炮舰在元山售给日本政府,得价日洋二千六百元,并拟将阿贺资克(Okhotsk)运输舰出售。俄政府前特慎重声明,凡该海军上将所带之军舰,不论与任何方面缔结任何契约,俄政府一概否认。该舰队现在不论其在任何地点,为任何方面所有,其所有权仍属诸俄政府,凡该海军上将所订契约概作无效。俄政府对于该军舰等享有惟一之所有权,俄政府敬请各国政府如在贵国航线内遇有上述军舰,请即设法扣留,并将该军官士卒等引渡为盼。俄国国民外交委员会代理副会长利脱维诺夫(Litwinoff)。

中国第二历史档案馆藏北洋政府外交部档案

劳农代表团致外交部

1923 年 7 月 31 日

据本代表团所接报告,前于一九二二年十一月间被前海军上将司大克(Stark)在海参崴掳去之俄国义勇舰队汽船爱尔多辣多号(Eldorado),于六月二十二日由元山开往上海,内载有所谓“李贝德夫将军(Lebedev)之团”者,从前白军兵队五百八十名,舱内并携带炸弹与步枪一千二百支,机关枪九支及其所用之弹药等。六月二十九日该船行抵上海附近之吴淞口后,即欲将货下卸。幸经该舰队代表爱内德(Elleder)即时抗议,指明该船乃该队之物,为俄国政府正事拿办之人所攫取者。然中国上海当局,既不将该船扣留以便交还该船合法原主之俄义勇舰队,且设法阻止白党登岸,令该船离去该口。七月一日该船即离去吴淞,于同月三日行抵距离浙江省宁波口十二英里之镇海口。显见必有何种特别情形,得任该船与其所载军装货品及难民人等前来镇海或来宁波,故该船决而前往。

浙省当局亦如上海,正式阻止白党登岸,惟该船则与中国看护船永平(Yung-Ping),开往镇海西北八英里左右之舟山湾内某岛。

目前该船由永平将其看守,惟该船之旁停泊中国沙船多艘,具见该船在彼,不仅停候准其入口,且于夜间有从速密卸军装之事。

该船搭客当在上海、镇海之时,皆被禁阻登岸,及至此处则已离船,并从此陆续正转往上海矣。

现有毫无疑义者,即当地中国当局,不仅明知该船载有军装及难民人等,有在镇海停泊之事,且对该船予以完全不可思意之保护。

现经本代表将此通知贵部之后,应请作速知照各该当局,并饬令速将该船交与该义勇舰队上海代表爱内德接收。此后之办理情形,务祈见示为荷。

中国第二历史档案馆藏北洋政府外交部档案

3. 中国与苏俄劳农政府关于中东铁路的交涉

(1)外交部与苏俄劳农代表团交涉中东铁路通车等问题的有关文件

优林致外交部①
1921 年 1 月 27 日

中华民国外交总长台鉴:启者。本会长屡接赤塔本国政府外交部电报,催询后贝加尔铁路及中东铁路间至今仍不通车之事。按此问题甚为重要,且自远东共和国与中东路于交界上接触之后,历时已久。中国政府对于后贝加尔铁路通车之问题,已可为详审之研究,今特向贵总长之前提出此项问题。查俄国民族现正有所需要,且欲与他民族为经济上之协合。通车一节,对于邻华之俄国民族,固为表示友谊之举,然其于中国亦有莫大之利益,此无可疑者。如与东三省商家有极痛苦影响之商工业界之恐慌问题,由是可以解决。现在情状,三省商家唯一可行之途,厥为与俄国通车可以调济,且居留俄远东各州时有乏粮之虞,华侨必受此举之惠,乃救济侨民之上策。但本会长对于中国政府在满

---

① 此系外交部抄存件。

洲自己事业上之措施,过于听纳以中东路董事自居之一般旧党之阴谋一节,颇抱遗憾。如被白党运出之后贝加尔路车头六十辆,竟行扣留。占据后贝加尔路在满洲站之地段、房屋、工厂及财产,并将该段因闭关及占据二事而入中东路管辖之工人一百二十名全行革除,等等,本会之意,凡此必皆该旧党之阴谋也。按本国政府派遣特别委员会以交通总长夏托夫氏为首,前往满洲站,又向中国政府及司令部数致牒文,其对于谋通车问题及他项问题之正当解决,可谓能尽心竭力矣。今奉本国政府之委托,恳请贵总长设种种确实之方法,以解决已经发生之问题。

一、请中国政府派定一委员会,以便与远东共和国代表协商后贝加尔路及中东路通车问题。

二、请将在满洲站后贝加尔路地段上之工厂房屋,交与合法之机关管理,并于修理车头及工厂内之工作勿加妨碍。

三、将属于后贝加尔路而现在满洲之车头六十辆交还原路。

四、使中东路公司对于后贝加尔路之服务人员,因其路段被占致受中东路之管辖者,勿再有强迫之行为。

上列数端,本会长以为必须有先举办者。即此。敬颂

日祉

　　　　　　　驻华远东共和国委员会会长　优林

　　　　　　　　　　　　秘书　柯尚宁

附:后贝加尔铁路服务俄人上外交总长书

中华民国外交总长阁下:敬肃者:吾等系后贝加尔铁路满洲站之工人及供差之人,当为吾俄国谋幸福,竭力工作时,而中东铁路公司代表人等,乃欲强迫令吾等改归中东铁路管属。吾等对此强迫行为,再行严重抗议。吾等系所有后贝加尔铁路工人及供差人等之一部分,向众声明:吾等不愿移归中东铁路管属,现在封锁国界,使吾等不能与后贝加尔铁路自由交通,吾等视为侵犯吾国人民之权。特向中国政府及司令部声明:俾中国政府知吾等实在意属所在,并信中华民国官吏不欲施压

力于后贝加尔铁路上之服苦平民也。

> 一千九百二十年十二月二十二日
>
> 公举代表　索罗非耶夫
>
> 拉弗列祺那夫
>
> 茶耳达特斯克

此抄底与原底相符。

> 委员会秘书　押

外交部致优林

1921 年 2 月 5 日

本年一月二十七日柯尚宁君送到执事第三百〇四号节略备悉。经本部据电中东铁路宗督办去后,兹准复称:(一)伊满交通,钟督办与赤塔政府代表亮宾克夫正在满站接洽商议。(二)白军车头,据铁路局查称,仅有二十九辆,因交通断绝未能运出。(三)工厂材料以未经通车,暂由我保管,并有赤塔政府派员监视。(四)后贝加尔路积压员工薪津,东路顾念友谊,垫发员司五十五人、职工一百零一人薪金,余则力有未逮,并无撤换强迫对待情事等因,特此奉复,即希查照。

> 外交部

外交部致劳农代表

1922 年 4 月 15 日

接准三月二十九日节略,以中东路事开会协议久未实行,并对于中国取消《中俄陆路通商章程》及上海、烟台驻泊之义勇舰队与哈尔滨禁止彩票、搜查俄人等事加以抗议。兹本部特行答复如下:

(一)中东路事,本国政府极为重视,深盼得以早日解决。此次执事来华,原拟立即开议交接事宜,时阅多月,意见迄未接近。本国政府对于苏维埃政府历次对我宣言及执事此次节略所称一变前俄政府掠夺政策，拟将前俄帝政府强力所获各项交还中国之原则，虽深表满意，惟证诸事实，库恰地方俄军迄今不但未见践言撤退，且近反日见增加。而执事与本国委员接洽交还之际，忽又表示有中国绝未承认之蒙古革命政府，本国政府实为骇异。查蒙古人民居五族共和之一，为中华民国组成之一份子，载在约法，毫无疑义。是以中国政府对于苏维埃政府暨执事之真意，不无疑惑。（为）〔如〕苏维埃政府对我果能相见以诚，事实宣言始终一致，则本国政府固甚愿将各项悬案早行解决，俾双方交谊日趋接近，即中东路事亦为綦盼早〔行〕解决问题之一也。

（二）《中俄陆路通商章程》订于一千八百八十一年，该章程声明自换约之日起，于十年后可以商议酌改。如限满前六个月未请商议，应仍照行十年。该章程至本年已届四次期满，边界商务情形与前大异，而俄国适因政变，原订约之政府既不存在，而现状棼如。内部政府林立，赤塔政府继起自主，海参崴政府亦复自命为继承前俄之政府，莫斯科政府迄尚未得国际正式之承认。中国政府对于此，实有无从就商之苦，是所不得不采取必要之方法，将该章程取消。至执事节略所称之一千八百九十六年合同所规定之税率，中国政府现已饬令暂仍旧贯，俟日后之解决。

（三）上海、烟台驻泊之义勇舰队，本部系允照赤塔政府之请求暂时扣留，并无实行出租之意。该项舰队如何解决，应与赤塔政府直接交涉，因赤塔政府始终并未向本部声明该舰队为劳农政府所给予使用者也。

（四）俄国灾荒，中国政府与中国人民均极重视，已特组织俄国灾荒救济会，从事集款救济。此种善举想执事早当知悉。即俄国人民在华为赈济灾荒而组合之各项慈善事业，中国政府亦无不予便利。若发行彩票，各国在中国无此先例，哈尔滨地方官当然不能破例允行。

（五）哈尔滨搜查俄人一节，当此事发生之后，赤塔政府即来电询问，本部已电致东省查复，俟明真相即径复赤塔政府。至节略中又谓，苏维埃政府极愿与中国政府商订各项条约,以期两国友谊早日巩固等语,对此深表赞同。惟有执事开诚披告者,双方交好须本诚意,言行一致尤为重要。中俄两国壤地相接,且有数百年历史之关系,感情自较密切。苏维埃政府对于中国之宣言态度光明,中国政府与中国人民咸深纫佩,是以苏维埃政府虽未经中国政府承认,中国政府为双方商务便利起见,曾许新疆订立局部通商章程。中国之重视苏维埃政府已可概见。今执事来京会议,本部极盼能一本苏维埃政府历次宣言之精神,始终不渝,则双方自能日见了解,交谊亦必随之增进也。

中国第二历史档案馆藏北洋政府外交部档案

劳农代表团致外交部
1922 年 9 月 19 日

总长惠鉴:兹附节略一件,关于提议中东铁路股东开会一事,敬请查照。顺颂

公绥

姚飞启

劳农代表团致外交部节略

本代表接得报告,谓于九月二十五日所称中东铁路股东将在哈尔滨开股东会议。为此备具节略,请贵总长注意。查中东铁路一事,为中俄间主要问题之一,毫无疑义,此种问题暨其他各问题,中国政府既于九月七日节略内正式承允不久即与本全权专使讨论,故木专使对于此种会议,务必严重抗议。盖现状既属非法且无条约之准许也,深盼类此事实勿任发生。贵国政府对此如何办理,并请见示为荷。

一九二二年九月十九日
中国第二历史档案馆藏北洋政府外交部档案

外交部致劳农代表

1922 年 9 月 26 日

本月十九日第一六零号节略具悉。查中东铁路因俄国政变无力保管，始由中国收管，原属一种暂行办法。此次召集股东会议，事关路务，完全为该路内政，历年举行已非一次。在中俄未将该路问题会议解决以前，自应仍旧按照暂行办法办理，与中俄会议截然两事，不相牵涉。相应略复。即希查照为荷。

中国第二历史档案馆藏北洋政府外交部档案

劳农委员团致外交部

1922 年 10 月 19 日

近来各报据种种极可靠之消息，登载中东铁路总管理处屡犯不已之一切罪恶行为，本代表本人亦得同样之报告。此种报告应请贵部注意。本代表之意，中东铁路全部问题为未来中俄会议中最重要问题，拟请中国政府派一调查委员团，其概要为详查中东铁路情形，而特要在彻查该路罪恶情事。本代表所敢恃以深信者，此项预先调查必于将来关于中东路事之中俄会议便易进行也。以上建议，深盼贵部早日是复为荷。

中国第二历史档案馆藏北洋政府外交部档案

讷谟图译中东铁路之现状稿

1924 年①

据中东铁路公司新董事会王董事云：新董事之目的，在执行一切新订计划，希望欧美各友邦出力协助。所举董事如左：

达尼列夫司基　　技术部俄国代表

---

① 原件无时间，根据内容推断为 1924 年。

李贺铁尔　　　火磨经理

罗吉诺夫　　　公司代理总办

普施郭柳夫　　银行经理

节司尼司基　　北京俄使馆随员

以上系俄国董事。

宋小濂　　　　公司督办

王景春　　　　技术部中国代表

颜世清　　　　前滨江道尹

董士恩　　　　吉林交涉局总办

何守仁　　　　中将

以上系中国方面董事。

以上董事均于九年十一月在北京开会所选。

王景春言:新选出之董事会,中政府对之极为满意。董事会监督政府及道胜银行,务使中东路纯为商务性质。俄董事方面无一人有政治意者。新董事会极力设法巩固中东路在国际机关上之信用,即董事会中有数人均系技术部华俄代表。近两年来,中东路之经过情形如何为难,俄政治家久拟攫取该路,并未达到目的。关于俄币跌价,路上受若何影响,技术部对于路事如何维持? 中国政府如何设法使中国在董事会得占同等人数,改用行使中国银币如何为难? 董事中添选中国董事与路上如何有利? 上年十月如何续订合同? 并基于何种原因? 以上种种问题,王景春与记者详细言之。渠称:中东路及路上人员,因俄政变之结果,颇受极大之损害。霍中将且于上年自称为远东执政首领,意挟中东路为其个人地盘,致该路陷于危险状态。霍中将之为人原极和平可亲,惟不当扰入旋涡。帝制派、过激派、高尔查克党及谢米诺夫党均皆积极于该路,以致路上罢工风潮互相变哄,杀抢等事层见迭出。此外,尚有更巨之损失,即卢布跌价,路上人员薪俸不能给发,公司存款待罄,一切损失然至最后结束,无不归中国承受。此一千九百二十年三月以前之情形也。自技术部成立,有中国代表以来,力求整顿颇着效验,中国政府极为倚重云。

中国第二历史档案馆藏北洋政府外交部

（2）英日驻华使馆关于中东铁路问题致外交部照会

英国驻华使馆致外交部

1922 年 10 月 31 日

为照会事：本署大臣尊奉本国政府之训令，通知贵总长：因协约国军队由西伯利亚大陆最后之撤退，本国政府饬令驻海参崴协约各国公共委员会，及驻哈尔滨技术部之本国代表与其共事人员，结束各机关所有之事项，及截止办理事务。本署大臣复奉有训令在通知中国政府时声明：本国政府再为承认在华盛顿会议九国关于中东铁路之议决案，并关于此事除中国外，各国复有一种议决电，其第一项之议决案声称：决议为有利益者保存中东铁路，应予该铁路及服役并使用铁路者更加良好之保护，职员遴选更加注意，以便完成业务之能率。款项开支更加撙节，以便防阻财产之浪费。此事应即由相当之外交途径办理之。其第二项议决案声称：除中国外之各国，于赞成关于中东铁路之议决案保留权利，坚要中国对于中东铁路并股东公司债券所有者及债权者等之各外国人，是否履行义务，担负责任。此种义务，各国认为自建筑铁路合同及中国照该合同之行动而发生者，各国并认一种代管性质之义务，系从中国政府施行其权力于该铁路之掌握行政而发生者，各等语。特关于第二项之议决案，本国政府保留其各项权利，即系因维持中东路或直接或间接由协约各国公共委员及技术部所行给予之补助，本国政府并欲乘此机缘再为声明：本国政府对于保存中东铁路极为注意，以便最后交对有利益之人免使损失现行之利权，并于该铁路业务办理之能率上仍有关怀，及维持该铁路作为自由贸易之路线，各国人民均可随意使用，无偏祜及有区别之处。因本国政府注意上述各事，并因四年以来，本国政府对于该铁路之维持及经营曾有极巨之相助，是以本国政府仍欲详细视察该铁路之行政及营业，及中国政府如何履行其担任之责任。且本国政府对于中国政府保证有友谊之关心及亲善之感情，并其随时情愿襄助，或与中国政府及其他有关系之各国共同经理。按照可能实行之方法，以便维持该铁路及保全其业务之能率，藉以巩固有关各人之利益也。相应照请贵总长查照为荷。须至照会者。

中国第二历史档案馆藏北洋政府外交部档案

日本驻华使馆致外交部

1922 年 10 月 31 日

以书翰启上敬陈者：帝国派海参崴军队于本月念五日由西伯利亚本土撤退，于是联合国军队全部由该地方撤尽。是以现在关系各国对于从前为俄国人民暂时运行之中东铁路及西伯利亚横断铁路起见，一九一九年一月联合国间关于此等铁路所订之协定，已同意以一九二二年十月三十一日消灭。帝国政府既已根据一九一九年之协定设置一切，迩来极能维持此等铁路为世界商业之自由通路，最有力之驻崴联合国委员会及驻哈尔滨技术部，帝国代表现已由帝国政府饬令与联合国同僚一致整理此等机关之事务，以同日终了其业务。

以上各节，当通告贵国政府时，帝国政府确认最近在华府会议所采用之左记决议：

一、为保全中东铁路之利害关系起见，对于铁路及运用并从事使用者力予保护，为举业务之能率起见，更留意选任职员，且须搏节资金，俾免消耗财产。本问题应由适当外交机关迅予处理。帝国政府更确认当时贵国以外各国所采用之左记决议。

二、中国以外之各国，当中东铁路协定决议时，前记各国以该铁路建设之基础契约及根据此契约认为由中国之行为所发生之中东铁路公司之股东，对于公司债权者之外国人之义务，并设铁路之占有及管理，由中国政府之权力行为所发生之义务（前记各国认此义务有信托性质）是否履行之中国责任，此后保留主张权利。

关于以上决议,帝国以从来直接或经前讯联合国委员会及技术部,因援助中东铁路所贷予之资金材料及其他一切权利应予保留,且帝国政府以中东铁路并未毁损何等现存权利结局,希望以交还该权利者之目的而保全之。又该铁路继续有效通行,对于贵国及各国人民作为商业之自由通路,勿附与特权与差别待遇等事,一律平等,维持公平,为当然事。帝国政府又鉴于前(题)〔提〕之关系,并过去四年间在物质上并因联合委员会及技术部之事业,维持中东路运行上尽力各事实,此后关于该铁路之经营状态及归贵国政府负责之义务履行等事,仍当继续注意勿懈。又同时帝国政府关于本问题声明对于贵国政府一面披历善邻之友谊与满幅好意,并以协议同一精神保全该铁路,并为各关系者确保其有效运行,毋论何时,必不吝尽力与贵国政府并关系各国政府以协力援助。兹奉帝国政府训令,相应照达查照。

中国第二历史档案馆藏北洋政府外交部档案

(3)外交部关于中东铁路路权交涉与苏俄劳农代表团的来往文件

劳农代表致外交部

1922 年 11 月 3 日

本代表对于中东路问题,兹再请贵总长加以注意,从速办理。查总工程师奥斯脱罗木夫屡经各报揭载,并按照本年十月三十一日在法国领事裁判所控案,犯有行贿情事之证据,如再听该总工程师或其同党私人仍居现职,殊恐该路款项将陷于不堪收拾之地步。此种情形,在参预华会各国政府,似亦抱有同样之先虑。虽法律上各国无权干涉该路管理事宜,但近亦曾又致贵国,重行声明其对于中东铁路问题,悉遵华会所议决,并重申议决案谓:"为今中东铁路有关系之人着想,该路之保护方法应于选用人员较为审慎,以期实裨路务,而于路款尤应撙节动用,俾免糜费"等语,兹暂不深究所有前述各项政府在法律上并无干预该路之理由,但在本代表之意,以为所应切实叙明者,厥惟俄国政府有与闻该路之权。此盖中东铁路乃用俄国人民之款筑成,在俄国自以其所有权移让他人之前,该路向系我国之产业故也。有此情形,本代表用敢建议如左:

一、应立即取消现在之管理处,将该总工程师立即逮捕,照其应得之处分交相当法庭审讯;

二、中国政府应遣派委员会内有谙习会计人员,前赴哈尔滨彻底清查帐目,现在时当未晚也;

三、在此中俄会议未将所有两国间各问题解决之前,应商得俄国同意,组织一临时机关,以管理该路事宜。至道胜银行于各报中及前述法国领事裁判所案内又并证其毫无与闻中东铁路之权,则其向来行动实为攘夺俄国权利,阻碍中俄两国人民亲善关系之缔结。本代表爰敢再尽忠告:此时贵政府之行动,于此次中俄会议俄国对于中东铁路应抱之方针,殊有重大之关系,或者为解决此事之关键也。

中国第二历史档案馆藏北洋政府外交部档案

劳农代表致外交部
1922 年 11 月 6 日

本代表所拟之各项紧急办法,业于本年十月十九日及十一月三日前后提出节略,通知贵部在案。兹再补行知照者,关于商议中俄相互关系之各项问题,业经本代表于本年九月二日向贵部提出觉书,并声明根据俄国政府一九一九年及一九二〇年宣言之精神,磋商一切。查中国政府既不履行宣言书内所载之条件,以公理言之,可使俄国解放其宣言书内之允许。然本代表为免除一切误会起见,应再声明:劳农政府对于一切事宜仍不失宣言之本旨,对于东路问题亦犹是也。兹既为免除一切误会起见,本代表尤为应行声明者:倘以此项宣言为俄国完全放弃其在中国利益之结果,则未免太不公允。盖俄国在其宣言书内虽曾声明抛弃帝制政府之侵略政策,并允抛弃俄国以此项政策在中国所得之权利,惟此项问题未经中俄自愿协商解决以前,则俄国在中国之权利尚未失效,且其合法而且公正之权利亦不能因此项宣言而消灭。即如东路所有权,倘由俄国让与中国人民之时,则俄国对于该路之利益仍不消灭,以该路系西伯利亚铁路之一部分,而其两端与俄国领土相接连者也。此外更有应行声明者:一九一九年及一九二○年宣言书内所载之允许,现劳农政府尚自认为必需遵守,惟不能永久履行至于无期,倘中国政府继续藐视俄人利益,则俄国终必至迫不得已将其自愿给与中国之允许自由出之矣。

中国第二历史档案馆藏北洋政府外交部档案

劳农代表团致外交部

1922 年 11 月 8 日

本代表团以对于中东铁路应即有急切必要之处置,兹特再请贵部注意及之。查就报载之情形,与在法国领事裁判所十月三十一日控案之内容而揆夺其情势,窃以目前总工程师霍斯特罗莫夫(Ostroumoff)实属劣迹多端,倘若再令该工程师并其素最亲密共事之人溷迹其间,恐将累及该路财政至不可收拾之一日。参与华府会议之各国,似亦具有此种之同情。虽按诸法理而论,彼等皆与此事无过问之资格,然近来各该国亦因该路问题向中国政府有所接洽,声明彼等均经参加该会各项之决定耳,申叙议决案内所载称为有利益者保存中东铁路,应予该路更加良好之保护,职员遴选更加注意,以便完成业务之能率,款项开支更加撙节,以便防阻财产之浪费云。兹将各该政府于法律上无权过问此项议决案而从事干涉该路问题之一切事实姑置勿论,但本国代表团以为有应行指明者,即对于路事,独实俄政府确有过问之权耳。既只俄国对将来该路关系较别国深切,且因该路系以俄人之款建筑而成,乃属俄国之财产,除非俄人以其所有权自由决定移让他人,不得辄目为他人之物也。因此,本代表用敢有所提议,且以现状似此,则下述之处理各端尚祈迅予施行:

一、目前管理办法须即行停止,该霍总工程师应将逮捕,就其所犯之事件而核定交往适当之法庭审讯。二、应即派一中国委员团，以精于帐目之员充任，前往哈尔滨从事检查，毋稍迟缓以致贻误。三、在将来中俄会议尚未将此事全部各题解决以前，应与俄协定另行成立一临时之新管理法。缘就各报所布之事实与上述控案内所发觉之其他各端，具见华俄道胜银行对于该路已全失其资格，实有侵占俄国权利也。其所举动之情形，殊有阻碍中俄间缔结邻交之势。

本代表团抑更有进者：中国政府当此之际，其举动之若何，与将来俄国在会所取之政策关系实深，恐即在今日而定之矣。

中国第二历史档案馆藏北洋政府外交部档案

外交部致劳农代表

1922 年 11 月 11 日

接十月十九日节略，提议由中国政府派员详查中东铁路状况，尤以查究现有管理处之舞弊行为为要。十一月三日接节略，请中国撤销铁路现有管理处，逮捕处长奥斯脱罗木夫及另设临时管理处。又接十一月六日节略，关于劳农政府一九一九年、一九二〇年对中国之宣言，贵代表特再声明继续有效，并声明中东铁路问题劳农政府拟根据该项宣言办理等语，本部均已阅悉。对于贵代表之声明，尤为欣悦。本国政府于中东路事备极注意，两年以来，力求肃清弊病，整顿一切。近以传闻该路管理处之舞弊行为，复经交通部派员切实侦查，如果查有确实证据，定必彻底根究，依法惩办。贵代表如已获有证据，亦盼见告，以资佐证，而利进行。至另组临时机关管理该路各节，亦足证贵代表重视该路之意，本部甚为谅解。一俟所派各员查明呈复，即行核办。惟此事根本办法，仍以该路完全移交我国为最扼要。回忆贵代表到京后与本总长面晤时，本总长即有盼速解决之表示，原期于中俄会议开始之后即能解决，无如贵代表自长春回京，久病未愈，会议未开，该路问题亦因而搁置，殊属可惜。现在查察该路之举，正在积极进行，来略所提各节，深愿同时郑重考量，应请贵代表对于前项宣言所云劳农政府愿将俄国关于该路之一切权利利益一概无条件归还中国,毫不索偿之意旨,再行专案声明,俾本部于彻底整顿路务进行较为便利,当亦贵代表所乐为赞同者。再,近来各报登载某处红军预备侵占中东路之举,不时而见,此种谣传,揆诸邻邦彼此尊重领土主权之原则,断不应出此,想属无稽之讯,原无注意之必要。惟际此中俄会议将届开会,若任其辗转流传,于将来会议之进行,难免发生障碍。万一果行此项预备,实与商定中俄会议之宗旨大相径庭,不得不向劳农政府严重抗议,并请即行停止。如实无其事,仍盼贵代表迅行切实更正,以释群疑,并见复为荷。

中国第二历史档案馆藏北洋政府外交部档案

劳农代表致外交部

1922 年 11 月 14 日

接本月十一日贵部第一三一号节略,藉悉贵部业用某种办法以资判明中东铁路情形,颇为欣悦。但本代表认为尚须切实指陈者,为关于营业之利益及为便利未来中俄会议起见,则必将本代表节略内所建议各项统予施行,至为切要。本代表仍坚持前所建议各项:(一)立即派遣相当调查委员,会同前往哈尔滨,彻底清查;(二)将中东铁路总工程师奥斯脱罗莫夫即逮捕审讯;(三)现时中东铁路管理处人员全体免职,与俄国合派新人员接充。

至俄政府所致中国之宣言,本代表屡次声明虽中国未曾完全履行所载条件,劳农政府仍抱定上项宣言中所载之宗旨,但为免除种种误会起见,本代表应指出贵部节略所引"劳农政府有意将中东铁路全权及利益无偿归还中国"等语,查一九一九年及一九二〇年《宣言书》内并未载有此项辞句。一九一九年七月二十五日宣言书名曰:《国民委员会致中国人民及南北两政府之宣言书》,其中载明劳农政府之基本大纲,而无实体建议,亦无规定条件,在此宣言书内,除其他各节外,曾称:"苏维埃政府抛弃伊所应得一部分之义和团赔款",以上宣言,我政府不得不有第三次之宣言,声明:因照所得报告,该项赔款虽经我方辞却,而协约国仍照常抽收，以餍驻京前俄帝制政府之公使及各领事之期望。此种俄国奴役，虽早经削去职权，而仍留居原地，且藉日本及协约国之援助，仍欺蒙中国人民，故中国人民应当明晓，视彼等为骗徒而驱之出境。苏维埃政府取销一切特殊权利及在中国之俄商工厂，俄国官吏、教士及传教师均不得任意干涉中国事务，若彼等犯有刑事，应由地方法庭审判之，除中国国民之法庭及权力外，不得有其他法庭及权力之存在。除此种要点外，对于其他各问题，苏维埃政府准备经由其代表与中国国民达到一种协商，规定其他各项问题，以便永远消除前俄政府协同日本及协约国对于中国所犯一切强暴不公正之行为。

一九二〇年九月二十七日代理外交委员会喀拉汗签名之通牒内，已有完全实体建议及试拟订基本条约，其文曰："苏维埃政府声明：所有前政府与中国缔结一切条约概行取销其效力，并抛弃所夺一切中国领土及在中国之俄国租界，以及永远无偿归还中国一切俄帝制政府及俄资本家所攘夺于中国者。"该通牒第三条有规定之下列各条件，中国政府应自行担保：

（一）对于俄国反对革命党，或个人或团体或机关，不予以援助，亦不准彼等在中国境内活动；（二）在签订此条约之时，凡在中国境内查有与苏维埃或与其（连）〔联〕盟国争战之各军队及机关，均卸其武装，将其收容，交与苏维埃政府，所有彼等之武装军人及财产亦均交还苏维埃政府。然中国政府至今仍未履行，其理想以为对待红白两党必须持绝对同一之态度。

上述通牒内特别关于中东铁路下列之文语曰："俄国政府与中国政府允认签定专约，俾经营东路合于劳农俄国之需要。"此外在一九一九年及一九二〇年之宣言中，更无提及中东路问题者。当本代表声明愿意根据上述宣言之精神举行将来之中俄会议之时，已确有上述之意见，即劳农政府极愿永远废弃前俄政府对于中国所犯之一切强暴及不公正之行为，此项允许当然亦关中东路问题。兹同时本代表依照上述劳农政府一九二〇年之宣言，切望中国政府亦能中途迎合俄国之合法及自然之利益,并处置关于白军问题,切勿再持如前之中立。关于中东路问题,其对于劳农共和国之重要,业经于上述各宣言内指出,并屡经本代表郑重声言。至于各报宣传之谣言,谓红军预备占领中东路一层,外交部曾于节略中提及,本代表应切实声明:此项蜚语,正如贵部节略所意拟,纯属虚传,毫无根据。姑不论其他,即照实在情形而论,红军无须筹备以占该路。如中华民国外交部尚未得悉实情,本代表应请查照如下:自从红军进攻白党之始,红军司令曾下极重之训令,无论如何情形,不得越过中国边界,而此次训令业经于作战全期间严重遵守,此贵部所闻悉者也。虽白军有挑衅之行动,越过中国边界侵入中国领土,虽中国地方官有仇视俄国之行动,优礼接待白军,且为之设宴,而红军于全战区之前线,毫无越入中国边界之举,此项训令迄今仍继续有效。本代表藉此机会,特向中国政府保证:劳农政府对于奋斗自由之中国人民利益及代表中国人民社会团体之利益,不愿采取丝毫违反之步骤,除非受中国政府方面仇敌行动之逼迫,决不改变其政策也。

中国第二历史档案馆藏北洋政府外交部档案

俄亚银行致外交部

1922 年 11 月 20 日

敬启者:劳农政府代表处所有致中国政府之公文,依次登布报纸,其中对于俄亚银行及俄亚银行为主要股东之中东铁路公司叙述种种引证,此种引证若由一私人为之,理应由司法追究索偿损失焉。中国政府深悉俄亚银行并无意反对中俄两国恢复常度邦交,更无意增加政治现状所发生两国之发展。职是之故,敝行对于现今劳农代表妄行异常之自由,未便置不抗议。如公然声言俄亚银行于中东铁路权利之不存在,并对于现属中国政府及俄亚银行之公司管理处提出各种虚诬不实之控告,甚至宣布该公司之总工程师犯有舞弊情事,凡驻扎中国公使中无论何人若擅作如此与其地位相背之行为,无不要请召回,而召回之允许亦无疑意,盖外交特权责令享受者限制自由当众发表意见者,固贵总长所洞鉴者也。若劳农代表对于敝行所代表俄国私人利益,不以为应守其地位当处之中立,但总须避免以公然行为侵害外国私人之利益,其中尤以中俄利益为该行最有关系,兹以此项利益之名义,特恳贵总长设法担任保护俄亚银行,因彼等为享有特权者,所攻击不能由寻常道路得此保护也。敬颂

勋安

中国第二历史档案馆藏北洋政府外交部档案

外交部致劳农代表团

1922 年 12 月 11 日

贵代表团十一月十四日第五一四号关于中东铁路节略,已经阅悉。本部对于中东铁路各项主张,已具载前次节略,兹不再赘。至本部所引一九一九年七月二十五日之宣言内一节,谓劳农政府愿将中东铁路无条件归还中国,毫不索偿等语,贵代表团以为该宣言所未载,并谓该宣言所载,除他事外,则有放弃庚子赔款、废弃各种特殊权利、租借地及领事裁判权等。查本部节略所引宣言,系伊尔库斯克转来,法文电为西伯利亚及远东外交人民委员会全权委员杨松所签署,并经代理劳农政府外交部长喀拉汗证明抄写无误[①]。本部节略所引劳农政府愿将中东铁路无条件归还中国,毫不索偿各语,即在贵代表团在该宣言内所放弃庚子赔款各语之前,或即为贵代表团所谓该宣言内所载其他各事(among other things)之一是也。兹将该电原文抄录附奉,贵代表团不难查明。

至白党溃军之处置各问题,本部已另有节略声叙一切,兹不备载。贵代表团所引劳农共和国代理外交委员长喀拉汗一九二〇之通牒,谓中俄两国宜商订专约,规定劳农俄国需用中东铁路办法等语。本部对于中俄间各种悬案,原已准备与贵代表团开会商议,中东铁路问题亦包括在内,若能早日开议,则可免现在彼此徒以公牍往返辩论、无裨事实

---

① 应为加拉罕签字,杨松证明抄写无误。

之举。尚希贵代表团迅示开会日期，以便从事讨论各项悬案之解决办法，中俄邦交及两国国民之情感亦必因之而日增亲善，此本部所想忱愿望者也。又贵代表团来略，以贵国军队将占领中东铁路之谣传为不足信，并谓贵国军队于追逐白党军队时，曾严令其不准侵入华境等语，足征贵国对华确能恪守不侵犯邻国疆土之主义，本部于此特为重视，深信此次友好之意，最足以发起中国国民对俄之良感。如彼此均能本此友善之意，破除成见，以相互平等为原则，则中俄两国各种悬案之解决，不至发生任何困难也。

中国第二历史档案馆藏北洋政府外交部档案

外交部致劳农代表
1922 年 12 月 16 日

近据各处报告，俄报载远东革命委员会在赤塔宣言七条，其第一条内称：远东革命委员会遵照民意，由前远东共和国国民议会承受政权，兹特宣告此权应施及于所有前远东共和国领土之上，其东海滨省、萨哈连岛北半、鄂霍特斯克及沿海等处以暨东省铁路均在其内云云。查东省铁路完全在中国领土之内，乃远东革命委员会竟宣告其政权施及于东省铁路，实属蔑视中国主权。此项宣言是否文字上有讹误，殊难索解。兹特郑重向贵代表提出抗议。希电达莫斯科政府，将前项宣言详加更正，以免误会，并速见复为盼。

中国第二历史档案馆藏北洋政府外交部档案

外交部致劳农代表
1922 年 12 月 16 日

据哈埠护路军总司令等电称：闻本月四日赤政府议决凡东海滨省境内所有东省铁路财产，如码头地包、车辆、码头航行什物、货栈、仓库及一切建筑物，均交运输部收回自办等语，请询驻京俄代表曾否得有此项报告等因。正核办间，又据驻（威）〔崴〕范总领事电称：准东省铁路驻(威)〔崴〕商务委员巴拉诺夫面告,本日乌苏里路局遵照前远东共和国政府十一月四日国务会议议决案,派员将所有东省铁路在(威)〔崴〕埠之一切财产及建筑物全行收回等语。查东路系中俄合办,其财产之在东海滨省各处者,纯系营业性质,并无政治关系,俄政府无片面收回之理由,特向贵代表提出抗议。即希转电莫斯科政府,将上项议决案即行取消,所有东路在(威)〔崴〕埠一切财产及建筑物仍应恢复原状,不得自由收回,是为至要,并盼见复。

中国第二历史档案馆藏北洋政府外交部档案

劳农代表致外交部

1922 年 12 月 18 日

准本年十二月十六日第二十一号节略,质问报载远东革命委员会宣言该会政权施及于中东铁路一语是否属实,并提出抗议。查该会宣言确有此语。惟应即知照贵部者,本代表以该会此项声明与理不合,故接到前项宣言之后,立向该会代表阔博泽夫请其解释,旋准电称:本会宣言无论若何,绝未含有破坏中国主权及中东铁路一带之意,原仅注意于该路技术上之建设及该路之俄国人员而已。是以凡因旧日与中国所定关于东路各项条约、协定等许与俄国之各项权利,宣言书内亦未声明等语。本代表特此奉达,并以劳农政府(明)〔名〕义,恳请贵国政府对于该宣言内所引用之语句亦作如此解释。且此类决议系临时性质,仅于中东路问题未经中俄会议双方同意完全解决以前,暂有效力耳。请注意焉。

中国第二历史档案馆藏北洋政府外交部档案

劳农代表致外交部

1922 年 12 月 20 日

总长阁下:

径启者:准贵部节略,关于前远东政府议决东海滨省内所有中东铁路财产一事提出抗议,并请取消此项决议等语,本代表兹将答复节略随

函附上，即请查察。顺颂

公绥

姚飞　署名

准本年十二月十六日第二十号节略内开：本部对于东海滨省内所有东路财产归还远东政府之运输部一事，特提出抗议，并请取消此项决议等语，本代表团业已备悉。惟对于节略内所开抗议及请求各节，深滋疑惑，不能不陈述之。

查贵部声明中东铁路纯系中俄实际上之企业，并非政治之企业，所言甚是。此所以中国政府未先得俄政府之同意，似不应以中东铁路化为政治机关，对于该路无论如何亦不能采取任何绝对办法也。然近五年以来，中国政府藉口现无中国承认之俄政府，乃完全片面的随意处置中东铁路，亦如处置其他在中国之俄国财产及中俄共有之财产也。且近五年来以至今日，中东铁路俨然为以武力干涉及政治攻击反对劳农俄国之机关，即如前铁路总办霍尔瓦特于一九一九年及一九二○年之干涉时代曾自宣布为"全俄政府"，并藉中国政府之辅助，以武力加入俄人之仇敌方面。查劳农政府对于中国待遇之亲善许与之深远，世界上未有一国肯如此办理者，而中国政府违反民意，任听以中东铁路永为白党之练兵场，并以之为其出攻俄国之根基地，此种情形以及中政府款待世界上无论何国不准入境之白党，致使中俄边疆迄无宁日。盖白党屡由华境攻击俄土，然后复入华境，每次攻击均意在抢掠。一面中国政府利用中东铁路一部分系在中国领土之内，遂以主人之关系对于该路完全自由处理，即至劳农政府既得中国政府同意在京驻有全权代表之时，亦莫不如此。而俄国对于该路，除中俄所关于东路各项条约协定以外，尚用去金币约八亿元之谱，此款适由贫乏俄民增担租税而来，此种情形，中国政府亦毫不顾及。本代表关于此事迭向贵部提及，均未加以注意。而沃斯特罗乌莫夫之犯法，白党及其已经证明绝对毫无权利之俄亚银行仍旧管理该路。嗣经本代表团将该路舞弊、破坏路政之资料调查清楚之后，中国政府迫不得已容纳本代表之意见，始派调查委员团前往哈尔滨,然同时为表明对于劳农政府不亲善起见,(不)〔又〕以勋章奖给沃斯特罗乌莫夫。该沃斯即系本代表根据所调查该路犯法行为之资料,拟请捕交法庭者也。嗣因劳农政府用尽方法,迫不得已对于中东路在俄之一部分有所进行,而贵部即提出抗议,并坚请将俄政府所公布关于东路之决议从速取消。殊不知俄国此项办法,即与中国政府对于东路在中国之一部分之办法相同,且以现无俄国承认之中政府之理由为根据,并以此项财产系在俄国领土之内也。是以贵部之抗议不能承认。至其关于俄境内所有东路财产之决议,在东路问题未经中俄会议双方同意完全解决以前,暂且不能取消。

中国第二历史档案馆藏北洋政府外交部档案

劳农代表团致外交部

1922 年 12 月 21 日

本月十一日第一四一号节略,贵部在劳农政府一九一九年七月二十五日宣言内引用下列一节曰:"劳农政府愿将中东铁路无条件归还中国,毫不索偿",本代表团现须再行证明贵部所引一节,查阅本团所存文件,并不载在一九一九年七月二十五日宣言原文之内,而在当时公布之国民国事委员会公文汇编内亦不载明。兹将该件俄文原稿、英文译稿及上云公文汇编各一份检送,即请查阅。彼时本代表正为两欧事务颇形忙碌,除上述各宣言外,是否另有其他宣言不能记忆。再者,贵部所述宣言与国民外交委员会所存档案之公文或有异同,亦未可知。但中国政府于当时并未答复此项宣言,亦未容纳俄政府所提缔结友谊之建议,且中俄关系一切问题须在未来中俄会议内提议,故现虽非切要之时,而本代表团业已将贵部引证从速转达我政府,请其推究误会之原因,一俟得复,即当转达贵部弗误。但本代表团今请贵部注意,当时张斯麟将军之使命经中国政府所否认,并曾对俄国政府正式宣言张将军仅当以未授职权之个人视之。

贵部节略中并经提及拟将处置在华白军办法另备节略叙明,贵部今始决定提此问题,本代表团深表欣悦,冀后及早解决为幸。盖以白匪之屡攻俄境而论,则白党之在华实于中俄友善关系有无穷之危害也。至于将来之中俄会议问题,贵略亦曾提及,本代表团希望早日开会之愿与贵部固实具有同心。然于此事初步接洽中,只定以北京为会议地点,贵部固(以)〔已〕知悉。至开会之不能定期,有理由二:一、因本代表疾病延长。二、因中国之内政局至今似尚未曾确定。虽本代表病体现在犹未完全复原,办公不克恒久无间,而第一理由可视为不再存在。本代表团因请中国政府将简派何人为中俄会议之中国委员长见示为荷。

附一九一九年七月二十五日宣言俄文原稿一件,该宣言英文译稿一件,国民国事委员会公文汇编一册。(缺)

中国第二历史档案馆藏北洋政府外交部档案

劳农代表团宣言

1922 年 12 月 30 日

虽据各报所称此种莫须有之事实欲以归咎俄国者,系由中东铁路督办王景春之正式报告中而来,但此种事实殊毫无因正式报告而有可信之价值也。吾人固不知王君是否确有此项报告呈其政府,及其报告究系如何情形,然果有呈报之事,则此项报载之事实亦可见其纯无常识矣。

(一)据报载称:"沿全铁道均查有穿着常服之红军徒党。"查红军完全按军制编练,其无徒党之可言,姑置不论。而目前之问题,系如何即能指辨在铁道上所见之人确为红军而非白军耳。吾人当由记忆前者因闻有红军攻击在乍兰偶尔 Djalannor① 中国营寨之事,经政府详细调查,乃系白党冒作红军所为。此项报载王君所指之红军徒党,究有何凭证而保其非如前此之所谓白党也,况其复称此种红军乃穿着常服,则更难辨明矣。

---

① 即扎兰诺尔。

（二）并据载称"俄广义党并其代理人有偷运俄国军械入华境者"。查此种传说之荒谬有不待解辨而自明者矣。盖广义党与其代理人究为何人之利益，而须私运军械前往华境，若果不运给张作霖之军队，则必以给白军，但给白党岂非授敌以柄乎？中国政府之所宣布"对红白两党处中立之态度"一层，已迭经劳农代表团于其致中国外交部文中与以指明矣，而实即因此之故致白党往满洲蜂集蚁聚，但红军并无事故可入华境作军事之行动，则广义党果将以军械供给何人耶？昔者滨海并黑龙江省分为白党所据之时，戴德利希大将 Dieterichs 确有供给张作霖巡阅使军械之事，其中且有日本军人为之暗助，自不待言而喻。但当今之时，若犹确有自俄境私运军械入华境之事，则可断言之曰：乃白党携用之军械，为其当日秘密运藏于中国境内者也。查劳农代表团曾一再请中国注意，以为在满洲之各当局因于中俄边界纵容扶助白党之故，以致演成此种之现象，使常有白党冒作红军或别种变相往返两国境内劫掠地方之事。且代表团有声明以为因尊重中国主权起见，不愿辄入华境，以致红军不能将时时逃避华境之白军予以痛击而歼除之。倘欲求俄国与满洲界连之处而呈和平安静之状况，除非中国能将白党铲除或与俄国共同处置之而后可。若不如是者，则俄国政府不仅于俄满交界无论发生若何事端，概不负责，且将以全责归之于中国政府也。

（三）又载王君于其呈报之中曾称："现已查明证实俄国红党一俟军队散布充足，即谋攫取中东铁路管理处而有之。"就吾人之所知，王君于管理该路为其应尽之职务，但观察俄人之心理，亦其应尽职务之一，虽然吾等亦有深为不解者，无论王君有具何种之特识，何竟能于彼所申陈此等之事而予以"查明证实"也。查下列即一颠仆不破之事实：劳农代表团于一切正式宣言之中，不问系以人民名义或政府名义，均经切实声明以为俄国之意见：该中东铁路问题不得有别种之解决，要须在中俄会议之中解决也。上述情形，王君访晤劳农代表之时，劳农代表并亲向转达矣，此为所有真切之事实，此外一切皆谣言诽语也。

中国第二历史档案馆藏北洋政府外交部档案

苏联劳农代表致外交部

1923 年 8 月 2 日

据在哈尔滨之俄国特派代表报告,以中东铁路地亩处并当日俄国为该路而得之所有地面,现经中国当地官吏颁令,将其移交中国管理局管理云。本代表有应向贵国警告者,即所有关系中东铁路各项问题,除由中俄双方讨论解决外,其出于中国当局一方面之片面举动者,则俄国政府不能承认。中国当局对于中东铁路章程违犯情形,亟应抗议。本代表坚持须立将此次颁发各令取消,并祈贵部毋任对于该路再有何举动,致令其地位益形纠纷,且致中俄政府交谊发生恶感为荷。

中国第二历史档案馆藏北洋政府外交部档案

(4)其他有关文件

东省铁路公司董事会一九二二年第八〇三号议决案

（关于请愿修正东省特别区市政管理局章程）

1922 年 10 月□日

议案

总务处处长提议:前奉督办于去年十二月十五日发交第三一六四号公函一件,内附经大总统第二十九号指令批准之东省特别区市政管理局章程一件。照录如左:

第一条　政府为统一东省特别区内市政并力求市政之发展起见,特设市政管理局管理之。

第二条　市政管理局设局长、副局长各一员,由内务部呈请简派;主任二员,由内务部呈请荐派;局员、雇员若干人,由局长拟定名额,呈候内务总长核定委派。

第三条　市政管理局得延聘参议、顾问若干人,建议关于市政进行发展各事宜,仍由局长呈候内务总长核定。

第四条　凡关于本特别区市政应行举办之重要事件,由局长呈候内务总长核定施行。

第五条　特别区原设各机关及所办公益事务,应继续办理。

第六条　关于市政各种现行章制及办法,有与现在情形相抵触应行修改者,得由局长查明,呈候内务总长核定施行。

第七条　凡未经规定事件,由局长酌拟办法呈候内务总长核定。

本处查关于市政局一案,曾经本公司与中国地方长官磋商,至磋商之结果,业经载列董事会去年五月十日第九六一号决案,略谓:特区市政局系奉中华民国大总统本年二月五日指令而设,应请中政府颁布较细之法令,以便划定市政局职务之范围等语。此项议决之意义,乃请愿政府对于市政局颁布一项确实规定该局组织方法及职务范围之法令(大致须与前俄颁布之省区地方及市城公议事务厅法令相符者)。顷查上开章程虽正式规定市政局之设备,而并未划定其职务之范围,且该项章程颁布之后,该局与各城村公议会之互相关系,较前尤欠明确。兹将欠缺之处列证如左:

甲　按照第四条之规定:凡遇重要事件,应由局长呈报内务总长,而在总长未核定之前不能施行。关于此条应注意者,本公司与中国地方长官已商定关于市政应行举办之重要事件,亦须经本公司同意方能施行(参看董事会第九六一号案)。

乙　第五条曰:原设各机关及所办公益事务应继续办理云云。此条原旨似在证明公议会一切定章及一九一四年市政协约依旧有效,既经证明,似非遵照章程内规定手续不得修改,此项意义关系甚重,似应以明文载列条内。

丙　按照第六条之规定:关于市政各种现行章制及办法,有与现在情形相抵触应行修改者,得由局长呈报内务总长。惟按照公议会现行定章,凡关于修改定章各项事件,系在会议全体大会职权之内,且该会议决各项,在先系须铁路公司董事会核准,而现在则由市政局核准方能施行。查修改公议会现行定章一节,虽于去年五月十日董事会第九六一号决案内未曾提及,而此条规定须认为与铁路公司有利害关系者,故似应加以如下说明:关于修改公议会现行定章之事件,非经铁路公司同意不得施行。

　　丁　按照第七条之规定:本章程未经规定事件,由局长呈请内务总长核办一节。查此条文义不甚明了,如照文理上解释,是内务总长对于已经大总统批准之章程似有自行补修之权,然按诸法理论,增订法律须用立法手续行之,不得以行政手续行之,乃法律上之通例。第七条之意义不过明定内务总长有编定市政局内部一切细则之权,至补修市政局章程,自应按照中国颁行法律之手续办理。

　　上述各节足以证明市政管理局章程,带有预定法律之性质,其一切规定必须从事补充。故职处以为市政局之组织方法及职务范围,似应加以明确之规定。本公司与市政有密切之关系,所有意见似应呈报政府鉴核,以备采纳,是否有当,应请公决。

　　附:补修市政局章程草案一件

　　议决:请由督办将议案内所陈各节呈报政府,并根据一九二一年五月十日董事会第九六一号决案,呈请政府颁发明令补修现行东省特别区市政管理局章程。

中国第二历史档案馆藏北洋政府内务部档案

夏维松[①]报告视察中东路情形及意见书
1920 年 11 月 27 日

　　窃维松奉令前往中东路视察,谨就见闻所得,胪列梗概,敬陈管见,恭呈鉴核。

　　东省铁路今春护路军队及路警均设置完备,自俄使领停止待遇后,司法权亦归我有,似无遗憾,然考之实际,诸待研究。兹特条分缕晰列举于后:

　　一、军队之复杂也。护路军队全路线共有二师之谱,奉、吉、黑军皆

---

　　① 外交部主事。

有其统率机关,为哈长、哈满、哈绥三司令部。哈绥线上尚驻有中央第九师之一部分士卒,各亲其直接之长官。鲍督号有护路军总司令之名义,然实际上号令不行,指挥不能如意。因之纪律不严,欺压良民,殴辱俄人之事,层见叠出。至私带烟土、无票乘车,犹其视为份内之事,其结果则俄人被害者诉由各站长报告公司记载存案,随时通告各国领事团。此事就近者、小者而言,恐激动俄人之公愤,致我国在东路上收回主权之种种计划难以进行;就远者、大者而言,不惟将来俄正式政府成立后,我国多一交涉之案,且恐各国藉为口实而即时要求共同管理俄侨也。至一面坡等处,近来剿匪军亦为数不少,约四旅之众。闻阚旅长进剿七站沟里时,曾用重炮轰击,斩获首级七十余,然至今并未肃清。维松到绥芬时,闻细鳞河等处已收抚匪首江东交的天下好汉等之党羽约二千人之众,正办受降之事。并闻军队进剿之时误伤平民不少,鲍督劳军到一面坡时,曾有伐木苦工家属递诉冤呈者数十起之众,鲍督亦无可如何。除犒军五千元外,别无办法。此种情形,事关重大,故不厌求详。除得之治路交涉局及各方面消息外,亦有目击其事者,如军人无票乘车及警察无理待遇俄人,曾亲睹其事。维松在一面坡路警处曾见新颁护路军队规则,于纪律亦颇注意。然据当事人云,不过一纸空文,无补实事也。

一、警察之腐败也。治路警察约分五段:第一段,满洲里至宜立克都。第二段,兴安至对青山。第三段,五家子至宽城子。第四段,阿什河至横道河子。第五段,山石至绥芬。段各有长。哈尔滨设有总路警处,全线路警共有一千余人,其余市警及地方警察犹不在内。其中比较的虽各有优劣,然饷额甚微,欠饷过多,应募者皆无业游民。巡官长警大半皆未受警察教练之人,不知警察为何事,警械窳败,服装不整,站在岗位,形同木偶,欲求壮观而不能,至无服务之能力,更不待言。俄警则独立行使职权,公事则多直接报告东路公司民政处,其对于我国路警总处,不过敷衍琐闻而已。闻路警服务之人困难于维持生活,弊端百出。总之,表面上我国虽收回铁路警权,而实际上不过在俄警外添一赘瘤而已。

一、胡匪啸聚无法肃清也。东省素号胡匪出没之区,人所共知,无容赘述。然证之近事,真骇人听闻。每年当青纱幛起,即啸聚山林,大股数万人,小股亦数百人,快枪之外,大炮机关枪亦颇不少,杀人越货,憨不畏死,绑票勒赎,无恶不作。东宁县知事及商会会长被绑,至今未回。官军到时,或与匪通声气,私约两不相犯,或畏缩不前,按兵不动。匪偶退出所占之地而去他,则军队呈报剿匪肃清,不知他处良民又无遗类。万一遇严厉军官下令痛剿,炮火之下,玉石俱焚,池鱼之殃,波及甚广。其实胡匪渠魁或盘踞山中,或弃寨而逃,依然无恙。一面坡之事可为实证。总之,剿不胜剿,抚亦难抚,事之棘手,无过于此。至胡匪在哈绥路线一带,春夏遍种罂粟,秋冬则贩运烟土,为彼等专门营业。将来影响禁烟要政,致起各国之责言,则又多一困难之交涉矣。

一、司法之困难也。维松抵哈尔滨时,适张次长正办收回法院之事,当闻已规定设高等、地方各一,于哈尔滨设分厅六,哈尔滨二厅,其余四厅分布于治路各重要地点。嗣参观哈尔滨,俄法庭房屋,果有司法部封条,参观监狱时,闻亦归我国收回管理。旋阅报载国务会议通过六十万元司法经费,又公布有东省特别区域法院编制条例,东省特别区域法院外国咨议、调查员任免及办事章程,甄拔特种司法人员委员会章程等,可谓煌煌大文,司法方面美满无遗憾矣!然揆之实际,滨江虽稍露头角,而沿线各处,当在停滞之中。铁路交涉局,则委于就近县知事,知事则多诿于人才、经济不敷,暂不受理案件。现在知事中,就见闻所及实行受理案件者,只有胪滨县,其余则闻尚无办法。据司法部员殷汝熊言,筹备艰难,甚为棘手,人才缺乏,经费不敷,俄国赔款,闻已支至明年,且俄人方面,报纸攻击不遗余力。俄国旧日法官同盟不受中国之雇,不当咨议及调查员,北京调来之俄文学生,关于审判事件,翻译尚不能措置余裕,进行计划甚为困难。

一、日俄之各有所图也。俄人则困兽犹斗,狡焉思起,谢米诺夫自赤塔陷落后,乘飞机回翔于大乌里、马蹄页子等处,一旦失败,退扰我界,恐解除武装,办理亦不甚易。我国守边兵力薄弱(哈满一带不过一旅),当事之所恃以无恐者,以谢有不扰我边之宣言也。维松详细探听,盖谢以我国边境军官,近日默认其在我境内采买粮秣,俨然以不犯我边为交换条件。其实,谢本穷愁无赖,毫无信实之可言。前此温格尔在恰克图之阴谋,唆使蒙古布立雅特人背叛我国,复以俄兵助纣为虐,皆谢之计划,蛛丝马迹历历可寻,而谢犹声明温非其党羽。此次库伦警报频来,谓系温与蒙人之自由行动,将谁欺乎?日人则野心勃勃,日思乘机而动,对蒙浪人胡匪谢温等,可以为我心腹之患者,莫不暗中扶助,冀遂其大欲,以收渔人之利。七月间满洲里等处,实行撤兵,似颇光明磊落,然实际上系一种移无用为有用之壮图,盖注全力于庙街等处以图珲春也。前此曾有将哈长铁路改为窄轨,以便与南满通车,幸其计因种种阻力,未能见诸事实。近闻其改定方针,系注全力于哈绥路。盖哈绥路如占领,则北联庙街,南达南满,海参崴又可联络一气,彼时哈长腹背受敌,自无形归于掌握,哈满则视为瓯脱置之外府,亦无利害关系。维松见哈绥路上,日本军用专车来往如织,闻今春曾以日军司令部之名义,遍贴告示云,损害铁路电线者,以军法从事云云(此事绥芬铁路交涉局长程祖勋曾呈请长官抗议)。种种事实证之,恐非虚语。近各处宣传町野武马所主张之共同剿匪条件,果如报载,不惟珲春、延吉、汪清和龙东、宁安等县,我国领土主权丧失殆尽,且延吉一道几全沉沦于日军金戈铁马之中矣。维松在海拉尔时,曾与俄前驻海领事、现充呼伦督办顾问者嘎尼思君谈及,据云:现今东路一带,俄旧党咸云,再逾一月余,我辈可大活动,盖彼时日军卷土重来,可得保护。此种言论之真伪,及其用意如何,姑置不论,然不能谓毫无讨论之价值。近闻库伦附近,蒙匪、俄兵阵毙尸体之中,间有日人,更可证明处心积虑,急图我国,静观默察,真令人不寒而栗矣。

一、蒙古之居心叵测也。外蒙虽取消自治,王公中仍多不诚心内向之人,即内蒙与呼伦贝尔等处,亦无不如是。维松等到呼伦时,曾往谒副都统贵福及其左右厅长,彼方当即回拜,并以酒食款待,应酬之际,默察贵都统,虽庸懦无能,而其左厅长成德,干练有才能,操汉满俄语,闻曾充库伦自治政府之外务部侍郎,言论风采,颇不平庸,现在难免无与日俄两方暗自结纳之事。据钟督办言,呼伦独立时,曾与日俄等方面,定有种种丧失主权、抵押土地之合同,现呼伦善后督办处,方竭力从事搜求,以便设法救济,但如何办理,闻一时尚无把握。观其种种可疑之点,即在最近之将来,恐亦难抱乐观。至外蒙和平之未可恃,现在已露端倪矣。

据以上所列各种情形,东省之事,困难可谓达于极点,然不能谓毫无补救之方。兹特就管见所及,拟出补救方法,列举于下,虽不敢自信尽善,然愚者千虑或可备忧时者之酌采焉。

一、护路军总司令宜有实权也。护路军复杂,前已详言,则其总司令自以权力能及于三省军队之人为最合格。现今鲍总司令,对于吉军握有实权,自不待言,但对于黑军、奉军则多碍于情面,因之不能严肃军纪,整饬风纪。居今盱衡时势,欲得其人最善之法,自以张巡阅使自兼其职为最善。此事于巡阅使之尊崇体制,有无窒碍,政府自当权衡,然无论如何,总司令一职,总以实权能及于三省军队为惟一之条件,然后由中央责成整顿一切,自不难获良好效果也。

一、路警宜设法改良也。现在路警最困难之处,为人才与经费二事。人才补救之方,分补充与淘汰两科。补充之法,宜在京津长警中挑选二百人前往路线分布重要地点。淘汰之事,则宜陆续将不称职、舞弊之巡警裁汰。此外尚宜设一巡警教练所,期限一年,应设科目外,特设日文、俄文两科。扩充警额三分之一,以三分之二服务,以三分之一受教练,轮流办理,以所有全路巡官长警,均受有相当之教育为度。至经费补救之法,查铁路公司,现每月支出路警经费二万五千金元,尚不敷用,现在服装不整,严寒之区,至今不惟尚未发皮外套,而棉外套亦未完备,欠饷约二月之久,是其明证。现闻俄人所收铁路运货捐,每年为数颇巨,其章程维松在前路警处长张曾榘处曾见之,此捐如能收回自办,则必可敷路警之用。此事如何进行,如咨询张曾榘必得要领。维松等在黑龙江政务厅长处,见内务部艳电主张设特别警察区域,置处长一,副处长二,处长特简,副处长吉、黑两省各保荐一人,铁路督办有指挥之权云云。经费吉、黑二省似亦可略为分担,闻黑督之意,以为尚待磋商。总之,此事关系内政,为内部之职掌,此次王、胡二科长,调查回京嘉猷入告,必有一适当之办法。外交部因事关收回主权,亦不能不稍注意也。

一、治胡匪宜讲求扼要之方法也。胡匪之难治,在聚散无常。聚则为匪,散则为民。今请下一重要之定义曰,与其剿之于聚而为匪之后,不若防之于散而为民之时。盖胡匪不尽土著,由山东、直隶等处至者不少,当青纱幛起,即四方云集,青纱幛落,即将枪械埋于土中,或藏于秘密处所而四散,若于此时,能以重价购得眼线,发其覆藏,没其器械,则彼等失所凭依。当其未大集之时,凡著名之匪巢、山寨均以军队临之,严重戒备,复竭力捕获,或收抚其头目,以作擒王之计,再加以种种清乡之方法,阻其进行,自不能为大患。至兴实业筹生计之根本良法,更不能漠视。总之,匪类本癣疥之疾,但在东省则可牵动大局,日本利用之出兵珲春,可为殷鉴也。

一、筹备司法之急救方法也。今日遍观全球,欲求通俄文、谙法律、晓俄情,而又有办事之能力者,几不可得,则司法之事,自不能不借用俄人,现司法部所定之调查员等章程,亦颇完善。愚见以为,俄旧法官,即不同盟不应我国之雇,亦万不可用,况其同盟困我乎?(现闻旧法官多人,自我国收回司法权后,尚有在私宅暗自受理俄人案件者可为实证。)舍彼等只有用俄律师之一法。若俄律师仍上下其手,则莫如用曾毕业于俄国法政法律专门学堂之俄人。盖彼等虽无多经验,而学理明晰,且既系俄人,必于俄国风土人情完全熟习,遇有疑案,我国法官亦可借助他山咨询考证,且可使其受我国之驱策而制服俄人。至适用法律之问题,愚见以为,刑事自宜完全用我国刑律,而民法与商法,如能将俄国帝国时代之旧律,择其无背我国之习惯者酌采用之,亦是得俄人民心之一法。监狱宜用最新之方法管理,囚食宜合俄国之习惯,免贻人口实。总之，此事关系甚大，不仅东省铁路一隅之问题，而有关全国将来之隆污。盖现时如能力求良善，树立风声，不惟现在对于有约而无领事裁判权之国，持之有故，即将来对于有领事裁判权之国，亦可以此事为我国司法界办事文明，能力充足之铁证，据为收回领事裁判权之张本，更觉言之成理。至此种经费，中央及东省地方，均宜和衷共济，竭力筹备。盖此日所费者小，而将来所获者大也。否则今日为俄人所腹诽，他年即为各国所藉口，而领事裁判权，永无收回之望矣。可不慎哉！

一、改良俄文专修馆，以培养司法之人才也。现今东路最困难之事，莫过于人才问题。俄国之乱，恐非三五年所能平，东路警、政、司法一切需材孔亟，莫如将俄文专修馆设法改良，增加刑法、民法、民刑诉讼法、商法、警察法等科目，聘请俄国法学博士，直接用俄文讲授，使学生能通晓俄文、法学专门名词，及诉讼审检等之种种用语。自今年开始，明年毕业之学生，出而应司法界之用，必较良于现在之学生，后年必更较明年为优。此次哈尔滨等处法庭调用之俄文馆学生，因不娴专门名词，翻译困难，众目共睹，维松见殷君汝熊谈及，亦云学生等所学尚不甚敷用，长此不振，恐惹起俄人及各国之繁言。

一、对俄防日驾御蒙古也。对俄之方法，头绪纷繁，然概括言之，不外以下所列各项：

（甲）逐渐收回铁路之营业权也。现在我国在东路上悬国旗，置军警，表面上似觉完善，然铁路营业权及路线两旁之地亩管理权，完全握于俄人之手。而俄人熟察情势，恐不能久于其位，遇事敷衍，且有乘此权势在手之时，攫取金钱，以便作逃亡终老之计者。因之路政窳败，哈长路之枕木，尤多腐朽，车辆大半污旧不堪，全线概同。至管理行车之荒唐，更有骇人听闻者。维松等在哈时，适值太平岭碰车之事，伤人七百之多，闻系驾驶者因醉未取路圈，擅自开车之所致。收回之法，应以现在史蒂芬君所管领之技术部为先锋军。盖现时技术部之人，沿途接见者不少，其中多美国留学生，出身、学识、经验均甚充裕，车务、机务、人才俱备。但闻现在虽居监督之美名，而实权仍操于俄人之手，若能乘俄工程师新旧党互斗风潮或工人同盟罢工之时，取而代之，自是快刀斩乱麻之手段，否则陆续更换渐取实权，亦能动摇俄人之地位。至地亩如能清理完善，每年收入当亦不少。总之，无论举一何事，必须经济充裕，营业权如能取得，则诸事均可进行矣。（中东路新合同，斤斤计较子息，亦极末节，暂束之高阁，全注重于实力进行为是。）

（乙）对劳农政府，宜确定方针也。现在劳农政府之势力，几遍全俄，政治之关系及承认之问题，我国自宜与协商国取一致之行动。若商务之关系，我国因国界毗（联）〔连〕，自当从速进行，作非正式之接洽，凡有益于我者，均可允行，实益既得，俟其正式政府成立，再从事改订条约，自易于反掌矣。

（丙）严防过激主义也。俄国阶级主义过严，人民走于极端，致酿成今日之现象。我国素无阶级亦无资本劳动之冲突，若从此力谋社会之福利，无一夫不得其所，纵俄人日日传播过激主义，必皆掩耳不闻。否则饿殍在（涂）〔途〕，铤而走险，急何能择，虽刀锯鼎镬，亦不能阻，何况禁止印刷品及种种法网上之罗织乎？

（丁）改组沿路各处俄人所设之公议董事会也。查此会组织不良，董事定额，中人甚少，俄人过多，一议案之通过，中国人毫不能表示意见，因之市政上公益，如学校、医院等项，偏重俄人利益甚多，而我国商人只尽纳捐之义务，而所享之利益甚微。现宜将选举法改良，实行改组，使中俄董事务居二分之一，且中国人于正付会长中须占一席，果能如此，则我国商人地位自然增高，而诸事易于进行矣。

（戊）西文或俄文报馆之宜设立也。查哈尔滨为东路重要地点，俄人在此所设之报馆，俄文者五，曰"俄人言论"（Pycckin Touor），曰"生活新闻"（Hobocmu Xnsum），曰"朝霞"（Gapia），曰"进步"（Bncpcon），曰"光明"（Cbvomt），汉文者一，曰"远东报"，其中虽有党派之不同，然对于中国军警虐待俄侨之事，必为之铺张扬厉，故甚其词，以耸动各国人士之观听。倘我国有英法文或俄文报辩诬正伪，扬我之善而揭彼之谋，未始非正本清源之道，万一限于经费，能收买一报馆，专为我国登有益于我之新闻,亦是救济之策。近阅报载,一九○一年签草约,各国尚欲我政府与各使馆共同管理俄侨,果尔,则俄人各种运动力量固大,而其报纸之吹嘘力亦不小也。

(己)宜严密监视霍尔瓦特也。查霍为老官僚派,为东清路之首领者,十有余年,铁路上自公司总办,下至匠役,均为其死党,万一再有所活动,则东路随之而去,欲再挽回,噬脐无及。近见俄报载,当中国收回法庭之时,彼曾对其法曹通电劝其抵抗勿交,是彼人虽在京,而势力仍弥漫于全路,最好严重监视,设法密阻其书信言论之自由。前北京所开之铁路股东董事选举会,惜皮勉诺夫(Jounerobs)未当选,盖此人与中国感情最好,不含政党臭味也。

(庚)遮断谢、温之联络也。谢、温狼狈为奸,已彰明较著,治之之法最要者,在断其联络。前见报载,政府已训令孙督出一混成旅驰赴海拉尔以应急需,另出一混成团赴车门,夹断外蒙与赤塔之交通,以免谢军与蒙党联络云云。果尔,则事之中肯洵无过于此者,盖谢、温联络一断,温如釜中游鱼,不难扑灭,而谢之解除武装,因之亦易办理,诚为一举两得之计,但愚见以为车门兵力尚须加厚也。

防御日本之方法,则在内治。盖日本现虽虎视耽耽,然谓其能甘冒天下之大不韪,与我相见于疆场,敢断其必不出此下策。其要在乘我不备,酿出种种口实,以便求得所欲。则我之防御方法,自不在秣马(利)〔厉〕兵,而在防微杜渐,不在事后折冲尊俎,而在事前内治(休)〔修〕明。为胡匪事,为彼所藉口者,则肃清之,韩党为彼所藉口者,则取缔之,果能布置周密,无隙可乘,彼纵垂涎,恐亦无从染指也。

至驾御蒙古之方法,不外恩威并用。对外蒙须威重于恩,而对内蒙则宜恩重于威。此抽象之定论也。至具体方法,如此次外蒙之举动,其中蒙人不少,自宜决心用兵大张挞伐,事平后极力实行新官制,使蒙人优秀份子得略预政权以收其野心。一面令陈镇抚使监视不纯正之王公,随时设法对待。至对于呼伦贵福等属,钟督办表面与之周旋,实际则秘密监视,遇有重要之事,随时电告中央设法处置,当亦不难就范也。

以上所列大概,皆急则治标之策。至于治本之法,须澈底澄清改造东三省,如扩充教育,振兴实业,移民实边,安良清匪,筹〔办〕交通,整顿吏治,遍设银行,统一币制,等等,则又非连篇累牍所能尽者矣。

总而言之,我国东三省自东清铁路告成,轨道所至,势力毕臻。汽笛一声,山河变色。日俄战后,桃僵李代,因境界与朝鲜接壤,日本变本加厉,痛苦愈增。兹何幸俄人不振,埋头党争,日虽强霸,尚居客体,诚天假之缘也。千载一时,稍纵即逝,兹于视察之际更觉触目惊心,狂夫之言,圣人择焉,幸甚。敬乞

总、次长钧鉴

再者,各处与俄人路谈,另有会晤问答录,已交内务部王、胡两科长收存,合并呈明。

主事夏维松谨呈

中国第二历史档案馆藏北洋政府财政部档案

浙江国民外交协会致加拉罕及张作霖等书
1926 年①

北京国民外交委员会、上海中国国民党中央执行委员会、各省国民党各级党部、各地孙文主义学会、国家主义各团体、各省各法团均鉴:顷因外交问题,致书苏俄大使加拉罕、各被迫民族、外交部王儒堂并警告奉天张作霖,录稿附呈,敬希一致主张为荷。

浙江国民外交协会叩。冬。

附:为苏联近米对华态度告世界各被压迫民族书

当十九世纪之顷,世界上有少数国家因施行新工业制度之结果,国力骤盛,于是挟其军事上、经济上优越的势力,四向侵略,惊风骤雨震撼全球。其侵略之方策,不外以武力扶植其在他国政治上之优越地位,而最大之目的,则销售过剩生产及垄断原料,以为敲骨吸髓之计。至于今

---

① 原件无年代,据上下文推断应为 1926 年。

日,世界上六大洲已有四大洲半沦为诸帝国主义者之殖民地,五大人种已有三大人种半陷于奴隶及灭亡之悲运,而前俄帝国者实诸帝国主义者中最有力之一员。

中国自鸦片战争以后,豪梁入室,予取予携,西南则有英法,长江流域则有英美,黄河流域则有德国,而长城以外以至新疆、蒙古俱为日、俄两大逐鹿之场。前俄帝国侵略中国之步骤,在利用中东路以腐蚀东三省,勾结外蒙古,使脱离中华民国,师日本吞并朝鲜之故智,此其荦荦大者。

我各被压迫民族在帝国主义蹂躏之下,为求自身之生存,不得不起而与帝国主义者相搏,其相搏之历史,殆为世界史中最悲壮之一部,此在被压迫者中之任何民族莫不皆然。中国民族亦于其先党孙逸仙博士指导之下,四十年来努力奋斗,不敢稍懈,盖被压迫者舍与帝国主义相搏即无生路也。

一九一四年各帝国主义者间因竞争而决裂,遂发生震惊一世之欧战。此战之结果,依最初定推测,无论胜负谁属,要不过各帝国主义者间势力之转移分合,其对于弱小民族之压迫必无二致。迨一九一七年欧战将终之际,俄国革命成功,列宁一派继起,不特放下帝国主义之军事上、经济上各种武器,其对于其他帝国主义者反兵相加,我各被压迫民族正当与帝国主义者血肉相搏之际,得此强有力之声援,莫不引为深幸,故对于此骄横一世甫知忏悔、昔日仇敌今日朋友之苏联不(靳)〔禁〕掬至诚极切之同情以迎之。

苏联对于中国于一九一九、一九二〇两次宣言声明,将前俄帝国政府与中国缔结之一切不平等条约自动废除、抛弃,俄国在中国之一切特权,特许愿另本平等、相互、公平三原则则与中国重订条约、协约、协定等项。中国自一八四〇年以后,所有国际交涉从未享受如此平等之待遇,故中国人民对于苏联之宣言,其欢迎之热切,殊非言语可尽。中国北京政府本在北京东交民巷公使团控制之下,而诸帝国主义者方敌视苏联,断不容中国独自立异,对苏联加以承认,中国人民因欲与苏联缔结更亲密之友谊,一致督促其北京政府承认苏联,中间经帝国主义者之阻挠,几至功败垂成,卒于中华民国十三年五月三十一日双方代表签订中俄协定,而两国之国交于以恢复。自此以来,苏联得全中国之人民为友,以视帝国主义者之在中国仅能得其所卵翼之政府及少数军阀为其利用者,不可同日而语。

不幸自中俄两大伟人列宁、孙逸仙先后逝世,苏联对中国之态度渐趋恶化,试举事实言之。其对于外蒙也,本以扶植其独立为名,乃收唐努乌梁海以入于苏联之版图,后垄断外蒙之农产品,使外蒙人民感受生计上之困苦。其对于中东路也,不顾其为中国人民劳力所筑成,效前俄帝国政府之所为,强握所有权之一部。中东路一部分股东之道胜银行所发之纸币,及中国以现金或货品易来之纸币,久已失效,又不与以赔偿。去年中日俄在莫斯科开联运会议,苏联竟提出中东路废止华文华币之议案,其用心殊不可问。他如吸收中国之有用青年,施以狭义之训练,以为其工具。库伦各地之学校课程、军队训练意使俄化。凡中国人民所最痛心于帝国主义者之政治的侵略、经济的侵略,乃至文化的侵略者,而苏联一一蹈之。试以苏联所为与前俄帝国政府对华之策略相较,孰为侵略、孰为亲善?何不令人迷闷莫辨。最近中东路发生之纠纷,原因于中东路局长滥用职权,留难输运中国军队,断绝中东路南段交通,中国之不肖军阀张作霖乃命其部下逮捕局长俄人伊万诺夫。讵料苏联竟提出最后通牒于张作霖及北京政府,限期三日将伊万诺夫释放。夫中东路之主权,即就苏联方面言之,中国至少占有其 半,伊万诺夫不过一中东路之雇员,即令张作霖逮捕之理由极不正当,亦不过加暴行于一雇员,与苏联国家无涉。而在此事发生之半年以前,苏联政府曾在莫斯科逮捕中国之爱国青年,且逮捕中国大使馆馆员,是为侮辱中国国家,与此次中东路之事不可相提并论。然中国对于使馆馆员被捕不过提出寻常之抗议,而苏联则以最后通牒限期释放。中国自一九一五年受日本最后通牒之恫吓,至今全国人民于每年日本最后通牒期限满之日为种种之表示,以纪念此国耻。去年奉、国两军在京津对峙之际,各帝国主义者因京津间国际通车问题,亦曾提出类以最后通牒之警告于双方军事长官,不谓继之以最后通牒恫吓中国者,乃至于中国人民认为至友之苏联,事之深可愧惜,孰有过于是者?

兹所欲为我各被迫民族告者,苏联对华态度之恶化,不仅为中国一国问题,亦不仅为中俄两国问题。盖今日之中国实为帝国主义与反帝国主义二者成败利钝之枢,但中国为十余国之殖民地,其地位自更较其他各殖民地为低,然中国表面上尚为独立国家,民族运动尚易致力。中国地大民众,物产丰富,而制造力极为薄弱。环顾全球市场,殆无其比。故各帝国主义之过剩货物皆以中国为尾闾,又以中国为收买原料之仓库。质言之,中国者实帝国主义养命之源泉,中国民族运动成功,则帝国主义失其营养,而不免于萎落。反言之,中国若被控制于帝国主义之下,则帝国主义植基深厚,各被压迫民族之运动亦倍形艰苦,故帝国主义者之于中国实不肯放松一步。中国问题既如此其重要,故苏联对华态度之恶化,中国人民自当起而纠正其错误。凡我各被压迫民族亦当共负规劝之责任,断不容苏联将已放弃之侵略主义重复之手中,此则中国人民所欲诉于各被压迫民族之前者也。

中国第二历史档案馆藏广州国民政府档案

4. 中国与苏俄劳农政府关于白俄问题及庚子赔款的交涉

(1)外交部关于俄国白党窜入华境与苏俄劳农政府远东委员团交涉的有关文电

外交部致阿格辽夫[①]

1922 年 3 月 30 日

上月二十八日由执事送赤塔外部电一件,内开,近来俄国白党时常

---

① 远东共和国代表。

出没于中俄边界及中东路一带,有时袭击我军,败则退入华境,中国政府未免有偏袒之嫌,兹特提出抗议。中国政府如欲顾全邦交,似应设法取缔等语。当经本部电致东省军事长官行查去后,兹准复称:俄国旧党为新党击败窜入我境者,所有携带武装一律解除存库,人则或行拘留,或则遣送出境,绝无丝毫偏袒任其在我境内有越轨行动等语。查中俄接壤路线甚长,中国防兵间有不及分布之处,俄国白党潜行窜入,容或有之。倘地方驻有防兵,凡属俄人,无论红党、白党,如携带军装窜入华境,自然必照中立之办法办理。东省各军事长官对于此节亦颇注意。惟俄人之在中俄边界及中东路一带者,如能恪守中国法律,中国政府仍当一体保护,绝不稍有歧视。至节略所称各节,本部已一再通咨东省军事长官,俄人之来华者随时严加防范矣。

中国第二历史档案馆藏北洋政府外交部档案

远东委员团致外交部

1922 年 10 月 16 日

本月四日贵部第一一八号节略,业经本委员团转达远东外交部在案。本国政府尊重中国主权,早已下令凡军队追逐白党之时,不得越过中国边界,特以奉告贵部。节略中提及引渡白军问题,殊属正当。展诵之余,颇为欣悦。然此事白军在华境内整备军械,侵掠我车站村庄,而后回入华境享受中国地方官吏保护,实为国际关系之历史上从前未闻之事。即贵部一一八号节略内所述经由之外交手续,因此毫无结果,因中国边吏于中俄友谊之利益漫不经心,故凡由华境侵犯我领土及驱逐进攻之白党等事,皆应由该官吏等负责,盖驱逐一层当然为我自卫之一法也。本年九月二十五日本委员团备具第九五二号节略,通知贵部白军由满站侵占我八十六号车站一案,我军并未越界剿灭罪徒,足(征)〔证〕我对华之友谊。但该罪徒用中国土地为攻击我共和国之根基,华官取何方法以资肃清?本国迄未明晓中国政府曾否用何方法为我国谋邻华边疆之安全，特再恳请贵部示知。

远东委员团致外交部

1922 年 10 月 28 日

本委员团于本日接得贵部十月二十七日第一二二号节略，述及白党败军欲避入中国各地，贵部已令卸去其武装。此件简短通信，实使本委员团对于节略中所述事件与中华民国政府之关系予以郑重之考虑。此种事件关乎中俄之重要，较诸中国当局前此所意拟者远甚。设使贵部直至现在方始接到关于白党侵入贵国领土之迟缓消息，才行发令解除武装，至本委员团则于十余日前已接白党侵入中国领土之确报，而尤要者，乃白党之梯队携带大批国家财产到达绥芬车站之消息也。本委员团并得报告谓，贵国卸除白党武装，只为形式上之处置，实际上颇为优遇，予白党首领以完全举动之自由，且不肯取任何措施，以消弥白党未来之危险。

本委员团信赖中国之友谊，尝盼获得更切实而可恃之消息转告我国政府。国际法原则对于此事不可废弃有如是者，故远东共和国政府有希望以下各项之全权：（一）窜入中国边境之武装党众，应立即卸其武装；（二）凡由该党众取得之枪炮子弹及国家财产，统须详细登载并须设法保管此种财产，以便将来移交我共和国官吏；（三）所有避入中国领土之白党，为因军事情形起见，应将其在外国领土续行对我仇敌举动之能力剥除（即将伊等留置某地，由中国官吏管理监视是也）；（四）为因终止军事行为起见，所有窜入华境者一律遣送出境，并交与远东共和国官吏。本委员团意见以为贵当局应照此办理，盖中国与俄国并非处于战争状态也。

此外，俄国国民在远东建设巩固之和平与秩序计（料友善之中国国民亦同具此愿望），以为大中华民国政府必能有此措施，将新战祸之残余危险扫数廓清，此种危险中国或亦入其漩涡。

本委员团曾向贵部将迫近之危险屡次指陈,此系显明不容讳饰者,潜伏中国各处白党之机关,本委员团无须枚举,中国官吏知之已悉,盖不能不知者也。白党之如何组织,如何整备军械,如何供给,如何输运及如何屡次攻击俄境而复回华境一若家园者,若此等情形,华官概行目睹。本委员团迭请贵部防范此种危迫情形,并将地方官吏彰著放任及迭次赞助情事根除净尽。

只以对于中国国民具有巨大之友谊,并以几许华官显示仇俄之举,认为实非其罪,俄国国民之公愤得而制止。我国为尊重中国主权,恪守疆圉,惟盼中国政府毕竟觉悟,对于仇视我国之机关撤消扶助之必要,盖该种机关对于中国国民亦犯罪恶,中国国民要求和平而非与俄战也。

武装白党现在又侵入中国领土,我国政府愿得中国政府切实答复,是否立意用有实效之方法将该武装令其完全无害;本委员团对于本日接到贵部十月二十七日节略,不能视为完备,因该件并未将此事必须办法之实行情形载明。

哈尔滨道尹及地方军事官员曾与我驻哈代表沃萨尔宁君迭为延长之会议,本委员团确有所闻。在此会议内曾拟备合约,关于越入华境之白党,决其命运并解除其武装。该约列有一款,许我代表于该党卸除武装及撤退委员会中得行参预,此草约中仅此一项,为我所能承认者。该约原拟呈达北京以备考量,随后道尹对沃萨尔宁君之宣言,谓我代表不得加入该委员会,因外人反对,以其加入有侵犯中国主权一节尤堪诧异,不知名道尹之外国顾问,于事不干己之事,逞其所欲于中国(该顾问等强预与彼等毫无干涉之中国事件),其越俎侵谋,本代表既无权为中国主权辩护,对于该顾问奇异之言论,认为可以勿须加辩。惟因中国地方官吏对于俄国人民之仇敌表示异常好感,即有任何协定,亦难保其按照履行,故关于解决结束白党事件各问题,认为我代表之参加,至为重要。今兹指出一事已足证明,当沃萨尔宁君与哈尔滨中国官吏谈判之顷,白党首领在绥芬河地方正庆祝其逃逸,招待中国官吏宴饮并讨论与俄重行作战计划,此事之可能,实显系得有援助。沃萨尔宁君与中国官吏间在哈尔滨延长谈判之结果,不过徒使战败于海滨省之白党,得以转弱为强,并从事于创造新根据地以代日本之干涉而已。

远东共和国代表团因是项地方会议毫无效果,业已将其停止。本代表团兹再提起中华民国政府之注意,白党在中国领土内前所组织及现在组织之巢穴,实为远东和平之永久危害,今只有依托中华民国政府以永远扫清此项危害耳。是故此着若不即时办理,则险象日增,成为实害。

远东共和国政府对于维持远东和平同有责任,现正考量此项危险,不得已而采取坚断办法以应付之也。与中国人民友好之俄国人民,兹欲警告与俄国人民友好之中国人民以优容俄国人民之仇敌两国所处之危险,此种危险现已被巧手遍布中国。即仇视吾人之日本,三年前曾组织白党冒险事业者,今将白党部队驱出高丽,现时此项仇视己国不安分之党众,于世界上已无处容身,惟有中国官吏则仍礼遇其入境。兹因上述中国官吏之行动,允许仇视吾人之武装党徒在中国境内组织及存在,并不从事扫除之,远东共和国驻华代表团特再行提出极坚决及绝对之抗议,请贵总长将本抗议转达贵政府为荷。

中国第二历史档案馆藏北洋政府外交部档案

外交部致远东委员团

1922 年 11 月 7 日

案准十月二十八日贵委员团第一〇八七号节略具悉。查俄军自政变以来,无分红白两党,每因内争波及中国边境,迄今数年,中国所受骚扰,为祸甚烈。中国对于此项越界军队,采用取缔防阻办法,亦已为时甚久。沿边各地对于溃逃入境之白军,无不立即解除其武装,分别收容监视或遣送出境,不仅东省为然,即西北沿边、新疆各处,亦复如此。入秋以来,因屡接疆吏报告,红白两军战争之风云日益紧迫,中央政府为郑重边防起见,又复迭次申令东省长官谨守中立态度,严加防范。近时东海滨省白军战败,分窜各处,恐其潜入华境,又通饬加意取缔。

十月二十七日由第一二二号节略通知贵委员团，纯系出自好意，乃贵委员团复文于此，反加抗议。一则曰："贵部直至现在方始接到关于白党侵入贵国领土之迟缓消息，才行发令解除白党武装。"再则曰："不肯取任何措施以消弥白党未来之危险。"完全与事实不符，此诚中国政府所深为不解者也。此次贵委员团节略引用国际公法之原则，具见贵国亦重视国际公法，本部备极欢迎。惟所举解除溃军武装、收容溃军、军火编籍保存及交还溃军等四项，按照国际公法之协定，仅能适用于交战各国军队之逃入中立国者。红白两军并未经各国承认为分立之国，且并（未）〔非〕交战团体，仅系一国中之部分人民反对其他部分人民所立之政府。在该政府视之，固为公敌、为乱党，在他国视之则为反对〔派〕、为政治犯。故中国历来所处态度，系最合于国际法原则者。中俄壤地相接，中国对俄无论何党，向无偏袒之心，而对于白党溃军犹复解除武装，酌量收容，实为仁至义尽。况溃军之得以由俄境逃入华境者，实属俄国军队防范不周之所致。若先自堵截，何难就擒，更何致侵入华境为邻国患。是俄国人民之挟持武器侵入华境，原属不合。今中国为受害者，顾念贵国政治正在改造，以谋贵国人民之发展，故勉不加责，而为加害者之俄国，乃反来诽议，似于公理人情不无缺憾。总之来照所举四项，除第一、第二两项中国早经自动酌量办理外，其第三项所拟将得自溃军之军火财物编籍保存及随后交还远东共和国一节，自可留待后议。惟中国历来收容俄籍溃军，所费已属不资，自必保留其向俄国政府索偿之权利。至第四项战后交还溃军一层，彼等既有政治犯性质，依照最公认之国际法及人道主义，未先商妥相当保证，碍难交还。中国国民及政府对于俄国虽抱有亲善之意，并希望得见俄国政局早日底定。然中国对于俄国之内争，认为应由俄国人民自决，不愿有所偏袒，致招干涉俄国内政之嫌。中国之取缔俄溃军，亦即本此主义，仅为维护本国主权，完全系一种自动的内政行为，并不因红军政府抗议而有此举，亦不能有任何方面之建议而有所变更，更不容有任何方面之参与致损及中国自卫之主权，是以对于远东代表加入办理此事之委员会，未便予以允行。

贵委员团节略所称哈尔滨道尹之不知名顾问一层,实为臆测之词。中国官吏绝无与白党讨论重行作战计划之事,白党之招待中国官吏,即有其事,亦属各人私交,不能影响中国取缔俄溃军之政策。俄国之内争不息,与中国有害而无利。中国既以得见俄国政局早日平定为幸,断无援助俄国任何党派,致使俄乱延长之理也。

贵委员团节略所述,实多过虑之处,现在中国政府除已将贵委员团节略所声明之"俄国为尊重中国主权恪守疆圉"一节予以备案外,所有贵委员团对于中国政府对俄公正态度未尽谅解之处,特再详述本部之意见,略复贵委员团,应请查照并转达赤塔政府可也。

中国第二历史档案馆藏北洋政府外交部档案

远东委员团致外交部节略

1922 年 11 月 13 日

径启者:准本年十一月七日第一二九号节略,备悉种切,本委员团应请贵部记忆者,中国政府关于不放俄国白党入境,如有窜入即解除武装一事,已有命令,本委员团从无疑义。即十月二十八日第一〇八号节略内,亦未有怀疑之词。而本委员团所指陈者,前项命令未能实行耳。此说是否属实,无须辩驳。盖除三省官吏招待白党,甚至款以筵宴,业经本委员团知照外,倘随便经过三省,可于车窗之外见该处白党麇集甚多,要之无处可得藏身,即在日本亦不容留之。白党乃竟公然声言拟赴东三省,可见彼等对于该处之招待信而不疑。观此二端,已足证前说之不虚矣。至对于交战国若守中立时所引用国际法之普通原则,承蒙贵部殷勤示知,无任感谢。惟本委员团应请中国注意者,即若果如中国方面所谓完全遵守普通国际公法,则将迫使远东共和国对于中国行一种甚不惬意之举动。盖贵部节略所引用关于中立之公法,即在该项公法课本之内载有极确实之语(由某国领土武装攻击邻国领土即为战事原因),而由中国领土攻击远东民国之事已屡见不鲜,想贵部亦不否认也。再节略内所开对于红党白党一律待遇之政策,是否合于中俄人民之友谊关系,姑不具论,惟愿中国政府对于以下情形加以注意。俄国远东领域之内自将所余白党逐出之后,在远东民国及俄国全境之内,秩序完全恢复,除劳农远东政府之外,别无他项政府。其驻中国者,除劳农全权代表及远东代表之外,亦无他项俄国外交代表。是以贵部节略内所谓红党白党者,在中国政府对之似应有所区别。且本委员团以为,中国政府既采用此种政策,可使远东政府亦用此种政策以对中国。现中国秩序尚未规复,各省各地仍有战争,倘远东政府亦效法贵部之办法,则某事应与南方接洽,某事与洛阳接洽,而某国事又须与保定、北京、奉天分别接洽矣。至于节略内矛盾之处,尤有不能不请注意者。查该节略内一面证明中国政府无论如何不能以过境之白党视为交战国某方之军队而固禁之,只能视为政治犯;一面又因收容此项政治犯所用之经费,保留要求赔偿之权。惟贵部节略内既已言及公法,应知要求赔偿收容费用之权,只对于固禁交战国某方之军队而言,未有对于政治犯而言者也。本委员团尚有应行解释者,所谓滨江道尹之某国顾问一节,并非注意俄人,因该道尹曾切实声明谓系各项外人云云。本委员团为免再生误会起见,特解释如前,并保留按照贵部节略得筹适当办法之权。总之,中国关于所谓红党白党政策之通知,于中俄人民之友谊不能有所裨益,请留意焉。专此拜缄。顺颂

时安

中国第二历史档案馆藏北洋政府外交部档案

外交部致劳农代表

1923 年 1 月 4 日

　　查数月以来,俄国红白军在海滨省地方交战,溃军难民分窜邻境,或武装越界或肆行骚扰中国东省沿边,地方秩序备蒙损害,且中国政府为消灭危害及防范意外起见,迭经饬令东省执政,订定取缔及解除入境白党溃军武装办法,并将所有入境溃军难民于取得驻哈俄委员保证不

加残害之声明后,分批送往满州里、绥芬等处,交俄官接收。即有少数不愿归国者,亦经分别择地收容,严加监视,并给予食用。其由白党首领斯美林于败退时开至绥芬站被华军扣留之乌苏里铁路工程列车二十二辆,亦经饬令查明,确非军用品,允如远东军事交通总长坡坡维赤来电之请求,完全交由坡坡维赤氏接收。本部据东省长官报告,办理情形甚为周密,乃贵代表屡次来文,辄以中国对于白军取缔不严为言,于中国此次为俄国内乱影响所蒙损失并中国取缔白军实在状况,显多误会。兹本部特将关于此事所得东省报告另单条列,附送查照,想贵代表当能晓然于中国对俄之善意也。抑尤有进者,中国因实行前项义务,调遣军队、增设机关、供给运输车辆、救济难民食用,置备并供给一切收容房屋费用及防范检查等等,手续既繁,耗费甚巨,无非因俄乱之影响,致无端增加一种意外之负担。中国办理外交,素本相互平等原则,为此本部特向贵代表声明:中国政府对于此次为尽前项对俄义务,所费款项应保留其向俄索偿之权,以便权利义务得以相等。统希查照并转达劳农政府为荷。

　　附单一件

　　一、黑龙江省曾订定满、海、黑河①沿边及沿线一带处置俄党办法十二条。

　　一、东路护路总司令部为防范白军,曾订有取缔俄党难民入境办法十条。

　　一、白党将军斯莫林率败军二千余名窜至绥芬站,经东省铁路护路司令按照特定之取缔俄党难民入境办法办理,将其武装一律解除并派军队严重监视,一面与远东政府驻在委员阿萨尔宁商定由该委员保证此项解械党众遣送回国,俄政府不加残害。经即查明各该党众籍贯,其籍隶海滨省者,就近由绥芬站东遣,其余分三批送至满州里站,均交远东政府官吏接收,取有收据。其少数兵官不愿回国者,则送往齐齐哈尔

---

　　① 满洲里、海拉尔、黑河。

设所收容,严行监视。其首领斯莫林安置于横道河子,其窜往马桥河之二百余名,以其地点接近俄境,恐滋扰乱,则送往牙不力以西各林场工作。均令各地驻军严行监视,以待续遣。

一、为搜查中途脱逃之被遣白党,经护路司令严饬护路军警会同特区警察,在对青山、安达、昂昂溪等处,设所检查往来搭车及在车站附属地内俄人,凡无执照者,均予扣留,候查明汇遣,经已查获数十人陆续遣送出境矣。

一、十月尾,有由海参(威)〔崴〕逃往朝鲜,经安东入华境之俄旧党官兵眷属百余名,行抵哈埠,当即扣留,送往长春觅地收容监视,并拟定在长春检查俄党官兵难民办法五条,以照周密。嗣后由安东陆续来长之俄人颇多,除与日领交涉禁止俄人入境外,即按所定办法办理,已收有数百名。俟由绥入境之俄人遣送完竣后,亦拟将其续遣出境。

一、由珲春方面窜入之俄军,由丁镇守使①援照对待绥芬站俄党难民办法一律办理,并由丁镇守使亲赴哈埠与驻哈新俄代表商定,以俄境源春河地方为收容所,所有解械俄党均送至该地收容,由中国方面供给给养,妥为监视。

一、白党十立尼果夫聚众数百人侵入华边,经哈满司令②派队迫令缴械,并由驻河坞警察将十立尼果夫及其部下统领特鲁恒、营长巴立心三名拿获,余党亦正在从严搜捕。

中国第二历史档案馆藏北洋政府外交部档案

劳农代表团致外交部

1923 年 1 月 4 日

本代表团接得可靠消息称,有高尔德耶夫(Gordeyeff)、保乐丁(Borodin)、马尔廓夫(Markoff)、托坡尔廓夫(Toporkoff)、托克马廓夫

---

① 丁超。
② 万福麟。

（Tokmakoff）等之余党约二百人，麕集扎兰诺尔地方云云，合极通知贵部接洽。查上年十二月二、三两日夜间劫掠一案，其中不无各该党人参预其间，故本代表团视为应有声请贵部注意之义务。盖中国官吏既未将此等党徒肃清，则将来攻击华俄边界之举，难保其不再发生也。

中国第二历史档案馆藏北洋政府外交部档案

劳农代表团致外交部

1923 年 1 月 25 日

准本年一月四日第一四五号节略，内开中国政府所拟关于俄国白党越入华境之各项办法，本代表团业已备悉，惟于节略内所述之意见，则歉难同意。查各国政府倘不任意非法干涉俄国内政，倘不称兵反对俄人自愿选举之劳农政府，倘不维护俄人之仇敌，则俄国革命，即节略内所谓俄国内乱者，绝不致牵涉各国如此之广，更不致影响于中国有如节略所言者矣。盖各国政府对于俄国无端横加干涉，中国政府亦在其中，是以中政府应将其节略内所述之损失，归属于此种情形之内也。至于中国政府之行为，查自各国以武力干涉俄国内政，嗣以此项干涉无益无利而停止之，之后，中国政府现仍继续容纳俄仇之白党而款待之，恐为世界上惟一之政府焉。此项款待之事实，已经该节略言及。以此含糊设想之辞，乃欲使代表团必信中国对俄所怀之善感，若证以其他各项仇视俄国之事实，实使本代表适信其反面也。

又如节略内所述设立新机关对于出奔之人许与运送之方法，予以补助供给食物及必需物品，并设法给以住所等语，查劳农政府不但从未向中国政府请求此事，且向中国政府屡次提出抗议，反对款待白党及白党之机关。盖按照俄国法律，凡白党及白党机关统为国事犯，且其一大部分有认为刑事犯者。若就贵部反复规定之"双方平等"及"对于红党白党守中立"等未经承认之特别理论观之，则中国政府对于白党所表之功，自可视为对俄示以善感之意。然自劳农政府观之，此种功劳仅不过形容其对俄显然不能和平之仇视耳。以俄国政府对于贵部首创之理论,无论如何不能同意,以其与国际公法之精神及国际间相互关系之习惯,均相抵触也。现各国政府除中国政府之外,均于放弃干涉政策之时,即自行发起对于白党不特停止维护补助,且不准其入境,不予以款待,并于劳农政府与他国所订条约之内,亦定有专条,凡定约国之一国,绝对不准容留仇视他国之机关及个人。此类规定近以来已成国际上之习惯,即在其他条约非与俄国订定者,亦常有之,譬如德国与拉特维亚所订之和平条约是也。由此观之,贵部所持中立平等之理论,于理论上、习惯上均完全独异,且于国际间相互关系之历史,亦无此项先例也。

至于贵部节略内声明保留向俄国要求赔款权利一节,是即维护款待白党之费用,此种声明深滋疑惑,何则?即就贵部所采取不能容受之中立学说言之,此种权利亦不能发生。按照公法所承认之中立,凡收容交战国一方人民之国家,只可向相当政府要求赔偿,未有向仇视被收容人之方面要求赔偿者也。是以中国政府所有收容白党及向其表功之费用一节,照中国政府自己之学说,倘宇宙间尚有白党政府存在,亦只可向该政府要求赔偿,断不能向其仇视白党之劳农政府要求赔偿也。本代表团不知拟办此稿之人脑中何以有此奇想,深滋疑惑,乘此机会并向中国政府声明:俄国无论如何,亦无论何时,均不承认此类绝对毫无根据之要求。不特此也,各帝王之国干涉俄国内政,中国亦与闻其事,且至今犹维护俄国仇敌之白党,俄国因而致受损失。俄国向中国要求赔偿损失之权或将乘机言之矣。此外,本代表团尚请注意者,贵部每以俄国内乱为言,现俄国秩序已完全恢复,劳农政府之存在已经六年,迄无更替,或为世界最巩固之国家,而中国内政情形远不能谓巩固,加以反对劳农政府,反对本代表团之各项煽惑络绎不绝,甚至散布流言,谓俄国对于中国将有积极之计划。此种情形均于中俄人民所渴望之善邻友谊关系绝无裨益。劳农政府自其成立以来,五年之内时向中国表示亲睦,曾于本国普通现行章程之内。虽该项章程专为外人设立者,独于华人则予以种种特权。且劳农政府虽经中国屡次辞却,而此五年之内迭向中国政府请开和平会议,且其让步之精神,世界各国对于中国未有让步如此之多者也。是以劳农政府现在有权希望中国政府改其仇视俄国之待遇，而于红党白党之间加以选择，抛弃其不能容受之中立政策，停止其仇视俄国之煽惑，并卒允开议。盖中俄会议问题既经中国于此五年之内屡次辞却，现在又因煽惑而迟滞，而俄国所以不能立即开议者，实因偶然临时之缘故耳。本代表切盼中国政府证以五年来中俄相互关系之历史，可信俄国之亲睦诚恳，勿以俄国亦以为异之思想，无端而疑俄国，此种疑义惟中俄之仇敌可以言之，并盼中政府变其对俄政策，较为亲睦诚恳也。

中国第二历史档案馆藏北洋政府外交部档案

（2）外交部关于庚子赔款事与苏俄劳农代表团交涉的有关文件

劳农代表致外交部

1922 年 9 月 19 日

总长惠鉴：兹附节略一件，关于提议支配俄国部分庚子赔款事，敬请查照。顺颂

公绥

姚飞启

九月十四日北京各报载：中国政府拟以庚子赔款俄国应得之一部分，担保发行一种四年短期公债，于一九二六年期满。关于此事，俄劳农会议联邦共和国驻华全权代表敢请贵部长之留意。查一九二〇年牒文中，俄政府因承认放弃庚子赔款，俄劳农社会联邦共和国驻华全权代表会晤贵部长及上贵部长说帖，声明将来中俄会议之标准时对于此事亦曾明晰提及，惟实附有特别条件，即无论如何，中政府决不以款项接济前俄领事及其他个人或俄国团体之提出非法要求者，是况中国当日对于该项牒文，实置而未复，夫既未与提出该牒文之政府发生法律上之关系，即不能谓因该牒文而产出法律上之结果。

今竟漠视斯等情形，加以庚子赔款实系中俄两国诸重大问题之一，

为中政府九月七日前略中所欲同加讨论冀得解决者。是以俄劳农社会联邦共和国驻华全权代表,际此中俄会议开幕之时,对于凡足以损及俄国之利益权利者,所以应提出严重之抗议也。

中国第二历史档案馆藏北洋政府外交部档案

劳农代表致外交部

1922 年 9 月 24 日

对于报载中国大总统训令,自一九二三年一月起取消交付俄国部分所谓义和团赔款之义务(即停付俄国庚子赔款)一节,本代表依据十月十九日节略,再请中国政府注意:凡关于中俄间彼此有关系之各问题,若由单方独行解决,绝对不能容纳。该各问题应照本代表本月二日节略及贵部本月七日答复之节略,在将来中俄会议内讨论之。本代表并须切实声明,在中俄会议未开会以前,关于中俄彼此有关系之一切问题,中政府所有议决及办法,俄政府断不承认。

中国第二历史档案馆藏北洋政府外交部档案

外交部致劳农代表

1922 年 9 月 28 日

本月十九日第一六二号节略具悉。查此次停付俄国部分庚子赔款,系依照中华民国九年成案办理。当时因审度情势而定适宜之办法,俄国并未有所抗议,即揆诸劳农政府迭次对华宣言之精神,亦属完全相符。此次贵代表节略抗议之理由,本部不能了解,殊难认为充分。至中俄会议应行讨论问题,尚待双方商酌进行。停付赔款另为一事,截不相涉也。相应略复,即希查照为荷。

中国第二历史档案馆藏北洋政府外交部档案

5. 中国与苏联关于航空等问题的交涉

外交部致冯玉祥

1925 年 6 月 13 日

张家口西北边防冯督办:昌密。准驻俄李代表震〔电〕称,苏联飞机六架定六月十日由莫斯科经库伦至张家口等语。查本年三月间,喀大使照称:苏联飞机由莫斯科经库伦来张,嗣经航空署以该机倘由库伦入境,则施行入国境检查及保护均感困难,应改由满洲里入境,沿铁路线飞行,并拟将入境办法八条转达该使饬遵,尚未准施。如苏联飞机经由库伦来张,核与原案未符。尊处有无消息,希即查明电复为盼。外交部。元。

中国第二历史档案馆藏北洋政府临时执政府军务厅档案

冯玉祥致外交部

1925 年 6 月 14 日

北京外交部鉴:昌密。元电奉悉。此间闻有飞机来京之说,但未接有正式公文,无从查悉。承嘱特复。冯玉祥。寒。

中国第二历史档案馆藏北洋政府临时执政府军务厅档案

外交部致西北边防督办

1925 年 6 月 17 日

径启者:苏联飞机经库伦至张家口事,准六月十四日电复,飞机来京并未接有正式公文等因。查此事前准苏联喀大使函商,经航空署允其入境,唯路线迄未商定。嗣准李代表电称,其路图经库伦乌得而至北京,惟职员人等并未来馆签证等因,除函航空署核办外,相应将本部与喀大使商议苏联飞机入境来往文件抄送备案,以资接洽。即希查照可也。此致

西北边防督办

中国第二历史档案馆藏北洋政府临时执政府军务厅档案

边防督办署致外交部
1925 年 6 月 21 日

径启者:苏联飞机经库伦至张家口事,前准元电,当以飞机来京并未接有正式公文,电复再客。旋准苏俄喀大使为飞机来华事函请前来,业经函复该使在案。兹准六月十七日公函暨与喀大使来往文件,事同前因,相应将喀大使致本署函暨本署复函抄送贵部,即希查明可也。此致

外交部

督办署　六月廿一日

附件(一):苏大使加拉罕致冯督办照会(译文)

为照会事:苏俄航空同志会,兹以增加中俄与欧洲交通便利起见,特组织航空队,考察由莫斯科至北京之长途飞行路线,拟取道察哈尔直达北京。上项航空事业有关科学进步,特请贵督办准敝国飞行家通行为盼。再,敝使甚愿声明:将来敝国飞行家过境时,谨当遵守贵国与贵督办关于航空之种种条例,敝使深知贵督办对于上述文化事业甚表同情,极盼早赐答复,须至照会者。此致

冯督办

加拉罕　六月十日

附件(二):冯玉祥复加拉罕公函

径复者:接奉六月十日来照内开:苏俄航空同志会,兹以增进中俄与欧洲交通便利起见,特组织航空队,考查由莫斯科至北京长途飞行路线,拟取道察哈尔直达北京,请准予通行等因,准此。查飞行事业有关科学与文化之进步与增进交通之便利,敝署甚表同情。将来贵国飞行家经过时,当予以通行。相应函复,敬祈查照可也。此复

加大使

冯玉祥　六月十八日
中国第二历史档案馆藏北洋政府临时执政府军务厅档案

航空署致临时执政府军务厅

1925年6月29日

径启者:查苏联飞机拟作长途飞行,道经我国张家口、北京、上海等处,前由本署提出应付办法,并令改道由满洲里入境,请外交部转复去后,迄未准复。嗣闻该机抵库,复经本署函知外交部质问驻京俄使,并通行有关系各机关,请饬属查照,在我国未经正式核准以前,暂不许飞越国境,业经函达查照在案。兹准外交部函开:特准苏联飞机飞航国境临时办法八条,当经转送苏联大使去后,兹准复称:此次苏联飞机拟经张家口等处来华,早经预备妥协,且途径较近,因有种种困难,应请特别通融,合将驾驶员姓名、飞机号码开列,请核准等语。查苏机来华途径,似应通融,应允届时请派员往张家口施行入境检查,请贵署查照办理等因,暨附件到署。查驻京苏联大使来函所陈不能由满洲里入境之困难情形一节,情节不无可原。本署为奖励长途飞行,敦睦邦交起见,势难过事坚执。兹经本署特别通融,核定准由库伦入境,经张家口飞至北京,再行直至上海。届时即当先行派员遄赴张垣,施行入境检查,藉昭郑重。除该机入境日期仍俟驻京苏联大使函复,再行通知并分行外,相应抄录外交部原函及附件暨改订应付办法,函达查照为荷。此致
执政府军务厅

航空署　六月廿九日

附件(一):照录外交部致本署函

贞字第四五四号

径启者:前准函送特准苏联飞机飞航国境临时办法八条,请转行苏联大使饬知该机改由满洲里入境等因到部,当经转达苏联大使去后,兹准复称:此次苏联飞机拟经张家口等处来华,早经预备妥协,且途径较

近,若改由满洲里入境实多不便,因有此种种困难情形,应请特别通融,仍照准该机由张家口等处来华,合将该机驾驶员姓名暨飞机号码另纸开列,请转行核准见复等语,并准西北边防冯督办抄送与喀大使准予该机通行张家口之往来原函前来。查苏联飞机来华途径既准,喀大使来函陈明不能由满洲里入境之困难情形而取道张家口一节,亦经冯督办允予通过,似应通融,以期中央地方办理一致,拟请分行有关系各机关暨该机经过各地方长官饬属遵照,届时并请派员前往张家口施行入境检查,以昭郑重。相应抄录喀大使来函及附件并西北边防督办与该大使往来函件,送请贵署查照办理并见复,以凭转复可也。此致

航空署

附件(二):照录外交部转录苏联大使馆来函

径启者:查苏联航空队拟飞行来华,藉资试练一案,接准四月廿九日函称:经本部据函航空署,兹准复称:苏联飞机来华,既以试练为目的,自可准予入境。唯拟经外蒙入境究有未便,请改由满洲里入境,经长春等处抵京,再飞往上海,以免障碍。兹拟定特准苏联飞机飞行国境办法八条,请转达苏联大使等语。查航空署所定飞机入境办法,系参照历届成案办理,惟入境地点经由库伦实多未便,故改由满洲里沿铁路线来京,再飞往上海,以便保护,相应抄录该飞机入境办法八条,函送贵大使查照,即希转饬遵办并见复,以便转行预备等因。据本大使所得消息,该友会航空队原拟经行张家口等处来华,早经预备妥协,且途程较近。若改为由满洲里来华,于彼等殊多不便,因有此种种困难情形,请特别通融,仍准由张家口等处来华。相应连同该友会航空队驾驶员姓名暨飞机号码单一纸,一并函请贵部查照转行允准并见复为荷。此颂日祉

西历一千九百二十五年六月廿六日

附件(三):俄国飞机驾驶员姓名暨飞机号码单(略)

附件(四):照录外交部转译加大使来函(即加拉罕致冯玉祥照会,见前,略)

附件(五):照录外交部转西北边防冯督办复加大使函(见前,略)

附件(六):中国改订特准俄飞机飞航国境临时办法

一、此次俄飞机来华,系由驻华俄大使先期正式通告,经中国政府特许后方得飞航入境,并受中国政府派员之检查。

二、俄大使应将左列事项(除已定各项外)开送查核。

甲、飞行目的。(已定为试验)

乙、详细飞行路线及在中国境内停留日期。

丙、出发及到达中国各地点日期。

丁、飞航员及其他航务人员之人数及姓名。

戊、飞机之式样、数目、标志、发动机之式样及马力。

三、俄飞机在中国境内飞经之航线由中国政府指定之。该飞机应即按照指定路线飞航,不得飞往他处,并不得于指定地点以外自由升降,至该路线左右界线共为二十公里。

四、此次俄飞机来华,中政府指定张家口为入境检查地点。由张家口沿铁路线(经)〔至〕北京,再沿津浦、沪宁线飞往上海,并于张家口、北京、上海等处指定地点,准其自设临时飞机升降场,供此次飞机上下应用一次。北京则指定南苑航空学校飞行场为升降之地,但到达北京时,如须飞航北京城上面,须先通知中国政府核准之。到达上海时,其吴淞炮台周围五公里之上面,因军事关系禁止飞航通过。

五、不得携带违禁物品、照相器具、无线电机及邮件并运载货物。

六、沿线经过人烟稠密地方,不得为一千公尺以下之飞行,致危及人民生命财产,并不得由天空撒落物品。

七、此次俄飞机在中国境内飞航,须携带各种飞航必备之证书及日记,以备检查并遵守空中一切规则。

八、以上办法,系此次俄飞机飞航入境临时特别允许之一次办法,与中国尚未批准之航空条约无关。

中国第二历史档案馆藏北洋政府临时执政府军务厅档案

临时执政府军务厅致西北边防督办公署
1925 年 6 月 30 日

公函第一四〇六号

　径启者:案准航空署函称,查苏联飞机拟作中俄长途飞行,据苏联大使来函所称不能由满洲里入境之困难情形一节,情节不无可原。本署为奖励长途飞行,敦睦邦交起见,势难过事坚执。兹经本署特别通融,核定准由库伦入境,经张家口飞至北京,再行直至上海。届时即当先行派员遄赴张垣,施行入境检查,藉昭郑重等语,相应抄录原函、附件,函请查照。此致
西北边防督办公署

中国第二历史档案馆藏北洋政府临时执政府军务厅档案

外交部致加拉罕
1925 年 3 月 18 日

　外交部照会俄大使加拉亨:奉俄协定已经中央追认,作为中俄协定之附件,请转达莫斯科政府。

《东方杂志》第 22 卷第 8 号,1925 年 4 月 25 日

二、五卅惨案及其交涉

说明:1925 年 5 月 30 日,英国巡捕在上海南京路枪杀进行爱国宣传的学生和市民,酿成震惊中外的五卅惨案。事件发生后,上海迅即展开总罢工、总罢课、总罢市的三罢斗争,而且,反帝爱国运动迅速由上海席卷全国。五卅惨案这一突发性的涉外事件引起了严重的中外交涉,交涉历时半年余之久。虽然五卅惨案本身的交涉收效甚微,但五卅反帝爱国运动对北京政府后期的外交影响很大。经此惨案以及其后的反帝爱国运动,中国民众废除不平等条约的呼声日益高涨,并最终促成北京政府正式发起修约运动。本章的内容包括五卅惨案的发生、北京政府就五卅事件所进行的中外交涉、反帝爱国运动在各地的进展、各党派所提出的交涉要求以及关于汉、渝等案的交涉。

本章主要资料来源:

中国第二历史档案馆藏北洋政府外交部档案、外交部驻云南特派交涉员公署档案、北洋政府临时执政府军务厅档案、临时执政府档案、临时执政府内务部档案、临时执政府陆军部档案、临时执政府京畿卫戍总司令部档案、广州国民政府档案

北京政府外交部编:《外交公报》第 52 期

孙曜编:《中华民国史料》第 3 册,上海文明书局,1929 年

孔另境:《五卅外交史》,上海永祥印书馆,1946 年

上海社会科学院历史研究所编:《五卅运动史料》第一卷,上海人民出版社,1981 年

上海市档案馆编:《五卅运动》第一辑,上海人民出版社,1991 年

邓中夏:《中国职工运动简史(1919—1926)》,人民出版社,1953 年

台北中研院近代史研究所编:《中日关系史料——排日问题》,台

北,1993 年

北京《晨报》,上海《民国日报》,《新闻报》,北京《益世报》

Kenneth Bourne and D. Cameron Watt ed. , *British Documents on Foreign Affairs*:*Reports and Papers from the Foreign Office Confidential Print*(《英国外交文件集》,以下简称"BDFA"),Part II,Series E Asia, Vol. 19,vol. 29,China. University Publications of America,1994

United States Department of State, *Papers Relating to the Foreign Relations of the United States*(《美国外交文件》,以下简称"FRUS"), 1925,Vol. 1,Washington:United States Government Printing Office,1940.

英文资料由张丽翻译。

其他资料来源文中说明。

(一)五卅惨案的发生与反帝爱国运动的展开

说明:1925 年 2 月,上海日商内外棉纱厂发生大罢工,其后纱厂工人屡遭刁难。1925 年 5 月 15 日,工人顾正红被日本人枪击身亡。5 月 30 日,上海学生为抗议此事,在公共租界举行宣传示威,学生们在南京路老闸巡捕房前遭到英国巡捕枪击,当场死伤数十人,酿成"五卅惨案"。从 5 月 31 日到 6 月 10 日,又连续发生惨案多起,帝国主义的野蛮暴行震惊中外。惨案发生后,中国民众掀起了全国性的反帝爱国运动,其间工学商各界以及北京政府及其地方大员的主张表现出明显的差异性。

1. 五卅惨案的发生

《时事新报》的报道
1925 年 5 月 16 日

肇祸原因　自上次日商内外棉纱厂工人罢工解决后，日商与工人间即订立一种条约，双方签字，以昭信守。讵日人则每藉端为难，条约之履行者不多觏，近则时常藉故开除参与上届工潮之工人代表。昨日第十二厂中有六人忽被开革，工人愤甚，始有罢工之举。外传此次风潮起于工资问题，实非真相。

肇事情形　十二厂既罢工，其余别厂工人则工作如故。讵第七厂工人正拟前往工作，日人不许，工人以并未参加罢工，岂有拒绝工作之理，乃群起质问。无如日人并无充分理由答复。工人见无理可喻，乃要求发给工资，然后回去。时工人愈集愈众，一致为坚决之要求。讵闻有该厂小大班川村者，及其余职员，突以手枪向工人轰击，当场中弹身死为顾正红（江北人，三十余岁①）、王福全，受重伤者（四）〔三〕人，为周阿大、吴阿四、徐阿（平）〔炳〕，较轻者尚多。无何，日人复以电话报告巡捕房，谓"有工人扰乱纱厂，请速派得力探捕前来弹压"，未及半小时，华印探捕各十余人武装驰到，如临大敌，然已在日人放枪之后。工人见此，愤激益深，坚聚不散，印捕乃亦放枪，意在驱散工人，讵枪弹适中潘姓女工。当时西捕多人亦在场，捕房方面旋拘去工人五六人。是役日人方面绝未受伤，厂中器具等件亦无被毁者。事后乃由普陀路捕房派西捕多名，雇坐黄包车送至公共公廨，由驻廨捕头电告中国红十字会驱病车到廨，将受伤工人，车送医院疗治；因伤毙命之工人尸体，已由西捕舁送斐伦路验尸所，候报请公共公廨中西官相验。

《时事新报》1925 年 5 月 16 日

---

① 顾正红生于 1905 年，时年二十岁。

内外棉纱厂工会呈交涉使文 [①]
1925 年 5 月

为日人残暴逞凶枪杀工人请向日领严重交涉惩办凶手、赔偿损失以崇国体而平众愤事。窃日人在我国各处开设工厂,掠我财货,剥削汗血,虐待工人,种种横蛮不法之事,已属共见共闻。而上海日人工厂尤为残暴,打骂工人,调戏妇女,视为常事。工人因虐待而死亡,妇女因羞辱而自杀者已屡见不一。工人不胜其愤,以致酿成上次日人各纱厂之大罢工。后经钧使、警察厅、总商会、各马路商界总联合会等竭力调解,日人理屈,始在总商会签定条约四项,承认以后再不打骂工人,不无故开除工人,并发还储蓄金等。工人等以为此后或少遭欺压,安心上工。不料复工以后,日人虐待,反变本加厉。日人监工入厂,皆携带铁棍手枪。工人偶一不慎,即遭棍击。罚款之苛,数倍于前。(刻克)〔克扣〕工银,更有奇法。工人等所得工资赏钱,均系大洋计算,日人发给时,对于尾数,只给小洋。譬如尾数为九角九分,只给小洋九角铜元九枚。苛刻之酷,有如此者。而收买流氓,捏造谣言,侵犯工人团体,违背条约,开除代表,破坏工人组织,种种无理压迫,更与工人以难堪。各厂工人积愤不平,屡欲停工,均为工会劝以委曲求全而止。不意本月十日以后,日人更积极压迫,三日之间,无故开除工人代表三十余人之多。本月十四日又无故开除十二厂代表多人,工人等据理质问,日人竟横不讲理,手持铁棍乱殴工人,受伤倒地者五人。又即招巡捕驱逐工人,工人无法,只好四散奔逃。当时各厂工人均欲停工,又为工会劝止。翌日(十五日)各厂工人照常上工,日人藉口无纱,将七厂织布厂锁闭,不让工人进厂。工人要求照发工钱,又不许。后经捕房捕头调解,始允给以五点钟工值。本日下午五时,晚班工人又照常上工,日人仍将七厂锁闭,不让入厂。工人要求照日班办法,发给工值。日人毫不讲理,手持铁棍乱殴。而内外棉副总大班元木,七厂大班川村,竟乱放手枪,当有工人

二人中弹倒地,工人四散奔逃。同时东(五)厂、西(五)厂、八厂各厂工人,闻讯赶出解劝。日人竟聚集各厂职员三十多人,并厂中(应)〔雇〕用之印捕数十人,或持手枪,或持铁棍,向工人乱放乱殴。当时受伤倒地者多人。日人还将小刀在受伤者身上乱戳,流血满地,惨不忍睹。工人赤手空拳,无以自卫,只得将受伤者扶出,送捕求验。后经捕房将重伤者七人送同仁医院医治,均有伤单可查。手折头破者更(有)数十人,尚不在内。中有女工十余人,十四岁以下童工十余人。日人惨杀之毒,有如此者。血衣血裤尚存工会,以供查验。现顾正红一人,因身中四枪,弹穿肠腹,无可医治,已于本月十六日下午二时殒命①。工人等专恃工作为活,日人毫不宣布理由,锁闭工厂,拒绝工人上工,是欲陷工人于饥饿。工人要求发给工值,自系正当理由,日人竟任意殴打,集众开枪,直视工人如盗匪,如亡国奴隶。不仅欺压工人,实为侮辱我国国体。群情愤激万分,已向日人提出要件八款。限期(答)复。伏乞向日领严重交涉,要求惩办凶手,赔偿损失,承认工人等之要求,以平众愤而崇国体,实为德便。谨呈。

内外棉纱(厂)工会代表刘贯之、陶静轩

暨全体工人二万五千人呈

《五卅运动史料》第一卷,第551—553页

南洋大学学生的记述
1925年6月

一、工潮

日本惨杀华工,现在容我略告。在小沙渡日本所开的内外纱厂里的华工,因为平日受了日人之苛刻待遇种种残酷,乃提出要求四项:(一)勿无故殴打工人,(二)勿任意开除工人,(三)两星期发工资一次,(四)发还存储金。其实这四条照普通的眼光看来,哪里算什么条

---

① 另据《民国日报》5月18日报道,顾正红于5月17日晨7时气绝——原编者注。

件,正是工人应有的权利。哪知日本人非但不答应,并且开除工人代表。工人以切身的关系,自然愤慨,是以决计停机(停机与罢工不同),再派代表赴各方奔走接洽,好容易调停稍有眉目,于是相率要求上工。可是就在那工人齐集厂门要求进厂的时候,日本人即时行凶。一时秩序紊乱,工人顾正红身被四枪,(中略)一个可怜的同胞已做了日本人枪下的冤鬼了! 大家请想,这是什么事情! 日本人无故枪杀中国工人,这是多么重大的事! 但是日本人非但不惩凶、赔款、认罪,他还勾(同)〔通〕了英法捕房,在公祭顾正红的那一天,拘捕我们学生代表、工人代表多人。更可怜的,中国官司要外国人办。代表(提)〔捉〕去了,会审公堂开审非正式的要判决监禁六年。嘿! 这是什么话? 学生工人又没有杀人,又没有偷东西,国人请看外国人要我们的性命,夺我们的自由,是这样一斑的! 而更可恶的是从这次工潮后,工部局即通知各报馆不准记载。各报怕他的报馆封了,怕他的主笔要捉去,只好让工人们死而无闻,连轻描淡写的记载都没有。这是多么凶狠的压迫手段啊!

二、五月三十日南京路的血

第一次审过,第二次就要正式判决,日期就是五月三十日。我们的血是热烈的,我们的心是仁爱的,我们怎能坐视无辜的同胞横被蹂躏! 所以学生联合会就开会讨论,议决于五月三十日全体游行、演讲、请愿。我们南洋①并且在隔夜开了一个全体大会,请工会代表来会报告被压迫情形。一时气夺风云,全体议决上午九时出发演讲,并预备大家到巡捕房去与被捕同胞共甘苦。五月三十日上午八时,南洋学生齐集大操场向国旗行礼。阴森森的天色,肃杀的喇叭声,伴着同胞们向残缺的五色旗行礼。一个暗示给他们:"行军气象"、"男儿马革裹尸在沙场!"于是大家整队出去了。在火车站、会审公堂附近,略为散发传单,对众演讲。走到租界上,外国人就来干涉,把我们的小旗子传单一起拿去,并且押到巡捕房去的人,共有四十余人。大家壮气益增,在巡捕房里还喊

---

① 南洋大学。

"打倒帝国主义"、"援助工界同胞"。捕房以人数过多,索性一起放了。同学当然继续进行工作,仍在界路附近宣讲。外国人哪里肯放过!突然来了一个便衣探捕,不管什么,把宣讲的人推进火车站的铁栅(那里不是租界了),几至动武。我们始终用我们的武器——口号来抵抗。中国人谁说没有天良!大家听了,都拊膺切齿。这时候,被捕学生已交一百元的罚款,放了出来。但是学生为援助工人同胞,到底犯了什么罪要罚钱呢?大家是义愤难平,并且许多工人还没有放出,怎么可以罢手?所以决定下午至交涉署去请愿。

　　那一天天气很热,大家奔走了半日,吃过饭,天变阴黑,顿现恐怖。那时候,同济、法政、复旦、上海、文治等大学中学以及各校之私人加入者,都约定会集交涉署。我们南洋与复旦两校同行,排好了队出发,行经各马路,大家都带着好奇的神气咸来询问。他们能注意,正是我们所希望的。直到先施公司那边,就有一个中国巡捕同我们讲:"你们不要过去吧,那边外国人在那里捕学生!"我们当然十分感谢他的美意。但是,看他的很诚意、很凄惨的神情,越使我们悲痛,越鼓起我们的勇气。更听得外国人捕学生,我们大家都很慷慨地说:大家一同去好了,不要说关到巡捕房,就说死也没有什么怕!一鼓作气,跑到英大马路,几个印捕和英捕举起了棒正在打那蠕动的人众——国人。一会儿,一个学生被捕了去,他们不肯放松,我们也岂愿罢手!大家挤上去,巡捕只得放手。他们一次捕人,我们一次挤上去,杂着一片呼声:"中华民国万岁!""打倒帝国主义!"非但我们学生如此热烈,路旁的看客,甚至电车上、汽车上的乘客,大家都挥帽大呼。咳!这是多么雄壮的呼声!多么勇敢的民气!在外国势力最盛之区,这样表示真不可多得的!然而,英巡下令开枪了。中国巡捕是十分可怜的,他们在严令之下,不能不遵守,但是大家是中国人,——并且对方面又是一辈青年学生,又怎忍开枪?——不得已朝天开了几枪。在印捕和英捕方面,自然多打死一个中国人好一个,他们杀人不闭眼的开枪了。白烟弥漫了,枪声紧密了,(中略)可怜已有许多同胞辗转车尘马迹之间了。在劳合路那里,一辆人力车,坐着一个头破血流的学生,旁边还有许多学生扶着。那位可怜的同胞,一个手按着脑部的创口,一方手巾差不多全染了鲜血,那一个手还拿着一面"打倒帝国主义"的小旗子。扶他的同学们口里不住的喊:"这是外国人打得这样的,大家看啊!"这是怎样的触目惊心啊!这是多么惨的事!路上看客,都说照这样我们非罢市不行!

一条华丽广大的大马路,一霎时遍染了我们同胞的赤血。外国人有势力,我们有比势力更强的民气;外国人有快枪利刃,我们有赤血热心。他们现在把我们同胞残杀,我们大家只是忍着血泪的牢记着。大家团结起来,罢工,罢市,罢课!已经牺牲了许多同胞,我们大家牺牲到底,奋斗到底!

三、六月一日的大屠杀

果然这样大流血的大屠杀,好久压服在外国威权下之民气激起了。总商会跟着学生联合会罢课,也议决了罢市,工界当然分别罢工。好大的一个运动!外国人忿极,气极,骇极。可怜同胞又于六月一号被他们大屠杀,死者数十人,伤者更夥!

大家看吧!中国人还能生活吗?还要在上海说话吗?大家看呀,大家看外国人怎样的杀人如狂呀!大家看看昨日的《血泪日志》,这是怎样痛心的事呀!

中国人处于外国种种压迫之下,谁不愤恨?自从学生们号呼出反抗的声音,谁不情愿响应,谁不愿拼命?这几天来,国人冥不畏死,国人奋勇的态度,可以令人战栗,可以令人疯狂。

但是可怜各报馆,处于外国人监视之中,记者们蜷在电话间,主笔们(在)编辑室屏息着。报上只登着连篇累牍的电报,他们哪里知道外面愤慨、紧张、惨酷、暴戾的情状!五月三十一日,死伤情形他们一点没有登。六月一日只随便写着伤了十余人,这样连国人杀完了,他们也只会在排字房里排公函通电。现在学生自己有自由车队的组织,自己传布真实的消息。

自从五月三十日突然发生悲惨的大流血之后,学生的勇气更其奋发。当日晚上大家一面分散到各报馆，要求他们此次一定要登载，一面分散进行大罢市大罢工。但是中国现在的群众组织是不完备的，所以大家虽然是愤激义勇，但是仍旧散漫纷乱。总商（会）开会开六点钟之久，纱厂（公）〔工〕会一呼就到纱厂工人代表三千人，各界热烈的态度可以概见。然而罢工罢市，五月三十一日还没有结果。学生在五月三十一日继续出去演讲散传单，但是大家为避免危险都分散着，一个二个逢人便宣传，巡捕来捉的时候，大家听他捉去。放了出来仍旧去宣传。所以那一天发生的惨剧不十分多。

到六月一日租界各中国商店完全罢市了！外国工厂完全罢工了！电车、电灯厂、电话（厂）〔局〕、自来水厂工人早就决定一致行动，因外国兵警严重监视未果。

然而这种竭力的不合作运动，引起了外国人重大的恐慌与残忍。他们调集了全体队伍，全体武装，来凭临我们赤手空拳的国民。于是发生了这一天遍地的大屠杀！

六月一日实是外国人在租界上杀人狂的那一天。义勇队向各路游行示威，各机关一齐戒严。天蟾舞台屋顶上架着机关枪，紧要路口架着炮车。捕房门口停着救火车，架好喷水管。海军陆战队、马队，他们所有可以拿出杀人的一概拿出来。他们逢人乱打，看见学生或者工人就要开枪。然而有一辆电车还在戒严得最厉害的南京路（被）捣毁了。

学生这一天，仍旧出去演讲，发传单；而工人的精神，这一天，尤其惊人。工人们因为许多学生为他们争斗而死在外国人的枪弹之下了，他们就群趋于外国人枪弹之下。他们一点也不顾外国兵队的威武，一点也不顾机关枪的凶狠。他们看见电车还在开行就出来阻止，看见有人演讲或者巡捕动武，就高呼响应。

结果六月一日一天中死伤了约二百人！

《五卅血泪》第 2 期，南洋大学学生会，1925 年 6 月 4 日

工部局捕房各巡捕的报告

1925 年 5 月 30 日—6 月 2 日

1. 主任探长祁文思关于学生开展反日宣传的报告(5 月 30 日)

刑事稽查处长

阁下:

目前有迹象表明,学生们正在用发表演讲和散发传单来发动一场协调一致的运动,用以激发反对日本的偏见,其目的可能为总罢工准备条件。我谨建议,告诫各捕房采取措施以制止此类活动。

主任探长　祁文思

一九二五年五月三十日于中央捕房

2. 探目廷克勒的报告(5 月 30 日)

刑事稽查处长

阁下:

在五月三十日下午二时二十五分至三时二十分之间,本区捕房探员在区内逮捕了七名中国学生,因为这些学生在马路上向过路行人高声发表演讲,散发中文排外传单,以及在商店门外和电线杆上等处张贴套红印刷通告,其中五人还拿着白布上写着黑字的小旗子。

被捕者的具体情况见附件。

可以看出,所有被捕者均是青年学生,七人中有四人是西摩路上海大学的,他们都是些不象样的、稍微受过一些教育的激烈排外型学生。

他们全都拒绝提供关于在何处印刷这些违法传单的详细情况,也不肯说出是谁在组织这次运动;而只声称他们是在街道上从别的学生那里拿来的。

就在进行上述逮捕后,探员们立即在全区所有主要马路上巡逻,发现这些学生并未在区内进行大规模活动。广东路、福州路、山东路和北京路都曾张贴过这类红字告示。从老闸捕房转来的受伤者进入仁济医院后,有相当多一批群众逗留在医院附近的几条街上。(他们不时为巡捕所驱散,如果有人徘徊不去的话,也只是很少几个。)

探目　廷克勒(签字)
一九二五年五月三十日于中央捕房

附件:略。

3. 副探长康迪特的报告(5月30日)

刑事稽查处长

阁下:

我谨向您汇报,据七六三号华捕于五月三十日上午十时三十五分报告说,大约有三百名中国学生聚集在会审公廨外面。当时我立刻和华籍探员阿鲍前往公廨,发现在靠近公廨的北浙江路上有十名左右学生阶层的华人,另外在公廨院子里则有二十名左右。我当即在这地区附近布置多名巡捕,这时这些学生正在秩序井然地三三两两交谈,至中午十二时十五分左右,他们便离去了。

五月二十五日上午十一时,巡长柯立逊看见有二十名左右手拿小旗的学生在海宁路本捕房外面散发传单,随将这些学生带入捕房,小旗和传单均予没收。副捕头杰斐逊警告他们离开租界,然后放他们走。

五月三十日中午十二时四十五分,我和华籍探员阿鲍在界路,当时我们看见有一群人在克能海路路口附近,大约有六十人之多。这些人都是中国学生,他们正要向工人们发表演讲,我当即命令他们返回闸北。于是这些人就前往北站入口处,并从铁栏杆后面用他们所能想到的各种各样下流话来咒骂我和所有在上海的外侨。当时我和闸北警察局进行了联系,他们答应派一个班的警察去赶走这些学生。到下午一时半,那些学生骂得累了,就动身前去闸北宝山路,以后未再返回本区。这些人大多数是南洋大学学生。

所没收的小旗上面写着:"收回被霸占的上海租界","收回海关"。传单已没收。

副探长　康迪特(签字)
一九二五年五月三十日于西虹口捕房

4. 探目奈特的报告(5 月 30 日)

刑事稽查处长

阁下：

我谨向您报告,第三十五号日捕于五月三十日下午四时三十五分从萨坡赛路二十三号南洋医学院押来四名学生,他们是陈峻山、彭龙伯、林亦奇和陶仙福,因该日捕曾见这些人在北四川路上的电线杆上张贴传单。

传单的内容如下：

一、抵制日货；

二、实行经济绝交；

三、援救被捕学生。

这些学生说,传单是学生联合会送往该医学院准备散发的,当时派了大约一百名学生去上海各处张贴。

兹附上其中三张传单。

被捕学生已根据本捕房主管捕头的指示予以释放。

探目　奈特(签字)

一九二五年五月三十日于北四川路捕房

5. 捕头爱活生的报告(5 月 30 日)

总巡阁下：

下午一时五十五分,二五四号华籍巡长来捕房报告说,南京路劳合路口有一群手持写有反日内容旗子的学生在那里发表反日演讲,要求他们离开,他们不睬。当时我在谢尔斯威尔副捕头和一队巡捕的陪同下前往该处,并逮捕了三人,其中一人确实在向群众演讲,另二人则拿着写有反日内容的旗子。在把他们押送捕房时,另外有十五人也跟在后面。他们在捕房坦率地承认那些演讲是反日的,而且他们(全是西摩路上海大学学生)事前曾和其它大学学生议定,要在公共租界各处集会以抗议普陀区日商纱厂杀害中国工人之事。这三名为首分子当被指出罪名予以拘留,并要其余的离开捕房。但这些人拒绝照办,因此就全部加以拘禁。

几分钟后,我在西藏路又逮捕了一名手拿反日旗子的学生,这时同他在一起的另一群学生也跟进捕房。当捕房人员通知他们说那名为首分子将予起诉,这些人也拒绝离去,因此他们也都被关了起来。

大约在下午二时四十五分,另有六人在西藏路被捕。在这里发生了第一次暴力行动,当时他们殴打了西捕史蒂文斯,五一五号印捕曾目睹此事。在将这些人押往捕房时,又有大批群众跟随他们进入捕房院内,实际上他们有些人是强行挤进审案间的。当时我下令将这些人统统赶出审案间和捕房院子,而当巡捕在执行此命令时,那些因打人而被捕的人也逃走了。此时,群众被捕房人员艰难地赶出了捕房,并沿着南京路往东退去。虽然捕房人员劝令他们散开,但当他们接近永安公司时却突然停了下来准备抵抗,态度也变得十分具有威胁性。有一群人向西捕怀特和科尔发起攻击,把科尔打倒在地,并企图夺取他的手枪。此时巡捕就使用了木棒和警棍,任意挥打人群。但不久群众便变得完全无法控制了,巡捕被迫退回捕房,后面跟着大批人群,高喊"打死外国人"。我立即命令大门口的印捕和华捕子弹上膛。就在群众刚要涌进捕房之时,我就下令开枪,时间是下午三时三十七分。当时一共开了四十四枪,其中印捕开了二十三枪,华捕开了二十一枪。人群有四人立时击毙,后来知道有九人受伤。接着群众便四下逃散。

捕头　爱活生(签字)

一九二五年五月三十日于老闸捕房

又及:

总共有十八人受伤,当即被送往仁济医院,其后又有三人死亡,使死亡数增至七人。

捕头　　爱活生(签字)

6. 捕头爱活生的补充报告(6月2日)

总巡阁下:

我认为有必要对我五月三十日的报告补充一些具体情况。在南京路和西藏路进行第一次逮捕以后,我多次接到报告,说是群众在本区各处麇集,于是我就于下午二时十五分下令敲起报火警钟以召集捕房所有人员。当时,除了我和副捕头谢尔斯威尔、探长佩珀、便衣巡长泰布伦、便衣巡捕怀特、西捕史蒂文斯、柯尔、哈珀等以外,所有在营房内的印捕(由印籍捕头率领)和华捕都出动了。一队持枪印捕和华捕驻守捕房大门,其余的(包括外籍人员)均被派往南京路进行巡逻,勿使人群聚集。真正严重的骚乱开始于西捕怀特试图驱散一群学生时,那是在下午二时四十五分,那些学生正在南京路西藏路口向一大群人发表演讲。当时由于学生们拒绝散去,西捕史蒂文斯就逮捕了若干为首分子,但他立时被一批怀有敌意的群众包围,他们行动粗鲁,将他击倒在地,并企图夺取他的手枪。这时有几个外国人(可惜不知其姓名)前来助他一臂之力,第五一五号印捕也来相帮。结果有六名学生被带往捕房,但后面却跟了约二百人的群众,这些人强行挤入捕房。就在此时,我决定必须将这些人统统赶出捕房院子及邻近地区。但在执行此项命令时十分困难,因为实际上在面对南京路的捕房大门内已经有约二百人了,而且人群仍在继续前来。在这混乱之际,那些殴打西捕史蒂文斯的人乘机混入人群不见了。此刻,人群缓慢地沿南京路被迫向东退去,而巡捕则想方设法使他们散开。当接近永安公司时,他们突然停止不前(此时人群已变得十分庞大),同时四面八方响起了用中国话和外国话喊的"打倒外国佬"和"打死外国佬"的呼叫声,所有交通全被堵塞,那些往往是由学生率领的群众至此已完全无法控制了,而巡捕们则被迫退回捕房。由于一些捕房人员,主要是副捕头谢尔斯威尔、西捕史蒂文斯、哈珀、柯尔以及便衣巡捕怀特被群众粗暴地推来挤去,费了很大劲才把他们从暴徒中解救出来,为此我判定显示一下武力实属绝对必要。于是我命令那些外籍人员退至大门口武装巡捕后面,同时下令开枪。第一枪是我从一名印捕那里取来的步枪开的,当时副捕头谢尔斯威尔也用手枪打了一枪。我下令开枪是在群众正要进入捕房大门的时候,我判定除此以外是无法保全捕房的了。

开枪的结果,四人当场被击毙,七人事后因伤死亡,十四人扣在仁济医院。

捕房缴获了大量旗子和横幅标语,这些物件将送交总巡捕房。

捕头　爱活生(签字)

一九二五年六月二日于老闸捕房

《五卅运动》第一辑,第 290—297 页

《字林西报》的报道

1925 年 6 月 1 日

中国学生和纱厂工人长期以来的骚动,在上星期六(五月三十日)举行的一次愤怒而激昂的示威中达到了最高峰,造成了极其严重的后果。有九名中国人被枪杀,三名在记者执笔时正躺在医院里,奄奄一息,命在旦夕。还有很多人受伤。这是中国人与租界巡捕斗争的结果,为近年来发生的一次最严重的暴动。说实在话,自从一九〇五年中国人大举袭击并烧毁老闸捕房以来,上海的历史还没有受过类似这样严重的事件的扰乱;老闸捕房又一次成为暴风雨的中心。

学生群众早已对内外棉纱厂发生的罢工事件表现出积极而密切的关注,特别是最近一两个星期来,学生有撇开纱厂工人的任何正当的经济的不满而引入各种各样政治问题的趋势,以致事情发展到这个地步,骚动已经变得具有明显的排外色彩了。

星期六(五月三十日)发生的疯狂暴乱是由会审公堂审讯案件直接引起的。有学生六名因参加一家纱厂暴动,一直在被拘押;他们因为找不到保,没有被开释而被拘押这一事实,是燃起具有政治头脑的学生们的愤怒的第一个火星。当这六个犯人在星期六被提到会审公堂要在日本陪审官田岛先生和陆襄谳面前受审时,有大批学生聚集在公堂外面等候审判结果。

可是这仅是一次属于程序性质的审讯,被告再一次还押,等候特别审理。他们可交保银一百元在外听候传讯,但他们都付不出,因此必须

继续扣押。他们被押回到老闸捕房一事就成为产生这样不幸的后果的暴动的信号。

富有煽动性的旗子

当被告们被从老闸捕房押解出去时,全体学生都跟随在他们的后头。学生们对此次审讯的心情可从他们所持旗子上边的词句中清楚地看出来。今举数例如下:"日本人撕毁我国的国旗","反对增加码头捐","取消治外法权","反对越界筑路","反对印刷附律","援救被捕学生","取消一切不平等条约,收回外人在华一切租界"。可以看出,这些口号与纱厂工人提出的所受的不公正待遇脱离得很远。这些口号实际包括象全国学生总会、上海学生联合会之类团体所特别卖力的鼓动工作的全部领域。在游行队伍中,几乎上海每个中国教育机关都有代表在内,其中突出的团体有上海宣讲团、上海法政大学、南洋大学及上海大学等。上海大学在数月前因被公认为"布尔什维主义的学校"而闻名。国民党上海执行部也有不少人参加在内。

老闸捕房进行拘捕

当学生群众沿着浙江路游行时,参加游行行列的人自然地愈聚愈多。及至他们走到南京路时,示威群众已达数千人之众,其中大多数人显然不知道自己为什么参加游行,也不知道游行是为了什么。游行队伍的首领们一到老闸捕房门口,他们就立刻向捕房大门冲去。当时门口仅有少数华捕和印捕守卫。巡捕以同样的速度拦住了冲过来的群众,中间逮捕了一些学生,把他们带进了捕房的院了。接着群众又一次向捕房大门冲去,这次又被拦住了。接着巡捕又拘捕了一些人。捕房急忙向总巡捕房告急,而集结于浙江路西藏路之间的群众,这时情绪已非常激昂。在几个西捕头的参加之下,一批印捕及华捕将群众从捕房门口赶到南京路上,一直把他们驱逐到市政厅还过去一点点。走到这里,三个西捕,史蒂芬、韦德和柯尔,遭到群众的殴击,群众还企图夺取他们所带的手枪。他们竭力挣扎,手枪未被抢走,但被中国人狠狠地打了一顿。

狂暴而激愤的群众

游行群众这时又集结起来,把巡捕的警戒线推过马路,再度到达老闸捕房门口。群众象潮水一样地汹涌澎湃,地上撒满了在斗争中失落的帽子、衣服。有一些过路人也被卷进了群众的洪流,身不由主地跟着群众一起涌向捕房大门。这时队伍中发出喊声,"杀外国人! 杀外国人!"毫无疑问,如果捕房大门真被冲破,捕房院子内一定会立刻被这批如今已变得疯狂、紧张和不负责任的群众挤得水泄不通。这时求援的呼吁已得到响应,最先到达者当中有一批在运动场上打球时被唤来的捕头,他们还穿着运动衣就投入混战。但是增援的人数仍不足以驱散捕房周围的群众。及至学生再一次高呼"杀外国人"向前冲去时,老闸捕房负责人爱活生捕头(Inspector Everson)就下令开枪。印捕立刻执行命令。中国人四名当场被打死,另有多人受伤。群众听到枪声就纷纷逃命,不到几分钟,捕房门口就杳无人迹。有些伤者由同学抬走,其余躺在马路上的伤亡者立即被抬进捕房院子里。这里呈现出一种悲惨的景象——死亡四名,重伤六名或更多些,还有一些人受了轻伤。

共有九人死亡

尸体被送到验尸所,伤者迅即被送至最近的医院。有受伤者五人在送往医院的途中或进医院不久就死去,一共死亡九人。昨天(五月三十一日)还有重伤者三人病情严重,已无生还希望。捕房统计受伤人数为十四人,但实际受伤人数一定大于此数,虽然可能是一些轻伤。

在这场灾难性的搏斗停止以后,捕房就派出了大批巡捕在南京路上各处站岗。在这条路上,现在机关枪连的铁甲车正在巡逻。万国商团也接到紧急通知,但尚不需要出动,他们整天都在待命之中。

从下午两点多钟示威开始后到三点三十五分,群众暴动已到达最高潮。但又过了好几小时,南京路这一段才有一点点恢复正常的样子。学生群众冲向老闸区的目的,无疑是想袭击捕房,营救他们的朋友。他们对待这件事的心情,可以从他们对过路的外国人所喊出的口号中看出来,许多外国妇女被饷以唾沫,他们甚至对汽车和电车吐唾沫,车上的外国人饱受毫不客气的辱骂。

"爱国运动"

有一群学生立即跑到法租界交涉员公署找陈世光先生谈话,催促他立刻提出抗议,并要求释放被拘留在老闸捕房的学生。他们还提出下列要求:立即惩办"凶手";要租界当局向中国政府及有关学校道歉;今后不再禁止"爱国运动";日本纱厂厂主接受中国工人的条件;取消对新闻出版自由的限制。各校代表又去找总商会和各马路商界总联合会的负责人,要求他们协助对伤亡同胞取得赔偿。昨天下午(五月三十一日)总商会召开了特别会议,研究目前的局势。

根据切实计算,巡捕一共射击了四十四发子弹,大部分子弹都击中。印捕使用了他们的连发式马枪,据信两支自动手枪的子弹也全部打完。站在印捕后面的华捕无法对群众开枪,他们打出的枪弹打碎了一些南京路对面房屋的砖头。有些医生认为有许多子弹是同时击中两个人的,因为伤亡者中有些人的伤口位于同一部位及离地面同一高度。内行认为四十四发打出的子弹命中率至少到百分之八十,因为除了死亡的和住在医院里的受伤者而外,还有更多的受伤者已经坐了黄包车回去。

据捕房调查所得,站在群众斗争前列的大多是上海大学的学生,另外是南洋大学的学生。有一个在医院死去的受伤者,自称来自南洋大学。(中略)

工部局的官方报道

星期六晚,工部局发布官方报道如下:

本日(五月三十日)下午一时五十五分,老闸捕房据报南京路上各处,有学生多名发表含有排外性质的演说,并持有排外字样的旗帜;当巡捕命令他们解散时,他们拒不从命。于是爱活生捕头率领西捕一队前往巡查,当即拘捕三人,其中一人正在向群众演说,其余两人则持旗在旁站立。

当将被捕者带回捕房时,一批群众跟在后边。这些学生承认他们的演说含有排日的性质,并且说,他们曾和其他各大学的学生商定在公共租界各处集会,抗议西区某纱厂内日本人枪杀一名华工的事件。当时将被捕者三人拘留,命令群众退出捕房。他们不肯听从,遂一并加以拘押。数分钟后,爱活生捕头又据报西藏路上正在举行同样的集会,乃前往巡视,将持有排日旗帜的学生一名逮捕。大批群众跟在后边,一同到达捕房,因为他们不肯离去,便把他们也拘押起来。

下午二时四十五分,西藏路上首次发生反抗巡捕的暴行。西捕史蒂芬试图驱散群众,因而遭受殴辱,被击倒地。群众中有六人被捕。当他们被带到捕房时,有许多人跟在后边,闯入询案间。当时下令将他们逐出,在混乱中被控行凶的几个人也逃走了。

费了极大力气,方始把群众赶出捕房,群众沿南京路缓缓向东退走,在这时机,巡捕开导他们安安静静地散去。当走到永安公司对面时,他们站住了,表现出恫吓的态度。有几个人殴辱西捕韦德和柯尔,后者被击倒地,其时有群众数人企图夺取他的手枪。如今巡捕自由使用手杖和警棍,但是群众已变得无法控制了。巡捕逐渐被迫退回到捕房大门口。大批群众高呼"杀外国人",力图攫夺西捕的枪械。正当群众快要拥进捕房大门之际,爱活生捕头下令开枪,捕房门口的印捕和华捕遵令开枪,当场击毙四人,击伤许多人。有受伤者六人由巡捕从老闸捕房送至山东路仁济医院,其中三人刻已因伤重死去。被枪杀者无疑是学生。开枪产生了驱散群众的直接效果;交通随即恢复原状。

《五卅运动史料》第一卷,第 704—710 页

上海大学学生的记述

1925 年 10 月

一、五卅以前的活动

自小沙渡日本内外棉纱厂第二次罢工后,我们即认为有重大的意义,决不是普通的罢工可比。到了顾正红被惨杀以后,这种事实益加显明的表现出来。我们在这时就组织讲演队,并募捐援助工人。五月二

十四日本校同学率领平民学校学生,公祭惨死同胞顾正红,在普陀路为英捕阻止,当时拘入捕房者为朱义权、韩步先、江锦维、赵震寰四人。

捕房既捕去我们同学,如获大盗似的。同学及被捕者家属前往看视,亦遭禁止,并不准传递衣服食物及信息。每天仅给两次砂米相杂的冷饭;晚上睡在全室幽暗、空气不通的潮湿水泥地板上。一日须点名二十次,以杖数人,如驱猪羊,起(身)稍有缓者,则鞭打随之。天微明即将冷水冲入室内,不问室中人是否起身,致身上衣服常湿,鞋袜非脱去不可。……

在这种情形之下,我们已看出帝国主义的阴谋,不单是压迫我们的劳动阶级,显然是向我国人一致进攻。我们认为这时再不起来反抗,将永远的被他们压迫着。所以我们一方面联合各校同学,组织一个被捕学生援助会,讨论营救被捕同学的方法;一方面向帝国主义者示威与唤醒我们的民众,希望运动的范围扩大。等到援救会通过了我们的要求,我们就定于五月卅日全体出发,在南京路、福州路、河南路及会审公堂一带演讲,说明帝国主义者侵略我们经过情形及惨杀我们的同胞、拘捕我们的同学等等事实。这时已有同学可望开释的消息,但我们并不因此中止我们的运动,我们还是继续努力着,做我们宣传的工作。这时我们恐怕捕房用缓和空气的办法,来消灭我们的运动,所以我们暂置被捕问题于不顾,用全力于民众的宣传,以期得更大的效果。

二、大惨杀中的奋斗

五卅的早上,我们被捕的同学已全部交保释出,我们在开欢迎会的时候,就议决了即日出发演讲,并决定组织的方法。每组十人,设组长一人。每组中只要有一人被捕,全组必须同往,改以他组继续演讲。盖必如此才可表示我们不屈不挠的精神,才可引起民众的同情。当日出发时共三十八组,人数在四百人以上。每组均有"学生讲演团"的旗帜及传单。我们全部分配在南京路新世界至抛球场一段,都争先恐后的集合于敌人的大本营——老闸捕房门口演讲。在两小时以内我们同学被捕(入)捕房者有百数人,然后以人数过多,捕房不能容纳,随即鞭打足踢的驱逐出来。未经释放的有三十五人,即捕房之所指为首领者。

捕房虽以暴力压迫我们,而我们同学仍是继续着演讲。不但毫无惧色,反而勇气倍增,因此听讲的人数愈多起来。而丧心病狂的西捕竟大肆其兽性,开放手枪,向群众射击至四十余发。一时死伤遍地,血肉横飞,而冲上前锋之战士何秉彝同学,就牺牲于帝国主义的走狗的枪弹之下。于达同学亦负重伤,此外轻伤者亦十余人。这是本校同学从事社会运动第一次的大牺牲,亦即中国民族解放运动的一次大损失。我们相信这次南京路的血痕,将永远地遗留在民众的脑海里,成为一个深刻的印象,以期最后的努力。

三十一日,本校同学因昨日的惨杀,愤激异常,一面通电全国,促全国民众一致奋斗,一面仍继续出发演讲,大都集中在南京路新世界至石路口一段。是日仍有六十余人被捕,内有女同学五人,但随时即释出。下午三时许,我们又参加市民大会,要求总商会签约,商界必于明日一致罢市,结果通过了我们的要求。

六月一日,我们同学仍出发演讲,分配在浙江路福州路一带,仍有多人被捕,但不久即释放;又联合工商界及各校,实行罢工、罢市、罢课,运动之范围始扩大。(下略)

《上海大学三周年纪念特刊》1925年10月23日

五卅惨案后的继续屠杀

六月一日罢市罢课罢工起。自上午七时,南京路工人学生及其他市民极多,发传单者,演讲者,到处都是。至十时许,所谓万国商团和西捕印捕各临阵备战,先以自来水注射群众,至十时十分遂开枪。这日死伤比前更多,状况尤惨。二次屠杀后,南京路最繁盛街市,完全陷于战争状态。机关枪、铁甲炮车、马队占据各要害,一切车辆及行人,概不能通过。

二日,屠杀案到处不断地发生。南京路比前更加戒严。上午小沙渡纱厂工人被日本人协同西捕枪杀四人,沉尸河底。杨树浦码头工人亦被英人打杀三人,拘捕数人。帝国主义会审公廨复于是日开审三十日被捕的学生,公廨周围,外兵把守,异常周密。下午六时,帝国主义又用机关枪步枪攻打新世界游艺场,弹如连珠,历时二十分钟之久,死伤无数,被捕三百余人。在新闸桥又有西捕印捕携机关枪向中国保卫团示威,欲拘捕罢工之电车工人等事件。

三日,意美海军陆战队登岸,把守电气、自来水等重要工厂。其他各国军舰亦陆续来到,这日上午杨树浦又发生大屠杀。下午新世界被万国商团占领去了。海军陆战队登岸后,杨树浦完全变成恐怖世界,"文明"的帝国主义军队,遇见学生或工人装束的便打伤或杀死。杨树浦是日死四人,重伤六人,轻伤不计其数。是日并有美兵武装侵入华界寻衅。

四日,屠杀仍然继续下去。外舰来上海者日见增多,计至本日为止,各国兵舰共有十三艘,其中属于英国的二艘,属于美国的三艘,属于法国的三艘,属于日本的三艘,属于其他国家的还有二艘。陆战队全体登岸。杨树浦西捕复有开放排枪轰击罢工工人事情。美日陆战队有多人带枪入华界捣乱。英国商团和印捕亦有多人侵入华界。英界工部局下令通缉瞿秋白同志等。四日下午陆战队包围上海大学没收一切文件,驱逐学生出校,腾出为陆战队驻扎。此种暴行,后复施行于大夏、同德、南洋等几个大学校。

五日晚,万国商团突然下令检查所有过路的中国人,无论男女老幼乘车或步行,在枪刺威吓之下,尽被驱入老闸巡捕房严行搜索,一千余人鹄立露天细雨之下数小时,结果西捕搜查无所得,方释出。当时并有一汽车夫行路稍缓,被商团刺伤,奄奄一息。

八日搜查旅馆,有河南来沪旅行之学生十五人在旅馆被捕。此时外舰已增至二十六艘,其中属于美国的十三艘,属于日本的五艘,属于英国的四艘,属于法国的三艘,属于意国的一艘。

十二日,西捕在北四川路华界拘捕学生,调来铁甲炮车两辆,英日水兵一二百名,几与中国保卫团开战。

总而言之,在此时期中,开枪日必数起,死伤时有所闻,上海成了帝国主义消闲寻欢的猎场。[①]

《中国职工运动简史(1919—1926)》,第185—187页

2. 社会各界关于五卅惨案交涉的主张

(1)中国共产党的主张

中国共产党为反抗帝国主义野蛮残暴的大屠杀告全国民众
1925年6月6日

全国工人们!农人们!一切被压迫的民众们!

血肉横飞的上海,现在已成为外国帝国主义的屠场了!这是偶然的事么?不是的。这是资本帝国主义统治下的必然现象。资本帝国主义存在一天,被压迫民族和被压迫阶级每日都有被屠杀的可能呵!

印度、埃及、非洲等弱小民族和欧美各国被压迫阶级,不是常常被资本帝国主义的强盗们定期的或不定期的大屠杀么?我们中国民族的被屠杀亦非始于今日呵,自鸦片之役以至庚子之役的中国史,完全是一部外国强盗宰割中国民族的血书。然而这次上海的大流血,却是中国民族自觉的反抗外国时期之第一页呵!

年来全国被帝国主义压迫的民众之普遍的觉醒,早已促起了英、美、日、法侵掠家的杀机。尤其是反帝国主义的主力军工农阶级势力之形成,更坚决了各强国的强盗阶级(即帝国主义的资本家阶级)对于中国的铁血镇压政策。上海的大屠杀,便是帝国主义者重新表示他们兽性的志愿——只准中国人做奴隶,不准中国人谋解放,只准中国人在

---

① 据一九二五年七月北京晨报出版部出版的《五卅痛史》所载:自五月三十日至六月十日,"总计十二日之内,英日人在上海九次枪杀我国人,当场立毙及因伤毙命者,凡六十余人,重伤者凡七十余人,轻伤者则不计其数。"正式列入上海学生法律委员会及上海地方检察厅调制的死伤调查表里的是死者三十二人,伤者五十七人——原作者注。

"奴隶"与"铁血"的两种惨境中有个选择！

帝国主义的列强，对于侵掠中国和镇压中国的民族运动是一致的，无论他是先进的帝国主义（如英国）或后起的帝国主义（如日本）。这次上海事变，起于日本帝国主义向上海以及青岛纱厂工人积极的进攻，而成于英国帝国主义向学生、工人、市民狠毒的残杀。美国帝国主义在这大残杀中完全与英国一致。在公共租界耀武扬威的万国商团，美国商团的凶暴与英国的没有两样；美国海军陆战队悉数上岸加入英兵的队伍之日，即在杨树浦一带任意残杀中国路人，尤其望见工人、学生经过即开枪；美国大陆报同英国字林西报一样的凶恶，一样的造谣，诬指这次运动为苏俄和共产党所主使，声言美国在华之三十余艘军舰将全部或大部分调向上海厮杀。然而在另一方面，各帝国主义之间的相互冲突与狡猾也摆在我们面前：日本帝国主义正在努力企图将此次事变的目标移嫁于英国，而德国驻沪领事亦向学生表示一种假仁假义的态度。

这次上海事变的性质既不是偶然的，更不是法律的，完全是政治的。因为这次事变是起于日本帝国主义向中国民族运动的主力军——工人阶级——进攻，而成于英国帝国主义对援助工人的民族运动之铁血镇压政策。所以因英、日帝国主义之大屠杀而引起的全上海和全中国的反抗运动之目标，决不止于惩凶、赔偿、道歉等"了事"的虚文，解决之道不在法律而在政治，所以应认定废除一切不平等条约，推翻帝国主义在中国的一切特权为其主要目的。不平等条约一日不废除，帝国主义在中国的一切特权一日不推翻，中国民族的生命与自由便一日没有担保，随时随地都有被横暴残酷、野蛮无耻的帝国主义蹂躏屠杀之危险。全中国人民的生命与自由，决不能由惩凶、赔偿、道歉等虚文得到担保，只有废除一切不平等条约，推翻帝国主义在中国的一切特权，才能得到担保。所以由这次大屠杀引起的全上海全中国的反抗运动，将是一种长期的民族争斗。这争斗的得失将不以英、日帝国主义是否允许惩凶、赔偿、道歉为转移，而将被决定于下列的两个条件：第一，这争斗是否能长期的持续的摇动帝国主义在中国的特权与统治,并使其在经济上生活上发生永久的危机;第二,这争斗是否能引导全国各阶级的民众入于反帝国主义的高潮,并形成各阶级分别的群众组织与联合的民族组织。

中国共产党敢号召全国各种被压迫阶级的群众,来反抗帝国主义野蛮残暴的大屠杀;中国共产党更号召全国各种被压迫阶级的群众,坚持到底的来维持并发展这个长期的民族斗争;务使野蛮残暴的帝国主义在中国之特权与统治不断的动摇,务使其在华的政治、经济地位发生永久的危机;而在这个争斗中务必提高并普遍反帝国主义的宣传与组织,成功各阶级分别的与联合的民众政治势力。

中国共产党请全国愤激的反抗帝国主义之屠杀的人民,注意四件事:

第一、须将这个斗争持续的依靠于全国民众自身的力量,万不可倚赖和相信政府的交涉而中辍民众的反抗。须知段、张政府是帝国主义的工具,尤其是日本帝国主义的工具,卖国媚外是其特长;我们虽不必拒绝政府的交涉,却不可相信并倚赖政府的交涉而中辍民众的反抗。

第二、须知中国人民与野蛮残暴的帝国主义无调和之余地。更须知外国大资本家、大商业家、大银行家是外国帝国主义的主人,在上海的外商厂主(工部局的主人)更是这次大屠杀的正凶,万不能自欺欺人,把残杀之罪转移于其雇用之巡捕,而反认真正的敌人为"调人",希望他们出来讲什么"斡旋"、"公道"和"谅解"。帝国主义对付我们只有奴隶地位与铁血政策,我们与帝国主义的斗争也只有我们屈服他们,或他们屈服我们之两条路。与其认贼为父,敷衍面子了事,毋宁干脆的斗争、干脆的失败之光荣。

第三、在这如火如荼的大反抗运动中,上海上流社会和各报新闻记者已多少暴露其调和妥协和"速了"的倾向;纵然上流社会现在还是这反抗运动中的要素,然这种倾向若不停止,实大有害于全民族的利益。

第四、须谨防帝国主义的离间破坏政策。帝国主义的离间破坏政策，第一是用种种方法捏造苏俄和共产党主使的谣言，第二是离间商界与工人、学生的一致，并企图和缓商界领袖使与商人群众分离。

中国共产党敢告全国人民不要受帝国主义的暗示与欺骗。这样反抗帝国主义野蛮屠杀的大运动，各阶级各党派都应当积极的参加，积极的鼓动或主使。中国共产党是中国工农阶级的党，工农阶级既不是冷血动物，又不是帝国主义的附属品，乃是帝国主义之最坚强最可怕的死敌，中国共产党那有不参加运动的道理？假设这次运动真如帝国主义机关报之所说——是共产党所鼓动的，那末这不仅不足使各阶级群众畏避共产党而观望不前，反而要使他们亲近共产党，并加倍勇往的团结中国民族之一致的奋斗。因为中国共产党只有这样的积极努力，才能使各阶级群众深信共产党不仅为工农阶级的利益而奋斗，并且为全中国被压迫民族而奋斗。

苏俄亦然。假如帝国主义机关报所说苏俄鼓动是真的，那末不仅不足使各阶级民众畏避苏俄停止运动，反而要使他们证实只有工农共和国的苏俄是被压迫民族唯一的挚友；挚友的帮助，无论是精神的或物质的，都要大大增加他们反帝国主义的情绪与勇气。只可惜苏俄的力量现在还不能助中国民族一举打倒帝国主义，使他从野蛮残暴的列强中解放出来。然而中国全国民众正殷殷的望着苏俄及其领导的各强国无产阶级有帮助中国民族如此解放之一日呵！

中国共产党敢提醒全国民众的注意：这次上海的大事变是由帝国主义向工人阶级之进攻引起的，这是证明各阶级的民众已经深悟拥护反帝国主义的新动力之重要。几十几百几千几万的上海学生、市民，不惜殒身饮弹在帝国主义的炮火中，前仆后继的来援助工人，这是何等可敬的精神，何等重大的牺牲呵！务望上海和全国奋起的民众，承继流血烈士之遗志，在长期的民族争斗中，时时拥护最被帝国主义仇视压迫的工人群众之利益；勿中帝国主义的离间政策，使最忠于民族利益的工人阶级有任何不堪之危险，而民族解放运动亦因此而遭铩羽不振之打击呵！

全国工人们！农人们！一切被压迫的群众们！起来，起来：
打倒野蛮残暴的帝国主义！
各阶级联合战线万岁！
中国民族解放万岁！

《向导周报》第 117 期，1925 年 6 月 6 日

中国共产党、中国共产主义青年团宣言
——告此次为民族自由奋斗的民众
1925 年 7 月 10 日

此次民族运动已由局部的发展到全国的，并且运动中之阶级分化已非常明了。全中国的工人、学生、中小商人同时奋起，因各国工人阶级与被压迫民族之援助及同情，而增其前进的勇气。同时，大商阶级之妥协，绅士学者之"速了运动"、"缩小范围"，与夫军阀勾结英日帝国主义者向民众进攻，不但是民族解放运动的障碍，而且简直是要破坏这个运动。所以一方面真为民族利益奋斗的，是工人、学生、中小商人等所谓"下等华人"，别方面背叛民族利益的，是大商、绅士学者、军阀等所谓"高等华人"。下等华人中，犹以"最下等"的工人为主力军，是以各处运动都以罢工为最后可靠的武器。高等华人中，犹以最高等的军阀为帝国主义的刽子手，是以奉天、天津、山东、上海、武汉、长沙的民众运动，无不遇着军阀之摧残压抑，有的地方几至于完全停顿或消灭。

当此反帝国主义的运动发展的时候，中国内部居然分成两个营垒，——这是现时民族运动里的特性，我们应当特别的注意。

帝国主义者因中国人民的奋起与其本国工人之反对，现时已想用种种狡猾政策，以求保存其在中国之特权及威力。譬如美国，现在主张在中国召集第二次"华盛顿会议"讨论取消领事裁判权，他明明知道自己的在华特权比英日较少，英日未必赞成他的提议；他又明明知道他所提议的召集国际会议之先决条件，事实上中国一时不能办到，他不妨用这样口惠而实不至的方法，愚弄中国人心，以遂其垄断在华商业之欲。

其实美国如果真是"对中国要求修正不平等条约及收回领事裁判权深表同情",便应当步武苏俄自动的放弃此等特权,以身作则,为各国倡,何必一定要等什么国际会议? 岂不是明知道国际会议结果难测,各国互相牵制,托辞延宕,即使有决议也可以不实行,所以送这一个空口人情的吗? 华盛顿会议的决议怎样? 议决后的实行又怎么样? 我们受过一次骗,不受第二次骗了。中国民众只能信事实,决不能信空言的。不论那一国,如果事实上能放弃在华特权,停止一切侵略行为,中国民众当然承受这种好意,——可是骗人的狡猾政策,中国人民却不能信的!

英日帝国主义呢? 很早他们便用武力侵略中国。一切割让的土地、租界、租借的港口(实际上也等于割让),以及其他种种特权,他们无不是以战争威胁等方法劫夺去的,中国因此所受的损失,所死丧的性命正已不计其数了。这次"五卅"以来,上海、汉口、广州、安东等处的屠杀,不过帝国主义的小试伎俩罢了。尤其是英国,素来总是自称为"文明民族"、"文化国家"、"基督教的国家";然而实际上他对于中国的政策里,只有炮弹、鸦片、流血甚至于赂买中国官僚等等卑污不堪的手段,——这本是他对于东方的根本政策。随后,日本以及其他各国,亦都学着了他这种"文明的"政策了。

最近英日帝国主义者亦仿佛表面上取和缓态度,实际上都用"以华制华"政策,以高等华人来宰制下等华人,——这又是他们在殖民地惯用的方法。

日本在欧战时候,对于中国曾经露骨的表现他那"新进的"帝国主义的贪狠;二十一条的要求,已经早成中国民众切骨痛恨的目标,此次上海事件,也正起于日商纱厂在上海与青岛摧残工会打死工人。然而他现在一方面鼓吹日厂事件单独调解,想把一切责任推卸到英国身上去,仿佛他和中国同文同种,极想亲善似的;一方面在实际行动上却和英国取一致政策。可是这种狡计,中国人民一眼便看透了,也和英外相张伯伦答复工党议员的演说词一样的。张伯伦的演说,虽然竭尽他那造谣诡辩的长技,但始终不能掩盖英帝国主义的强盗政策。至于"赤化"、"过激"、"苏俄阴谋"等类的谣言诬蔑,也决不能骗着中国民众——不论他们造什么假证据,诬告什么苏俄宣传员,都是没有用的,因为最简单的理由便是:中国受帝国主义的掠夺及压迫,中国人民的反抗运动远在苏俄及"赤化"出世之前!

帝国主义者一方面从外面侵略压迫中国,同时必定利用军阀,从中国内部来压迫中国人民的民主民族运动,破坏中国。去年秋天的北京政变以前,他们利用吴佩孚做工具。如今他们又挑着了张作霖了。张作霖本来因得日本的援助取得了半个中国,今后又加上英国援助,他以为不难消灭一切政敌,奄有全中国;所以他不踌躇的以武力镇压从奉天到上海的民众爱国运动,出卖祖国,以博得英日帝国主义者之欢心!

凡是奉系军阀所在之地,民众运动最受压迫,如奉天——张作霖的老家里,如天津——张作霖爪牙密布的地方,一切民众运动及平民组织都受压制,到处逮捕拘禁人民。奉军刚到上海不久便宣布戒严,要禁止游行集会出版等的自由,军队占据工会机关……这种压迫和专制,并不比帝国主义势力下的租界差别到那里去!

张作霖要执行帝国主义者的命令,他不但要镇压国民运动里的主力军——工人阶级,工人阶级的政党——共产党,甚至于镇压工人的职业组织——工会;他还要摧残学生与中小商人一般的民众;再则,他并且要毁灭领导民族运动的国民党与同情于民族运动的国民军。

实际上的情形如此,民族运动的策略,便当依此而定。

中国的工人、农民、学生、商人应当注意两点:第一、彻底明白中国的独立与统一,必须废除不平等条约方能达到,须有为此奋斗到底的决心。——切不可信所谓"高等华人"之"速了"、"缩小范围"、"局部交涉"等苟且妥协的口号。并不可依赖段政府一纸哀求式的改约条文可以达到废除一切不平等条约之目的。第二、须有一个革命民众势力集中的组织,以为领导全国运动的统一机关。

民众已经奋起抗争,但是我们应当知道:要达到胜利是不得不经过极大的困难。敌人的力量是很大的——外国帝国主义者之外,还加上国内军阀,尤其是张作霖的力量,还有许多所谓高等华人也要加入中国人民敌人的伙里去;假使我们能联合,能统一民众革命运动的力量,我们才能得到最终的胜利,因此,应当有全国集中势力的机关,统一那散处于各地方的民众力量,以便一致的进行到胜利的道路上去。

要有这样一个全国统一机关,便必须召集各界团体的大会于北京。在大会之前,应当赶紧在各地组织工商学以及农民等各界的联合委员会,由这些委员会速派代表赴北京的大会;大会便可以举出执行机关,代表全体中国民众而实行种种必要的运动。只有这样,我们才能集中的指导,而达到最后的胜利。

我们号召民众一致团结,以实力赞助国民党和国民军,同时,必须要极明白的在一致反抗的中国民众及全世界工人和被压迫民族之前并指出下列的要求——这是中国民众奋斗的目的,这应当是国民党和国民军的目的;只有根据这些要求,民众才能完全积极的参加斗争去力争自己切身的利益,亦只有根据这些要求,指导者才有实在的民众力量做后盾。这些要求是:

一、宣告一切不平等条约之废除;

二、解除全国不愿反对帝国主义的军阀的武装;

三、保障平民言论出版集会结社之自由;

四、废除妇女在法律上政治上经济上之不平等待遇;

五、废止厘金及一切苛税杂捐;

六、限定享有田地之最高额,大地主逾额之田地颁给贫农及无田地之农民,限定田租之最高额,佃户所出田租须尽量减低并禁止预征钱粮;

七、工会之绝对自由:承认工人有同盟罢工之权,依生活程度规定最低工资,制定保护劳工法;

八、农民工人有武装自卫之权;

九、确定全国教育基金;

十、召集真正人民之国民会议。

全国的工人、农民、学生、商人们！至少须实行这些办法，中国才能得到独立和自由。其速兴起为这些要求而奋斗！亦只有这些办法能保障劳动平民的发展——劳动平民负荷着全部运动的重任，用他们的精力，用他们的血，用他们不断的斗争，筑起自由统一的中国之基础！

全国的工人农民学生商人们奋斗到底！

推翻帝国主义和军阀！

自由统一的中国万岁！

中国共产党执行委员会

中国共产主义青年团执行委员会

一九二五年七月十日

《向导周报》第 121 期,1925 年 7 月 16 日

帝国主义之五卅屠杀与中国的国民革命（节选）

1925 年 6 月 22 日

秋白①

反抗五卅屠杀案的各地各界的要求里，我们可以看见一种最正当和最彻底的主张，便是要求：

一、废除一切不平等条约

二、收回一切租界及租借地

三、收回海关及盐政管理权

四、收回领事裁判权

五、永久撤退驻华的一切外人的武装势力

六、中国人民之绝对的言论出版集会结社之自由

同时，我们又可以看见一派的主张，便是只要求：

一、收回上海的会审公堂

二、上海租界纳税华人的参政权

---

① 即瞿秋白,当时任中共中央委员。

三、停止越界筑路,收回租界外之工部局马路

四、道歉、惩凶、赔偿、罢业者不扣薪等

前一种的要求是革命派的,后一种是妥协派的。这里我们显然可以看见妥协派的要求只是恢复不平等条约的原状,争回外人在不平等条约以外所侵夺的东西,再则这种要求只是代表少数上海富商的利益——纳税人才有参政权,而且不敢剥夺外人在中国领土内的干预市政权;三则争一个空面子,速图了结上海五卅事件。革命派的要求呢,却是着眼在民族的利益,根本要中国的解放独立,脱离殖民地的地位;因为只有这样,中国自己的实业才能发达,中国平民的权利才有保障。关于废除不平等条约,即使说不能以罢市罢工的手段达到,那么,至少我们可以提出这个要求,我们中国可以立刻提议召集国际会议,重新审定一切条约。如果中国现在的政府不能做这件事,那么,现在全国民众正在奋起,很可以自动的组织工商学农各界,推翻军阀的政府,而以革命政府来实行这种使命。再让一步说,我们即使现时还没有这种实力,那么,至少我们应当力争中国平民的政治自由,力争撤退外国驻军和取消领事裁判权——使平民有组织自己力量的自由,以为达到废除一切不平等条约的准备,以进行国民革命的运动。如今上海总商会的主张就是那妥协派的要求;而上海工人学生及一般商人的主张,却是革命派的。尤其是上海的以及全国的工人阶级(如长辛店铁路工人,开滦煤矿工人)很明显的要求组织工会及罢工之自由。这种革命派的要求,实在代表全民族最大多数民众的利益,因为帝国主义暴行的代价,决不是道歉赔偿等所能了事——平民群众在这次斗争再不能取得这最小限度的自由,日后帝国主义的屠杀还要肆无忌惮,而中国方面却绝没有组织团结的力量去抵抗。

《向导周报》第119期,1925年6月22日

（2）上海工、学、商界之要求

上海总工会宣言
1925 年 6 月 1 日

全国被压迫的民众：

外国帝国主义，压迫我国，横行无忌，视我如殖民地，视我们如亡国奴。最近残暴的行为，更日甚一日。日人纱厂无故惨杀工人，死一人，伤数十人，而增加码头捐、印刷附律、交易所注册、取缔童工等，如毒矢利箭向我们全埠市民进攻。全埠学生首提抗议，五月三十日，在公共租界讲演，又被帝国主义巡捕枪杀九人，重伤二十余人。

六月一日上海全埠罢市，帝国主义巡捕又开枪杀死和重伤学生市民五十余人。

我们，上海全体工人，几十年在帝国主义压迫之下，现在已忍无可忍了！我们于六月二日起，宣布总同盟罢工！

我们齐心奋斗，坚持到底！

我们的条件是：

一、惩办打死工人、学生之凶手，并赔偿损失；

二、承认工人有组织工会及罢工之权利；

三、禁止殴打工人；

四、改良工厂卫生；

五、禁止虐待童工及女工；

六、不得雇用外国巡捕；

七、反对印刷附律。

我们，上海全埠工人，不达到以上七条件，决不上工！谨此宣言。

上海总工会

《热血日报》1925 年 6 月 4 日

全国学生总会号召各地学生罢课示威

1925 年 6 月 3 日

全国学生总会电(十万火急)。北京、广州、长沙、济南学生会转各地学生会及各团体公鉴:沪学生因援助日纱厂工潮、反对印刷附律,到公共租界演讲,被工部局连日惨杀四十余人,伤者无数;各界愤激,已援助。沪学生会提出惩凶、赔偿、迅速解决工潮、否认印刷附律、收回会审公廨、取消领事裁判权、组设华人市议会管理上海市政、取消纳税西人会、禁用西捕等条件,望各地学生罢课演讲、举行示威运动,致电北京抗议,一致主张贯彻沪学生会各条件。此事全为对外,望各地慎勿涉及内政、非租界地点。各地学生会应负组织、指导群众之责;行动要有秩序,勿暴动或发生冲突,致生无益牺牲,贻外人口实。全国学生总会。冬(二日)。

上海《民国日报》1925 年 6 月 3 日

学生总会对沪惨杀工学案宣言①

1925 年 6 月 4 日

亲爱的同胞们!此次上海日本资本家枪杀中国工人,沪上人士尤其是一般学生莫不愤慨异常,纷纷起来援助。(只)〔这〕可见民气未死,国事正足有为。可是因此竟遭帝国主义的嫉视,无理压迫,又酿出两件意外不幸的事来。一、本月二十三日,上海文治大学学生在东京路募捐援助此次被杀及罢工的工人,被普陀路巡捕房拘去施文定等(三)〔二〕人;又二十四日,上海大学平民学校学生,赴潭子口追悼此次被杀之工人顾正红君,复被戈登路捕房拘去朱义权等四人。我们想想是什么一回事,学生募捐援助工人和学生追悼被杀工人,本属法律范围的事,竟触犯了什么"特别刑律",要受捕房的拘捕呢?"欲加之罪,何患无词",

---

① 宣言发表的时间估计在 5 月 24 日以后,5 月 30 日以前。

也许他们有他们之所谓法律和理由，可是我们要知(到)〔道〕，在他们势力范围之内，我们完全无自由之可言。我们连帮助本国人的自由都没有，连追悼本国人的自由都没有！"国犹未亡"，一切自由早已剥夺净尽，所谓中华民国，岂不是名存而实亡？我们对于这种无理的压迫，当然非严重反抗不可。但是我们为什么要受"租界"内"法律"的支配呢？谁也知(到)〔道〕(只)〔这〕是受不平等条约的束缚，因为租界和领事裁判权都是不平等条约的产物，不平等条约不废除，中国人民永无自由之余地。我们甘为亡国奴则已，否则只有大家联合起来努力于下列各种运动：一、废除不平等条约；二、收回租借地；三、取消领事裁判权；四、请日本资本家履行迁厂回国的宣言。全国学生总会启。

上海工商学联合会宣言及其所提解决五卅惨案之十七条条件

1925 年 6 月 7 日

"五卅"惨变以来，我工商学各界，不惜罢工、罢市、罢课，而甘掷此巨大之大牺牲，决非盲目之排外，盖深知其与上海市民之生存及中华民族之独立，均有重大之关系。今兹本会联合各界人士，郑重商定，必须对方切实履行：一、宣布取消戒严令；二、撤退海军陆战队，并解除巡捕、商团之武装；三、所有被捕华人一律送回；四、恢复公共租界被封及占据各校之原状，认为有谈判之诚意。至于解决此案之正途，本会认为必须履行之条件(条件附后)。本会确认惨案之发生，一由于治外法权之存在，使无故被杀工人与被捕学生，均不得诉之公道；一由于上海市民权之丧失，致工部局有压制华人印刷附律等三案之提议。是以本会严重宣示，治外法权之取消与租界市政之收回，实为本会抗争之重心。本会确认"五卅"惨案之交涉，如不依本会所提条件为解决之方针，则我上海华人所受压抑，必将更甚；惨剧之发生，必更繁烈。本会为上海市民之生存权利，为中华民族之荣幸独立，不得不联合全埠市民，一致誓死力争，不达目的，决不中止，谨此宣言。

一 先决条件

工部局应即速履行以下四事,表示希望解决此案之诚意。

一、宣布取消戒严令;

二、撤退海军陆战队,并解除商团及巡捕之武装;

三、所有被捕华人,一律送回;

四、恢复公共租界被封及占据之各学校原状。

二 正式条件

一、惩凶。从速交出主使开枪,及开枪击死工人、学生、市民之凶手论抵,并由中国政府派员监视执行。

二、赔偿。因此次惨案所受直接间接之损失,如:甲、死伤者;乙、罢工;丙、罢市;丁、学校之被损害者等项,须详细查明,酌定赔偿额,应由租界当局按数赔偿。

三、道歉。除上述二项外,应由英、日两国公使代表该国政府向中国政府声明道歉,并担保嗣后不再有此等事情发生。

四、撤换工部局总书记鲁和。

五、华人在租界有言论、集会、出版之绝对自由。

六、优待工人。外人所设立各工厂,对于工作之华人,须由工部局会同纳税华人会订定工人保护法,不得虐待,并承认工人有组织工会及罢工之自由,并不得因此次罢工开除工人。

七、分配高级巡捕。捕房应添设华捕头;自捕头以下各级巡捕,应分配华人充任,并须占全额之半。

八、撤销印刷附律、加征码头捐、交易所领照案。该三案历经中国政府声明否认,嗣后不得再提出纳税人特别会。

九、制止越界筑路。工部局不得越租界范围外建筑马路,其已筑成者,由中国政府无条件收回管理。

十、收回会审公廨。甲、民事案:(子)华人互控案,华法官得独自裁判,领事无陪审或观审权。(丑)外人控告华人案,领事有观审权,但不得干涉审判。乙、刑事案:(子)外人控告华人者,其有关系之领事,得到堂观审,但不得干涉审判。(丑)华人互控案,华法官得独自裁判,领事无陪审或观审权。(寅)华人犯中华民国刑法或工部局章程,视(丑)项论,且原告名义,须用中华民国不得用工部局。丙、检察处一切职权,须完全移交华人治理。丁、会审公廨法官,均须由中国政府委任之。戊、会审公廨之一切诉讼章程,完全由中国法官自定之。己、对于会审公廨一切事权,除与上"甲至戊"五项无所抵触外,均可根据条约执行之。

十一、工部局投票权案。租界应遵守条约,满期收回。在未收回以前,租界上之市政权,应有下列两项之规定:甲、工部局董事会及纳税人代表会,由华人共同组织,其华董及纳税人代表额数,以纳税多寡比例为定额,其纳税人年会出席投票权,与各关系国外人一律平等。乙、公共租界外人之纳税资格,须查明其产业为己有的或代理的二层,己有的方有投票权,代理的则系华人产业,不得有投票权,其投票权应归产业所有人。

十二、要求取消领事裁判权。

十三、永远撤退驻沪之英、日海陆军。

以上十三条,由工商学联合会委员会议决,如有修改,须得工商学联合会委员会之同意。

上海总工会

上海各路商界总联合会

中华民国学生联合总会

上海学生联合会

《五卅运动》第一辑,第30—32页

上海学联罢课宣言及通告

1925年6月8日

上海日本纱厂枪杀拘囚要求上工的工人,在英国势力下的公共租界当局枪杀拘囚援助工人的市民学生,这已经是全上海全中国的父老兄弟姊妹们所切齿痛心不能忘记的耻辱了！我国自鸦片战争以后，所受帝国主义的压迫，已更仆不能尽数。而到了近日，日本、英国帝国主义的倒行逆施，更令人言之发指。日资本家枪杀了工人顾正红，他藉了领事裁判权的保障，到现在还逍遥法外。公共租界当局既无力正日资本家之罪，乃滥用权力，钳制舆论，不许登载工潮消息，逮捕募捐救济工人与参与公祭顾正红大会的学生。又提所谓印刷附律、加增码头捐等案，以束缚压抑中国人民。五月三十日，各学校学生分队赴公共租界演讲，租界当局既拂逆舆情拘捕演讲员多人，又无能力维持秩序，竟至开枪轰击无抵抗之群众。连日以来，继续有流血之事多起，上海全市人民均悬性命于外人枪弹之下。学生读书原期有以为国家效劳役，今中国全国在英日帝国主义的铁蹄蹂躏之下，同学不但不能为惨死的工人同胞主张公道，即自身与一般市民受日本、英国等暴徒的劫（制）〔持〕屠戮，亦几于无法拔救。事已至此，还要说读书以为国家，这将欺骗甚么人呢？本会谨代表上海各学校宣布于六月一日起全体罢课。在罢课期间，本会决定负责分配各校同学分队出发演讲，务求能使一般国民了解中国所受帝国主义的压迫，尤其要注意暴露日本、英国帝国主义之罪恶，提出打倒日本、英国帝国主义的具体方法。在此期间，本会应尽力宣传组织群众指导其为有秩序而可以持久的反抗帝国主义的行为。本会认为在今日要反抗英国、日本帝国主义，不是鼓励暴动或殴辱外人；在现时最重要的，是采取不合作的方法，使一切为英国、日本所雇聘之职员与仆役，举行同盟罢工，断绝英国、日本人食物与一切日用必需品的供给，排斥英国、日本商货，不用英国、日本银行钞票，以使他们自然不能不屈服退让。本会反对一切苟且妥协的态度，即（对）英国、日本帝国主义者有屈服退让之心。本会主张必须要求：一、撤退公共租界全部武装；二、即刻释放被捕学生工人；三、日纱厂资本家完全允诺工人所提条件。以实行此三事为正式谈判之前提。本会为防止再有此项惨剧发生，在正式谈判之时，以为应提出下列八项之最低要求：

一、撤换上海英日领事，主使开枪与开枪之凶手抵命。

二、依庚子赔款之先例赔偿此次惨（案）之直接损失与间接损失，由各界调查损失数目。

三、永远撤退在华之英日海陆军队。

四、取消巡捕房，改用中国警察以维持治安。

五、取消会审公堂。

六、取消西人纳税会议，以华人处理市政。

七、华人在租界有言论集会出版之绝对自由权。

八、工人有组织工会及罢工之权利。

《血潮日刊》第 5 号，1925 年 6 月 8 日

上海学联呈蔡廷幹、曾宗鉴文

1925 年 6 月 9 日

上海学生联合会呈特派员蔡廷幹、曾宗鉴文，昨已由该会派高荫祖、刘季仙二人赍呈。兹将原文录下：

为沥呈流血详情，并生等（莟义）〔刍议〕，即恳向该肇事国领事提出抗议，严重交涉，以振国权而平民愤事。缘五月十五日，上海日本纱厂工人顾正红为日人无端残杀，同月念四日公祭顾正红之学生，又遭拘捕。斯时适英工部局颁行印刷附律，实行加征码头捐、交易所领照及沪西越界筑路等案。生等目击时艰，忍无可忍，遂于五月三十日徒手出发，分队演讲，盖欲使一般国民了解国势之危急，以谋相当自卫方针。讵知有一队同学约五十余人，于是日下午三时行经英租界南京路之际，西捕头爱活孙氏复率领武装巡捕数队，迎头痛击。当经生等晓以爱国行动，为文明国法律所许，乃该捕头不问情由，遽下令开枪，良久不止。是日计伤毙者至四十余人之众。事后全埠震怒，凡公共租界英租界之工商各界，相继罢业。而该工部局尚不悔过，更添调海军陆战队、商团义勇队等，密布于南京路附近一带，目吾国吾民皆为乱党暴徒，检查搜索，任其横行杀伤，日必数起。六月一日被杀伤者复一百余人。近月该武装巡捕及武装士兵等，居然闯入华界，殴辱杀害，为所欲为。此五卅

惨剧经过以来之情形也。生等此次运动动机,既系纯洁行为,又非暴动。设为暴动,则何以自五卅以来,华人伤毙者竟至数百人之多,而西人则无一被杀伤者?又该工部局对于此次残杀解释,辄曰维持治安,杀伤并非故意。胡为此次被难者枪弹都从背入?如此种种,皆该巡捕等犯故意杀伤及非法逮捕罪之确证也。按此次惨案,并非学生界之沪埠之单独问题,乃与吾国前途关系至巨。生等有见于此,前后提交大会讨论,并将两种议决案录下:

一、关于全部者:(一)撤销领事裁判权;(二)收回海关;(三)废除一切不平等条约。

二、关于局部者有二:(一)先决条件:1.撤兵;2.解严;3.释囚;4.启封锁闭学校。(二)要求条件:1.惩凶;2.撤销工部局总办鲁和;3.收回会审公廨;4.撤销印刷附律、加征码头捐及交易所领照案;5.永远撤退驻沪海陆军。

凡此皆吾人认为即时最低限度之要求,至具体办法及其他应提出之条件,续当赍呈。兹将此案经过及生等提议,理合备文。并将五月三十日至六月七日被英日两国巡捕等杀毙人数表附粘,仰呈钧鉴。即恳向该肇事国领事提出严重抗议,以雪奇耻,不胜迫切待命之至。上海学生联合会谨呈。

上海《民国日报》1925 年 6 月 10 日

上海总商会的十三项条件
1925 年 6 月 12 日

对于五卅事件提出交涉之条件,曾经工商学联合会拟就,向蔡廷幹、曾宗鉴两特派员提出,业志前报。上海总商会以十三条件内容尚有未妥洽处,爰将条件再三磋商,作最后之修正。其修正稿亦已得工商学联合委员会之同意。前日下午十时许,总商会会长虞洽卿将条件全文携往沧州旅馆蔡、曾两专员处,经两专员细加审查,尚无不妥处,当即送交交涉公署。署员因赶办此项公文,连夜将手续办竣,由许交涉员于昨晨九时亲将原条件提交领事团领袖领事义总领事。闻其已允即开领团会议，商议答复。兹录条件如下：

第一条　撤销非常戒备；

第二条　所有因此案被捕华人，一律释放，并恢复公共租界被封及占据之各学校原状；

第三条　惩凶：先行停职，听候严办；

第四条　赔偿：赔偿伤亡及工商学因此案所受之损失；

第五条　道歉；

第六条　收回会审公廨：完全恢复条约上之原状，华人犯中华民国刑法或工部局章程，须用中华民国名义为原告，不得用工部局名义；

第七条　洋务职工及海员、工厂工人等因悲愤罢业者，将来仍还原职，并不扣罢业期内薪资；

第八条　优待工人：工人工作与否，随其自愿，不得因此处罚；

第九条　工部局投票权案：

甲、工部局董事会及纳税人代表会，由华人共同组织之。纳税人代表额数以纳税多寡比例为定额，其纳税人会出席投票权，与各关系国西人一律平等。

乙、关于投票权，须查明其产业为己有的或代理的，己有的方有投票权，代理的，其投票权应归产业所有人享有之；

第十条　制止越界筑路：工部局不得越租界范围外建筑马路，其已筑成者，由中国政府无条件收回管理；

第十一条　撤销印刷附律、加征码头捐、交易所领照案；

第十二条　华人在租界有言论、集会、出版之自由；

第十三条　撤换工部局总书记鲁和。

外交部将来对于此案续提之条件，应请保留合并声明。

中华民国十四年六月十二日，上海总商会提出。

《新闻报》1925年6月14日

总商会为十三条发表通电

1925 年 6 月 13 日

本埠总商会昨发出通电云：各省总商会转各公团、各报馆鉴，"五卅"工部局英捕残杀同胞之惨案，交涉正在进行，条件已经提出。此后坛坫周旋，责在当局，而最后胜算，仍系吾民。日来世界舆论，鉴于我国民众悲壮沉毅之态度，视听渐见转移，了解日益亲切，公理未泯，堪为明证。敝会以国难如此，凡有人心，谁不激昂悲愤。顾非常之际，宜戒感情之偾张；国民外交，尤贵步趋之一致。际此世界视线集注我国，举动稍有出入，即忌嫉者资为快心，是在我国民勉抑感情，力持镇定。见解虽有缓激，救国终期一心。程序固有后先，目标尤宜审别。勿纷歧以召讥笑，勿越轨以资口实，勿笼统对待，以减世界之同情；勿招致纠纷，以增当事之苦痛。总期发挥我东方民族和平坚毅之精神，以与彼少数顽强尚力蔑理者相对峙，则世界同情不期而集，恶意宣传莫得而逞。岂惟巨痛可弭，奇耻可雪，国际地位、民族声誉亦得借以增进，多难兴邦，或在此举。敝会管蠡所及，敢布腹心，务乞广为传播，转相告语，国家幸甚。上海总商会。元（十三日）。

上海《民国日报》1925 年 6 月 14 日

上海总工会一致否决总商会修改条件

1925 年 6 月

工商学联合会所提出之十三条正式要求，早经商联会、学生会及各工会一致议决为最低之条件。自昨晨报纸上突然发现总商会所提出之十三条后，工人、学生方面颇致不满。盖见先决条件既已取消，撤退英日海陆军一条又被抹杀，而工人组织工会及同盟罢工之自由与制定劳动保护法两项亦完全删除。昨日内外棉纱厂工会等数十工会纷纷派代表至总工会，主张即刻召集全上海罢工工人代表会议。据总工会消息，报载总商会所修改之条件，已得工商学联合会之同意云云，全属不确。此事关系至大，故总工会已于昨日下午五时召集各工会代表会议，详加讨论,一致否决总商会之修改条件。工商学联合会昨下午开会亦决定更正各报所载新闻之错误,详情均见本报今日本埠要闻。

《热血日报》1925年6月14日

上海总工会率二十万罢工工人为坚持十七条宣言
1925年6月

上海罢工工人宣言云:全国各界男女同胞公鉴:此次五卅惨变,远因起于数十年一切不平等条约所施之积恶;近因起于日厂摧残工会、压迫罢工及工部局提出印刷附律,禁止学生演讲。病因既明,救治之道,惟租界当局承认一切居民咸有集会、结社、言论、出版、罢工之权利,始可治标;废除一切不平等条约,始可治本。兹者工商学联合会所提先决及正式条件十七条,治本如十二、十三两条殊嫌不足;治标如五、六、八等条尚属略备。本不治,则无以杜民族间争斗之源;标不治,则在在有以引起争端,且无以发展吾人与彼族争斗之实力。征诸近事,人应共知。上海较大之工商业,几全操外人之手,中国人同盟罢工及组织工会,皆属犯罪行为,不为法律所许。长此忍受,吾族将何以自存!工部局恃势横行,已非一日,严禁舆论,以图掩藏,(六)〔前〕年乐志华案,今年顾正红案,皆公然禁止全埠华报,不许发言,且欲订立印刷律,以严刑峻法,永远堵塞华人之口。长此忍受,吾族将何以自存!学生列队公祭死者顾正红,竟遭捕房拘禁;学生当众讲演,竟遭捕房枪杀。长此忍受,吾族将何以自存!统观上列情由,皆由工部局不承认租界华人有集会、结社、言论、出版、罢工之权利所致,此正吾人今日所应誓死力争者也。废约为治本要图,吾人固当随同全国同胞为全民族利益一致奋斗;租界华人集会、结社、言论、出版、罢工权利,尤为吾人目前切己之需,倘有一不得,无论外人如何强硬,政府如何妥协,总商会如何让步,我二十万余罢工工人,誓当固结团体,坚持罢工,以为全上海租界市民争此一线生机。在民族争斗言,政治绝交,则军备如此不充;经济绝交,则又近乎空想。除工人团结罢工外,尚有何者足为抵制外人侵凌之武器?在工人地位言,商界有商会,学界有教育会与学生会,独至工界,一结工会,即属违反禁令! 厂主得自由歇业,各业雇佣得自(用)〔由〕退职,独至工人一旦罢工,即属触犯刑章! 此事岂得谓平? 为此宣告全国同胞,幸垂察焉。

上海总工会及所属六十六工会二十万罢工工人同启

上海《民国日报》1925 年 6 月 19 日

上海学联反对总商会十三条之宣言

1925 年 6 月

全国父老兄弟姊妹们!

上海总商会已经违背众意,包办交涉,独自提出卖国罔民的十三条件了!

我们誓死不能承认总商会的条件!

此次屠杀中牺牲者不少工人、学生和各马路商民,而总商会始则经各界迫逼后才通告罢市。继则置身他外,一炮不响,隐然以调人自居,终则出头包办,勾结官僚抹杀一切,自提卖国罔民的十三条件。交涉万一依此解决,不但屠杀中牺牲者是白死,风潮中种种损失是白费,而且足陷国家于万劫不复。

可是现在总商会这种讨好于帝国主义的条件,他仍然不能得着帝(国主)义"谅解",而至于谈判决裂了!

我们不能因此便以为总商会妥协的作用已告终结。这种大商买办,依附帝国主义生存的机关,必不会觉悟,拥护民众的利益。总商会必定还有第二步,第三步……的妥协勾当。

全国父老兄弟姊妹们! 上海是此次屠杀交涉的中心,上海发现卖国(亡)〔罔〕民的总商会勾结官僚包办交涉,这不但危害于上海人民的利益,而且危害于全国人民的利益。

全国父老兄弟姊妹们! 打倒帝国主义,进行此次交涉,全靠我们被压迫民众的努力! 帝国主义第一工具军阀已经在汉口及各地杀戮爱国民众、压迫爱国运动了! 帝国主义第二工具大商买办现在也妥协卖国! 我们只相信自己的力量,我们一齐团结起来,反对帝国主义及其种种工具。

上海的人民决意坚持到底、继续罢市罢工罢课反抗!

停止我们这次反抗,至少要帝国主义承认我们最低限度的要求工商学联合(委)员会提出的十七条件!

上海学生联合会

《血潮日刊》第18号,1925年6月21日

工商学联合会为交涉破裂发表宣言
1925年6月

五卅惨案发生以来,我上海市民激于义愤,罢市、罢工、罢课以抗强权,百余万商民、学生、工人奋起力争。金以日本惨杀工人摧残工会于前,英工部局又枪击和平之演讲学生于后,奴视同胞,施行屠杀,不受中国法律之制裁,纯以横暴武力相加,国何以立,民何以生。故工商学联合委员会代表上海罢市、罢工、罢课之市民,提出最低要求十七条,促政府严重交涉,决意牺牲,罢业以待。不意政府特派员删弃撤退英日驻(华)〔沪〕海陆军、取消领事裁判权、承认工会等条件,不与提出,先自示弱让步。而六国委员更坚持工部局不负行凶责任,借口收回会审公堂、承认华人在租界上之一切政治自由等要求,不与本案相涉,拒绝讨论,及以发生于租界当局之惨杀案,责我国无维持治安之力,竟尔决绝以去。交涉以此破裂。横暴之情昭然显露,吾人苟无长久坚持之方法与努力奋斗之决心,则政府庸弱,外人强暴,失败可以预见。将来宰割由人,终为鱼肉,奴隶之痛不待亡国。国人当速一致团结,对英日宣布国民绝交,使其觉悟,务使屈服,还我自由而后止。团结之法,端在组织集中各地商、工、学、农各界严密组织,再相联合,一致指挥,指臂相应。勿使人自为战,步伐凌乱,而为人所乘。至若敢图私利以通敌者,得与众共弃之。如此,庶能坚壁清野,以为久战之计。国民绝交之义则有两

端:一则经济绝交,与英日两国断绝金融交易等关系;一则工作绝交,凡为英日人佣工者,不论其在工厂、在家庭、在机关、企业、洋行、公司等处,一概罢业。此两事若能行之全国,始终不懈,复有集中之组织指挥而资助之,则英日两国人之在华者,当能身受暴行之报偿,而起促其政府之觉悟。中国国民亦有以目见争其解放之决心与团结之能力,然后英日方有所慑而不敢侮也。我上海市民身受压迫,当誓□(死)以争,已决定即日实行,为天下先。愿国人一致响应,努力奋斗,不达吾人最低条件之目的不止。家国存亡,在此一举。人权保障,实利赖之。上海工商学联合会代表罢市、罢工、罢课暨一切市民二百万人谨此宣言。

《热血日报》1925 年 6 月 21 日

上海学联致段祺瑞
1925 年 6 月 30 日

北京段执政钧鉴:国权沦丧,外侮频仍,推源祸始,皆在于不平等条约。五卅惨案,症结在此。幸执政善体民意,曾照会各关系国公使从速会同修改。窃以该种条约本身已无修改余地,应即根本废除。还乞勇往直前,一本初志,全国人民群为后盾。上海学生联合会。陷(三十日)。

上海《民国日报》1925 年 7 月 2 日

工商学联合会致北京政府
1925 年 7 月 5 日

工商学联合会以交涉停顿,昨急电段执政、外交部钧鉴:交涉停顿,已近三周,因循延迟,益堕术中,望速开会议,提出本会十七条,并努力进行取消不平等条约。再,沪上交涉绝裂,原因在许交涉使接受总商会甘丧国权之十三条。希即撤任,并退还总商会条件,无任热盼。上海工商学联合会叩。歌(五日)。

《申报》1925 年 7 月 6 日

（3）地方大员的态度

赵恒惕致段祺瑞等

1925 年 6 月 3 日

段执政钧鉴：各部院钧鉴：据沪电称：上海学生因援助日本纱厂罢工，并反对苛定印刷附律、增加码头捐事，于五月卅日在租界游行演讲，被英捕干涉拘百余人。学生要求释放，英捕开枪轰击，学生市民共死伤二十余人。六月一日复因游行，死伤十余人。沪上民情愤激，已实行罢工、罢学，要求惩凶、道歉，取消苛律。等语。湘省各界闻此恶耗，引为奇耻，环恳主持正义，转电京部，严重交涉，万众愤心，群情愤慨。查中英敦睦，素无间言，此次沪上学生对于日本纱厂罢工出以援助，并反对苛律、苛捐，其举动仅止游行演讲，尚无轨外行动，何竟遽用武力，横施弹击，死伤枕藉，惨不忍闻。正义国家，胡为出此，措施悖谬，曲有攸归。务恳执政迅饬外部向英使严重抗议，雪此耻辱，以伸公理，而慰舆情，否则国民积愤，屈莫能伸，一经触发，恐难遏制。安危所系，不敢缄默。敬布微忱，代伸民意，至祈鉴纳，伫盼施行。赵恒惕叩。江。

中国第二历史档案馆藏临时执政府内务部档案

周荫人等声援沪案电

1925 年 6 月 10 日

各部院、各省军民长官、各报馆钧鉴：顷上段执政一电，文曰：窃自上海学生游行讲演，惨被英捕摧残，始则拘捕横加，终至枪毙多命，负伤累累，激起罢工、罢市风潮，旬日之间，播及全国。所有闽省人民，闻风愤慨，相继罢工、罢市情形业经专电奉陈在案。查群众游行讲演，乃文明国家习见之事。此次英捕对于热心爱国、手无寸铁之学子，一再枪击，蹂躏人权，既为公理所难容，又为国家之大耻。伏祈执政俯察舆论激昂情形，饬下外交部据理严重交涉，以伸民愤而保国权。职等不才，愿率闽省军民为公后盾。迫于电禀，伏乞睿鉴施行。周荫人、萨镇冰叩。蒸。

中国第二历史档案馆藏临时执政府内务部档案

邓锡侯通电

1925 年 6 月 11 日

各部院、临时参政院、各省区军民长官、各法团、各学校、各报馆钧鉴：本日为上段执政电文曰：佳日接上海商工学联合会鱼电，称上海学生、市民因日厂虐工，群情愤激，主张公道，被外捕击杀，日必数起，五月卅日惨杀尤甚。迄六月五日大拘市民千余，备极殴辱，致商工学各界罢市、罢工、罢课以抗捕局之横暴。业提出种种要求条件，誓达目的。等语。并据湖南雪耻会，江西市民大会，江苏众议员王绍飏先后电告前情。川中军民闻兹惨祸，求伸民意，义愤填膺，慷慨激昂，不可遏抑。查中英、中日素称洽和，日厂虐待华工，学生市民主张公道，义所当为。乃英捕遽用枪击，设计被杀为数甚众，草菅我民命，触犯我国权。凡属国民，莫不愤激，国蒙奇耻，不雪不休。除电复各法团并晓谕军民为正义之赞助外，应请钧座饬外交部严重抗争，用全国体而平众愤。职谨激励民气，以盾外交之后。谨呈。伏乞核示祗遵。职邓锡侯叩。真。印。等语。诸公部属胞与，情殷消御，聆兹惨劫，痛恨必深。望团结众志，为国后援，一息尚存，抗争勿懈。邓锡侯叩。真。

中国第二历史档案馆藏临时执政府内务部档案

刘文辉通电

1925 年 6 月 15 日

参政院、各部院厅署、各省军民长官、各机关、各法团钧鉴：顷因沪上英捕开枪轰击，伤毙学生、华工多人一案，上执政一电文曰：北京临时执政钧鉴：沪租界日本纱厂之事，英捕开枪轰击毙伤学生华工多人。准外交部通电，已蒙钧座特派专员前往查办，具仰维护国体之至意，何敢渎陈。惟自此案发生以来，全国人民莫不汗骇涕零，同深愤慨。川省人心，尤以英日国家，夙以文明自诩，事经旬日，不闻向我国家敬致歉意，惩办凶犯，而犹大加凌轹，侮辱不堪。是直蔑弃邦交，无从容交涉之余地，摧残人道，惟强横暴力之是凭。似此披猖，何甘隐忍。群情愤激，遏抑不能。钧座英明神武，维护国权，夙为国人所托命。当此非常剧变，必已洞瞩机先，尚乞乾纲睿断，迅赐施行，毅力坚持，湔兹国耻。饬下外部暨查办专员与英日国家提出严重抗议，请各国公使共为正义主持，毋使璀璨中华，为印奴所窃笑，神明华胄，直牛马之不如，则钧座之有造于国家，永永无既。若视为寻常交涉，稍事退让，粉饰和平，或更以钳制相加，激怒群伦，自为捍御，恐内无以见谅国人，外无以抗制强暴，祸变之来，将更有不可思议者。文辉待罪川疆，默察民隐，知此事关系国家前途至为重大，国民心理非达到所提出之请求，不能默而中辍。故各省军民、大吏、耆宿、名流亦复一致呼号，若灭亡之将至。用敢据情上请，冒昧陈词，可视为国命之权舆，不仅为民气之后盾也。务祈俯察愚忱，力维国体，以消隐患，而顺舆情。临电屏营，伏候衡察。帮办四川军务善后事宜刘文辉叩。删。印。等语。除译发外，合并奉闻。诸公捍卫热忱，胜辉百倍，当此千钧一发之际，尚望一致坚持，严重抗争，为国人伸正气，不仅作外交之后援也。引领云天，神驰无任。刘文辉叩。删。

中国第二历史档案馆藏临时执政府内务部档案

冯玉祥①通电

1925 年 6 月 27 日

北京执政钧鉴：各部院、各省区督办、省长、都统、护军使、镇守使、各总司令、各师旅长、各法团、各省学生联合会、各工团、各报馆钧鉴：电传政府已于本月二十四日对八有约国提出要求根本修正不平等条约之牒文，主张取消列强在我国从前以强力取得之一切政治上、经济上不平等之特权，如收回租界、各租借地，撤废领事裁判权，恢复关税自由、铁

---

① 时任西北边防事务督办。

路、盐务、邮政等管理权诸大端,皆我国民所感受历八十余年,妨害国家生存之致命伤,其惨苦不堪言状。今于最近之五卅血案,一旦暴露侵略主义之残忍凶横万恶现象,我国于上海、汉口以及最近于广州遭侵略主义代表者之惨杀,流无限之血,而结晶于此要求取消一切不平等条约之主张。政府鉴于全国民意及世界潮流不可遏抑,毅然提出此负责任顺民心之照会,正如雄鸡一声,天下破晓,此要求若能达到,则我国民从此脱离侵略主义之压迫,而我民国始能适于世界之生存。玉祥忝属军人,心存报国,顾念民主。国以人民为主,今主人无辜被杀,而仆人断无旁观之理。我国号称四万万同胞,今如手如足之同胞,横被摧残,即为不共戴天之仇。誓将竭全军之力,(之)〔为〕国民纾积愤,为政府作后盾。明知我军军械不若人,军实不若人,外交之手段奸滑不若人,然与其任人宰割,置万劫于不复之天,何若拼命牺牲于万死求一生之路。故惟求败求死以雪耻,而不计利计成以求荣,以血肉为干城,非战至全军无一人,永不畏缩。并请由全国之民奋斗到底,以求此主张之实现。至近者英外交总长所藉口恐吓我国之关税会议,彼维以此为挟持,而不知我国民决不欲此骗小儿之一枚糖果也。使我之关税主权完全恢复,则加税我国固有自由,何待列强之协议加税。关税会议乃趋于列强共管之趋势,较之从前缔约两国间之协定关税尤恶,此亦我国民根本修正不平等条约之要求不能不贯彻主张者也。区区之愚,是否有当,愿爱国军人一致速息内争,明渔人之用心,移其目光以对外。因不平等条约一日存在,使我民国不能生存及发达,故非乘此时机废止不平等条约不可。凡属军人务联合全力为政府及国民外交之后援,深信政府亦必能指挥各省,一致反对从前不平等条约而与列强为根本之修正。全国国民亦必竭力拥护政府,并拥护全民众之要求,庶几国难早已,联合可期。迫切陈词,诸惟公鉴。冯玉祥叩。沁。(张家口来电)

中国第二历史档案馆藏临时执政府内务部档案

孙传芳对沪案交涉十三条意见电
1925 年 7 月 7 日

东北边防督办、西北边防督办、各省督办、省长钧鉴：统密。顷读外交部译转驻法陈公使对沪案三项办法，挈领提纲，第二项尤为扼要。传芳引伸其意，参以管见，鱼日电达中央，文曰：昨准外交部转到驻法陈公使沪案办法通电一件，详核所陈三项极为扼要，而尤以第二项密商美政府聘任调停召集二次华府会议为更妥善，且可补救我国历次提案之失着。何以言之？窃查此次沪案一般舆论均主就案论案，缩小范围，专以对英交涉为限，不应牵动日本，遑论其他各国。今既将沪案十三条原文移牒于外交团，又不事先接洽，复将昔日不平等条约，正式要请各国修正。此种重大事实传播各国，其新闻纸批评，有谓我国得陇望蜀者；有谓政府不谙事势者；甚且谓系政府迎合民众之一种政策，其用意原在应付潮流，总不望各国之具体答复者。万一各国互相协商，听从舆论，答复不得要领，此时根本动摇，民生何极？其危险恐更甚于昔日，政府将何以自处。此愚以谓陈使请美调停之说宜从速进行者也。沪议十三条本不能为国民之公意，且其范围复杂，次序凌乱，早为有识者之所讥。迨至移京办理，竟未加以修正，仍以原文送达。倘再藉口他故，再遭停顿，复成何局面。又查沪议十三条，如第六、第九、第十、第十一、第十二条均由不平等条约所产生，不平等条约之共同要素，不外（甲）领事裁判权，（乙）租界及外国租借地，与（丙）协定关税。试就华会议决案，一为复按，关于甲项已有决议，可依所定之手续进行；关于丙项华会所定不过允许加税，尚不脱协定范围；关于乙项则华会之成功有已见诸实施者，诚能熟审时机密商同情之国，召集二次华会，不难立如陈使之所期，较诸漫请修正效力自大，故愚以谓可救提案之失着者此也。抑有进者，十三条之第一及第二条，条之前半，现已不成问题。第三、四、五、七、八及第十三条之前半条，实为沪案之本案，其余各条既有修正不平等条约之移牒，应即撤回，以免重复。此项开议之先，亟应首先声明，一面速令驻美公使依照陈使办法办理，庶几缓急先后有条不紊，虽遭上海会议之停顿,可卜移京续办之成功。而一切罢工危险,党人利用之后患或可因而稍杀,此又传芳之愚所愿补陈使三项办法之缺憾者也。风雨飘摇,来日大难,□谨有区区,伏维钧察,等语。此案创巨痛深,愤动全国,若再旷日持久,后患何堪设想。诸公高瞻远瞩,必有嘉谟,尚祈各抒伟论,共济时艰,是为企祷。孙传芳。阳。印。

中国第二历史档案馆藏临时执政府档案

(二)关于五卅惨案的中外交涉

说明:有关五卅惨案的中外交涉,历时半年有余。惨案发生后,北京政府外交部立即向公使团发出了三次抗议照会,上海交涉员也与上海领事团进行了交涉。随着上海事态日益严峻,公使团和外交部派代表赴沪调查交涉。上海谈判破裂后,沪案移京,并在英国的主张下展开了事件的司法调查。1925 年 10 月,中外双方就五卅案的解决办法重开谈判,主要围绕案件责任、交还上海会审公廨、上海公共租界华董三个问题展开交涉,并达成解决方案。综观关于五卅惨案的中外交涉,各种势力、各种矛盾纠结其间,表现出相当的复杂性。本节资料除展现交涉的具体进程以外,还力图对反帝爱国运动对政府外交的影响、外交团内部的矛盾、外交团与上海公共租界工部局的矛盾、英日两个直接关系国之间的矛盾等情况有所反映。

1.北京政府外交部在北京的交涉

外交部致公使团

1925 年 6 月 1 日

为照会事。据报告,本年五月三十日,上海各大学学生因有学生被捕及工人受伤两事,在公共租界捕房门首游行演说,以示抗议,而捕房竟以武力干涉,捕去学生四十余人,顿时击毙学生四名,击伤学生六名,已死二名,路人受伤者十七名,已死三名等情。本总长得悉之余,至深骇异,似此不幸之事,应请贵公使特别注意。查该学生等均系青年子弟,热心爱国,并不携带武器,无论其行为之性质如何,断不能以暴徒待之,乃捕房未曾采取适当方法和平劝阻,遽用最激手段,实为人道及公理所不容,自应由租界官吏完全负责,为此本总长不得不向贵公使提出最正式之抗议,并声明保留俟查明详情后,再提相当之要求,并请贵公使将前项情形转达驻京有关系各国公使查照,迅饬上海领事团速将被捕之人全行释放,并就地与特派江苏交涉员妥商办理,免再发生此类情,是所至盼。须至照会者。

中国第二历史档案馆藏广州国民政府档案

公使团致外交部

1925 年 6 月 4 日

为照复事。关于五月三十日上海公共租界发生扰乱之事,接准六月一日来照,各国公使及本公使均经阅悉,此次发生事故时,至有击毙数人及击伤数人情事,本使等与贵总长同样抱憾之余,以为有查明捕房所以使用武器情形之必要。

查当时有群众游行,在租界南京路散放违法及显有排外性质之传单,当经劝令散去,并拘捕为首之人。乃当时此辈群众不服巡捕指挥,且对巡捕加以殴打,并有攻入捕房之势,捕房仅在此时始使用武器,故此事责任所在,应由一般游行者负之,不能归诸租界官吏。且厥后租界官吏即有最宽厚之表示,被捕之人经会审公堂审讯之后,即令取保暂行释放。

本公使等值兹静待续报之时,深望中国政府与有关系各国公使,具同一和平之精神,审核此项不幸之事,俾上海之秩序及安宁于最短时间得以恢复也。须至照会者。

中国第二历史档案馆藏北洋政府外交部档案

外交总长会晤翟禄第①

1925 年 6 月 4 日

上海惨杀华人案　刘锡昌、罗斯在座

翟使云：上海发生不幸之事，贵政府对之深表遗憾，使团亦表同情，今晨使团会议各同寅嘱本公使，将贵总长本月一日来照备就答复，面交贵总长查阅。

总长接阅后告以此案必须速停枪击，始有办法。

翟使云：据上海报告，昨日仅有游行之事，并无死伤。

总长云：本总长为免避重见流血之事，故于今日复又照请贵公使速饬上海领团停止枪击。

翟使云：贵总长照会已收到，今晚当抄交各使使查照，至停止枪击，本公使早已电饬领团静守和平，免避冲突。

总长云：目前所最要者赶速停止枪击。

翟使云：静守和平、免避冲突二语已含有停止枪击之意，总长今日照会内仅指英捕枪击华人，而对日本人被华人掷于沟中之事并未提及。

总长云：此节本总长并未接有报告。

翟使云：此乃贵国上海地方官遗漏报告之过，使团所接报告已死者有二十一人之多，而贵总长所接报告不及此数。

总长云：现查华人被击枪弹均从背而入，并证英捕开枪系对于拟欲避徒手之华人而行之，殊背人道。

翟使云：本公使以为英捕必不乐于开枪，所以如此者必有不得已之情势，弹从背入，也许该华人反身欲怂恿其他华人复肆攻击。

总长云：总之，对于徒手之人横加枪击，大背人道主义，且为公法所不许，目下应请贵公使帮忙者，速行停止枪击，俾免重行流血。

翟使云：本公使自当极力帮忙。

《中日关系史料——排日问题》，第 433—434 页

---

① 时任意大利驻华公使兼领衔公使，亦作翟录第。

外交部致公使团

1925 年 6 月 4 日

为照会事。上海公共租界发生枪击华人一案，业经本总长于本月一日向贵公使提出抗议，并请迅饬上海领事团，速将被捕之人全行释放，并就地与特派江苏交涉员妥商办理，免再发生此类情事在案。续据上海报告，租界捕房于本月一日复枪毙三人，伤十八人，其前被捕之人，仍未完全释放。又据报告，所有伤毙之人，枪弹多从背入，巡捕无一死伤，显系任意轰击，毫无理由各等情。

查公共租界官吏出此激烈行为，迫动公愤，致发生商工各界多数罢市、罢工之不良效果。似此蔑视人道，自应由租界官吏完全负责，为此总长不得不再向贵公使提出严重抗议，并请转达驻京有关系各国公使，迅电上海领事团，立饬停止枪击，以免再肇惨祸，是为至要。须至照会者。

中国第二历史档案馆藏北洋政府外交部档案

刘锡昌①会晤翟禄第

1925 年 6 月 4 日

锡昌云：上海惨杀华人案，近因枪击不止，又见死伤，被捕学生亦未完全释放，沈总长不得不作第二次抗议。兹特备就照会一件，附配法文译件，嘱本员前来面交，并请速为设法，迅饬上海领团停止枪击，免再肇祸。

翟使接阅后谓：使团今晨会议，佥以中政府对于此案袖手坐观，毫无毅然处置之法，徒以照会送达使团，是非有强力政府所应出，此使团嘱本公使明日谒见执政亦即为此，且使团意见均又以为英捕此种举动甚有理由，倘不用武力，情势更重。可惜者，上海地方贵国无负责之高

---

① 外交部秘书。

级长官如何丰林者,昨已为沈总长言之,当何丰林镇守上海时,与中外各界感情融洽,从未见有此类情事。

锡昌云:处置学生游行方法,本员在欧洲多年,其法甚多,何以英捕竟用开枪之法致生惨祸,未免有背人道主义。

翟使云:世界各国每遇聚众游行之事,往往发生惨杀之事,即在义大利国亦常见之。沈总长照会内何以仅言英捕击毙击伤若干华人,并未提及日本人为华人掷于沟中,及新世界枪伤美商团之事。

锡昌云:掷日本人于沟中,本部尚未接有报告,新世界枪伤美商团一事,本部虽接有他处报告,然尚未接有地方官正式呈报,故未便叙入。总之,将来详细报告到京自然明了。

翟使云:本公使已接有此项报告,贵部尚未据报,系地方官疏忽之处。

锡昌云:沈总长现在所希望于贵公使帮忙者,即为人道主义,速饬上海领团不再开枪,以维人道。

翟使云:请转陈沈总长,对于人道,本公使极端主张,昨日上海已无开枪之事,好在再逾半时,即当往谒沈总长面谈一切矣。

《中日关系史料——排日问题》,第434—435 页

外交总长会晤玛德[①]

1925 年 6 月 4 日

刘锡昌、韩德卫在座

上海惨杀华人案

总长云:关于上海惨杀华人一案,今日使团开会,贵公使谅必尽力帮忙。

玛使云:今日使团会议,本公使用尽全力以助之,使团提议调遣兵舰,本公使只有训令法舰预备,并未出发。

---

① 法国公使。

总长云：上海法租界内并无若何举动。

玛使云：本公使已电饬上海法领善为处置，该领年轻老成，不似英日两领之激烈，可断言也。

总长云：本总长今日已有第二次抗议照会送达义翟使，坚请迅予训令上海领团停止枪击，上海领团领事谅亦在内。

玛使云：上海领团有英、美、法、日本、义、比、葡等国领事。

总长云：将来解决此案，英、日两使应行让步，尚希贵公使力持此议。

玛使云：今晨使团会议商拟复稿中，有使团与中政府和平办法一语，亦系本公使坚持加入。

总长云：照会内有责任归诸学生一语，实属不合。

玛使云：此系照复中应有之语，所有责任问题现在只能双方推诿，俟得有详确报告再为确定。据本公使看法，现在所最要者停止扰乱现状，速图善后。

总长云：本总长欲停止枪击，实欲停止扰乱现状耳。

玛使云：现在上海中国官员方面何人主持。

总长云：特派员、道尹及警察长。

玛使云：亟应速派重要官员前往镇压，并会同领事团告示停止攻击，静守和平，听候中央外交团详查情形，公定责任，妥商解决办法。

总长云：现在蔡督办已行，或者此项职务委任蔡督办办理。

玛使云：蔡督办人热心和平，且与领团感情亦好，惟彼昨日来馆面称，今日动身赴津，再赴南京，大有迟迟我行之意，前镇守使何丰林现在何处。

总长云：现在上海居住。

玛使云：此公在沪时，一无问题发生，且极勇敢，倘若界予警权，或予数千之兵权，或者即可归于平静。

总长云：或则界予隔时保安总司令之权，但此种计划必须审慎出之。

玛使云:尚有一法亦足暂息风潮,即请执政颁一明令,对于此次不幸之事表示遗憾,内述种种爱国之语,并劝谕人民静候公平解决,俟调查详细情形后,必使负责者加以相当处分等语,不过其中语词对于外人勿过于侮辱,以保留外人面子。

总长云:此法亦善,明日当面陈执政。

玛使云:倘贵政府决定施行此法,可要求使团同时亦宣布劝告上海西人之示谕,或要求使团饬令上海领团告示西人,遵守和平,静候解决,如贵总长以为然,本公使即可面访义翟使,将此项办法告彼知晓。

总长云:必须请示执政方可决定,明日义翟使往谒执政,究何用意。

玛使云:此事须本公使所提议将经过情形面陈执政,并面请执政指示办法,亦须一种促成平静之计划。

《中日关系史料——排日问题》,第 435—437 页

段祺瑞会见翟禄第

1925 年 6 月 5 日

刘秘书锡昌、汝礼官人鹤、罗斯通译官在座

翟使云:贵执政福躬康健。

执政云:尚称安适,贵公使(政)〔身〕体安好。

翟使云:贱体粗适,敬谢盛意。今日晋谒,本公使因外交团各使名义,对于此次上海发生不幸之事向贵执政面陈歉意,此案情势严重,庶速解决。

执政云:此次发生可惨风潮,实为不幸,本执政至深痛惜,上海巡捕如此对待华人,使中国对于国际地位攸关体面。

翟使云:外交团各使暨本公使对于此次不幸之事,均以为另有别人从中挑拨助成其目的,欲使各国与中国间发生恶感,谅贵执政定必见及,照目前情报似应设法使此事不再扩大。

执政云:另有他人播弄亦为见及,现在外交团各使暨贵公使已见及此,亟应设法消弭,乃上海仍然枪击徒手华人,殊欠公平,即应速令上海

领团停止枪击,免延惨祸而易收拾。

翟使云:施用枪击,必因华人数多巡捕人少,不得已而用之,外国亦常发生此类情事,现在上海地面官厅系由何人主持。

执政云:有江苏特派员主持市区,孙督办早已派定,因条例未定,迄未成行,如果实因年迈,不克当此重任,只得另想相当人员,今又添派苏籍会办李钟珏先行到任办公。

翟使云:查从前有军事长官之时,地方官与领团、华商与外商感情颇称融洽,即遇有事必须预先接洽防备。自上次内争以后,上海即无高级长官,此次风潮之发生实由于此。

执政云:前因上海有军事长官,并有制造等厂,以为内争全由于此故,内争息后即将军事长官及有关军事之制造等厂一律废止,原冀消弭内争,不料内争果然消弭而发生刑事上之问题。至于派兵一节,亦觉危险,恐现事未平复又发生其他不幸之事故,今晨将此事交由吴陆长核办,现正在考虑之中。

翟使云:现在尚有一事极关重要,上海工人一万余名实行罢工,此项工人素无积蓄,恐至四、五日后毫无进款,难免发生抢劫之事,非特租界可畏,即在华界亦不可不防也。

执政云:此事早已料及,故事出之初即着上海商会会长虞洽卿赶速赴沪,使四明公所开会不能成立,虞洽卿对于上海工商界颇负时望,派其赴沪即为此也。

翟使云:现在所当注意者,不为他人所利用,使此事不再扩大,不识贵执政定有办法否?

执政云:他人挑拨究为少数人所赞同,无甚重大关系,我辈既明知其故,亟应设法将现在上海之事赶紧了结,即先令上海方面停止枪击,必易了结。

翟使云:少数人往往能成大乱,如革命等事。

执政云:本执政为全国人民代表,贵公使为外交团领袖,应使双方接近,各行让步,则此案易了。倘各走极端,仍旧枪击,则难言矣。

翟使云：上海方面训令早已去电，嘱其确守和平，免除冲突。幸上海方面确守此令，故三日来并无枪击之事，惟照此间外交领团之组织，倘使团不知上海实在情形，不能随便告诫。

执政云：所以本执政派蔡督办、曾次长前往查办。

翟使云：蔡督办对于领团亦多相熟，外交团已电〔领〕团，嘱其随时与蔡督办、曾次长接洽，俾易调查。

执政云：此案双方让步自然易了，譬如两孩争斗不已，必由双方家长劝开，然后可以了结，若双方趋于极端，将来必致不可收拾。

翟使云：外交团各使暨本公使深愿此案早日满意解决。

执政云：双方如出诚意，可以速了。

翟使云：本公使现在不愿讨论细节，惟尚有数事亦甚重要，拟即呈明执政，新世界内有人向外枪击，击伤美商团，又华人将日本警察掷于沟中，显有坏人从中挑拨。

执政云：新世界事已得报告，惟他事则尚未之闻，现本执政亦不愿多所讨论，惟有一事，华人死伤多名，而巡捕无一死伤者，即此可知上海情形矣。

翟使云：此系实情，今日本公使深知贵执政公忙，虽不愿多延时刻，兹有二事敬请贵执政特别注意，一、上海罢工如不速了，恐有极大影响。二、上海之外尚有其他地方，现有排外之表示。

执政云：上海罢工已派虞洽卿赴沪，大致无妨，至于上海以外地方或有排外举动，亦可无虑。如北京学生游行街市，极有秩序，并无扰乱行为，其他地方均有长官，本执政已告知彼等切实留意。

《中日关系史料——排日问题》，第437—439页

公使团致外交部

1925 年 6 月 6 日

为照复事。关于上海扰乱事，接准贵总长本月四日来照，各国公使及本使均已阅悉。

本公使等鉴于中国政府所接报告并未完备,因外人屡被攻击之事未经提及,故本公使及各国公使等对于此事之判断均以为应保留,俟接到详细报告后再行办理。因此之故,有关系各国公使决定立即派遣委员团前往上海,就地调查情形,即行详报。

租界官吏非但无中国政府所谓近于激烈之行为,且曾保持其最镇静之态度,即以近四日来事实证之,虽有种种挑拨,并未发生重大事故。此本公使深愿为贵总长声明者也。

查公共租界捕房早已得有训令,仅限于被人攻击及遇有危在顷刻之时,方可使用武器,此节前已为贵总长于面晤时提及。兹特重行声明,此项训令,业经重行切实饬遵,必能恪守。各国公使及租界官吏其愿望避免新乱事之发生,实较他人为尤甚焉。须至照会者。翟录第

中国第二历史档案馆藏广州国民政府档案

外交部致芳泽①

1925 年 6 月 6 日

为照会事:迭据特派江苏交涉员暨各上海团体电称,租界内日商内外棉纱厂工人与日商发生冲突,工人顾正红被枪击身死,又刀棍伤六名,内重伤三名等语,接阅之下,不胜骇异。查各纱厂工人因厂主待遇之不良或经济之压迫,激成罢工举动,原不难和平了(觧)〔结〕,乃该纱厂不研究妥洽方法,在资工间偶有冲突,遽行杀伤多人,此种举动就公理人道而言,均所不许,因此案激成众怒,风潮日见扩张,该日商自不能辞其咎,应请贵公使电饬驻沪日本领事,迅即查明持枪伤毙各华工之日人,依法惩办,并由该纱厂从优偿恤,以平众愤,相应照会贵公使查照办理,并见复,须至照会者。

《中日关系史料——排日问题》,第 439—440 页

---

① 芳泽谦吉,日本公使。

外交总长会晤翟禄第

1925 年 6 月 6 日

朱鹤翔、刘锡昌、罗斯在座

上海惨杀华人案

翟使云：兹有本公使及各公使答复贵总长照会一件，其文如下：为照复事，关于上海扰乱事，接准贵总长本月四日来照，各国公使及本公使均已阅悉。本公使等鉴于中国政府所接报告并未完备，因外人屡被攻击之事未经提及，故本公使及各国公使等对于此事之判断，均以为应保留，俟接到详细报告后再行办理。因此之故，有关系各国公使决定立即派遣委员团前往上海，就地调查情形，即行详报，租界官吏非但无中国政府所谓近于激烈之行为，且曾保持其最镇静之态度，即以近四日来事实证之，虽有种种挑拨，并未发生重大事故，此本公使深为贵总长声明者也。查公共租界捕房早已得有训令，仅限于被人攻击及遇有危险顷刻之时，方可使用武器，此节前已为贵总长于会晤时提及，兹特重行声明，此项训令业经重行切实饬遵，必能恪守，各国公使及租界官吏其愿望避免新乱事之发生，实较他人为尤甚焉。须至照会者。

总长接阅后，告以目前最要之事，上海方面急须停止枪击。

翟使云：业已停止枪击，查自三十日以来公共租界巡捕从无施行枪击之事，此次开枪并非乐以为此，本公使等意，中国方面即当阻禁学生之示威举动。

总长云：日昨法玛使来见，谈及办法，是否业已见过贵公使。

翟使云：已来见过，玛公使意急须劝告学生镇静勿扰。

总长云：劝告命令明日可以公布，惟枪击之举赶速停止才是。

翟使云：租界官吏方面，凡力所能及，无不为之。巡捕以学生人多，实为自卫之计，贵政府一无举动，段执政亦抱同等态度。

总长云：目前遣派大员赴沪查办，明日公布劝告命令，政府又嘱虞会办新派李钟珏会拟速即到任，不能谓为一无举动，但贵公使方面应即劝告上海领团速停枪击。

翟使云：贵国频年内争，枪击人民如击苍蝇，兹租界巡捕为自卫计，不过枪击少数学生。

总长云：战时情形不同，不能比拟，英国法律用武力解散暴众以前，须先由官长宣读一警告文，法国法律须官长于初次鸣锣以后，继续警告三次。

翟使云：义大利法律吹号三次，倘不服从即行开枪。奉天、青岛二处罢工，两日之内即恢复原状。

总长云：奉天、青岛二处并〔无〕上海巡捕枪击之事。

翟使云：现在外交团派遣委员团赴沪调查，并已训令领团非必要时不得用武，该委员团组织如下，法使馆参议祁毕业、英使馆头等参赞魏礼克、美使馆头等参赞顾尔霖、日本使馆头等参赞重光葵、比使馆参赞于兰斯、义使馆参赞斯嘉图六员，以祁毕业参议为委员长，定于八日晨起程赴沪调查，请贵部设法预定客厅车一辆。

总长云：调查事项，该委员团应与蔡督办、曾次长接洽。

翟使云：业已训令该委员团随时接洽。

总长云：此案租界官吏不能卸其责任。

翟使云：租界官吏并非卸责，现在已过之事暂可不提，惟罢工罢市之事，不特于外人方面非常危险，亦且恐有抢劫华商之事即应注意。

总长云：如欲避免此项危险，须将已过之事解决。

翟使云：已过之事业已双方派遣委员会调查，日后定有结果。

《中日关系史料——排日问题》，第 440—442 页

外交总长会晤芳泽谦吉

1925 年 6 月 6 日

沈觐鼎、有野学、阪岛在座。

沪案

总长云：上次会晤时，余曾以上海日纱厂日人枪击华工致死一事请贵公使注意，贵公使约以容查照再复，讵料旋因此事惹起最不幸之重大

事件,诚属遗憾。

日使云:是日归馆当即调查报告类,但未见有日人枪击华工之报告。

总长云:据报日纱厂日人枪击华工顾正红,又据交涉员报告,本月三日杨树浦因有人毁日宅篱笆,西捕开枪毙华工二名,伤五名,四日武装日警三十余人驻扎日商六三花园,地属华界,已与日侨交涉,务即撤退等语。查此次发生重大事件,原因始于日纱厂日人枪毙华工,嗣因公共租界巡捕伤毙学生、市民,以致激动公愤,演成严重风潮,故素讲中日亲善之贵国政府与国民对此应表同情,不宜投逞凶蛮行之涡中,余以为现正为日本实行中日之真正亲善之绝好机会也。

日使云:所称纱厂日人枪毙,未审系何日发生之事,据本使所得报告,但谓日纱厂发生罢工风潮时,有一华工因争斗受重伤致死(争斗时或混有日人,非他国人居多数),并未云加害者系日人,此节与贵方报告不符,容查明再行奉告。至所称杨树浦及六三花园事,乃属于所谓沪案,按此案既由关系列国协商处置,则今在此仅由中日当局商量是否有当,不无疑问。惟兹有请注意者,假使日纱厂日人果有枪毙华工事,然此与工部局巡捕伤毙学生事件(即所谓沪案)为两事,不能视为沪案之原因也。

总长云:日纱厂日人枪毙华工一事,与此次重大事件不能谓无关系,倘能证明其无关系,则中日邦交之幸莫过于此。

日使云:本使并非以日纱厂罢工风潮与沪案绝无关系,惟凡关系有亲疏之别,所传日纱厂日人枪毙一事,乃该厂罢工风潮中之事。而上海之重大事件,则起于五月三十日工部局巡捕伤毙学生,故所传日纱厂枪毙华工(假定果有此事)一事与所谓沪案虽有连络,然关系不甚密切,可谓属于旁系,而不属于直系也。

总长云:精神上当然有关系,若照贵使看法,则更不应有派警驻扎六三花园情事。

日使云:六三花园事敝处未接到报告,故未详其是否确在华界,今假定其在华界,且有派日警驻扎之事,然此与所谓沪案直接关系,而与前此日纱厂罢工风潮为两事。至所以派警保护者,系因自工部局巡捕与学生冲突以来,外侨生命财产日形危迫,故为自卫计,临时不得不出此举,中国地方官果能保护该花园日人之安全时,自当即行撤退。

总长云:此次沪潮发生于租界,该花园乃在租界外,凡华界治安当然由我国地方官负责,惟特青岛日纱厂罢工风潮之平息即其证据。余以为六三花园之事虽小,然倘能即时撤退日警,则必予华人以好感,贵使既以日纱厂罢工风潮无直接关系,则宜电训日警日侨勿出蔑视公理之行为,以重邦交。

日使云:青岛日纱厂罢工风潮,备承关照,得以平息,甚为感谢。至居住租界外之外侨,是否不得派外警保护,不无疑问。盖关于外人在中国内地之居住营业一层,贵国与列国解释不同,中国方面似主张所有内地警察权全归中国,故如有外人住在租界外,自应由中国警察管辖,不得派租界外警保护,而列国方面则主张外人得在近于租界之华界居住营业,英国之解释似以距租界三英里内为范围,以为其地点虽属中国警察管理(此种解释即法律上所谓属地主义),而该居住之外侨则可由本国警察保护(属人主义)。数十年来,中外意见不一,孰是孰非,迄未判定,现在无暇谈论法理,应就目前实在情形批判之。按自上海学警冲突以来,日侨之生命财产亦极危险,如六三花园近于郊外之地,更为危险,在发生危险后派警恐来不及,此事因敝处尚无报告,故未详其真相,然若果有其事,则必为驻沪日当局欲备万一之临时措置,本使深信该处如无危险时,必即撤退所派日警。至中日邦交之重要,如识者所深悉,日本对于沪潮极愿和平解决,以免无谓之冲突,惟沪案现由关系列国协同办理,本使未便取单独措置,然当顾及中日邦交固不待也。

总长云:六三花园事虽属小事,然于中日感情甚有关系,宜由贵公使即日电撤退日警,如贵公使赞同,则余当饬地方官格外注意保护该处。

日使云:贵总长爽直之态度是令人钦佩,本使个人当无异议,但须查明实在情形,方能照办。

《中日关系史料——排日问题》,第442—444 页

总长会晤白拉瑞①

1925 年 6 月 8 日

黄宗法、葛斯顿在座

上海外警枪杀民人事

白代使云:现时南京、镇江俱有不稳消息,南京之和记洋行雇佣全体罢工,镇江情形更恶,租界内房屋被暴徒捣毁三处,外国妇女见势不佳,遂俱徙往江边某轮船暂住,此时各处有此排外情形,应请贵国政府通令地方官禁止排外举动,切实保护外国侨民。

总长云:镇江现已平静,目前该地有无业游民滋事,地方官立命军警弹压,旋即平静无事,外国妇女已各回原宅。

白代使云:又闻此次风潮已延及太原、开封等处。查汉口、长沙、厦门三处经地方官切实取缔,皆未发生事故,足见贵国当局如愿取缔,诚亦有力取缔,贵国地方官若不取缔,其最后责任仍在贵国政府。

总长云:本国地方官有保护外侨之责,但人民爱国举动断不致越出正轨。

白代使云:但恐地方官亦有不知自身责任之人,贵国政府若不明白训令,深恐发生重大遗误。

总长云:此次各地市民激以爱国热诚,毫无排外性质,执政日前所颁昭令,劝慰国民已有率循正轨之语,余看沪事现时最紧要者,莫过于恢复市面平时原状,即如取消戒严令,撤退海军陆战队,并解除商团巡捕之武装,释放一切被拘人等,发还被封或占据之各学校房屋,只要租界当局有所觉悟,措置公道,公愤自易平息。

白代使云:吾人亦极愿恢复上海平时原状,无如该地罢市,故必须

---

① 英国代理公使。

实行警卫法令,贵国方面总宜暂取镇静态度,以免伤害感情,致令交涉多一难点,仍请设法通令各省谨防实在危险,此时过激派正在利用时机,贵总长亦应有所闻。

总长云:若不造成机会,他人何由利用,至各省外人如有危险,本政府及地方官自能妥为保护。

白代使称谢并云:本代使兹可向贵总长声明,愿尽本人能力赞助早日解决此事,并盼于数日内即可见有眉头。

总长云:贵代使果有此决心,即应于会议时主张公道,上次会晤时,以及本部第二次照会使团,余俱请转饬上海工部局,不得再有开枪情事,未知使团如何训令。

《中日关系史料——排日问题》,第 453—454 页

刘锡昌会晤翟禄第

1925 年 6 月 9 日

锡昌云:贵公使此次对于沪案主持公道,又在外交团会议时时维持中国之理由,沈总长闻之甚为感谢。顷沈总长接警厅朱总监密函一件,内称明日午后一时,各界在天安门地方开国民大会,经本厅传集各发起人及各学校代表,再三劝告,限制言论范围,禁止轨外行动,一面分饬区队严行防察,以免滋生事端。惟群众聚集思想不同,倘有外人前往参观,诚恐临时因言语之激刺发生误会,至乞知照各公使转告馆员及居留人民,届时毋庸前往,俾免于无意之中发生误会,致本案再生枝节等语。沈总长对于朱总监之看法,为避免误会起见,甚表同意,盖沈总长之热诚愿望,不欲在北京及他处或再有误会之发生,故嘱本员前来,拟请贵公使知照各公使,迅予转告馆员及居留人民,届时切勿前往参观,致生无谓之误会为荷。

翟使云:沈总长及朱总监防患未然深为敬佩,不过为时稍促,然本公使当于即晚转知各使,迅予劝告馆员并居留人民可也。贵部接有上海报告否。

锡昌云:本部接有曾次长、虞会办报告,情势较佳,法租界罢市已经恢复原状。

翟使云:本公使连日以来无时不为此案伏案办公,顷作城外片刻之游,见前门外游行演说队数尚多,且墙壁上贴有简单图画,图中画有外人用枪开击,地上卧有已被枪毙之人,身旁血流满地,种种情状路人见之足以引起排外恶感。沈总长上次言学生于星期一或星期二即可回校。

锡昌云:政府之意,掺之过激,恐生反动之力,若无轨外行动,听其自然,不难渐归平静。

翟使云:话虽如此,查近日汉口、郑州等处亦有游行之举,本公使近接郑州年老义侨某来电,询及应否他往。本公使即向常住郑州现在北京之义主教探询该处情形,该主教称郑州无甚危险,不必惊扰,故本公使即复该义侨一电,嘱其与他国侨民时常接洽,取一致行动,毋自惊动。

锡昌云:他处举动必视沪案为依归,倘沪案得能圆满解决,他处自然平息矣。

翟使云:此次执政命令,按照各公使看法深恐效果不多,盖其中劝告之言不甚切实,照现在情势似应劝诫学生,告以沪案由政府主持,切实办理,该生等应即照常回校,静候政府秉公办理等语。

锡昌云:此案情形严重,政府之意顷如本员所言,不愿掺之过激,致生反动,此次命令言词正大,据本员个人看法定可得其效果,贵公使公忙,不愿多延时刻,明日劝外人不必参观开会之事,切托贵公使速即办理。

翟使云:当即照办,请转陈沈总长为荷。

《中日关系史料——排日问题》,第 461—463 页

外交总长会晤玛德

1925 年 6 月 10 日

沪案

玛使云：沪案现在若何情形，宝道已否来见总长。

总长云：业已来过。

玛使云：上海有否报告。

总长云：接有报告，华人方面俟租界官吏实行四事后，始允开市作工。

玛使云：何谓四项。

总长云：租界官吏当先取消戒严，撤退海军陆战队，并解除商团及巡捕之武装，释放被捕学生及恢复学校原状，此四项系一种志望，由外人方面自动实行，并非条件，如能实行，或可恢复秩序。

玛使云：本公使已令法兵舰一艘离开上海，至释放被捕学生，大约一经普通审讯即可释放，并不困难。惟本公使意，中国政府方面当略有举动，使游行演讲之事立即停止，兹携来上海被枪身亡画图一张。

总长云：此乃京报之附张。

玛使云：本公使尚见有黄色图画一种，画枪击妇女小孩之形状，今日城中沿路大捐款项。

总长云：此为死亡家属而捐。

玛使云：贵政府究有何种办法。

总长云：若实行前四项办法后，庶能归于平息，政府亦可劝告人民，本部不日有照会一件致送外交团。

玛使云：前四项办法是否列入照会。

总长云：并非作为条件，仅作为一种论调。

玛使云：日前接见清华学生二人，彼等表示意见，本公使亦只听之，不置可否，但加以劝告。

总长云：现在英代办态度若何。

玛使云：英代办现亦和缓，因英教士前往抱怨。

总长云：美代办态度若何。

玛使云：亦有教士前往抱怨，现在义翟使若何态度。

总长云：昨日刘秘书往见，较为和缓，领衔公使向来以从中调停为职志,德公使若何态度。

　　玛使云:德使寡言,偶有发言,意见正当。

《中日关系史料——排日问题》,第464—465 页

黄宗法会见台克满[①]
1925 年 6 月 10 日

取缔民众运动事

　　台参赞云:今日沈总长停止接见外客,白代表特嘱本参赞前来与执事一谈,并乞代为转达贵部总长,现在排外运动变为专门排英运动,日渐蔓延,未知中国政府现拟用何方法取缔,何日可以制止。

　　宗法云:国民对于上海事件表示公愤,未可视为排外,政府处此境遇,碍难一味高压。据余个人意见,倘上海工部局当局及早作一相当表示,人心或可稍平,贵参赞所询之点,余当转达总长。

　　台参赞出示学生所散插画一张,并云:白代使切盼沈总长设法禁止学生此项举动,以免发生危险。

　　宗法云:当为转陈总长。

　　台参赞云:兹有一件极密秘之事,贵部当第一次送达沪案照会时,曾经面达,领袖翟使谓此次上海之事显有某国人从中主使,现在本处已得确实报告,证明俄国驻京大使现正从事煽动,应请贵部设法制止。

　　宗法云:容余转达总长。

　　台参赞云:南京情形颇为不佳,郑州亦在酝酿,务乞贵部设法,无任感荷。

　　宗法云:余当一并转陈总长。

《中日关系史料——排日问题》,第465—466 页

---

① 　黄宗法,外交部秘书。台克满,英国使馆参赞。

外交部致公使团

1925 年 6 月 11 日

为照复事。接准本月四日及六日来照内开：贵公使及有关系各国公使深愿对于此次上海不幸之事故，与中国政府具同一和平之观念，并准贵公使声明关于禁用武器一节，业经重行训令上海公共租界捕房，以后必能恪守各等因，本总长业经阅悉。唯查当初租界官吏所采取对于学生和平行动之取缔办法系属失当，毫无疑义。又如五月三十日及六月一日等日捕房之举动，实可谓为激成事变之肇衅。因老闸捕房既未预先鸣号警告群众，又非如来照所称，该捕房处于危在俄顷不得不用武器之境遇，而竟贸然出此激烈之举动，故欲以上星期惨事之责任，诿诸一般和平行动并不携带武器之人，而不由租界官吏负之，本总长绝对不能承认，仍当继续抗议。

中国政府鉴于此次案情之严重，民情之悲愤，佥以为租界官吏至少须自动的先行取消当地戒严令，撤退海军陆战队，并解除商团及巡捕之武装，释放被捕之人及恢复被封与占领各学校之原状，庶上海地方得于最短时间内，自然停止非常之状态，而来照所称同具和平之观念，亦足以资证明，以便进行交涉，为此照会贵公使查照，希即转达有关系各国公使，饬知驻沪领事团遵照办理，是所至盼。须至照会者。

中国第二历史档案馆藏北洋政府临时执政府军务厅档案

刘锡昌会晤翟禄第

1925 年 6 月 11 日

锡昌云：兹有照会一件，法文译稿一件，奉总长命，前来面交贵公使查阅。

翟使接阅后谓：贵秘书须知上海地方现有罢工二万五千人之多，若租界卸除武装，万一发生（糜）〔糜〕烂，中政府是否负责。

锡昌云：据本员个人看法，租界官吏实行卸除武装时，可与中国官绅协商办法。

翟使云：释放被捕之人须经司法手续。

锡昌云：闻近来释放被捕之人虽经过司法机关，而手续甚为简单，释放者已不乏人。

翟使云：闻昨日国民大会有人闯入外交部，打碎大玻璃镜子，以用于紧要政费之银钱挪作罢工罢学之费，实为可惜，本公使为友爱贵国之一人，能有效劳之处无不极力为之。

锡昌云：沈总长之意，租界官吏先自动的实行照会中之四项，使民愤稍平，然后可再讨论办法。

翟使云：顷作城外之游，尚见学生演说队，并见有人将小旗送于车夫，旗上书有不拉日本人、英国强盗字样，此足以引起公众排外之心，不可不防，沈总长之照会即晚转达各公使，请转陈沈总长为荷。

锡昌云：该照会即在明日报上宣布。

《中日关系史料——排日问题》，第466—467页

公使团致外交部

1925 年 6 月 12 日

为照复事：本公使并代表各国公使敬告，贵总长本月十一日来照业已收到。经详加审核之后，各有关系公使，既具有迅速查明此项可惜及甚为危险情状之热诚，金以恢复上海秩序，最适宜之方法，在乎依照当地情形就近讨论应行采取之办法。为此本公使等业经相当训令所派赴沪各委员，令其与驻沪领团及中国政府各委员商议最妥方法，以补救现下沉闷之局势，有关系各国公使在此重行表示愿意尽力缓和民气之明证时，不能不再向中国政府声明，关于上海、北京及全中国各地维持秩序之重大责任，应由中国政府负之。须至照会者。

翟禄第

中国第二历史档案馆藏北洋政府临时执政府军务厅档案

外交总长会晤翟禄第

1925 年 6 月 12 日

总长云：为沪案事屡次烦扰贵公使，甚抱不安。

翟使云：此乃分所应为之事，贵长昨日来文，业经转达有关系各国公使。兹该公使委托本公使面交贵总长答文一件，词意友善，其内容如下：贵总长本月十一日来文，本公使及各公使业经阅悉。查此次照会，经有关系之各公使详加讨论后，均以为对此痛苦危急之情形深愿及早明了，并以为上海恢复原状之最适当方法应体察本地情形，就地讨论办法，因此各公使及本公使已训令驻沪本国委员会同领团及中政府委员，研究最妥方法，俾将众所悲痛之现状得以恢复。再有关系各公使为重新表示和缓人心之志愿起见，敬告中政府，凡关于上海、北京及中国各处之维持秩序问题，中政府负有重大责任等语。再各公使尚有意见，未便列入照会，特嘱本公使面达，北京现状如游行、演说、散放旗子、粘贴图画告白及分送传单等事，长此不已，足以引起重大关系，特请贵总长设法禁阻。

总长云：明晨当呈明执政核办。

翟使云：贵政府似可告诸学生等，现在此案业经政府主持办理，该学生等之意愿已经表示，自应从速回校，静候解决等语。

总长云：政府断不能以压力禁阻学生。

翟使云：闻日内又有大规模之行动。

总长云：容查询。祁毕业参议有无报告。

翟使云：尚未。

总长云：闻星期日或星期一回京确否。

翟使云：动身以前原定留沪四日即返，如遇必要，亦可多留四、五日。

总长云：路透电传有医生证明，巡捕开枪确有弹从背入之事。

翟使云：也许新世界之案。

总长云：非也。

翟使云：且待调查报告即可证明，但北京之事贵总长急须设法。

总长云：此非本部管辖之事，容请执政核示。

翟使云：此乃自然之理，本公使等深为谅解。

《中日关系史料——排日问题》，第473—474 页

外交总长会晤翟禄第
1925 年 6 月 12 日

翟使云：兹有一事，虽专属于本馆之事，然亦可谓沪案中之一问题。顷接开封义主教电称，学生聚众闯入教堂，军警及学生定下星期日作武装之游行，对于男女教士非常危险，请求保护等语，应请贵总长速为设法保护为感。

总长云：当即急电该省军民长官设法保护。

《中日关系史料——排日问题》，第472 页

外交总长会晤芳泽谦吉
1925 年 6 月 12 日

总长云：驻沪日领最近有无报告，已与中国官员蔡督办等会见否。

日使云：连日有报告双方已会晤交换意见，使团议决本日由义国公使面交第三次答复，贵总长已阅其内容否。

总长云：业已阅悉，余以为此案须先撤消各种临时措置，于最短时间内回复原状，然后开始谈判，秉公办理，庶可防止他处发生类此之事件。

日使云：本使亦深盼此案早日了结，使团调查委员与贵方委员就地协商，或可议得适当办法。忆上次会晤时，贵总长曾提及（一）上海杨树浦华人死伤事件，（二）日警驻扎六三花园，（三）日纱厂日人枪毙华工之三事，当饬驻沪本国领事查明。现据报告（一）六月三日，多数暴徒冲进日本制冰会社，经工部局派巡捕镇压，当时西捕开枪致死华人一人、伤六人，并非日人枪击。（二）查六月三日，日本海军陆战队约十五

人,恐六三花园或有危险,曾派队巡逻其附近,经交涉员向日领要求撤退,当覆以并无驻扎事实,故中国方面报告系以巡逻误认为驻扎,惟附于此事应请注意者,即租界外之日侨总依赖华警负责保护,然万一发生危迫事件,而华警力不足时,不得已或须派日本军警保护。

总长云:租界外之外侨当然由中国当局保护,如认为军警力不足时,可商议中国当局,使其加严,不宜使外国军警出租界外以滋事端。

日使云:如无危险,当然不宜出此,但万一暴徒袭击,日侨危险切迫时,若待中国军警加严,恐来不及,平时当然按照公法原则办理,但现非论理之时,须就目前实情考虑,盖现在中国军警总声称租界外由其负责保护,而连日有胁迫日人之事,例如六月四日始有暴徒约三十人,后又有三、四百人袭击日华纱厂,破坏建造物,烧毁物件,其他如在租界外向日人投石,殴打日人,或抢夺日人所购物件等事,不胜枚举,此所以须预先声明,不得已时为自卫计,或须派日军警临时保护日侨生命财产,此节尚请予以谅解。

总长云:六三花园附近日警已撤退否。

日使云:贵方报告系属误报,始终未有日警驻扎之事,至(三)所传日纱厂日人枪毙华工事,我方迄无此种报告。

总长云:然则华工顾正红死于谁手。

日使云:据报日商内外棉花会社发生罢工风潮后,华工男女七十余人突破日人职员之警戒线,有四十余人冲进机器房,破坏物件,又有一部分进入仓库取出木具、铁具,喊呼要打死日人,将返至门口时,遇工部局所派印捕前来弹压,印捕放空枪而工人等仍欲暴行,印捕与日人职员因欲夺回木具、铁具,致与暴徒争斗,大形混乱,结果暴徒负伤数人,其中一人负伤,未几即死。

总长云:死者是否因枪弹致死,抑为他物所击。

日使云:日领报告未提及,亦无死于日人之手之报告,但由当时情形推想印捕及日人之行为,可认为不得已之正当防卫。

总长云:重伤致死之原因及死于何人之手,此二点为此案之关键。

日领报告并未提及，实属遗憾，调查团现正在详查，谅此二点不久亦可明了，容得调查报告再阐明责任所在。

日使云：当时乱斗伤死者究为何人所为或不易指摘，但望调查委员能查明当时真相耳。

日使云：顷在汉口亦发生类此之事件，今姑不提，惟应请注意者，沪汉之外，其他各地形势亦颇严重，例如本月九日使团调查团过宁时，驻宁日领馆馆员往晤，团员之一人重光参赞途上被学生工人由马车拉下，至于沪上迫害日人更不知其数，本使顷已训令各处日领告知日侨，除非不得已，务避与华人冲突，故当不致由日人肇事，应请贵国当局亦极力取缔华人不良分子，并加意保护日侨。

总长云：执政已有电训各省地方当局注意保护外侨矣。闻顷在本京有日人乔装华人参加游行事，应请贵公使命令禁止，以免肇事。

日使云：本使未闻有此事，当饬查明制止。

《中日关系史料——排日问题》，第470—472页

段祺瑞会见翟禄第

1925年6月14日

翟使云：今晨本公使等接上海委员团调查报告，并条陈办法大纲数则，均属可行。议决扩充委员团之权限，外交团已训令该委员团，并授予就地与中国委员讨论解决之权，俾沪案从速了结。

执政云：沪案向归特派交涉员与领事团商办。

翟使云：此次解决沪案决定不令领团加入，业经训令领团对于讨论解决沪案不必参加，并嘱其转谕侨商静候解决，但中国委员方面政府亦应授予就地讨论解决之权，俾得迅速解决，不知贵执政拟将此项权限授予何人。

执政云：上海中国委员现有蔡督办、郑省长、曾次长及特派员。

翟使云：尚有虞会办和德。

执政云：虞会办亦可加入。

翟使云:所授予讨论解决权之人,其势力最好足使沪案为首数人对其所议决之事绝对服从。

执政云:倘所议决之事为彼辈所满意即能服从,至应定何人,当俟明日与关系各部长商议后方可决定。

翟使云:倘于明日午后示知,则本公使等即可电知委员团接洽。

沈总长云:明日午后即可告知贵公使。

《中日关系史料——排日问题》,第480页

2. 在上海的交涉及沪案移京

(1)特派江苏交涉员与领事团的交涉

陈世光[①]致领袖总领事
1925 年 5 月 31 日

径启者:本月三十日下午四时,据南洋、上海、复旦、同济、亚东、法政、大夏各大学学生代表来署面称:本日下午二时余,南京路一带有学生游行演讲,被捕房先后拘去四十六名。又老闸巡捕房开枪,登时击毙四名,受伤者已送入医院。恳求交涉前来,当经本特派员亲晤贵领袖领事查问捕房,何以枪击学生,伤毙多数之人命,并请转知工部局迅饬捕房,将被捕学生释放。查学生年轻文弱,手无武器,捕房为维持秩序起见,应取适当手段,乃竟开枪伤毙学生、路人至二十余名。现查得除登时枪击毙命四名外,其受枪伤入医院者,学生六名,已死二名,路人十七名,已死三名。尚有伤重垂毙者,情形至惨。兹奉江苏省长电饬严重交涉等因,用特提出严重抗议,并开具受伤后送入医院各人名单,函达贵领袖总领事,希即转知工部局,转饬捕房,先将在押之学生等,悉数释放,以平众愤。并将肇祸之巡捕,立予严惩。对于死伤各人,优予损害

---

① 外交部特派江苏交涉员。

赔偿,以重人道,并烦迅为见复为荷。顺颂

日祉

陈世光

附名单一纸(略)

陈世光致领袖领事函

1925 年 6 月 1 日

径启者:五月三十日,老闸捕房开枪伤毙学生等多名一案,昨已函请贵领袖总领事转知捕房,先释放在押学生,严惩肇祸巡捕,偿恤被害各人在案。讵本日据报,南京路各处又经捕房开枪伤毙学生等甚众。据查明者已及廿余名之多,死者又有三名,前日受伤学生死于医院者又有二名,似此任意杀人,租界当局不加制止,惨无人道,殊非意料所及。本日曾请贵领袖总领事诫巡捕毋再开枪,免致风潮愈演愈烈,未准有确实保证之答复,遗憾良深。又闻,本日被捕学生等,为数甚众,亦非消弭风潮之道。目下多数学生已劝导退出租界,若再枪击不止,兹事益难收拾,租界当局应负其责。相应函请贵领袖领事查照,转知将前今被捕学生释放,并将连日开枪杀人之巡捕,立予严惩,暨偿恤死伤各人,并盼迅为见复以凭转报为荷。顺颂

日祉

陈世光

外交部致陈世光

1925 年 6 月 1 日

五月卅、卅一日电悉。此案伤毙多人,政府至为重视,已先向使团提出最严重之抗议。请其电饬领团,迅将被拘之人,全行释放,并声明保留查明详情后,再提条件。本日已令虞会办和德、许特派员沅,迅即

赴沪,会商办理。希遵照速与领袖领事及工部局严重交涉,平息风潮。并转知总商会、上海新闻记者联合会、松江县商教国民外交会各团体为要。外交部。一日。

中国第二历史档案馆藏北洋政府外交部档案

外交部致陈世光

1925 年 6 月 3 日

二日电计达。兹迭据沪上各团体电请严重交涉,派员赴沪。查此案伤毙多人,政府(致)〔至〕为重视。一日即向使团提出严重抗议,业详前电。现奉执政特派蔡督办廷干、本部曾次长宗鉴克日赴沪调查,仰将以上办理情形,迅转张公权、卢剑泉先生,上海各路商界总联合会,银行公会,南洋、同济、复旦、持志、大同各大学校长,江苏公立商专,南洋中学各校长,浦东中学教职员,上海全浙公会,上海奉贤公会、江苏省教育会,嘉善县议会、商会、教育会为要。外交部。三日。

中国第二历史档案馆藏北洋政府外交部档案

陈世光致领袖领事函

1925 年 6 月 4 日

径启者:自本年五月三十日发生老闸捕房开枪伤毙学生市民之事,六月一日南京路各处又经捕房开枪伤毙多人。业经本特派员先后向贵领袖总领事提出严重抗议,并请转知将前今被捕学生等完全释放,连日开枪杀人之巡捕立予严惩暨偿恤死伤各人在案。尚未准复。兹本署据报,二日,闸北有工人由浜北过河,巡捕拒绝登岸,枪击落水,伤毙多人。三日,杨树浦地方又发生西捕开枪,伤毙工人情事。似此屡次枪击,实属蔑视人道,租界当局不能不负其责。特再提出严重抗议,应请贵领袖总领事查照,从速先行制止巡捕,勿再开枪,以免再肇惨祸,并希迅为见复为荷。顺颂

日祉

陈世光　杨念祖代
中国第二历史档案馆藏北洋政府外交部档案

外交部致许沅①

1925 年 6 月 4 日

迭据上海全浙公会、江苏省教育会电称,此次毙伤之人,大半非学生,枪弹多从背入等语。所有毙伤人数,应随时详细调查,分别列表,伤痕均应拍照存案,以备交涉,仰即遵照办理。外交部。四日。

中国第二历史档案馆藏北洋政府外交部档案

外交部致陈世光

1925 年 6 月 6 日

据沪总商会三日电称,该会顾问谢永森精深法律,洞悉商情,素为英国官民所钦重,请委令帮同交涉员办理此案等因。此次上海事变,案情重大,即派谢永森帮同办理此案,藉资臂助。仰分别转知遵照。外交部。六日。

中国第二历史档案馆藏北洋政府外交部档案

德乐时②来函

1925 年 6 月 6 日

径复者:近日公共租界扰乱一事,接准五月卅一日及本月一日来函,聆悉一切。今驻沪领团嘱由本领袖总领事代表答复如下:查据领团所得消息,暨验官报告各等节,五月三十日午后,曾有学生数人,在公共租界中心点之南京路一带,沿途演讲种种排外言辞,并分发排外传单。

---

① 外交部特派江苏交涉员。
② 意大利总领事兼领袖领事。

当由巡捕仅将为首者数人拘捕，而其余学生随同跟入捕房，不愿出去。此外，仍有学生在途演讲，行人观听则愈聚愈众。当经外国巡捕前向彼等劝令解散，该捕被殴击倒地即有群众强入老闸捕房，旋经巡捕力御，向大马路东面押退散开，将至议事厅时，人数益众。突有人意欲抢取该捕等所带之手枪，并有喊杀洋人之声浪。该巡捕等势所不敌，被迫折回，直至捕房门首。是时因在场巡捕恐被推倒，致遭踏死之虞，捕房亦有被抢之危险，先向群众大声急呼，并举起手枪表示开枪之警告，该巡官始下令门捕开枪，以致击毙四人，受伤十余人。嗣又因伤致毙七人。至次日（即五月三十一日），又有多数学生，在南京路游行，遍散挑唆罢市、罢工之传单。至本月一日，南京路一带，路人围集，且有殴捕、毁坏电车、汽车等事。而南京、浙江两路转角之处，有挖出大方石块，向劝散开之巡捕及救火队抛击，因保护生命财产起见，下令开枪击毙三人，受伤数人。此外，另有在租界内各处殴捕，及侵害外国人民暨财产，亦有数起。逮本月二日午后，又有华人在白克路新世界一带，用手枪向义勇队射击，打伤马兵二人，队马二匹。当时巡捕及义勇队，亦向开枪还击，致毙华人一名。数日来，所有被捕学生人等，除将重要为首者数名拘留外，其余多数已准交保候审。依据上述情形，足见巡捕之行为与贵交涉员来函所称各节，大不相同。查此次不意有人身亡之事，租界当局极为可惜。至巡捕之举动，合理与否，此项问题，系此次被捕人在审讯时所该提起者。并另有，由该长官将该巡捕之举动，自行调查，而且有管辖裁判各所预收诉告，所有对于在公共租界内违法人维持治安各举动之责，租界当局自然完全担负。惟合向贵交涉员提及时对于在租界以外，所有排外运动，贵国地方官亦有应负之种种责任。而此次发生可惜之事，究其原因，大以该运动为根本也。相应函复，即希贵交涉员查照为荷。此颂

日祉

德乐时

外交部致陈世光

1925 年 6 月 8 日

七日两电悉。本日电计达。现使团派员名次如下：法参议祁毕业，英头等参赞魏礼克，美头等参赞顾尔霖，日本头等参赞重光葵，比二等参赞于兰斯，义参赞斯嘉图，均本日赴沪调查，希转致蔡督办、曾次长。又，本日各报载有沪领团答复文件，是否确实。接洽情形，盼随时电部为要。外交部。八日。

中国第二历史档案馆藏北洋政府外交部档案

许沅致领袖领事函

1925 年 6 月 10 日

阁下：

顷接上级交涉员和省长六月九日来电称：

据收到的报告称，有英、美、日的武装商团去闸北华界。六月二日晚七时，三十余名带枪英捕突然来到"舢板厂"附近交界处越界捕人。同一天的上午九时，一个第十六号的日捕向从大丰纱厂渡口渡河而来的工人们开枪。还有五厂的二十几个日本人冲出来开枪，打死了许多工人。为此令我迅即致函各国领事，嘱外侨居民遵守界限，不要带武器越界。必须采取严厉措施防止越界捕人和无故开枪，以免引起误会而发生事端。

又接淞沪警察厅厅长函称，六月四日下午二时，有印度人三名，持刀在宝山路商务印书馆门前对居民寻衅，后由警察送他们回家。六月五日傍晚一名外侨带枪经过露香园门口并与居民格斗，被押送出华界。上海和宝山的县长以及闸北的商团也接连报告，近来海陆军和武装西捕经常越界捕人，有时用枪对准人们作射击状。他们还笑骂闸北商团的中国岗哨，好象要寻衅同他们吵架似的。此种态度恐会引起麻烦。

为此，本交涉员深感有责任函告，望阁下尽速转告，俾双方遵守界限，使上述事件不再发生，以免引起严重事端。

请赐复,以便转报。

许沅(签名盖章)

许沅致外交部

1925 年 6 月 12 日收到

急。北京外交部:七新。总长钧鉴:顷据工商学联合会函称,本日市民大会通过前所呈之交涉全部条件,请立向领团提出,限二十四时内切实答复,否则民愤难抑,恐生意外等语。查该会所提条件全文及经过情形均经督办次长电部在案,案关重大,交涉未敢擅便,究应如何办理之处,伏候急电示遵。许沅叩。十一日。

许沅致领袖总领事

1925 年 6 月 12 日

径复者:查接管卷内,准六月六日复函聆悉一是。查此次惨案之发生,完全由于公共租界巡捕开枪伤毙多人而起,断不能归咎于群众。盖当五月三十日午后,各大学学生因工人顾正红被日商内外棉厂日员开枪击死,激于义愤,致有分组游行之举。又因同学被捕,前往捕房请求释放,未携武器,更不致有危及捕房之虞。捕房即欲制止其行动,应取和平适当之手段,断不能以暴徒相视,遽加枪击。况据各方调查所得,及各人在公廨所供,当日捕头擎枪警告,群众并未闻见,后相隔仅十秒钟,即行施放实弹,且所放竟至四十四弹之多。其时捕房门前,连同行路及观众,聚有二千余人,道路拥塞,举步为艰,即欲悉行驱散,亦绝非十秒钟时间所能办到。乃明知人多路塞,退避有所不及,竟忍遽行连续开枪,实属异常惨酷。如谓巡捕为强力压迫,不能不出以防卫,何以学生市民死伤累累,而巡捕及外人方面既无死亡,并无受重伤之人。显见群众并未抵抗,且巡捕枪击华人之事不止一次。本月一日,南京路一带路人围集，又启冲突，则因五月三十日惨杀所激成。捕房不知反省，又开枪伤毙多命。尤难索解。本月二日，新世界方面虽有人用手枪向义勇队射击，致外兵略受微伤，并死坐马一匹。然此项手枪，是否为华人所开放，并未搜得实据，遽用机关枪扫击，致又毙伤多人。此外潭子湾、杨树浦等处，均有巡捕开枪伤毙工人情事。似此任意惨杀，租界当局殊不能不负完全之责任。本特派员更有一事应向贵领袖总领事告者，即公共租界发生惨案，而华界及法租界秩序如常，足征并无排外之运动也。本特派员认此案极关重大，而群情尤极激昂，金以谓最低限度，须先行自动撤销戒严令，撤退海军陆战队，又解除商团及巡捕武装，因此案被捕各人凡未释放者，一律释放，并交还被封暨被占各校，以谋回复原状，然后再议其他条件，俾交涉易于进行。相应函达贵领袖总领事查照办理，并希从速见复为荷。顺颂

日祉

许沅

中国第二历史档案馆藏北洋政府外交部档案

许沅致领袖总领事

1925 年 6 月 12 日

径启者：昨准上海总商会函称：五卅惨案，关系重大，经本会于昨日召集会员大会特组委员会，专任办理此事。兹经公共讨论拟具条件十三条，备函奉陈，务祈即行提出，并请声明保留将来外交部对于此案续提之条件，函达查照等由。并附条件十三条如下：一、撤销非常戒备；二、所有因此案被捕华人，一律释放，并恢复公共租界被封及占据之各学校原状；三、惩凶，先行停职，听候严办；四、赔偿，赔偿伤亡及工商学因此案所受之损失；五、道歉；六、收回会审公廨，完全恢复条约之原状，华人犯中华民国刑法或工部局章程，须用中华民国名义为原告，不得用工部局名义；七、洋务职工及海员工厂工人等因悲愤罢业者，将来仍还原职，并不扣罢业期内薪资；八、优待工人，工人工作与否随其自愿，不

得因此处罚;九、工部局投票权案:(甲)工部局董事会及纳税人代表会,由华人共同组织之,纳税人代表额数以纳税多寡比例为定额,其纳税人会出席投票权与各关系国西人一律平等;(乙)关于投票权,须查明其产业为已有的或代理的,已有的方有投票权,代理的其投票权应归产业所有人享有之;十、制止越界筑路,工部局不得越租界范围外建筑马路,其已筑成者,由中国政府无条件收回管理;十一、撤销印刷附律、加征码头捐、交易所领照案;十二、华人在租界有言论、集会、出版之自由;十三、撤换工部局总书记鲁和。并奉郑省长、蔡督办、曾次长函令,前因本特派员查公共租界发生惨案以来,业已多日,形势严重,群情激昂,若不速谋解决之方,深恐风潮愈演愈烈,益伤感情。所有此次上海总商会所提十三条件,应请贵领袖总领事转致各国领事加以容纳,迅即查照办理,俾使商人开市,工人复业,庶地方原状得以早日回复。至于外交部对于此案续提条件,仍应声明保留,统希查照见复为荷。顺颂日祉

许沅

外交部致陈世光

1925 年 6 月 13 日

元一电谅达。工商学联合会所拟之条件,由该员向领团提议时,字句务须详酌。又前接曾次长佳电,工商学联合会托谢永森君,将该条件第三条及第十三条酌予修改。此次该员提议,自可照此办理。以上各节,均希商陈郑省长、蔡督办、曾次长妥酌为要。外。元二。

外交部致许沅电

1925 年 6 月 13 日

十一日电悉。前据蔡督办、曾次长电部,工商学联合会所提先决条

件四、正式条件十三,日经国务会议讨论,内与工部局关系最多,准由该员先向领事团提议,俟调查报告到京,再由政府向使团提出更为详备之条件,仰陈明郑省长、蔡督办、曾次长妥酌办理。外交部。元一。

《中日关系史料——排日问题》,第475页

外交部致许沅

1925年6月13日

七新。密。元一、元二电计达。续准蔡督办、曾次长文二电,总商会与工商学商议妥协,由总商会另提修正案交执事提出等语,既经各方协商修正,应俟修正案商定,报告政府覆准后,再行提出。外交部。元三。

附件:解决沪案拟提条款　自六月七日及六月十日蔡督办、曾次长来电摘录

（甲）

（一）先决问题

（a）取消戒严令

（b）撤退海军陆战队并解除商团及巡捕武装

（c）巡捕释放被捕人等

（d）恢复被封及占据各学校原状

（二）

（a）惩凶（原一条）

（b）赔偿（原二条）

（c）道歉（原三条）

以上在沪提出

（乙）

（1）撤销印刷附律、码头捐、交易所领照各提案（原八条）

（2）制止越界筑路（原九条）

（3）收回会审公堂（原十条）

以上由部催办

（丙）

（1）另定洋泾滨章程（代工部局投票权）（原提十一条）

其余各条

（一）撤换工部局总书记（原四条）

（二）华人在租界言论出版集会绝对自由（原五条）

（三）优待工人（原六条）

（四）分配高级华捕（原七条）

相机提出

又（1）取消领事裁判权（原十二条）

（2）永远撤退驻沪英日海陆军（原十三条）

关系条约不提出

《中日关系史料——排日问题》，第 475—477 页

外交部致许沅

1925 年 6 月 15 日

　　许密。分转蔡督办、郑省长、曾次长、虞会办鉴：昨义翟使谒执政称，已接到赴沪委员团调查报告，并条陈办法，议决扩充委员团之权限，兹使团已训令该委员团授以就地与中国委员讨论解决之权，并决定不令沪领团加入，一面饬知各国侨商静候办理等语。查此项办法系为迅速解决沪案起见，我国亦应遴派委员就地会商办理，本日收到国务会议（章）〔段〕执政谕，特派蔡廷幹、郑谦、曾宗鉴、虞和德与使团所派委员根据事实克日开议，并派许沅随同办理等因，除由部知照使团外，希即遵照办理。外交部。咸一。

《中日关系史料——排日问题》，第 481 页

外交部致许沅

1925 年 6 月 15 日

许密。分转蔡督办、郑省长、曾次长、虞会办鉴:顷电计达。昨义翟使谒执政,详情撮要如下:翟使云:今晨使团接赴沪委员团报告,使团已训令该委员团授予就地与中国委员讨论解决之权,俾沪案从速了结,并决定不令沪领团加入,业经训令领团,对于讨论解决沪案不必参加,仍嘱其转谕侨商静候解决。但中国委员方面亦应授予就地讨论解决之权,中国所派之员最好是使罢工为首数人对其所议决事绝对服从等语。执政答云,倘所议决之事为彼辈所满意,即能服从。特再电闻,以资研究。外交部。咸二。

《中日关系史料——排日问题》,第 481—482 页

外交部致许沅

1925 年 6 月 17 日

日使称:工人顾正红,是否由于枪伤,或为他物击伤致死,并是否死于日人之手,日领报告,均未提及各等语。查上海海员工会支部,于五月廿二日来电,有谓该工人如何致死,凶手是否日人,将行凶之元木、川村两人严办之语,究竟致死顾正红之凶手,是否即为日人元木、川村两人,陈前交涉员报告电内并无声叙,仰迅即详查电复。外交部。十七日。

中国第二历史档案馆藏北洋政府外交部档案

外交部致许沅

1925 年 6 月 17 日

准驻美施使电询,关于上海枪杀学生事前情形,如日工厂罢工工人要求改良,与工厂答复情形。又五月三十日学生游行示威之目的;租界巡捕之托词干涉,与拘捕学生理由,以及会审公廨审讯与判决。又租界巡捕当时对于工厂罢工,曾否持有积极行为,均请查示等因。希迅照所

询各节,详查电部为盼。外交部。十七日。

中国第二历史档案馆藏北洋政府外交部档案

外交部致卢永祥、曾宗鉴①

1925年6月17日

铣电悉。文三电,五卅案交涉条件,请迅将所提议全文电部。再所提各条(约)〔件〕,商得同意各条外,其余各条纵难一时商定,亦应趁此酌定范围保留,随时提出商办。此系对于全案大纲,办法各条俟全文电部再电达。会商条件如有一时未能议决之问题,亦须趁此商定范围,俾将来有所根据,不致事过又复推诿,已为荩筹所及,再,所提条件全文,希迅电部,俾考查。外交部。

附件

  一　改组上海公共租界工部局之提案

  (一)凡中华民国国民,或为个人,或为商店之一员,凡住居上海公共租界内,曾缴纳各项税赋,并为价值五百两以上地产主人,每年在执照之外须付地捐、房捐或房地两捐在十两以上,或系房主,每年付租价在五百两以上者,在工部局选举租地人、纳税人以及其他各种公开会议时,应有投票权,纳税人不在上海,或因故不能到会时,得由代理人代投,非有执照费以外,年付五十两之捐款,及房主年付一千二百两之租金者,不得为工部局董事人,每一商店只能投一票。

  (二)在规定工部局中国董事人数时,除前述之纳税、资产两项外,更应注意在公共租界内之中国居民人数。

  (三)第一款内所称地主及房主,仅指确有田地及确有房屋者而言。

  外国人或外国店代管中国国民之地产或房产者,该项中国国民依第一款之规定应有投票选举及被选举权。

---

  ①　卢永祥,上海督办。曾宗鉴,外交部次长。

（四）工部局中国人员之数额、任期、投票之程序、选举及重选等问题，应由联合委员会考量而决定之。该联合委员会应由总商会代表六人，及纳税人会代表六人，依公共租界现行之租地章程及上述之原则而组织之该委员会，至迟应在本条款议定后一个月内成立，该委员会成立后，三个月内应确定上述各问题之办法。

（五）上海公共租界之警务内，应有中国总巡捕头及副捕头，该项中国总巡捕头及副捕头之数额、资格及任期应由第四款所称之联合委员会规定之。应声明者即：（一）在上海公共租界所有捕房内，其一半须以中国人为总巡，而以外国人为副总巡以辅佐之，其余各捕房内以外国人为总巡，而以中国人为副总巡以辅佐之。（二）此项中国总巡或副总巡、捕头或副捕头，应与同级外国捕头执行同样之权，能行使同样之职务，享受同样之权利及一切同样之待遇。

二 提案说明

年来上海租界内中国居民屡欲在工部〔局〕内得有代表权。一九二一年五月十一日，始设中国顾问部凡五人，工部局曾否尊重该部之意见姑勿论，而该部仅为一咨询机关，似可无疑。对于有关中国居民利益办法之容纳与履行固无与也，此种机关与华人合法之希望相差甚远，租界当局除聘任中国同僚为顾问外，并无其他举动，若华民在管理租界事务上得有较充分之参与权，则此次惨案自可消灭于事前。盖中国居民若能在工部局内有适当之代表权，则不但表示感觉及不满意之处有一定之轨道，即中外居民之间亦能有较切近之合作，自不难共筹适当方法，以应付一切，并得阻止此次惨案之发生。际此国家主义觉悟时代，中国人民对于外国在各口岸内依旧享有之管理权，自不能不产生一种观感，而对于上海公共租界为尤甚。准许中国居民在租界内之市政事业上得充分之参与，即培植友谊之最善办法。工部局若无中国代表，则中国居民之意见何从而知，中国居民对于租界内应行创办及实行各事项之欲望更不得而推察矣。华民既占租界之大部分，则工部局之种种设施，鲜有不与中国居民之幸福及利益有关，且中外居民间之利益往往有连带之关系,势难划清界限,故为祛除意见,培植中国居民之信任心,及增进租界之幸福起见,中外居民在工部局内代表数额之支配,必须有平等之待遇。

中国之有此提议者,确有充分之理由。依最近之统计,中国居民实占租界百分之九十七,中国居民所纳之税实占工部局税额约计百分之八十,事实如此,则此项问题予以极审慎之考虑,固所当然。

此项提案不但代表中国居民之诚恳希望,且与外人承认中国居民得参与租界市政管理之意愿相符合。在一八六三年,即上海辟为商埠后二十年,驻京各使曾会商改组上海工部局,对于某项原则曾有所协定,原则第五条云,市政制度内应有中国代表,凡有关中国居民之种种设施,得向该代表等咨询,并得其许可。当时纳税外人,对于工部局应有中国代表之原则,亦曾表示赞成。或谓市政制度若任中国人加入,势将不利于租界之利益,外人反对之主要原因,若仅如是,则中国政府极愿外人求其真相。盖上海租界界内之中国人,大都系银行家及商人,无论何时,中国代表一经参加工部局,即能代表银行商业及其他本地利益,若任不良分子参杂其间,势必与彼等自身利益相抵触。

中国政府将下列各款请各关系国代表考量而赞同之。中国政府并无代华民要求特殊待遇之意,只请予以外国居民已得或将得之待遇而已。此外,更请注意于中国居民之人数,所纳之税额及资产之价值。关于此三项在第一、第二款内已予以相当之规定。第一款除重录上海公共租界现行租地章程第二十条略加必须之更改外,专述工部局之选举及公共集会时投票人之资格。第三款规定只有确实产主得有市政选举权,因在上海往往有代人治产者。第四款规定设立一联合委员会,考量并决定非在上海不能解决之细则。抑有进者,警权系市政重要权,今虽提议改组工部局,任中国代表参加,然若无中国捕头在警务上合作,则改组仍不得谓完全。盖中国人参加警务,最足以增进中外居民间之好感,并足以维持租界内之秩序。前项条款并不妨碍修改条约之讨论,即载在六月二十四日外交部致驻京各使照会中者,此项条款乃过渡办法,务使各埠租界取销之前,不致再生类如沪案之惨剧。

《中日关系史料——排日问题》,第 485—488 页

许沅致外交总长
1925 年 6 月 19 日

外交部总长钧鉴:十七日电悉。二月间日商内外棉各厂工人罢工,要求优待,经总商会调停,订立条件,由内外棉各厂签字。五月十五日,内外棉第七厂少数工人同盟罢工,并勒停机器。多数工人昨日仍照常工作,日人旋停机闭门,傍晚有男女工数百入厂上工,守门巡捕阻止不听,开枪示威,日人亦开手枪,伤顾正红等数人。十七日顾因伤毙命,据西捕供系被日人手枪所伤。二十四日,文治、上海两大学学生,因追悼顾正红并募集捐款,被捕房拘去六人。三十日法政大学等九校,因被拘学生未释,在租界游行演讲,并散布传单。捕房藉口妨碍秩序,又拘去数人,学生随拥入捕房,门首路人愈聚愈多,道路拥塞,捕头藉口学生暴动,擎枪警告,约十秒钟即命令巡捕开枪,伤毙多命。所有被押学生等会审公堂讯无欲暴动之意,均判具结开释。谨复。许沅叩。十九日。

中国第二历史档案馆藏北洋政府外交部档案

许沅致外交部
1925 年 6 月 22 日

外交部钧鉴:十七日电悉。工人顾正红,据西捕供,系被日人手枪击伤。总工会称:凶手系日人元木、川村两人。日领称:系巡捕枪伤。现日厂正议抚恤,详情续陈。再,会审公堂审讯此案,全部供词、堂谕,已呈次长带京。谨复。许沅叩。二十二日。

再,张汉卿军长本日下午二时离沪北上,沿途无耽搁。现为维持治安起见,即日颁布戒严令,委邢旅长士廉为司令,警察厅长常之英为副司令。沅又叩。

中国第二历史档案馆藏北洋政府外交部档案

外交部致许沅

1925 年 7 月 7 日

沪案,据枭副捕答廨员讯问,有奉长官训令,关于本身生命及捕房财产有危险时,可以开枪。又捕房章程,未开枪前,须先警告等语。希将捕房使用警械各条,及露天讲演,捕章有无取缔明文,饬查迅电复。外交部。七日。

外交部致许沅

1925 年 7 月 11 日

据报载:使团关于沪案解决,曾有训令致上海领团,提出:(一)工部局总捕头麦坚之免职;(二)市参事会议事之谴责;(三)捕房捕头爱佛生之处罚三项等情。此事是否确实,希迅密设法详查电部。外交部。十一日。

外交部致许沅

1925 年 7 月 14 日

据上海总商会青电称:沪案议将公廨、租界、市政各案,划分两步,本末倒置。又,律师公会佳电称:收回沪廨与改约作为第三步交涉,未免失策各等语。查沪案条件十三条及修改不平等条约,本部同时照会使团,并要求同时开议。为便于商议起见,将十三条依其性质类别次第编为议程,并无本末倒置之嫌。现正严催迅速开议,希分别转达总商会、律师公会为盼。外交部。十五日。

（2）中央特派员与公使团赴沪调查委员会的交涉

上海总商会设宴招待郑谦、蔡廷幹①等
1925 年 6 月 12 日

上海总商会于昨日中午十二时设宴邀请郑谦省长、蔡廷幹督办、曾宗鉴次长，到者除郑、蔡、曾三人外，尚有许交涉员……（中略）。由会长虞洽卿主席。首由主席致词，次郑省长、蔡督办、许交涉员及邬志豪、林钧、李立三等相继演说，兹略志演辞如下：

主席之词　郑省长来沪，本会应具薄馔以表欢迎，但当此惨案发生，凡属国民，莫不悲愤，更复何心以言欢字。五卅惨案，非特上海一埠之问题，亦非中国一国之问题，实为全世界之问题。今工商学三界之领袖人物聚集一堂，共同合作，以努力求此案公平之解决，此种盛况，实为向来所未有。现在条件已经议定，正式交涉不日开始，外交后盾之责任，端在我工商学界一致团结对外奋斗，而会审公廨之收回，尤为最重要之一点。洽卿旅沪四十五年，关于公共租界之历史略知一二，敬为诸君陈之：一、公共租界之称谓，根据历史，殊不确当，盖不能称为租界，只可称谓英法美居留地。当道光二十六年八月初五日，即西历一千八百四十六年九月（十）〔二十〕四日，上海道宫与英领事巴君立约，订名曰外人居留地，当时区域亦无如是之大。至道光二十八年十一月初二日，即西历一千八百四十八年十一月二十七日，上海道麟与英领事阿君始立约推广居留地，由办事公局董事经办工程事宜。彼时地域，只以泥城桥为边线，外人有租地权，准其立市政厅。至沪道袁海观时，推至北四川路、爱文义路②，以后再推至静安寺。至若大西路愚园路等，均系越界筑路。二、洋泾浜章程订于咸丰年，按章设立会审公堂，一切权限悉操于吾，领事只观审而已，彼时公堂罚款不得逾三百元，拘押不得逾六

① 郑谦、蔡廷幹，北京政府特派专使。
② 今北京西路。

个月，今则喧宾夺主，斫送于沪道刘襄荪之手。辛亥之秋，刘避居租界，将关防库款交与比领袖领事，工部局因乘机管理，会审员由领团委任，而薪水则由刘道前存库款内拨给，于是形式上亦完全为工部局管理矣。

三、风潮之原因。自通商以来，罢市风潮已及六次，罢市之动机，四次为会审公堂而起。历次风潮，华商对于英商均以友谊待之，且与工部局亦无恶感，故历次风潮都甚和平且有秩序。鄙人之意，非将会审公堂收回恢复从前原状，不能平公众之气而免将来之风潮。今日工商学各界诸君叙集一堂，咸欲聆交涉当局之意见，敢请明教。

郑省长词　鄙人到沪，专为调查办理五卅惨案。到沪以后，略事调查，悲愤之情，同于诸君。惟有进者，则工商学各界既一致努力，主持公道，极盼能永久合作，以求得最后之胜利。而官厅与人民及工商学三界之互相关系，尤当各就其地位之不同，以谅解之精神，为有力之团结。外交前途，庶其有豸。

蔡督办词　今日聚工商学界于一堂，虽有职业之不同，而同此黄皮肤，同此黑头发，有知之属，莫不知爱其类。同类被人惨杀，则悲愤营救，人同此心，心同此理。惟在外交方面，容有运用先后缓急之方法，以求达圆满解决之目的，而负外交之责者，则同具血气，宁异他人。至收回会审公堂，自为应当力争之事。会审公堂之主权，本在我国，徒以光复时官吏负责无人，遂托外人代管，仿佛兄弟阋墙时，以一金表寄之邻人，托代保管，今兄弟言归于好，而欲将此金表收回，则邻人自当即时奉璧，可无疑义。日人牺牲武力，以取青岛，尚归还我国，况以素崇公理之英人，对于暂时代管之会审公廨，而竟久假不归哉。诸君在此，愿诸君本爱国之精神，为正当之运动与主张，鄙人亦当竭其能力，共同努力也云云。

许交涉员词　惨案发生，鄙人适在京师，时执政方有令沆来沪之命。鄙人自维绵薄，对于此种重大惨案，原恐不克负荷，惟念服务桑梓之邦，义不容辞，遂亦接淅而行，鼓其勇气，担兹重任。来沪以后，连日调查，并征求各方意见，即行视事。今谈判方将开始，深愿各界人士赐以协助,一面秉承省长、督办、次长,努力交涉,但求有利于国,虽粉骨碎身,亦所不辞。

（下略）

《新闻报》1925 年 6 月 13 日

中央特派员与公使团赴沪调查六委员会议纪略
1925 年 6 月 16 日—18 日

地点:新西区交涉公署

到会者

特派大员蔡督办廷干

特派大员郑省长谦

特派大员曾次长宗鉴

随办委员许特派交涉员沅

北京使团委员法使馆参议祁毕业

北京使团委员英使馆参赞威礼克

北京使团委员美使馆参赞顾尔霖

北京使团委员日本使馆参赞重光葵

北京使团委员比使馆参赞于兰斯

北京使团委员义使馆参赞斯嘉图

翻译者

唐秘书文鸣

杨科长念祖

蔡督办:中国方面所提先决问题及条件,业经许交涉员于上星期六上午正式送达领袖总领事,西报均经译登,想贵委员团当已聆悉。

祁参议:本团原为调查沪案而来,现奉使团训令可与中国特派大员商办此事。但商办有一定范围,如在范围内当可提议。又,中国政府向使团抗议,仅提出四项问题为本团所知,其余均未知悉,无从商量。

蔡督办：各项条件不妨逐一提出，如贵委员团认为可以商量者，即可先行议办。

祁参议：本团仅能就事论事，如关于其他大问题，不在本案范围以内，须请示使团后方可开议。

曾次长：政府向使团所提出者，系先决问题。

祁参议：关于老闸捕房捕头先行停职，及赔偿死伤各人损失，并撤退商团水兵等项，均可商办。惟中国工商方面，亦应上工开市，并须诰诚警厅，对于此等运动，以后切宜严行取缔。

蔡督办：会审公廨，使团方面早有交还之意，此项问题贵委员团当可协调。

祁参议：收回公廨事，就本人所知，已由中国政府与使团磋议。交还办法本人因未接有使团训令，无从协商。

曾次长：此事政府最近曾与使团提议，闻使团已饬上海领事团查复，尚未据报。

祁参议：收回公廨问题与沪案并无直接关系。

蔡督办：往往因会审公廨发生纠葛之事甚多，况当辛亥政变时，由前上海道刘燕翼交领团代管，并非赠与，中国当然可以收回。譬如兄弟阋墙，以自己所带之金表交第三者代为收藏，事后向之索还，第三者自无不交回之理。又如青岛本租借与德国，后由日本向德人手中取得，尚肯交还中国。何况公廨仅交领团代管，此次直接收回，自无问题。

祁参议：此时最好就本案开议，不必牵及他项问题，以期办理迅速。

蔡督办：收回公廨系上海局部问题，当然可在上海开议。

祁参议：会审公廨系司法问题，非本团所知，当将贵大员所表示意见，请示使团核复再议。

蔡督办：此事应请贵团即电北京使团，请其允准在沪开议，并希望于一定时间内将公廨交还。要知，公廨本为中国官厅，不能由外人长此代管。如果德国在法国或俄国在英国亦有上海会审公廨情形，又将作何感想。

祁参议：会审公廨问题，非数日内所能解决。

蔡督办：诚然，至少须予以一定时间交还。

祁参议：贵大员谓一定时间，当由使团商定，非本团所能预言，如果本团随意言之，万一不能办到，岂非诳语。

蔡督办：华府会议，对于中国加税一事，法国曾经赞同，迄今尚未批准，中国方面并无人诋其欺诳。要知收回会审公廨事体甚小，不可因此而误大事。

祁参议：本团实无权讨论此事，甚愿以六委员之资格报告驻京本国公使赞助于一定时间内交还。

英参赞：交还公廨尚有附带问题，非一时所能解决。

蔡督办：今日在此会议，彼此均极和衷，譬如刺绣画本，深盼绣成后色彩光鲜，令人满意。

祁参议：本团亦抱同一之希望。

蔡督办：又提出优待工人及工部局设华董并撤换总书记鲁和三问题。又，对于鲁和个人并无反对，惟办事不惬人意，致生恶感，应请撤换。

祁参议：优待工人系厂主与工人关系，并非政府问题。至添设华董一节，当报告使团核办。

英参赞：现在工部局另设坐办，已委强森充任总书记一职，职权甚小，无足轻重。

蔡督办：又提出撤销印刷附律，加征码头捐，交易所领照三案。

祁参议：此事外人亦未同意，是以不足法定人数。

曾次长：印刷附律等案，中央已函达使团，决不承认。

蔡督办：又提交还被封及被占学校问题。

祁参议：学校暂由军队驻扎，将来军队撤退，自可交还。

英参赞：占据学校事，详情不知，惟闻有排外运动，但此语仍请保留。

蔡督办：果有排外实情，为治安起见，自可警告。

日参赞:本团与贵大员等正在和平协商之中,惟外面仍不免有暴动行为,恐与协议前途有碍,应请诸诚静候解决。

蔡督办:此事业由省长示谕制止。

祁参议:关于地方问题,甚愿早日解决,以免蔓延,更生危险。又谓,此事如不能协商解决,只得回京复命。

蔡督办:又提出第五条道歉问题。

祁参议及英参赞:英政府已在英国国会表示歉意,日前使团复外交部文及领团复交涉员文,亦均深表歉忱。

蔡督办:关于第九条工部局投票权案,中国方面仅有华顾问,并无华董,此项要求甚为正当。

英参赞:华顾问共有几人? 如何产出。

蔡督办:华顾问五人,均系受过高尚教育,并富有财产之人,系由华人纳税会产出。

蔡督办:越界筑路一案,究竟能否商议。

英参赞:此事无权商议。又谓此次奉令对于沪案和平解决,并提及昨晚大西路英人被暗杀事,应请官厅方面严行查办,缉拿凶手。

美参赞:本委员意见与英委员相同,地方秩序愈好,则排外嫌疑自然减少。

郑省长:对于英人被暗杀一事,在本省长已饬交署及警厅派员严查,并派军队前往曹家渡一带防范。

蔡督办:将提案全文交与法委员,并声明十一、十二两条并作一条,共计十二条。

祁参议:声明该项提案内有无权磋议者,不能视为正式接收。

谈至此时,已五点十五分钟,遂相约于明日下午二时半,仍在西区交涉署续行开议。

六月十七日下午二时半,在新西区交涉公署续开会议,到会人数仍如昨日,兹记其谈话大略如左:

蔡督办:昨日所谈,系交换意见,今请逐条讨论。

祁参议:表示同意。

蔡督办:提第一条撤销非常戒备案。

祁参议:此条应俟他种问题解决,即可实行。

蔡督办:提第二条释放被捕多人,并恢复学校原状案。

顾参赞:学生已完全释放。

蔡督办:第二条之下半段,应请照办。

祁参议:恢复学校原状,本团大体同意,惟应分两个问题:(一)为军队驻扎之用;(一)因学校有危险情形,将来应由中国地方官厅与工部局会商办理。

郑省长:学校毫无危险,如谓学生扰乱秩序,亦系个人问题,与学校无涉。

顾参赞:学校亦可作扰乱机关。

蔡督办:此事不能分为两个问题,如果学校不能一律恢复,势恐别生枝节,应请同样办理。

祁参议:此事如同样办理,恐工部局未必赞同。

郑省长:学校系法人不能犯罪,学生中是否有危险分子,因在租界中国官厅无从查知,即使有之,亦不能因对人问题牵涉学校。

蔡督办:此事工部局有权派探侦查,如有危险分子,尽可使其离校。

祁参议:如果学生有准入校或不准入校,恐反生枝节,不如由地方官径向工部局妥为商办。

蔡督办:如恐工部局不同意,请向询明,俟明日再商。

祁参议:学校于解除戒备后交还原主,原无不可,惟开学日期由中国地方官厅与工部局接洽何如。

郑省长:如果有确实凭据证明学生系危险分子,尽可不准上课,但此项问题应在本会议决,以免将来再生争执。

蔡督办:如有破坏治安学生,不妨令其出校,与恢复学校原状毫无关碍。

威参赞：可否仍请照祁参议原议办理。

郑省长：开课与开市应同样办理，如果开市后而学校尚有不能开课者，反为不妥。

威参赞：情形各有不同，并无不妥之处。

郑省长：彼此既有争执，开学一层可不必明白提及。

祁参议：请将恢复原状意义加以说明。

许特派交涉员：恢复原状，即系撤去军队，交还校舍，学生依旧上课，恢复从前状态之谓也。

郑省长：学生不上课，反有发生危险之虞。

祁参议：总之，此项问题乃关于治安问题，系工部局权限，本团未便决定。

蔡督办：可以声明交还校舍专供教育不作别用。

祁参议：表示同意，并声明如果领事反对，仍应复议。

蔡督办：今日会议进行稍缓，但此事重大，尽可从容讨论，不厌求详。又提出第三条惩凶案。

祁参议：罪案尚未成立，不能称凶。

蔡督办：此等字样，暂可不必争执。

祁参议：停职候查可以办到，惟中国地方官厅亦应承认疏忽责任。

郑省长：纱厂在租界，学生大半在租界，即此次肇事地点亦在租界，中国地方官厅如何可以负责。

祁参议：此案发生由于华界而来，中国地方官厅不能预为防止，即不能不承认疏忽。

郑省长：未便承认。惟外人方面可以希望有大员来此震慑，当能满意。

祁参议：此次华界方面，如能早为注意，即不致有此事发生。

郑省长：华界防范问题，为本省长官应办之事，请另函提出，当为答复。

祁参议：请调查此次肇事在华界发源之情形，并称两方舆论均须有相当之满意。自江浙战争以后,上海各处莠民甚多,如不严查取缔,恐外侨方面意不能平。

威参赞:外人方面既停职候查,中国官厅方面亦应查办,以平舆论。

蔡督办:何处不能保守治安,及何人不能尽职请指出。

祁参议:应请郑省长查明办理。

郑省长:可以容纳贵委员团意思,以省长名义令查,不能作为一种条件同时讨论。

威参赞:此事应同时讨论,因外人方面既指定负责之人,中国方面亦应有同样之办法,否则均应不提"因租界外无秩序之潜势力影响于五月三十日发生可惨之事,当俟查明后取适当之办法"以上数语,并请省长于文内声明,不知是否同意。

郑省长:未能同意。

重光参赞:此次内外棉纱厂发生之事,即系有人在华界开会煽动,触犯中国法律,地方官厅应有责任。

蔡督办:纱厂在租界,中国官厅不能过问,贵参赞如认租界治安中国官厅有权可以维持,当然中国警察随时得入租界。

祁参议:租界毗连华界之处,无从防范,乃因华界无强压之能力,致华人任意闯入租界。

蔡督办:当日之事,系学堂学生徒手游行演讲发布传单,并非华界莠民闯入租界暴动。

祁参议:此事发生之原因在于华界。

斯参赞:此次之事系由租界外开会煽动所演成。

郑省长:此次学生徒手游行演讲,绝非暴动可比,租界捕房开枪伤毙多人,实系不应有之事,与华界并无关系,不应相提并论。

祁参议:关于第三条提案,本团当另备公函交与中国大员,请以书面答复。

蔡督办:又提第四条赔偿案,并请对于死伤各人给以总额之赔款,再由商会分别支配。

祁参议：只能就五月三十日死伤各人，给予赔偿。

郑省长：所有连日死伤各人，均应一律赔偿。

祁参议：五月三十日死伤各人，可以承认赔偿，以后因行凶及开枪之故，致被枪击毙者，不能赔偿。至赔偿数目，应由领团与商会商定。

蔡督办：明日将死伤人数，查出再议。

英参赞：工部局在本会开议以前，早有此意，给以总额之赔款，因死伤各人多系贫困，藉以赡养其家属。

蔡督办：此项赔款，大约须三十万。

祁参议：数目一层，本团未便商议。

谈至此时，已六点钟，遂宣告散会，定于十八日午后二时半，仍在交涉公署续议。

六月十八日下午二时半，仍在新西区交涉公署续开第三次会议，到会人数仍如昨日，兹记各方谈话大略如左：

祁参议：开会前已经预先声明，只能就本案范围以内讨论，范围以外的事应归北京商议。现奉北京使馆训令，限三日内讨论完毕。本团意见，虽不必限定三天，总希望能从速解决。现在提案中国方面已经谈过，本团亦经加以研究，兹用书面交换性质，拟就往来函稿，惟该函系用法文再翻英文词句，虽稍有不同，大体不致十分悬殊。至于内容如认为可以商量，不妨彼此讨论，否则只能就北京使团解决矣。

语毕。由祁参议将所拟英法文来往函稿交与中央特派大员后，使团六委员一律退席。旋由蔡督办、郑省长、曾次长、许特派交涉员，将使团六委员交来函稿，详加讨论，认为未能同意，决定答复，当请使团六委员复席。

蔡督办：细阅所拟函稿，贵委员团之意，以为五月三十日发生之事，乃由华界警察急于职务所致，欲将此项责任悉诿诸华官方面，此层殊难承认。盖此事之远因，即如此次提案内如第六、第九、第十、第十一等条，种种事件皆足为中外感情之障碍。是以提议收回会审公廨，工部局投票权一律平等,制止越界筑路,撤销印刷附律,加征码头捐,交易所领照等案,正所以驱除障碍而为根本解决之计。

祁参议:贵大员等困难情形,本团甚为明了,但奉使团训令,只能就本案范围内讨论。

蔡督办:即范围以内之事,亦未能完全商妥。

祁参议:此事本团各人亦须共同商议。

中国方面各大员等,一律退席,约三十分钟乃又复席。

祁参议:彼此所奉训令商议范围不同,本团所能商议者,仅外交部所提四条,其余未便讨论。现在书面既不同意,只得将前昨两日所议完全取消,定于今晚夜车回京,请即备车。

蔡督办:遂将使团六委员所拟函稿交还,并称此次有劳诸君来此聚会,特此伸谢。至是,遂散会。

中国第二历史档案馆藏北洋政府外交部档案

特里皮埃①致蔡廷幹

1925 年 6 月②

尊敬的蔡将军:

如您所知,领袖公使和各有关公使团团长委派我及几位同事来沪,调查这令人遗憾的五卅事件及其以后情况。我们的使命与您本人所负之责任密切相关。世界各国,每当警方与群众发生冲突,孰是孰非,各执一理,所以我们的使命是艰难的。而今此案,固然存在一方受指控之倾向,但由于群众一方几乎都是中国人,而警方却部分是外国人,并有一名外国人指挥,故情况显得更为严重。

为了启示自己,我们除向警务处和工部局调查外,还仔细听取了几

---

① 即北京公使团调查委员团团长祁毕业——原编者注。

② 原件为抄件,无日期。据推断此信是在调查团 6 月 9 日到达上海后所写——原编者注。

位中国人士的陈述,他们很愿意将对事件的所见所思告知。

这样,我们对事实真相和发生情况才逐渐有所见解。

五卅事件激起中外之舆论,实在令人痛惜。其反响遍及上海和中国各地,至今犹能感觉。但是,如果忽略五卅事件之前所发生的一系列事情(虽是小事,但有象征性),就会使人无法理解五卅事件竟会发生在这座中外共同利益结合得如此悠久的城市之中。几个月以来,上海华界一直缺少一位实力人物统治。我们所获的一份有关排外事件之发生与发展的重要材料表明,地方警察局丝毫没有采取措施予以制止,而恰恰相反,却好几次鼓动工人罢工。况且在中国,罢工即使有理,也被法律视作违法。

凭着这种印象,代表团接到一项来自北京的指令,要求经您同意,来谋求解决上海目前不正常状况之可能性。

特里皮埃

《五卅运动》第一辑,第 425—426 页

工商学联合会代表会见特派员

1925 年 6 月 8 日

工商学联合会代表林钧、王汉良,于昨晚九时谒蔡廷幹、曾宗鉴于沧洲别墅。因蔡氏外出,先由曾次长接见谈话。据曾声明,〔则〕此次南下,为奉执政府之命,调查此案之真相。希望各界将一切情形及照片证据等从速整理出来,以备审核,为交涉之根据云云。少顷蔡督办来,即接见代表,代表询以今日交涉之消息。蔡谓昨日联合会所提出先决四事,已在开始进行中,大约可望办到。代表谓在交涉时期,外交当局与工商学联合会,为易于接洽起见,请由联合会推定代表三人,帮同办理交涉,蔡亦允诺。代表又询外传督办有劝商界开市之谈话,未知是否确实?蔡答称,劝商界开市,本人并无此言。本人系广东人,曾次长为福建人,做事一切均可公开,决不在桌子底下骗人。此次来沪,对于任何方面之意见,均愿容纳接受。至开市一层,为商界之利益计,诚愿其

能早实现。但为群众意旨及国家体面起见，必须各界允许后，本人始可允诺也云云。

《新闻报》1925 年 6 月 9 日

工商学代表再次会见蔡廷幹等
1925 年 6 月 9 日

工商学联合会代表林钧、王汉良等三人，于昨晚十时访蔡督办于其寓所。代表首询蔡督办、曾次长来沪之任务。蔡答，此来专事调查。至交涉事务，由许交涉员办理，本人及曾次长仅从旁加以协助而已。代表又问，此案交涉，究竟在沪举行，抑在京举行。蔡答谓条件中领事之有权解决者，当在沪交涉。若取消领事裁判权等非领事所能解决者，则当移至北京交涉。代表又问，此项条件，已否向领事团提出。蔡答尚未提出，因有多处，尚须征求四团体之意见，有所研究也。蔡又谓本人与三位代表，同此耳目，同此发肤，诸位之同胞被杀，亦即本人之同胞被杀。交涉方面，惟力是视。但对于用何种方法以达解决此案之目的，则本人不能不加审慎考虑。有一语可以告慰者，本人当凭良心做去，决不忍死者含冤地下也。代表又问，本日督办对各方面接洽结果，有无进展。蔡答颇有希望，即日本纱厂之交涉，不久即有好消息以报告诸位代表也。嗣代表又请蔡于明日（即十日）下午二时赴工商学联合会之茶话会，并请曾次长、许交涉员、谢帮办同临，而别。

《新闻报》1925 年 6 月 10 日

学生代表要求蔡廷幹尊重民意
1925 年 6 月 9 日

前日下午五时，学生代表高荫祖、刘季仙赴沧洲饭店见曾、蔡作正式会谈，由蔡廷幹单独接见。代表等略述此次事变起因、惨杀情形及上海市面近状，蔡颇为动容。据谓曾次长以适在会客，故由彼接谈。代表当询专使对于事变各方意见，是否已调查明白？据答大体皆已接头。

代表询现在对该案主张如何？蔡答最好由商工学联合会将三界确实条件与态度合并提出，并将该会组织一有力之团体，俾免意见纷纭。代表答此层已经组织完毕，不久即可将呈文送到，至于学生会亦拟于明日将学生会呈文送上。代表等又问此案将由北京或在上海办理。蔡答：关于捕房杀人事，如撤消戒严令、惩凶、赔偿、道歉等，尽可在沪办理；至于治外法权、收回租界、撤换英领等，须移至北京办理。代表当（及）〔即〕复恳切陈说，务须尊重民意，勿屈伏于强权，不达目的不止等语。蔡谓此事必成为国际交涉无疑，况以武装外捕惨杀徒手华人，而外人绝无死伤与他种损失，英人即任何强项，亦无理由可说，自当据理力争。代表等询商工学所提条件专使意见如何？蔡答谓前几项自是先决要求，至于治外法权与收回租界，中国政府自华会后，无时不思办理，今年九月间将开关税会议，政府即欲乘机提出，今有此事变，正为政府以说话时之方便。外人不允中国收回之借口，不过谓中国法律不善。然此项事变，乃自谓文明国而有完善法律之国家所为，宁非一驳斥之好材料。代表等当定明日递呈文时再晤。

上海《民国日报》1925 年 6 月 10 日

工商学联合会代表会见许交涉员

1925 年 6 月 10 日

工商学联合会代表邬志豪、王汉良、林钧、梅电龙等九人，昨日下午三时往霞飞路交涉公署谒见许交涉员。首向许交涉员询问，北京外交部已有将先决四条提出并拟将十三条陆续提出之消息，已见本日新闻报北京专电，是否确实？许答尚未知悉。代表又问，交涉署方面对于交涉之方针如何？许谓现拟根据前任陈世光所提之惩凶、放人、赔偿外，另提取消戒严令及撤除陆战队等项。其余各条，或因别种关系，碍难提出。或非上海领事团权力所能及，应由北京方面提出者，似难一律办理云云。代表坚请联合会所提之先决四条及正式十三条，无论在上海在北京，应请全部照提。此为民意之主张，政府应以民意为依归云云。许谓此案交涉,外交部现已提出先决四条,将来恐须移京办理。代表之意,当为转告蔡督办曾次长云。

《新闻报》1925 年 6 月 11 日

上海总工会要求交涉员速照原拟条件交涉
1925 年 6 月

外交部特派江苏交涉员台鉴:此次外人屠杀吾族,由上海而青岛而汉口,引起全国公愤,尚不能交涉胜利,不独□〔无〕以伸死者之冤,亦且无以弭生者之祸。工商学联合会所提十七条件,均系无可退□〔让〕之最低要求,非此实无以儆□〔顽〕凶于既往,防巨祸于方来。伏希迅速照原拟条件提出交涉,以慰舆情。倘有削改,不独工界不能承认,即商学界亦未必一致赞成。特此声明,伏乞垂鉴是幸。

上海总工会率所属六十六工会同启

《热血日报》1925 年 6 月 15 日

六国委员沪案报告
1925 年 6 月—7 月

日本宪政会总务众议员望月小太郎,月前来华调查沪案内容,曾招待中外知名人士,席上发表其对于沪案之观察,望月归国后,除将调查所得报告宪政会及加藤内阁外,并在东京国民新闻发表谈话一则,对于沪案发生原因及经过,颇多未经人道及者。兹节译如下:

(甲)六国调查委员报告 五月三十日下午一点五十五分,老闸捕房捕头爱伏生,突闻不稳之报,立赴南京路,捕获学生三名,拘于捕房,随后追来要求释放之学生十五名,亦一并拘留。数分钟后,西藏路亦有同样之运动,乃将手持排日传单之学生拘捕。群众至此,遂拥至捕房,命其散去不听,于是悉予拘捕。二点四十分,第一次暴行起于西藏路,英捕史蒂芬被袭赴地。其后群众渐次增加,达二千余名。捕头被卷入群众之中,渐次拥至捕房之前,其势不可制止,不得已乃取立于身旁之一巡捕之手枪,以华语(译者按:此处公廨判结文系英语)警告曰:"止!止! 否则开枪!"其间经过十秒钟,当即开一排枪,遂致死者四名,负伤后死者五名,负伤十四名。

外交团根据此项报告,于七月一日决议如左:

(乙)外交团之决议

(一)董事会议长已得事变及其发展之报,而不执适当预防手段,特于警察上之措置,亦未着手,实属遗憾,照此节论,该议长之行为,实不能不加以谴责。

(二)总巡麦坚明知事件发展之状况,而乃撤离捕房,致他方示威运动者已乱入租界,仍未归还,加以为解散示威运动者起见,亦未执何等适当之措置,实不免懈怠职务,与职务上之未熟,及判断缺乏之讥,其责任甚大,故认为有更迭之必要。

(三)爱生不过执行其所受之命令而已,但于示威运动不致扩大之预想之下,于情状之判断有误。终以拒绝应援队之派遣,亦应受叱责之咎。

(四)关于暴动及骚扰之警察规定,认为不完全,有改正必要,在巡捕开枪之前,应有发出任何人均得开枪之警报之必要。

关系列国代表,应将前项措置,通知工部局,尤于第二项及第四项措置,认为于安定人心、镇静事态上有效果,促工部局从速实行。

关系列国代表,一面明其责任如右,一面宣言示威运动者系在中国领土内准备一切,故为使中国政府亦明其责任起见,应讲严重手段,责任官吏,有加惩罚之必要,不为防将来再发生此种事件及维持秩序起见,中国官厅与租界当局有实现有效之协保(特)〔持〕紧密之接触之必要。

前项议决中,第二项之麦坚擅离捕房职守之事实,因当日上午下午彼均在跑马厂未归,第三项爱伏生所受之命令,即指第四项不完全警察规则而言。查其规则系一千九百十九年所发之秘密训令,兹译其重〔要〕部分如左:

（丙）开枪之秘密训令

暴行者之行为于危害生命财产，已属明了，其他更无防遏之手段时，虽于开枪前，应与适当之警告，但于必要时，并可不必，惟开枪乃为威吓暴徒起见，不可向头上击，因此有牺牲无辜人命之虞，故凡对于暴徒及骚扰者，在租界内开枪时，其目的只在杀其人，及使其不能活动。

余（望月自称）勾留北京时，某外国公使对于"为何此种时代错误之训令今犹实行之耶"之问，答曰"然，余于此事，亦曾质问总巡，总巡坦然答以在我殖民地，对于蕃人，向来如此执行"。余惟有嘿然而已。此际特欲一言者，此项决议，当初系由外交团领衔义大利公使所提议，英、美两代办公使加以同意者，芳泽公使〔因〕日本内外纱厂工潮而发之排日运动，终致殃及工部局，而被指摘之责任者，又为前记之美人议长，英人总巡，并英人捕头，英美两代办公使既均同意，当然予以同意，其苦衷可深谅也。云云。

北京《晨报》1925 年 9 月 4 日

（3）上海交涉停顿及沪案移京

英美法意日荷六国委员声明
1925 年 6 月 18 日

有关系各国驻京代表派至上海之委员团，以便调查近今事端，并力图解决因此事端直接发生之种种纠纷者，今日在交涉员公署第三次与中国代表开会。委员团在此会议中，以具体建议提交中国代表团，此项建议在委员团意见中，以为可作解决之公允基础，中国代表团则重以与近今可悲事端无直接关系之要求若干条，提交委员团。惟委员团于最初开会之始，即郑重声明，未曾奉命办理此项事件，中国代表团且言此次事件，必须与本案同时办理云云。要知所授予委员团之训令，乃根据于外交部致各使署之牒文，文内仅开列全与本案有直接关系之条件四项。兹以双方意见似属完全歧异，难有就地早日解决之希望，故委员团决议于今夜启程返京。

《五卅外交史》，第 32 页

六国调查委员宣言

1925 年 6 月 18 日

公使团调查委员本日（十八日）与中国代表在交涉署开第三次会议，六国委员提出所拟公平解决之具体基础条件，虽自始即声明无权交涉于本案无直接关系之条件，而中国委员仍重行提出多项要求，俱与本案无直接关系者，并声言应与本案各问题同时解决。查本委员等所得训令，系根据外交部照会各使馆之四点而已，此四点均于本案有直接关系者，在此种情势之下，双方意见背道而驰，毫无早日就地解决之希望，因此本委员团决定今晚离沪赴京。

《中日关系史料——排日问题》，第 488 页

蔡廷幹、郑谦、曾宗鉴宣布交涉停顿情形

1925 年 6 月 19 日

自沪案发生，廷幹等奉命来沪，既负调查之责，又受办理之权，内本天良，外审舆论，欲为根本解决之计，不得不将本案连带之事，同时求其症结。且此案之重大，为自有租界以来所未有，租界当局负其完全责任，更无推诿之余地，此皆为办理本案之先决方针。乃自本月十六日与六国驻京公使代表委员团开始谈判，以迄十八日止，凡会议三次，先之以和平协商，继之以郑重讨论。委员团始终坚持限定与本案直接关系各条，此外如公堂、市政、筑路等事，无论如何要求，均以无权研究相拒。复以此案发生之远因，谓我华界官吏，亦应同负其责，更无承认之理，与我方所抱之方针，完全抵触，因此谈判宣告停顿，廷幹等业已急电报告政府。所有会议经过及交涉停顿情形，公函先行宣告，尚举察照。蔡廷幹、郑谦、曾宗鉴。十九日。

《中华民国史料》第 3 册，第 111 页

驻京公使团声明

1925 年 6 月 19 日

有关系各国公使派往上海之委员团,仅为调查,后因扩充权限遂与中国委员接洽,该中国委员团所提之要求过于委员团之权限,于是将该项要求阅悉回京报告。

有关系各国公使业已将速开会议之愿望通告外交部,该公使等之意见应以公理公道为基础,速行解决上海之事为第一协定。

另外,如中国政府表示愿望,凡有关系国之公使可以请示各该本国政府以友谊意向讨论上海提出之要求,如组织公共租界及在租界内司法事项。

中国第二历史档案馆藏广州国民政府档案

特里皮埃致领袖领事

1925 年 6 月 19 日

意大利总领事兼领袖领事德罗西先生:

谨奉告:鉴于今日会谈中,中国代表团和公使团代表团双方所奉的指示存在差异,故欲迅速和解已告无望。

我们的使命原是,按指令力争解决五月三十日至六月二日事件所造成的局势。此指令已正式送达北京外交部,并由我们转交在沪的中国代表团。可是,中国代表已表示,要在解决五卅事件的同时,一并解决与之毫无直接关联的其他问题。

在此情况下,继续谈判已经毫无意义。由于指令要求我们,问题如不能马上解决,即返回。故在今晚启程前,有必要表明我们的立场。望请转告领事团我们返京之原因。不胜感谢。

代调查委员团顺致谢意和崇高敬意。

特里皮埃(签名)

《五卅运动》第一辑,第 425—426 页

中国委员团宣言

1925 年 6 月 20 日外交部收到

中国委员团协同公使团委员团研求永久根本解决此次上海惨剧案，深信唯一办法，当将华洋两方在沪发生误会之各种问题先行铲除，故特提起数点如：一、收回会审公廨或另议一定期限收回；二、改良工人生活；三、华人在租界纳税最多，应加入工部局，此项根本问题并不违背现在条约，极为沪上华人所渴望，第一次会议时即向该委员团（进）〔提〕出，以备彼方可向公使团请求授与讨论此项事件之权，乃未经照办。在后二次会议中该委员团表示卸责，以引起开枪事件之间接原因归诸中国官厅。本月十八日第三次会议时，该委员团又称此项问题含有国际性质，实无权可以继续讨论，唯有迅速回京各向公使报告，因此会议停止。中国委员团以国交所关，形势重要，勉力解决，竟不克达圆满结果，深用疚心，特此奉闻。蔡廷幹、郑谦、曾宗鉴。印。

中国第二历史档案馆藏广州国民政府档案

外交部致公使团

1925 年 6 月 20 日

为照会事：关于上海公共租界捕房枪击华人一案，昨接上海本国委员电称：使团所派委员忽宣各交涉停顿，已于六月十八日晚离沪返京等语。查此案准六月四日来照，称贵公使与有关系各国公使深望中国政府具同一和平之精神，审核此项不幸之事，俾上海秩序及安宁于最短时间得以恢复。又准六月十二日照称，贵公使及各有关系各国公使金以恢复上海秩序最适宜之方法，愿依照当地情形就近讨论，业经训令所派赴沪各委员，令其与驻沪领团及中国政府各委员商议最妥方法，以补救现下沉闷之局势。又本月十四日贵公使晋谒执政面称，本公使及有关系各国公使接到上海委员团调查报告，议决扩充委员团之权限，已训令该委员团并授予就地与中国委员讨论解决之权，俾沪案从速了结。又称中国委员方面，中国政府亦应授予就地讨论解决之权各等因，本国政府为重视贵公使暨有关系各公使之提议,当经电令赴沪委员即日与贵方所派委员开议,原冀双方所派委员具同一和平精神详加审核讨论,俾得早日解决。乃甫经开议,贵方所派委员忽宣报交涉停顿,离沪回京,核与贵公使及有关系各国公使提议就地商议之本旨不相符合。当此群情愤激之时,万一因交涉停顿,迁延时日,其责任当有所归,此不得不预为声明者也。相应照会贵公使查照,并请转达有关系各国公使为荷。须至照会者。

中国第二历史档案馆藏北洋政府临时执政府军务厅档案

公使团致外交部

1925 年 6 月 23 日

为照复事:贵总长本月二十日来照,有关系各国公使业已收到。有关系各国公使认为,中国政府于来照中所述各项事故之报告,正与经详密调查所得之事实相反,殊属憾事。中国政府此种意旨,毫无便利友谊的解决此次事故之性质,有关系各国公使仅能为之惋惜而已。此外,中国政府对于沪案解决迟延,欲诿过于人,有关系各国公使实难承认。即以本月二十日致外交部照会证之,可知有关系各国公使力谋解决此事之愿望,故关于解决迟延之一切责任不是担负也。须至照会者。

翟禄第

中国第二历史档案馆藏北洋政府临时执政府军务厅档案

外交部致公使团

1925 年 6 月 24 日

为照会事:案查上海捕房惨杀华人案,前经中国委员在沪提出条件十三条,与使团所派委员就地商议未能解决。兹该案既定移京办理,自应将中国委员在上海所提之条件,暨本国政府认为必须修正条约之问题,特向贵公使提出如左:

一、撤消非常戒备。

二、所有因此案被捕华人一律释放,并恢复公共租界被封及占据之各学校原状。

三、惩凶。先行停职,听候严办。

四、赔偿伤亡及工商学因此案所受之损失。

五、道歉。

六、收回会审公廨。

七、洋务职工及海员工厂工人等因悲愤罢业者,将来仍还原职,并不扣罢业期内薪资。

八、优待工人,工人工作与否随其自愿,不得因此处罚。

九、工部局投票权案。(甲)工部局董事会及纳税人代表会,由华人共同组织之。纳税人代表额数,以纳税多寡比例为定额,其纳税人会出席投票权与各关系国西人一律平等。(乙)关于投票权,须查明其产业为己有的或代理的,己有的方有投票权,代理的其投票权应归产业所有人享有之。

十、制止越界筑路。工部局不得越租界范围外建筑马路,其已筑成者由中国政府无条件收回管理。

十一、撤销印刷附律、加征码头捐、交易所领照案。

十二、华人在租界有言论集会出版之自由。

十三、撤换工部局总书记鲁和。

以上十三项仅为解决沪案局部问题,中国政府以为,欲根本改良中外之友谊及维持永久之和平,必须将从前所订各项不平等条约加以修正,业于本日详述理由另照分达。相应照会贵公使转达有关系各国公使查照,希即从速开议,俾得早日解决,是所至盼。须至照会者。

中国第二历史档案馆藏广州国民政府档案

曾宗鉴等致沈瑞麟①

1925 年 6 月

1、曾宗鉴致沈瑞麟(6 月 19 日)

外交部总长钧鉴:沪案交涉停顿,及外交团委员回京情形,业经另电会陈。顷随蔡督办电呈执政,请准予回京报告,恳赐鉴核,代陈示遵。宗鉴叩。效二。

2、曾宗鉴致沈瑞麟(6 月 19 日)

外交部总长钧鉴:此次上海交涉,初甚顺利。十七日英参赞谈话谓研究会审公堂案,彻夜未睡。十日早,法领尚遣人密告,公廨可得让步,是彼中似无拒绝议公廨意,下午忽告停顿,百思不得其解。顷得密报:英、日以汉、浔、镇江交涉纷起,认为不宜退让,电召参赞回京,并谓伦敦态度强硬,将向中央通盘交涉云云。谨密陈。再,本日总商会开全体大会表决,五月初一日②开市,对英日不开工,并拟抵制英货。又闻香港海员已罢工。特闻。宗鉴叩。效。

3、曾宗鉴致沈瑞麟(6 月 20 日)

外交部总长钧鉴:昨,总商会议决,明日开市,刻下激烈派极力反对已不能成事实。谨闻。宗鉴叩。二十日。

4、曾宗鉴致沈瑞麟(6 月 21 日)

外交部总长钧鉴:号电敬悉,遵即夕回京。部员同莘、谢永炘、金其堡、徐廷勋、施赞元、黄丕留沪,以备万一,在沪继续办理。特闻。宗鉴叩。

5、雷殷③致沈瑞麟(6 月 21 日)

外交部沈总长鉴:总商会气馁,议决不日复市,工学界虽持异议,谅无效。惩凶、赔偿、道歉、撤兵等,应速提前解决,作为商人复业条件,以

---

① 外交总长。

② 五月初一日为农历。

③ 参议院议员。

全体面。余收回公共租界,改正条约,应保留另提,庶事实民气两能兼顾,余函详。雷殷。马。借。印。

6、外交部致雷殷(6 月 24 日)

马电悉。苫筹甚佩,沪案定在京续议,本日已将沪提条件照会使团提出。同时,并提出修正不平等条约。兹事体大,尚盼时赐南针为荷。瑞麟。

中国第二历史档案馆藏北洋政府外交部档案

芳泽对沪案之谈话

1925 年 7 月 2 日

驻京日使芳泽,本日向日本记者团发表关于沪案之谈话如左:

关于此次交涉,日来正由使团开会协议一切,即本日亦有同样之会议。惟该会议究将讨论至若何范围,则现时尚难明言。又关于沈外长向主席公使要求确定讨论范围之说,予尚未前闻。使团方面所推出与中国外交委员交涉之关系国委员,业已决定为意、法、美三使,并已将此意向中国方面正式通知。交涉内容,将不仅限于沪案,汉口、九江、广州各地所发生之事件,亦一并讨论及之。关于各地日人所受之损害,亦当然为他国委员交涉之一。现使团已着手为交涉上之准备,大约日内即可正式开始交涉。又关于中国所要求之修改不平等条约问题,经各使请训本国政府后,日来已接本国政府回电者有之,迄今尚未接回电亦有之。各国对此问题,似取同一态度。此次交涉,与日俄会议之性质迥殊,可断其不至如彼需时至一年之久也。

北京《晨报》1925 年 7 月 2 日

颜惠庆、蔡廷幹与学生代表的谈话

1925 年 7 月 3 日

北京各校沪案后援会,前日(三日)派代表分头往见办理沪案特派员颜惠庆、王正廷、蔡廷幹,询问其对于此次外交方针,并其个人所取之

态度,颜、蔡当于其私邸接见代表。至于王,各代表前往两次,均未晤面。兹将其与颜、蔡之谈话,分述于后:

与颜惠庆之谈话　　见颜代表为北大张绍琦、法大瞿世庄。(代表问)先生所上呈文,是否变相辞职,对于沪案及修正不平等条约之方针及步骤如何?(颜答)前与王儒堂、蔡耀堂上呈执政府,外间遂疑我辈为辞职之先声,实则此点完全不确,若欲辞职,尽可请政府收回成命,既无此等表示,则非辞职,至为明显。所以请外交部办理沪案,而由我等办理修正不平等条约者,盖欲分别办理,易收效益,若合并办理,反使力量不济。(代表问)沪案与修正不平等条约,不能分为两事,此理明甚。若据先生所云,无异将沪案与修约截然划为二事。(颜答)沪案与修改不平等条约,并非两事。不过修约问题,较沪案尤为重要。所以请外部办理沪案者,实因外部对于沪案一切调查,及各种文件,较为熟悉,故予等并非互相推诿,盖系分工合(件)〔作〕也。(代表问)请以后交涉须认清目标,单独对英。(颜答)此点须先明上海租界之历史(因详述上海之历史)。单独对英,实属困难。(代表与颜氏讨论此点约半小时之久,但颜始终认为困难,不得要领。)(代表问)上海惨杀案虽发生于公共租界,然开枪杀我华人者,实为英国巡捕。唆使英捕开枪者,实为爱伏生。爱伏生则又受命于英领,是英人应负重大责任,不待赘述。至于汉粤事件之应由英人负责,更为显明。我国政府不单独对英,而向六国提出照会,是使他国分负其责,而将英人责任减少。若各国协以谋我,则所得结果,可以想见。外部所以向六国提出者,以为系法定手续,此实绝大错误。盖所谓外交团领事团,既不见诸国际法,亦非法定机关,则单独对英,自无不合外交手续。若此时不将目标认清,将来必归失败地位。(颜答)此说固是。不过中国本属特殊情形,且内容复杂,殊非易事。即如关于工部局一事,社会一般评论,均有极大错误。爱伏生并非英捕头,乃公共租界之工部局之见证人(witness)。会审公堂决不能审问爱伏生,只有英领方能审理此事。(代表问)先生对沪案交涉,究竟有何策划,取何步骤?(颜答)谓此事应由外部答复,我等只管修约一部分。（代表问）即以修约而论，三大员方面，有无一定计划与方式？（颜答）尚当与其他各员会商。（代表问）个人意见如何？（颜答）既已受命，不愿将个人意见发表。时已十二钟，两代表遂兴辞而出。

　　与蔡廷幹之谈话　　见蔡者为燕大代表刘乾初、交大代表苏潮。（代表问）政府特派之大员办理此次沪案，外间多有谓外交部与三大员各想推诿卸责之传说，不知确否？（蔡答）我已六十五岁，决不想保全个人地位，能办则办，不能办则不办，更无须遇事推诿。此次我和颜骏人、王儒堂被政府任命办理此案，凡是所能办到者我三人无不愿意竭力办理。（代表问）究竟先生办理此案，取何步骤。（蔡答）我和颜骏人、沈外长，昨晚已在外交部对此问题讨论许久，决定此次交涉，非达到修改不平等条约不止，因此为致祸之根源，此层不办到，这回交涉则为完全失败。（代表问）先生意思极与敝会方面所持之态度相同，我们也认为这次交涉非达到取消不平等条约地步则完全失败。假使此层办不到，无论英国赔我们多少款，如何惩办巡捕头，如何向我们道歉赔礼，我们就算失败。假使杀死我们同胞只赔钱了事，英国如果将我们四万万同胞，一齐杀死，就成了极大资本家，又请谁去管理呢？（蔡答）此言极是。我们三人，亦已决定，假使政府只要我们去办理沪案，认为仅是地方问题，我们是决不干的。（代表问）据外间说，外交当局很想将沪案与改约分开办理，不知确否？（蔡答）沪案若就地方一面讲，固然应当力争，但决不能与铲除祸源之根本条件，分别为二。英国极狡猾，态度亦极强硬，彼极想将此问题作为地方问题，轻轻办去。倘使分别为二，恐将沪案之地方问题了结以后，便不复云其他矣。（代表问）我等今日之来，是询问性质，敝会方面，尚有具体之外交意见，不日将呈于执政府。（蔡答）政府办理外交，当然是要根据民意，诸位有何意见，尽可随时告诉。谈毕，二代表遂告辞而出。

北京《晨报》1925 年 7 月 5 日

外交委员会重要会议

1925 年 7 月 8 日

昨日上午十时外交委员会在执政府中楼开会,因蔡廷幹到会甚迟,故延至十一时十分开议。………首由蔡廷幹报告赴沪调查经过情形,大要如左:

该案原因起于日纱厂枪杀华工顾正红,学生愤人权扫地,恃强凌弱,故于课余自由向租界闹市演讲,一面唤引国民之同情,一面募集捐款抚恤死者家属,并无丝毫排外意味。五月卅日下午一时许,上海大学等学生又在南京路一带演讲,被公共租界新巡捕房捕逮入捕房拘留,同时其他同学之在马路演讲者,激于义愤,自愿投捕房拘留。维时马路上行人见英捕包探纷纷擒捕学生,不知事由,群向英捕尾随。至新捕房门口,愈来愈众。英捕头爱伏生率领印捕、华捕在捕房门前弹压,群众退去时,因后面人多不知前面情形,向前拥挤。爱伏生即传令印捕平放排枪,继续共开四十四枪,致死伤如是之多。当时众见印捕举枪作预备放之姿势,皆转向而逃,故枪弹率皆由背入,有医院验单为凭。至余与六委员团交涉之结果,关于开枪责任问题,六委员谓时机紧迫,工部局实有开枪之必要。当时余等(蔡等自称)即驳以学生游行,工部局事先既已接有报告,论理即应由工部局设法预防,苟预防得法,自不致有意外发生。即使未能预防,然临时以理开导,亦可无事。试举一例,数年前张勋复辟,败兵万余人,手携枪械,欲窜入东交民巷,当时公使团勒令非缴械不许入境,各败兵亦只得失望散去。夫以万余有械之败兵,尚能遵服外交界之约束,无事而散,岂数千徒手游行受有高等教育之学生,而工部局反不能以理开导使其散去,结果竟至开枪,惨毙多人,是工部局之有意残杀,至为明显。其应由工部局负责,自无待言。六国委员团对余等此种驳诘,无置答。翌日遂藉口无权开议,不辞而去。至于第二、第三,及最近枪杀蔡继贤案,更无开枪之必要。由此观之,沪案之曲在彼,即彼等亦自知之。苟彼等服从理性者,我国交涉固不难胜利也。

蔡报告毕,曾宗鉴亦有报告,大意与蔡无甚出入,蔡、曾先后报告毕,各委员略为讨论,议决由秘书处油印演说记录,分送各委员详细研究,发表意见。时沈瑞麟外长到会,即请沈列席。沈入席后,报告两日来与外团接洽情形,及前日阁议席上之议决案,大致与昨日本报所载,无甚出入。沈复谓外交团之意,要求目前专议赔偿抚恤等五先决条件,俟此五条件完全解决后,再行讨论十三条中之其余各条,及不平等条约,且外交团有反提要求之势,我国对此如何应付,请公决。沈报告毕,各委员又陆续发表意见。最后议决对于外交团之前项主张,我国应完全拒绝。盖若专讨论先决条件,则旷日持久,其余各条,及修改不平等条约等问题,均将无形延搁。将来交涉,更见困难。故我国方面,应坚持沪案十三条与修改不平等条约,同时开议。至开议形式,则不妨如外交部所拟,分作两组。一组专办先决五条,由沈、蔡主持之。一组专办后八条,及修改不平等条约,由颜(惠庆)、王(正廷)两专员主持之。惟必须同时开议,而不能有所先后云。

上项议案通过后,沈允即本此意再与外交团接洽。至何日开议,预料至早当在下星期内云。最后孙宝琦提议在未开议前,我国方面对应议各条,应即拟具一详细方案,逐一签注,作为异日交涉之张本,众赞成。当公推颜惠庆、王正廷、蔡廷幹、沈瑞麟、孙宝琦等五人,为此项方案起草员,当即通过。并决定本星期五例会将此项草案提出通过,时已下午一时五十分遂散会。

北京《晨报》1925 年 7 月 9 日

法国公使愤而不负交涉责任

1925 年 7 月 9 日

驻京法国公使马太尔突于九晚正式声明辞退沪案交涉之任,不独北京外交界卷起一大波澜,即列国对华方针亦将生一重大变化,或为沪案交涉中,最值人注目之事也。法使正式声明书原文如左:

"外交团与上海工部局,关于工部〔局〕董事会之权限问题,及其对于使团之地位问题,解释上似已发生冲突。使团方面以为董事会之权力,纯系行政性质,而公共租界之实在权力,系操之于有关系各国之驻沪领事,即受北京各公使之直辖是也。但工部局董事会则以为该会名义上固受各政府之统辖,但实际上,仅能对于纳税选举人负责。法公使对于上海之公共租界实有最高之权力,故认在此种争执未解决之际,进行交涉,亦属无用。"

由此声明书观之,似因工部局董事会之权限问题,而生意见冲突。使团中对于权限解释不能一致,故法使认为无从着手交涉沪案,声明不能负责。然何以突生此问题,此中自有极重要之内幕存乎其间。据本报所知,则在本月六日以前,使团连日会议,法使极力主张调解,沪案非英国方面有相当让步,殊难解决。且因迟延不了之故,必惹起其他难题,彼时各国在华利益均受影响,大非得计。况华人愤慨已达极点,若各国坚持,则予华人以极坏之印象,亦非各国日后在华发展之益。义使首先赞同,日使亦以能了便了,不必以此案让步有损害各国在华威信为虑。美使初颇不以为然,后因形势不佳,且事属英人,亦不愿始终追随英国之后,以自失其华人对美之好感。是以六日会议遂以多数通过下列三项决议,即日以使团名义训令驻沪领事团,饬其即日实行。所谓三项决议者,即:

(一)上海工部局总巡麦坚应即免职。

(二)工部局参事会应严加谴责。

(三)开枪之捕头爱活生应依法惩办。

此项决议,在使团本意欲于沪案会议开始之前执行,以示为使团自动(的)之处分,并非应中国之要求者。所以全英国面目也。且于该训令之中,附有"如工部局抗不遵命,得解散参事会,予以处分"。是赋与沪领团以最后制裁之权力,期能执行此训令也。乃英使于六日会议之后,即时急电报告其政府,同时并密令沪英领暂缓执行。翌日英外长张伯伦复电反对使团办法,并令设法阻止。于是英使乃历访外交团陈述该国政府意见。同时并电令沪英领向各国领事力述不可让步之理由。唯在沪领团以北京使团并无取销训电,仍以领团名义将使团训电通告工部局令其执行。但工部局完全为英人所霸占，其本国政府既如此，彼自设法反抗，即日回答领团谓：

"使团对于该局只有监督权，对于该局人员之进退，使团无干涉之权，故对于此项越权之训令，无服从之义务。该局对纳税者负责，如果使团坚持此议，则只有召集纳税人会议，为最后之决议。"

此段不过答复文中之一节，语气异常强横，俨然以独立机关自命。同时英外长张伯伦复以急电训令驻日英使爱理欧德往访日本币原外务大臣，劝告日本须与英国取同一态度，命令驻京日使芳泽勿赞成此项办法。驻日英使当于七日下午四时往访币原于外务省，密谈约一小时之久。闻其所提之意见，约有两点：

一、北京使团之三项训令，英国所受影响甚大。如果实行，则香港、广州、汉口各事件，亦非大让步不可，如此不独英国在华之面目，大受损伤，即各国将来在华地位，亦有低落之虞。

二、若日本万分不能阻止，则希望日本设法调停，减轻程度，使英国不至为难。

同时英国复尽其外交能力，对美、对法均为同样之交涉。闻驻法之英使克里优亦向法外长蒲里安请求设法疏通。

英国对法使既极不满，而适于此时，前赴沪调查之六国委员团领袖法国参赞祁毕业复将其报告书，在巴黎发表，内中力斥工部局举动之不合，因此益触英人之怒。九日上午使团会议，英代使白拉瑞在席上严厉诘问法使，谓何以于交涉尚未开始之时，放任祁毕业将报告书发表。且对于工部局之抗命，极力袒护。彼此言语冲突，不欢而散，法使即于是晚藉工部局不遵命问题，声明不负交涉责任。此经过之真相也。

英使见法使态度，亦深以以彼当交涉之冲，殊多危险，闻已拟乘法使辞职之机，另以他国公使充任，其意中似（测）〔侧〕重于日使，但日使亦为当事者，恐未必担任也。使团内部既发生此重大纷扰，则沪案前途，未知何日始能开议也。英国态度既如是强硬，而上海工部局又极力挑战,破坏中国工商业,国人非有十三分□斗,恐未易得相当之代价也。

北京《晨报》1925 年 7 月 11 日

在野派向政府建议：沪案对英单独交涉
1925 年 7 月

沪案交涉,自法使玛太尔辞代表之职以后,近日中国在野外交家即对政府建议请单独对英交涉,其建议之要点,大约有四:

(一)各地所发生之惨案,大都由于英人任意屠杀华人,则英政府自应负其全责;(二)上海工部局事实上完全为英人所操纵,兼以五卅、六一等日之开枪复全为英人,则吾国亦应先对英交涉,然后再对其他各国交涉;(三)法使玛太尔辞职之声明书,已露中国实应向英国单独交涉之意;(四)单独对英,则可免多树敌人,政府当局对此建议,现已在考虑之中,闻曾非正式交换意见一次,虽尚无结果,然大致上已承认其有充分之理由,预料一二日,或将召集正式会议而讨论此事,亦未可知云。

又据某社报告,英代使秉承英国政府之意志,对华始终取压迫态度,认定沪汉粤案之背后,有赤化关系。各地爱国运动,概为排外运动。在其意趣之中,绝不赞同用缓和之步骤。美国新马使到京后,英使曾数度以赤化等字样语马氏,故马之态度,至今尚在极不明了中云。

《顺天时报》1925 年 7 月 13 日

沪案仍向公使团交涉
1925 年 7 月 14 日

进行中之沪案交涉,外交委员会昨日(十四)上午十时开会,列席者如前。汪大燮等提出外交团内部分裂,现有多人主张,对英单独交涉,请主席交付公决。一派主张外交团如法使等皆不直英之所为,显然已有分裂,我人应乘机撇开外交团,单独向英交涉。又一派谓撇开外交团之不可能有三理由,(一)我国若为沪案单独向英交涉,彼可以事出公共租界,非英国所宜单独负责;(二)法使之发生意见,系属对外表示态度之意,今后是否脱离外交团,不得而知,即与法使表同情者,是否一致肯退出外交团,亦是问题;(三)在法使等尚无进一步表示之前,我国似应认为外交团内部之意见,仍继续向外交团交涉,我国比较可望得各国之援助,若直接对英,则万一交涉破裂无转圜之余地云云。孙主席即以继续向外交团交涉,抑对英交涉,交付表决,结果多数赞成仍向外交团交涉,如各国公使与外交团脱离关系,届时再行斟酌情形,对英交涉云。

《顺天时报》1925 年 7 月 14 日

3. 沪案司法调查及重开交涉

外交部致公使团
1925 年 8 月 1 日

为照会事:沪案开议,事前经本总长照请贵公使迅与有关系各国公使接洽,于最短时期之内,确定日期在案。迄今又逾半月,揆诸目下情状,此案公平解决之方,实有不容再缓之势。本总长尤愿力避因开议迟延所可发生之其他枝节,故对于会议之延缓,至为抱憾,不得不请贵公使对此情形加以郑重之注意,仍希贵公使将上述各节转达各关系各国公使,并请将开议日期从速见示。抑本总长又有进者,本照会送达之后,倘因此案延不解决,致生无论何种枝节,其责任当有归焉。右照会大义国驻华公使翟禄第阁下。中华民国十四年八月一日。

《中华民国史料》第 3 册,第 143—144 页

英国犹坚持沪案重查
1925 年 9 月

英馆消息,驻伦敦中国代理公使朱兆莘曾将吾国反对司法重查照会英国外交部,英外交大臣今已发出复牒中对于五卅案件人民生命财

产所受之损失,深示哀忱,并愿从速秉公办理,继又称外交团委员会无办理司法调查之能力。英国接得言过其实与两歧之报告甚多,惟英国舆论,以为公开与正当之司法重查,在中国及列国均为公允之举,因此举实行可谋得此案之真相,且可谋得相当对待之根据也云。

北京《晨报》1925 年 9 月 3 日

欧登科①致沈瑞麟

1925 年 9 月 15 日

为照会事:有关系各国政府,现已议决,五月三十日上海不幸事件之情形,应以公开司法调查,俾得确实明了一节。此为贵总长所深悉。

是以有关系政府训令驻北京代表等,邀请美、英、日本同僚,各指定一法律专家,为调查委员会委员。同僚等现欲本公使通知贵总长,有关系各国公使采取此种步骤之事,并乘此机会,将各国公使对于上述委员会职权指定书之钞本,送与贵总长一份。下端声明指派委员事宜,一俟各委员到沪,该委员团即行开会。

兹为中外利益关系,该委员团所查务期详尽完善起见,各国政府甚望该委员团中,亦应有一中国法律专家充当委员。为此,本公使代表有关系各国公使,向贵总长表示希望,愿贵国政府对于选派中国法律专家列席该委员团之事,认为适当。

抑有进者,上海公共租界之工部局,应遵守该委员团调查之结果。又该租界总巡 Mr. Even 应行停止职务,但自调查竣事之日止,不受处分。

惟望贵国政府能派一调查委员,并为公平利益及便利委员团起见,无论如何,极力促成该委员团之任务。相应照请贵总长查照。须至照会者。

欧登科

---

①　荷兰公使兼领衔公使。

附件

查本年五月卅日前后,上海发生扰乱,死伤人命,损坏财产,据同人调查所得,亟应将此案作公开之司法手续调查。因此驻京美、比、英、丹、法、义、日、和、那、葡、西班牙、瑞典各政府代表,邀请美、英、日三国代表,各派法律专家一人组织调查委员团。(此项委员团,倘中国政府指派中国法律专家一人亦可加入。)本年五月三十日,上海肇事之起源及性质,预料扰乱之原因,预防扰乱之办法,弹压扰乱之设施,以及死伤人命之实情,查明报告。该委员团为调查起见,得自订办事手续,其开会除决定内部办事手续及拟制报告之会议外,皆应公开。该委员团得按照可以适用之各国法制,传唤证人,调取文件,及实用宣誓证明。该委员团得其斟酌情形,准许于调查事件有关之个人或团体亲自或派法律代表到会,并得传唤人证,加以鞫讯。该委员会之报告,如无碍难情形,应取具全体同意。

　　　　和国公使欧登科
　　　　那威公使米赛勒
　　　　义国公使翟录第
　　　　日本公使芳泽谦吉
　　　　丹国公使高福曼
　　　　比国公使华洛思
　　　　法国公使玛德
　　　　日国①公使嘎利德
　　　　美国公使马克谟
　　　　瑞典代使雷尧武德
　　　　英国代使白乐德
　　　　葡国代使费楠德

美、英、日三国政府代表,依据上述请求,特派菲利滨大理院法官约

---

① 即西班牙。

翰生 Johnson，香港审判长柯兰 Gollan，广岛控诉院院长须贺 Suga 为该团委员。

马慕瑞

白乐德

芳泽谦吉

一千九百二十五年九月十五日

中国第二历史档案馆藏北洋政府外交部档案

欧登科致外交部

1925 年 9 月 17 日

为照会事：兹徇有关系各国驻京代表所请，奉达贵总长如下：所有本年五月三十日上海发生不幸之事，代表等前经迭次表示，现仍切盼迅速解决。职此之故，拟请贵总长指定日期，以便代表等得与贵总长开议该案。抑更有进者，关于调查委员团行将查究之各种问题，业经本使于九月十五日照会述及在案。代表等势须保留所持态度，以俟委员团公布其所调查之结果。须至照会者。

《外交公报》第 52 期

外交部致白拉瑞

1925 年 9 月 22 日

为照会事：接准九月一日照称本年五月卅日上海冲突案件司法调查事，奉本国外部来电将答复驻伦敦中国代理公使各节，转达中国政府请另为核酌等因，业经阅悉，本国驻伦敦朱代办亦已将此项复文报告本国政府。贵国政府对于沪案所致生命丧亡痛及物质损失，深抱憾痛，并愿从速伸张公道各节，中国政府甚为重视。查自沪案发生，中国政府鉴于案情严重，当于六月一日照会首席义国公使提出正式抗议，斯时上海租界官吏并未即时妥筹适当善后办法，而于公共租界内施行非常戒备，致六月一日以后数日中，复有枪击多数无辜华人情事。然除多数无辜华人经法律手续审讯外，惟未闻对于租界官吏职务上之违法及个人刑事上之责任，予以何等相当之处置，中国政府实用遗憾。至六月十二日始准首席义国公使照会称贵代理公使暨有关系各国公使决定派员赴沪调查，并就近与中国委员讨论应行采取之办法，该委员等得以解决此案之权限，亦曾由义国公使代表贵代理公使暨有关各国公使于六月十四日面陈临时执政。迨使团委员赴沪调查后，旋与中国委员开始会议，所有重要各条，业均承认商议，是使团委员至少对于解决沪案直接有关之事项，完全有权处理，毫无疑义。若谓该委员团无执行司法调查之能力，则与上述有权解决此案之初旨似有未符。又自该案移京办理后，本部于六月二十四日将中国委员在沪所提各案，照会首席义公使，请即从速开议。嗣又将各该条应行同时讨论之理由及程序，迭向美国公使商明，得相当之谅解，惟以贵国政府有重行司法调查之提议，以致迁延未能开议，则所谓初步交涉无成立之责任，实不在中国政府，至为明显。至称按照司法呈式公允调查，俾决定事实为适当之基础，诚有相当理由，惟此项手续用于现在之沪案，不特时过境迁，所有证据必已大半湮没，且沪案经过事实早经中国政府及使团委员详慎之调查，其是非曲直已有定论。乃于事情发生三阅月后，欲以司法手续重行调查，似对于上述既往之事实，毫未顾及，恐适以徒滋纠纷而已。总之，中国政府对于贵国政府欲以公允方法解决沪案，固所深望，惟所有该案事实既经使团委员公同调查，且已在沪经数次之讨论，此时惟有此项调查公布，并根据此项调查与中国委员调查者，先行开议，以期迅得公平之解决。相应照会贵代理公使查照，转达贵国政府为荷。须至照会者。

《中华民国史料》第 3 册，第 155—156 页

外交部致欧登科

1925 年 9 月 30 日

为照复事：接准贵公使九月十七日来照，业经阅悉。兹本总长确切通知贵公使，现已准备开议沪案，俾该案早得公平合理之解决。惟来照

所提保留态度一节,应行除外。倘贵公使能将有关系各国外交代表对于该案之意见示知,至为感盼。相应照复贵公使查照。须至照会者。

欧登科致外交部
1925 年 10 月 1 日

为照复事:接准贵总长九月三十日来照,业经转达有关系各国外交代表一体阅悉。各该代表对于本年五月三十日上海发生之不幸案件,现在具有诚挚解决之意,正与贵总长相同。而各该代表对于此案,自初迄今时深歉憾。

各该代表与上海公共租界行政当局,为改善情势,平静民气,恢复相互之信用及平时之状况起见,尽其能力所及业已实施者,如所有武装设备已经取消,海军(枝)〔支〕队已经回舰,义勇队已经遣归,戒备令亦已解除。又该案发生时所拘之人久已释放,所封闭或占据之学校亦早一律恢复。

至发生沪上不幸案件之责任及由此而生之结果问题,自必尚需详细研究。有关系各国外交代表愿与贵总长继续交换意见,并拟先将总巡停止职务,听候责任问题之解决。

至上海工人状况,既因事变之所由发生而视为首要者,有关系各国外交代表愿尽力设法,并以必要之训令给予各该驻沪领事,以便雇主与被雇者缔成美满之关系。同时中国政府方面,亦以类似之训令给予当地官厅。

此外,如交还会审公廨及华人加入上海公共租界董事会两问题,为该埠华人团体所首先注意者,各该外交代表并未去怀。兹本公使欣向贵总长重言声明,各该外交代表已准备与贵总长商议交还公廨问题,使此久经讨论之案,得一良好之结束。并已认真研求最易实施之办法,使上海工部局行政事宜由中外居民合作。此项研求之结果,各该外交代表当于最短期内送达贵总长查阅。

尚有华人方面希望数端,意在改善华人与公共租界行政当局之情感者,如越界筑路问题及印刷附律、加征码头捐、交易所领照等各规章,以及言论集会暨出版之自由问题。

论第一问题,虽有关系各国外交代表视为从前建筑此项道路,纯为地方公共利益起见,且办理历年已久,然该外交代表等现已准备训令驻沪领团,与当地中国官厅协商一公允满意之解决方法。

至上述各规章等问题,仅属曾有此种计划,至今并未公布,更未议决。有关系各国外交代表果当据情审核之际,自必顾及中国政府所表示之意愿,务使合于法律及公理之原则。况各该外交代表完全准备给予上海公共租界董事会关于此事必要之谕告。相应照复贵总长查照。须至照会者。

《外交公报》第 52 期

外交部致公使团

1925 年 10 月 2 日

为照会事:准九月十五日贵公使照称:有关系各国政府训令各国驻京公使,请英美日本三国公使各指定一法律专家为调查五月三十日沪案委员会委员,抄送该委员会职权指定书,并望该委员团中亦应有一中国法律专家充当委员,等因,业经阅悉。查驻京英国代理公使曾于本月一日,将英国政府对于五月三十日沪案拟行司法调查之训令照会本部,业经本国政府以此项手续用于现在之沪案,不特时过境迁,证据多已湮没,且该案经过事实,早经彼此派员查明,若此时重行司法调查,适以徒滋纠纷等语,照复英国代理公使在案。溯自五月三十日上海事件发生,经本国政府向前首席义国公使提出正式抗议,当准驻京有关系各国公使,决定派员赴沪调查,亦授以就近与中国委员讨论解决此案之权。嗣虽因使团委员谓为权限不能解决,遂至停议,然对于此案事实上之调查,并未有何异议。迨该案移京办理,曾准前首席义国公使提示本案应行讨论五项,对于本部六月二十四日照会各条,有所商榷,亦系关于本案之讨论范围。嗣闻英国政府提议,欲以司法手续重行调查,并准英国代理公使提及此事。本国政府当以沪案事实业经使团委员公同调查,且与中国委员在沪经数次之讨论,无庸重行调查,致费日时各节,电令本国驻英代办公使转达英国政府,本总长亦迭向驻京有关系各国公使表示上述意旨。现在有关系各国政府于此事发生三阅月后,仍决定以司法手续派员调查见告,本国政府对于此事,仍未变更向来所持之态度。相应照复贵公使查照,并转达驻京有关系各国公使为荷。须至照会者。

《中华民国史料》第 3 册,第 156—157 页

外交部致欧登科

1925 年 10 日 2 日

为照复事:本月一日接准贵公使来照,转达有关系各国外交代表对于不幸沪案之意见,业经阅悉。本总长对于是项意见,可表赞同,并愿继续讨论其余各问题,即责任暨由此而生之结果问题,上海会审公廨交还问题,上海公共租界董事会内加入华董问题,务使在最短期内得一良好之结束,并准备将上项各问题之提案送达贵公使查阅。相应照复贵公使查照。须至照会者。

《外交公报》第 52 期

欧登科致外交部

1925 年 10 月 8 日

为照会事:十月一日本公使曾经函告贵总长,有关系各外交代表,拟从速将其对于上海公共租界工部局加入华董问题之建议,提交贵总长在案。兹经详细考量之后,拟就下开意见托本公使代达焉。

查外国居留地,即现时之公共租界,原系中国政府划出为无自由随地居住权之外人居住之所。但鉴于大多数华人利用界内之一切状况,有关系各国外交代表以为,应酌准华人参加界内之市政行政。因此提

议以中国政府之同意,现将地亩章程第十条加以修改,俾工部局董事会得加入华董数人。有关系各外交代表以为实施此项建议之最满意办法,莫如由中国政府指定地方团体,推举候选人,再由交涉员就候选人名单中挑选派充,以均平论。有关系各外交代表,以为应将此同样之合作原则,推行于管理闸北之董事会。又为上海商务之发展起见,有关系各外交代表以为,此时讨论沿黄浦两岸划出新区域,由中外合组之董事会管理之,并以上述之各董事会之代表组成一顾问机关(将来华界与法界代表亦可加入),处理各区之共同问题等事,甚为有利。如此议能行,便可安下凡有关系者之中外人民实行有益合作之基础,发展上海全埠与日俱增所需要之商务与航业。关于此点,有关系各外交代表尤特愿望注重进行扩大及改良上海港口之计划。凡有关系者,均应有密切之合作。有关系各外交代表切望上述各建议,既经审慎研究,可作准备与贵总长开始讨论之满意基础也。为此照会。须至照会者。

中国第二历史档案馆藏北洋政府外交部档案

英美日三国委员关于沪案的司法调查报告

1925年12月20日

1. 美委员约翰孙之报告

(A)暴动之由来及其性质。

(第一)暴动由来

(甲)其原因实本多年之历史:

(1)会审公廨之现在地位。(2)上海华人对于沪市之统治既未能参加,亦无代表。(3)无论外国人被控或控华人之民刑诉讼案,就实际而论,外人实为审判者。(4)治外法权。(5)丧失境土之主权。(6)未经中政府之允准,擅行越界筑路。(7)展长上海市治,擅入华界,即马路所达之地。(8)变更条约。(9)中外人因其间重要问题不克解决,其心理的态度与此案之关系。(10)在华境侵夺立法、司法、行政、警察权。

（乙）其最近及其接近之原因：

（1）日纱厂击毙华工。（2）该击毙华工之日人未与以应得之惩罚。（3）华人击杀日人。（4）暴动源于各纱厂之罢工，此种罢工几每日均有。（5）由于工会人员之煽惑。（6）由于带有过激倾向者之鼓动。（7）由于工部局董事会提议采用惩罚附律。（8）由于董事会提议交易及证券注册批准。（9）由于董事提议印刷附律。（10）提议限制童工。（11）公众报纸反对所提议之各项附律，其理由为：（一）超越所有权之外。（二）不必要。（三）引起纷扰。（四）原则上不合法。（五）形式上错误。（六）现行法律颇称适宜。（12）纱厂劳工之工资应改多次付给，且用不同之货币。（13）五卅死伤之人未付给赔偿金。（14）仍行越界筑路，继续不已。（15）拒绝解雇击毙工人之日本职员之要求。（16）巡捕解散中国学生等所举行之各种会议。（17）日本领事代表对于待遇华工一节未能向中政府道歉。（18）工部局董事会对其人员之横暴举动未向华方道歉。（19）未能禁绝赌博及其他普通不法行为，包括买卖鸦片烟等。（20）其他，一九二四年十二月九日，至本年五卅案所受各种之痛苦，散见于巡捕局每日呈报于董事会之案卷中者。（21）于此等案卷之中屡次发（生）〔现〕工人、学生与日厂主所迭次发生之风潮。（22）要求解雇外人、印度巡捕。（23）共产党政府所收买之外国过激党密使破坏良好之统治，此种密使之惟一目的并非协助华人，彼煽动排外情感，但对自己又除外。（24）由于外人不了解（军）〔华〕人，近十年来华人对于公民常识颇有进步，并对于政治原则及个人权利均有较明了之理解，若与一百年前相比，大相悬殊。以上所缕数之原因，并非表示其赞否之意见，不过陈述五卅案时华人脑筋所抱之观念而已。

（第二）暴动之性质

吾人所得自当时在场巡捕之证言颇为一致，按之该辈判断于开枪前之刹那间，决不相信所谓暴动分子有意危害个人或财产之意向。

1. 群众未被巡捕轰击前之实在情形

于未开火之一时半，有四五名学生被捕，并锁于老闸巡捕房，后有约十八名学生相随,应该辈之要求,亦一并锁入捕房,并据巡捕证明后来又有学生被捕。后随学生二十余人,并无破坏法律之任何表示,但亦一并拘入捕房,在会审公廨群皆被指有犯暴动罪过。嗣又有学生被捕,拘至老闸捕房,后面相随有七十名至百名学生,及非学生相随之人,即进入拘留室,当即发生喧哗,嗣被强迫,或竟斗武驱出至南京路。

2. 群众被枪击情形

各证人之意见皆一致,咸谓初时群众既无危害个人或财产之意,并促使骚动之意。关于枪击实在原因之证明,因报告不同,有谓绝无枪击原因或理由之存在,以至爱伏生之宣称,谓设不枪击群众,恐老闸捕房早被破坏。声言无枪击理由者多,以慈善为怀,不忍见流血,不免稍带偏见,而认枪击为要以保护生命财产者,并无偏见,其行系基于善意。

3. 枪击似有免却之可能

鄙人读阅证据数次之后,实信于下午三时十五分之前骚动,地方如有更多巡捕,枪杀一节似可免却,且并相信于下午三时半因无大批巡捕,枪杀之免除竟至不可能。

4. 群众意向究因何发生

予实相信群众气态之改变约由于下列各项理由:

(一)暴动发生之原因:

(1)华人及外人间所指之痛苦。

(2)由于七十人混杂一起,并由拘留所被外捕强迫驱至街上。

(3)由于警察数之不敷。

(二)预料将发生暴乱之理由:

(1)上午十一时三十五分,纪文斯氏曾报告总巡捕房,电簿第一页曾有该项电话消息报告。

(2)纪氏于下午十二时十五分,复用电话报告各捕房。

(3)下午一时五十五分,爱伏生接魏尔加斯军弁报告,谓自中国弁卒接得报告,谓学生正在南京路及劳合路角开会。

(4)下午二时四十分,老闸捕局用电话报告总巡捕房,曰中国学生在老闸区域游行,携有排日词句旗帜,并作排日演说,已有五十人被捕。

(5)下午三点三十四分,老闸巡捕房向总巡捕房又致一报告,内称吾辈在南京路开枪射击暴徒云云。

(6)下午三点四十三分,得老闸巡捕房之报告,内称吾辈在南京路开枪射击学生云云。

(7)下午三点五十五分,接得马丁大尉之报告,嘱即传布,内称所有人民均关闭云云。

(8)下午四点,接得总巡之报告,内称下动员令并宣示之云云。

(9)代理总巡等由十二月九日起,至五月二十九日止,每日之报告即知上海附近骚动之情形,且细阅劳工学生过激派之活动及老闸附近南京路开枪击人之日记,则知此项同样情形云云。

(三)防止骚动之办法:

(1)巡官总捕头实际上正复相同。

(2)该项巡官巡捕由五月三十日至十二月九日继续服务。

(3)未曾增添巡捕,五月三十日亦未将全体服务之巡捕悉数调出。

(4)观记事录,则知五月三十日下午两点十五分以前并无特别防范,以阻骚动。总巡发出通告后两小时,方有防止办法,下午三点二十五分,老闸巡捕〔房〕外只有外人六名左右及印度兵、华人数名,确数未详云。

(四)五月三十日抵制骚动之手续,除摇警钟外,尚未采取其他任何办法,以增加巡捕以便服务云。

(五)毙命及受伤情形,据余意以观五月三十日在老闸附近毙命与受伤情形,已于上述骚动情形一节内详言,可参阅之。

结论:

(1)关于此次骚动之本性及特质,余曾列举于前,即(一)骚动之远因及近因是也。

(2)余因考虑(一)该巡捕房由一九二四年十二月九日至一九二五年五月三十日,每日向工部局所供给之消息汇集,及(二)上海市曩者骚动之活跃历史,余曾被人完全说明,即此间负有维持治安责任之人,实有预知此种骚动之理由之存在。

(3)事前不留神,事后救济迟。

(4)在吾人考较证据之过程中,吾人曾述及制止五月三十日之骚动所采取之各种手段,此种手段吾人信为的确。

(5)吾人相信上述骚动情形一节内之事实,述及五月三十日二十九人毙命与受伤情形甚为完备云。

(6)余对各方与五月三十日之骚动有关,并愿意承受本委员会此次之调查者实为注意。

(7)工局所行使之职权,以未有确切之界线,故对于市政事务之执行发生障碍。

(8)某部分之外捕于处置街道之群众暨拘捕该群众中之分子时实未充分顾虑人道。

(9)关于会审公廨之状态与性质,当局者须尽其力之所能及将此种谈判迅速结束。

(10)关于华人加入上海市之实际政府问题,在条约所许可之范围内须相互讨论并解决。

(11)关于治外法权问题,须迅速并无停留地相互讨论并解决。

(12)关于上海市之地界问题,华人方面曾表示种种不满,谓有损中国之领土及主权,当局者不应忽视。

(13)关于华人方面,对于自私自利之外交官或不诚实之外交官所缔结之问题,此为另一问题,该项问题所有中国各友邦均须郑重考虑,相互讨论并公正解决。

(14)旅华外人对于该辈自己输入外国并充满中国全土之自由与独立原则未曾重视。

(15)中国人民业已开始采取一种新文化。

(16)捕头爱伏生最初充分相信群众确未聚集以暴动为目的,该氏因当时正执行各种义务,致未充分认识群众之感情变化如此迅速,同时该氏即依照动员训令行动,该氏认为个人须负种种责任。

(17)总巡麦克杨关于一九二四年十二月九日至一九二五年五月三十日早上,上海市之继续状态暨学生及其他人士等正预备散布排日传单暨为排日演说之事实,虽有充分知识,但该氏于五月三十日下午十二点十五分即离上海他出,并未将此事实通知该氏代表,而该氏虽完全并充分了解此种激烈状态,但该氏则在上海市外继续停留三点钟,并且该氏归时尚不召唤该氏隶属人员征询现存之事实,而直接回至跑马场。据余意见,该氏既熟悉当时情形,实无理由离开该氏在义务上之职分,并在上海市外停留三小时左右之期限,故余对于该氏当日擅离自己职务,复不通知其代理人,实不能求其所根据之理由,倘当一九二五年五月三十日下午三点十五分该氏若在当前,并在老闸巡捕房亲自指挥巡捕,或能救出许多无辜之生命。

2. 英委员高兰之报告

(甲)骚动之原因与性质:

余意以为关于沪案,须观察是日发生案件以外之事实,事前之激动原因及扰乱华人之心理,致使骚动实现之原因,均须加以区别。工部局董事长费兴登对于华人趋走极端之心理,殊为诧异,惟称事前已悉华人心目中存在某某情形与原因,其趋向似欲发生不满情事与排外之感情,如左列之事项:

(一)中国不靖情形及人民因国内战争所受之痛苦。

(二)华人在工部局董事会中无代表权。

(三)收回会审公廨问题。

(四)工部局董事会在万国租界外建筑之道路管理事宜。

(五)取消治外法权与废除不平等条约问题。

克兰音提出证据时,称五月三十日有某学生在南京路给以传单,反对某种条例,拟在本年六月二日所举行之纳税人会议。兹披露者有左列三事:(1)印刷条例。(2)征收码头捐问题。(3)工厂之童工问题。除此种私人方面与报纸上所谈论原因外,又据费兴登、梯史德尔、麦克扬及稽查吉文斯等所予之证据,谓过激派曾经煽动劳工界心理中之恶感,又上海大学学生与教员关于此事为特别活动云云。去年十二月间,日人办理之某工厂即发生罢工风潮,感情极为恶劣,财产大受损失,日人受伤者数名,且有一名因伤殒命。租界内工厂之风潮,遂至引起五月十五日之事变,当时警察等向罢工工人开枪射击,致伤数人,有顾正红者于五月十七日因伤毙命。五月三十日早,老闸区内尚未发生意外事项,该地由彼时迄今,由捕头爱伏生及服务工部局有经验之官吏一名管理,五月三十日爱捕头指挥之巡捕共有三百十七名,二十五名为外人,六十五名印兵,二百二十七名华人,每日服务者约居此数三分之一,余三分之二巡捕,除奉特别命令外,均可自由消遣。五月三十午后一点五十五分时,有二百五十四号之华人弁目向爱捕头报告骚动情形,谓劳合路与南京路之一隅有举行会议之事,预会人拒绝散会之命令,爱捕头探悉预会人之演说系属反对日人之论调,旗帜上亦系大书反日与排外等字样,当与其他巡捕当场拿获学生四名,押至老闸巡捕房,随后又捕学生十八名,爱氏据一己之观察及所得报告,深悉南京路一带演说集会之事仍系继续进行,遂摇警钟,外捕五名,印兵十六名,华捕十二名闻声而至,从事援助。爱氏遂即下令悉数前往南京路,从事巡游,爱氏以为集会人数虽多,但公共治安当不受任何危险,总巡赶至跑马厂与爱氏通电。下午三点十五分,双方通电,爱氏当即告知总巡云,彼与学生发生冲突,已将多数学生拘禁,五十名在拘留所内,究应如何处置,请示办法。总巡先告爱氏,劝告学生予以释放,但嗣后因探悉学生有击巡捕之事,遂即训令拘留肇事学生,余则放去。总巡复又询及爱氏以老闸区域情形,且问爱氏之巡捕额数是否敷用,爱氏答称足敷应用云云,此为下午三点三十分事。是时爱氏既已探悉南京路情形,并悉当时局面极为紧张,遂派弁目巴堡氏前往体育场告知马丁大尉,请求立即前来,巡捕等所出之证据,咸称集会群众徐徐而动,返至与市政道口相近之某地方,该厅在老闸巡捕房入口处东三百呎,彼时群众又与沿南京路西行之人群沿边路而行之群众相遇。据力劝群众返回之巡捕云,彼等起初之为此事并无若何困难，群众亦未震怒，迨群众达至市政厅时，人数约为四百人，嗣后即速增加，竟至两千左右，此时群众止步，巡捕亦无再行制止前进之能力，群众遂向巡捕冲突，副捕舍尔索尔深悉时势已趋危险，立即饬令巡捕将木棒露出，一面退后。老闸巡捕房道口以西及云南路均有群众进入南京路，与巡捕房入口处相对之地方，当群众大队距此入口处二三十码时，爱捕头声称立即下令，动员武装之巡捕立即出现于群众之前，又称未下令开枪射击前，彼向群众前进五码，手执手枪，且用英语呼喊停止进行，否则余将射击，且用华语曰停住，不然我要杀死。当时群众并未停止，爱捕头返至武装之巡捕前，下令射击，惟因群众喧哗，所下之令似未闻悉，爱氏遂将某印兵之来福枪夺去，首先开枪，其余巡捕一齐开枪，群众仍未退却，又放第二排枪，群众遂散。起初南京路及附近各地之群众似为学生及普通看热闹之人所组而成，但拘留所拘留之人多为更粗暴之分子，爱捕头对于此事所持之态度极为镇静，并未有所激动，此为证人所知。余将证人所提出之证据详加调查，深悉巡捕所出之证据实为正确，爱氏称如不开枪射击群众，则巡捕即有毙命之虞，且群众必至进入老闸捕房，该处之军火极多，势必发生重大情事。盖一九〇五年十二月，曾有暴徒一队占领并毁坏老闸〔捕〕房，因未有武装之巡捕一队尽力与之相抗故也。余所诧异者，即为华人心理迅速发生变化一事，某次有学生一队由拘留所驱出时，竟与彼等联络之群众又被少数巡捕引诱返回，群众心理重要之观念似在谋已被拘留之学生之释放，此种较少之群众又被较多之群众阻挠，此时适有学生一名由老闸捕房方面而来，向群众推回捕房，东路行动业被阻止，一部分子大为震动，此时传至其余之群众，该群众遂向巡捕加以攻击，嗣后又攻击看守老闸捕房道路之巡捕。约翰孙少校之证据述及华人暴动分子之心理，谓该分子如颠似□，无法制止云云。

（乙）骚动前之预料的理由

五月三十日前，上海之华人社会中某某分子即有仇视外人强烈之感想，纱厂中时有罢工之举，巡捕时时采取强硬制止办法，致罢工之工人有受伤之事，且有一名因伤毙命。

五月三十日十二点十五分，总巡接得之报告并未述及地点，五月三十日以前学生所采取之行动并未引起重大关系。一九一九年五月所发生之案件，学生亦拟照五月三十日行动进行，并无骚动发生。据上述情形观之，余意以为五月三十日租界负责之当道心理中并无预料有意外发生若何之理由。

（丙）预防骚动之方法

五月三十日，工部局并未接得任何之报告，指定是日在某地发生骚动情事，所得之消息并未提及某时某地可以发生骚动，是以五月三十日发生之事项事前并无任何消息。

（丁）制止骚动之方法

制止骚动之实在方法已在前章述及之矣。

（戊）受伤殒命之情形，此事已由其他调查委员说明，无庸余之赘述。

3. 日委员须贺喜三郎之报告

（甲）骚动之由来及其性质：

有证人数名，以为中国某部分人颇怀激烈排外情感，据证据之指示，此种情感皆因中国未能如外国享有同样权利，且因不平等条约之结果，中国对于不正当之痛苦例须忍受。二月间及五月间上海租借地内外之日本纱厂，华工半因排外情感之故，曾发生罢工风潮，五月间罢工骚动时，工部局巡捕逮捕暴动者多名，华工一名曾因伤致死。五月末工人学生迭次开会，对罢工工人表示同情，抗议被害之华工，并力谋释放其他就逮之人，于租界内进行猛烈宣传反对日人及其他外人，结果因巡捕压制，此种行为将群众常态转为疯狂状态。

（乙）所认为将发生骚动之理由：

根据上项情形，以颇有几分骚动之可能，且彼时学生此类之狂烈活动数见不鲜，但二月间并无严重骚动，即五月间亦无特变化，足证五卅事变猝然发生，其性质颇非意料所及者。

（丙）彼时或可采取之预防办法：

骚动既非意料所及,则责备关系当局预筹阻止办法实属非理云。

（丁）所采用之禁阻办法：

捕头爱伏孙鉴于巡捕势将不支,巡捕房储有军火军械将落于暴徒之手,情形刻不容缓,既无其他办法,爱氏遂训令开枪。

（戊）受伤人数：

处此情形下,有丧命者,有受伤者,枪击结果十二人毙命,所可知之受伤者为十七人。

结论：

按之五卅惨案当时之情形及骚动之猝发,鄙人以为总巡麦克思、马丁上尉以及工部局其他人员之未能事前预料及此,实不能负若何责任。根据同一理由,捕头爱伏孙于开火前二十分钟拒绝总巡提议加派巡捕一节,不应稍受责罚,且鄙人据巡捕当局之报告,以为该辈于此情形下已采取适当预防办法,职是之故,巡捕当局绝不能指为犯有玩忽职务之罪云。爱伏生之开枪训令实属正常,且欲保护老闸捕房,及免却生命财产上之严重危险,爱氏之开火训令实为必要。此外工部局董事会董事长范士丹氏于五月三十日并无执行职权,故范氏应以董事长资格负该案责任一节不能成立云。

《中日关系史料——排日问题》,第597—606页

费信惇①致许沅

1925 年 12 月 23 日

工部局现接五卅事件调查委员会判决书大纲,有一事奉告左右。各委员之判决书,多数(注意多数两字的意义)不归咎于捕房,然老闸捕房总巡麦高云,捕头爱活生业已辞工部局职务。工部局为谋此案早日解决计,因亦决定加以核准。惟对于该两职员已往之劳绩,表示感忱

---

① 上海公共租界工部局总董。

而已。工部局并欲对于五卅遭难者更表示惋惜之意,谨奉七万五千元支票一纸,烦转递中国交涉员,俾得散给各被难家属,以作抚恤之费。

附注

政府方面自得许沅报告后,即于十二月二十九日指令将该款即日退回。工部局初不接受,直至次年(一九二六年)一月五日,该局始接回暂存。

一九二六年一月以后,全国日报上已不见再存有五卅事件的记载了。仅上海学界于三月十六日曾一度联合南洋大学等十二校致函总商会商榷办法,总商会始于三月二十日电北京外交部,催促与使团外涉结束。当时适值"三一八"惨案发生,国民对段政府感情日恶,因此政府也置之不理。直至四月二十八日使团荷领使通知外部,谓英、美、法、日、意五国于公廨案已商定办法,请定期开议。至八月三十一日始签定收回协定,这总算是十三条件中得达正式谈判的惟一事件,但其他各条,都成为"悬案"而长期停顿了。

《五卅外交史》,第70—72页

4. 北京政府关于五卅事件调查处理的内部文电

执政府秘书厅公函
1925 年 6 月 2 日

临时执政府秘书厅公函　第一千一百四十七号

径启者:奉执政发下外交部抄送上海陈交涉员卅日电开:(目)〔日〕前文治、上海两大学学生为工人顾正红募捐追悼,被捕六名,今晨甫释。下午二时余,又有南洋、法政、同济、复旦、上海等大学学生,因工人受伤、学生被捕两事,在公共租界散布打倒帝国主义传单,被捕四十余名,人数愈聚愈多,捕房开枪击毙五名伤八名。特派员已亲与领袖领事、总巡交涉,允先酌释若干名,详情续陈。又三十一日电开:顷查明昨日老闸捕房,因学生散布传单,游行演说,不服干涉,并环集捕房门首,饬捕开枪,登时毙命者四名。又赴医院查明,受伤学生六名,已死二名,路人十七名,已死三名。被捕者已释三十名。本日下午,又有学生等在南京路散布罢工、罢市传单,被捕房拘去数人。除继续严重交涉,并会商道尹、警厅长设法制止暴动外,谨先电陈。又同日电开:今日下午三时总商会开会,有工、商、学生千余人前往要求方副会长签字,于明晨一律罢工、罢市,除会同道尹、警厅设法消弭外,谨陈。各等语。

现奉执政令:派税务处督办蔡廷幹、外交次长曾宗鉴前赴上海查办。此令。等因。除分函外交、教育部外,相应函达贵部查照可也。此致
内务部
中华民国十四年六月二日

外交部致各督办等

1925 年 6 月 4 日

天津东北边防督办、张家口西北边防督办、南京卢宣抚使,各省督办、省长,承德府都统、张家口都统、归化厅都统:五月三十日,上海各校学生因日本纱厂华工受伤事,在公共租界游行讲演,捕所以武力干涉,捕去学生多名,并开枪击毙学生及路人共二十余人。一日即由本部向使团提出严重抗议,并声明保留,俟查明详情,再提相当要求。请其电沪领事团将被捕之人,全行释放,就地与华官妥商办理。执政特派蔡督办廷幹、曾次长宗鉴克日赴沪调查,并由本部分电驻外各使,切商各国政府,电令驻华各使容纳中政府之请,期得公平解决。乃续据沪电,本月一日,学生、工人在租界游行,捕房复开枪击毙三人,伤十八人,所有伤毙之人,枪弹多从背入,巡捕无一死伤,显系任意枪击,蔑视人道。本日再向使团提出第二次抗议,促其迅电沪领停止枪击,以免再肇惨祸。特将办理此案情形,电达查照,希宣布。部致使团照会抄寄。外交部。支。印。

外交部致滇特派交涉员

1925 年 6 月 15 日

滇特派交涉员：义〔英〕使沪案面谒执政称：使团已训令赴沪委员授予就地与中国委员讨论解决之权，并决定不令沪领团加入，等语。一面饬知外侨静候办理，俾得从速了结，等语。查此项办法的系迅速解决沪案起见，我国亦应迅派妥员，就地会商办理。本日奉派蔡督办廷干、郑省长谦、曾次长宗鉴、虞会办和德与使团所派委员，案据事实克日开议，并派许特派员沅随同办理。等因。特电达查照。外交部。咸。印。

中国第二历史档案馆藏外交部驻云南特派交涉员公署档案

京师警察厅密报

1925 年 6 月

（1）六月十五日密报

据密报：沪案改由使团派委会同领团与中政府派委之专员在沪直接交涉，四项先决问题，已允三件。惟恢复各校，英领尚在争持。所提十三条，已有容纳八条之意。汉案已电呈。九江现又出事，未伤人，台湾银行被焚。张学良到沪无甚举动，现对各方表示负保卫地方责任，静待交涉。据尚慕姜报告：海军练习舰队司令李景曦，近与吴佩孚驻沪办事人员凌锐往来甚密。环龙路四十四号国民党本部昨开紧急会议，预备通告各支部，谓此次广州胜利，系藉俄人暗助，并不赞成。决宣布该党共产派罪状。○。删。六月十六日。

（2）六月十六日密报

据密报：沪案交涉稍有头绪，使团派委及沪领团已组织仲裁机关，负责办理，所提十三条有容纳多数之希望。本定昨午正式会议，以便公决，嗣以未接奉使团复电，故稍缓期。租界确已解严，所架枪炮均撤去，亦陆续登舰。至罢工罢市仍极坚持。汉口事无扩大之虞。华人治安，由鄂督派兵保护，租界由外兵保护。惟一码头及大智门并外交界之交通，尚未恢复。至该案之交涉，由两当局另案办理。刻下各执一是，正在争持之中。○。铣。六月十七日。

(3)六月十七日密报

据密报:昨午后二时,各国委员在沪西新交涉署与中政府委派各专员开正式会议。对于十三条一至五完全容纳,余在商议中。七、八两条,认为劳资间纠纷无干涉必要。六条收回会审公廨。十条制止越界筑路,认为外交上另一交涉,不在本案范围。我方极力辩论,一致坚持,嗣磋商至七时许仍无结果,定今午后继续讨论。前晚中英交界大西路有英人麦根齐被暗杀,英领昨向议席间提抗议。此次罢市各方所受损失,法界要求英领赔偿百万。太古、怡和两公司,因此次罢工,货物无人搬取致遭霉烂,损失甚巨,对伊当局均抱不满。招商虽未停工,颇受间接损失。日人方面谓:沪案发生,日货均受抵制,该项损失亦要赔偿。汉案死日人一,受伤日人现向英领抗议,并责以保护不力。○。筱。六月十八日到。

(4)六月十九日密报

据报:○密。沪案交涉,昨仍进行,嗣为条件争执,乃致停顿。在外委方面谓自六条后各条件无权办理,中委逐条辩论,据理坚持,至无结果而散。六委员已于昨晚返京,行色匆匆,表示谢绝。张学良并派教导团五十人,随车护送。外委既去,人心惶惶,谣言遂因之而起。昨夜沪西一带,尤趋严重。○。皓。六月十九日到。

中国第二历史档案馆藏临时执政府档案

沈瑞麟致临时执政
1925 年 8 月 24 日

呈为上海日本纱厂工潮一案,现经特派员与日本总领事双方签订条件,谨将本案办结情形呈报鉴核事。窃查此次沪案发生之后,工人激于义愤,先后罢工者不下数十万人,为图早日回复原状起见,自不能不迅行交涉磋议结束。除关于工部局等案情节重大,应由本部会同特派各大员向使团交涉解决外,其日商纱厂风潮一案,业由特派江苏交涉员商承江苏省长并会同当地官商议定条件，向日领交涉在案。兹准江苏省长真日代电称，日本纱厂风潮一案，据上海许交涉员阳电称，此案经与日本矢田领事继续议商，为最后之谈判。事前曾与虞会长、张道尹及工商学联合会代表等讨论妥协，逐条注明修正意见，藉作根据，始往与矢田交涉，历四时之久，结果幸尚就范。计议结条件六条，附则一项，又正式条件外三项。同日，又据该交涉员会同邢司令、张道尹、常厅长等阳电称，日本纱厂风潮案议结条件六条如下：一，工厂俟治安维持确定后，得承认遵照中国政府颁布工会条例所组织之工会有代表工人之权；二，罢工期内之工资不便发给，惟对于良善工人因长期失职所受困苦，各厂表示怜惜同情，当予以相当之帮助；三，各人之工资除依照技术之程度当然予以增加外，其余应斟酌工人生活情形，与中国纱厂协议办理；四，工资向以大洋计算，惟其零数照习惯以小洋交付，以后将零数滚入下期，一律付以大洋，赏金登记工折者亦付大洋；五，工厂日人平日入厂当然不带武器；六，工厂无故不得开除工人，并留意优待工人。附则一项如下：各厂自有电机者，一律先行开工，其余复工须在工部局送电开始以后。又正式条件外三项如下：一，内外棉纱厂抚恤伤亡洋壹万圆，由日本总领事署送交江苏交涉公署收转，交由上海总商会支配给发；一，内外棉纱厂职员元木等二人由该厂自动撤换，将办理情形禀由矢田总领事转函特派交涉员备查；一，罢工期内各厂应给工人补助金，其总数约洋拾万元左右，至如何支配发给，手续另商。上述条件应否就此了结之处，伏候核定电示，以便即日签订。再，日厂方面深虑复工以后或再有煽惑迫胁罢工情事，希望戒严司令部出示严重取缔，诚恐不久又生纷扰，致条件难以履行。士廉对于强弹罢工及阻挠上工曾经布告严禁，此次日厂上工自当重申禁令，切实防护，以维秩序而保治安。谨代附陈，各等情，除电复阳电均悉，此次议结条件六条、附则一项，又条件外三项，事前既经各方讨论妥协，事后又无发生异议，自应就此了结，希即查照，妥为签订，至复工后恐有煽惑迫胁罢工情事，拟由司令部重申禁令，以资防护，办法甚是，并希照办等语译发外，敬希查照备案，并

乞代呈,等因。并据特派江苏交涉员电同前情,所有上海日本纱厂工潮一案办结情形,理合备文呈报鉴核。谨呈

临时执政

外交总长沈瑞麟

临时执政指令

1925 年 8 月 28 日

临时执政指令　第一千二百六十二号

令外交总长沈瑞麟

呈报上海日本纱厂工潮一案,先经特派员与日本总领事双方签订条件,谨将本案办结情形请鉴核由,呈悉。此令。

中华民国十四年八月二十八日

外交部函件

1925 年 10 月 13 日

径启者:自沪案移京办理,迭经本部催请有关系各国开议,始则开示议程,久未商定。继复因英政府提议以司法手续重行调查,迭经驳拒,迁延至上月十七日始准。首席和使来照,请指订开议日期,一面保留调查。当经本部照复,允为开议。惟所提保留一节,应行除外,即明示以重行调查之不能承认。惟请其将有关系各国公使对于沪案意见示知。在此时间复向和使严重商催,必须允照前开条件,迅速开议。嗣准十月一日和使来照答复,本部于二日照复。各在案。查和使此项来照,转达有关系各国公使对于沪案解决条件之意见,系属允即开议之发端,照内所开:如非常戒备及被拘之人,以及查封占据之各学校,业经按照本部六月二十四日照会所提各条办理,固无庸再为商议。其余或与本部讨论,或拟由地方商办,仍须逐条开议,并非就此作为解决。现在部

中已准备将关于责任问题,如惩凶、赔偿各条,以及收回上海会审公堂,改组工部局各问题拟就提案,以便提出讨论,除开议情形再行续闻外,特将此案经过情形函达,并钞寄来往照会全文,即希查照并转示地方公私团体为盼。此致

特派云南交涉员

中华民国十四年十月十三日

中国第二历史档案馆藏外交部驻云南特派交涉员公署档案

虞洽卿向段祺瑞汇报沪上情况

1925 年 6 月

因沪上惨杀案南下之虞和德,自冬日抵沪,以迄昨日,连日有电报告段暨外沈。(中略)兹特于其致段及外沈之原电中,摘录可以发表者,分志如下:

三日惨死十七　昨晚到沪,急电约各界妥筹,并劝守秩序。自扰事以来三日中,三次惨死十七人,伤者百余人,群情加愤,银钱业今日亦罢市,商会虽竭力劝解,恐亦无效,非速严重交涉,急待解决不可。外人所传今日击毙日人三名,容调查奉报。和德。江(三日)。

工部局请调停　前电谅达,击死日人,无其事。工部局今日始邀商会调停。已征各界意见商酌条件,约星期五六会同交涉员提出后,再行奉闻。外部抗议义使之公文,各界满意感谢,和德。江(三日)。

英法日之态度　英领偏袒捕房,谓为治安计,不承认巡捕房开枪为错,法领事态度尚好,愿出任调停,法租界各铺今日(四日)尚照常营业。英租界全体罢市,且已牵动英商。日本方面虽有牵涉,日领与和德双方开议,不至意外。和德。支(四日)。

法日美主和平　法界今(五日)晨亦有局部罢市,和德会同法领劝导,准明日(六日)照常开市。各界要求条件,已拟妥,专候蔡曾两氏到沪商妥提出交涉。法日美三领,均允援助,而英领偏护,亦较昨前缓和,工部局总董及英商会长,由德私人接洽,亦有谅解。特闻。和德。微

（五日）。

执政府军务厅抄送新闻
1925 年 6 月 10 日

北京发上海新闻电　　六月十日

伦敦电:佳日英下议院开会,英议员提案,向英外相质问:一、上海捕房开枪击死中国学生,是否依据中国法律,抑或用英国法律,事前先发警告。二、被击华人是否携带武器。被捕学生是否全部开释。将来查明开枪违法负责者,如何处分。三、中国罢工蔓延,商务受何损失。沪案原因是否由工界而起。英国何以被卷入漩涡。四、沪案闻有苏俄煽动,是否得有确实证据,请一一答复。该质问案,已列入议程。

附:英外次在下议院关于沪事之答问

伦敦六月九日路透电:外交副大臣马克尼氏,今日在下院答复劳工议员劳润斯垂富林氏质问词云:关于此次上海风潮,该地外侨行政当局,系因生命及财产趋于紧急危险,故未待报告各该外国政府及听候命令,即施用必须恢复法律与秩序之手段。该氏对于攻击扰乱秩序之人,实深抱憾。该扰乱秩序之人,系受引入歧途学生之指挥。但英国驻沪总领事,推定美、法、义、日各行政当局,必已均表同情。据驻沪英领事报告云:巡捕实忍无可忍,后即决定除开枪防御外,并无他法。英政府深悉中国政府极愿意与有关系之各国,对于此次悲惨之事项,极愿合作,俾可达到圆满与公平之结果。该氏又云:英政府必须极力予以英国驻沪行政长官之援助,使其恢复公共租界之法律与秩序。该氏声明对于中国人民,极表同情。并对于此次谬误之风潮,以致有伤生命,良深愧惜。至于英政府对华政策一层,英国对于中国历代文化,莫不钦佩。中国人之高尚思想,亦表同情。且欧战时,中国加入战团,可见中英两国,原有永久之协合坚定。因此激动吾辈观望中国,必须达到一种平稳及幸福之地位。英国政府承认俟有机会时,该政府必与各国合作,襄理实行征求会议计划,援助中国达到此项目的之义务。该氏答复垂氏质问上海肇事之原因云:双方尚在纷争中,确情尚未明了,但英政府历来在中国对华政策,系用其权势,改善工人待遇。反对党领袖马克岛恩氏质问云:英政府是否追查此次肇事之原由。马氏答复云:刻下正在彻底根究该项全案。该氏对于此次上海纱厂为风潮之唯一原因,坚不承认。该氏又声明彼之意见云:纱厂仅系此次肇事多数混乱原因之一部分云。

中国第二历史档案馆藏临时执政府档案

北京学生联合会致段祺瑞

1925 年 7 月 27 日

芝泉先生钧鉴:敬肃者,五卅后,国祸愈急,起而救亡,且恨其缓。矧同一国人,一方则奔走呼号,死生置之度外,而一方乃藉武器之暴力,肆意蹂躏。此种怪诞之现象,竟发生于五卅惨案肇事地之上海。而压迫群众爱国运动,封闭工商学联及海员各团体机关者,即今日张作霖之部下、上海戒严总司令邢士廉。敝会闻耗之余,倍加悲愤。夫在此英日人蛮横强硬,一步不让,而我外交胜败毫不可定之时,国人救国以为外交后盾尚忧力薄,而一般年耗国人金钱巨万之各地长官及军人正宜效死努力,为国捐躯,乃事有出人意外,胆敢犯天下人之大不韪,是种兽行,岂国人痛恨而已哉,即仇人友邦,亦即嘲笑而不我齿矣。先生明达,观于此能不有动于中?敝会于愤极之余,不揣冒昧,谨为先生约者七项,幸望垂察允行:(一)恢复上海被封各团体机关;(二)惩办邢士廉;(三)惩办媚外军阀;(四)取消上海戒严司令机关;(五)通令各地军政长官不应压群众运动及封闭任何民众团体机关;(六)由政府每星期接济各地罢工工人十万元,至各地交涉完满为止,并请即日速汇十万元至申;(七)请勿任张作霖之部下杨宇霆为警察总监。以上七项,皆系敝会全体公决而急待进行者,兹特派代表进谒崇阶,请示一切,幸祈锡予接见,实深盼祷之至。尚肃,敬请

钧安

北京学生联合会敬启　七月二十七日
中国第二历史档案馆藏北洋政府临时执政府军务厅档案

外交部文稿
1925 年①

事实及责任

五月三十日沪案之事实及其责任

当日肇事之情形。

十四年五月三十日，上海学生因日本内外棉第五纱厂，日人开枪击毙工人顾正红事，分组前往各处演讲，及至公共租界南京路之时，老闸捕房西捕加以逮捕，未经被捕之学生随至捕房要求释放，路人驻足而观，一转瞬间人数愈众。捕头爱佛生见驱逐不散，举枪示威，无如东来之人增多。盖捕房在南京路之北，其东为浙江路，来往之人日以万计，一见有事，辄相继赶至，故前者之人虽欲退去，势已不能。捕头警告曰：停，不停即要打死。而前者虽闻此警告，后者未必得闻，且警告之后，仅十余秒钟，即开放排枪约数十响。人众散后查点，当场立毙四人，重伤七人旋亦身故，此外受伤者不计。

事后证据之调查

当日情形，证见甚多，其尤著者，如西人有安迪生、克兰因两氏，华人有老闸捕房邻右瑞泰号主乌品瑞，福和公店伙李咏笙，竞芳照像馆伙鲁茂源等目击之报告。而本部裴昌运参事当日因事路过，亦在场目睹，具有报告，更为确实。唯最足供事实之佐证而为双方均所极信认者，莫过于会审公堂审理此案所取供词，兹摘录于后：

老闸捕房六月一日报验五卅案公廨审讯供词（即公廨审讯五卅及以后各案供词）

---

① 　原件无时间，据内容及有关文件断定为 1925 年。

（甲）西捕头爱佛生供：因跟来之人，硬入写字间来，我以此事重要，就令赶出他们到捕房空地外去，但甚难推出，一方推出，一方又拥入。后赶到捕房门口南京路之东，华西捕均劝他们回去，因东面有许多人来，就不能去。又供：其时已带有军（装）〔械〕之中西捕，见人来即举枪示威，众人即退离捕房门口约六尺，我下令开火，在三点三十七分。

公廨于六月九、十、十一等日审讯五卅案供词。

第一次各供：

（乙）见证英人经供：礼拜六下午三点半，我在南京路乘车由东至西近浙江路，见路上有许多人，我汽车停住不能行，其时有一捕举手叫人让开，我车才得过去。

（丙）捕头爱佛生供：礼拜六，十二点四十分，总巡电话云：有学生在界外开会发传单，令各捕房注意，勿令入界。一点五十五分，我在住宅接电话，知有学生在劳合路开会。又供：我在捕房讯问时，约十多分钟，各处均来报告开会更多，当即鸣警钟，通知捕房注意预防。

第二次各供：

（丁）爱佛生供：总巡电话，叫我禁止学生入界，并无别令，学生被拘时，亦无反抗行为。为学生者手执旗帜传单等物，彼时并无杀人器具。我开枪前，出手枪作势欲击状，约十秒时，即开放的。其时立在前面的人，定然看见的，后面的人想必不看见的。我以枪作势后，又用英语、华语口头警告，停，不停要打杀了。学生第二次来，是想夺据捕房的样子，这是我看他们样子要如此，我下令开枪时，他们仍不见退，故放两排枪，十秒钟时，二千多人当然不能退去。

（戊）见证副捕头枭供：捕头叫众人退下及下令开枪约离十及十二秒时间，前面的人听得清楚的，后面的听不清楚。但前面者因后面正在拥上，无法退后。

（己）西捕司蒂芬供：印捕二十人立着一排，并排作密集队。

第三次各供：

（庚）爱佛生供：他们演说宗旨，都为排日而起，并无排英、排外字样。又供：我也知开枪必伤人，然我不容考虑毅然就做了。我在捕房服务已十九年，深知华人性情是喜热闹的。又供：那天界内各处都有学生演说，我后来知道的，别的捕房都未干涉，我不知是何理由。

第四次各供：

（辛）见证西人安迪生供：我看来这多众人毫无暴动，决无袭夺捕房之意，捕房完全不该放枪。又供：将开枪时，我望见捕房中人在捕房门口之内站到外面，列作一排，成半（湾）〔弯〕的弧形，前面的人并不冲向捕房，因被后面的人推将上去，所以逐渐前进，但是很缓的。

（壬）见证克威供：依英律，服务公家官员，对于聚众的事，如别人未开枪，而我先开枪，应受停职或抵罪处分，政府且须赔偿损害者，军警均属一律，均应受限制的。

第五次各供：

（癸）见证西捕东拿而供：捕房门口约九尺宽，如有多人拦住，即不关门亦拥不进去。

堂谕

被告人等，大多数是青年学生，因日人工厂内工人被杀，在租界内结队演讲，散发传单，本公堂认为并无欲行暴动之意思。

本案之责任

综核上列人证供词，而可断言如下：

（一）照前（甲）供情形，跟入捕房之人，始见推即退至捕房空地，再推即退至捕房门口南京路之东，无如东面人来过多，无从丙退。该捕头既知彼等不能退去之故，为何不将彼等向西赶散，况见其举枪示威之时，又行再退六尺，可见彼等始终有畏惧之心，但有路可退即退。

（二）照前（乙）供情形，开枪在三点三十七分，而英人经于三点半路过南京路，汽车不能前进，一经巡捕举手叫人让开，彼等即让。可见彼时闲人虽多，路上巡捕果能认真驱逐，亦即散去，无如各捕只在捕房门口推入，自然前者退而后者不动。

（三）照前（丙）（丁）（戊）（己）各供情形，该捕头于十二点四十五分奉总巡电话,即早知有此事,何不先事防范,阻人人界。直至一点五十五分,捕房左近劳合路有开会之事即出捕人,其咎一。总巡训令,只令阻止入界,并无别令,是其有意捕人为难,滋生事端,其咎二。只知鸣警钟通知各捕房预防,为何不向他捕房调人前来帮同解散,其咎三。学生被拘尚不抵抗,岂有逐令退去反生抵抗,学生既无杀人器具,何以即用火器对待徒手学生,其咎四。既知用手枪作势时,前面人看见,后面人不看见,作警告时,前面人听得清楚,后面听不清楚,十秒钟二千人当然不能退去,何以于十秒之短时间即实行开枪,其咎五。所用华语警告,停,不停要打杀了,深费解。盖此时该捕等要人众散去,可以言散,不散,有何停止与不停止之可言,且停不停与听不听亦易误会,是其警告含混不清,为何不令华捕转告,其咎六。谓学生有夺捕房样子,看样子要如此,但不能指出凭据。若徒恃样子二字,何事不可以归咎于人,且放枪时既不向上放空枪,又不向下击人之腿,乃向人正放用五粒排子至两排之多,究何居心,其咎七。维时捕房印捕二十人站队排立,先事整队,是早有开枪之意,不然何不以之赶至群众之中,驱逐闲人,其咎八。

(四)照前(庚)(辛)各供情形,及公堂堂谕,已证明学生并无排英排外宗旨,亦无暴动情形,更无冲入捕房之意。捕头爱佛生自认明知开枪必伤人,竟不考虑,毅然行去,是故意伤人矣。既深知华人性情是喜热闹的,则该捕早知彼时闲人居多,驱逐闲人何必开枪。又,是日界内既各处均有学生演说人,均无事故,可见彼时老闸捕房不加干涉,亦即无事。所以有此重大事件,皆该捕头种种措置乖方有以致之。

(五)照前(壬)供情形,克威英人又系律师,且当日在场目睹,亦不直捕房之所为。照(癸)供情形,可见捕房地位决无危险。

现即谓捕房开枪,乃遵照一九二四年十二月二十七日工部局令而行,亦不能指捕房无罪。盖该令系指有枪嫌疑之人或盗犯,方可先施以枪,藉以自卫。今学生照捕自供,既无杀具,且非盗犯,当然不能适用。

上年江浙战事发生,有多数败兵携持枪械闯入租界,捕房官吏亦未用武力而解散之。按照会审公廨之判旨，所有学生大都青年，并无图谋暴动之意，其他人民不过因当时好奇或偶尔集合，乃租界巡捕对于此种徒手群众，以有若无之警告，且当其危及性命时，适处无可逃避之地位，遽行开枪，连次开枪，两排弹发自二十至三十不等，且每次均有击杀之显明意思，卒致杀死数人，伤害多人，事实既经确定，责任自无可遁饰。

惩处提案

惩处

关于沪案租界巡捕开枪杀伤华人案内，责任者之惩处事项，前经依据其应负责任程度如何，分别司法惩办与行政处分，于六月二十四日照会在案，应受惩处之各责任者，各就事实上或关系上责任之所在，论定相当惩处，提案如下：

甲、应受司法惩办者：

（一）五卅案内之捕头 Everson（发令开枪）、副捕头 Shellsvem（曾放手枪，见公廨供录）以及在场开枪之中印各捕。

（二）六月一日以后之新世界及浙江路各案内，开枪伤毙华人之副捕头 Macly Iuiynay 及各捕。

（三）六月三日潭子湾、大丰纱厂摆渡口，开枪伤毙华人之十六号日警，及该厂第五厂雇人日人十余名。

以上各员应负各该案杀伤人之刑事上之直接行为责任。

（四）公共租界捕房总巡（K. jmc Enen）〔K. J. McEuen〕

以上一员，对于五卅案及六月一日以后各案，应负因坑忽职务上必要之注意，致发生此项不幸杀伤华人多名事之刑事上过失行为或不法行为及渎职责任。

以上各员其所负为刑事责任，应各先行停职，听候严办。查停职系行政处分，即由使团令行沪领团遵办。严办系司法问题，除中捕应交本国法庭依法审理外，其各外捕各照约交各该国管辖法庭讯办。

乙、应受行政处分者：

（五）工部局总书记（E. S. B. Loat）〔E. S. B. Rowe〕

以上一员,对于本案各案肇事,因其职务上统属关系,应引咎负连带责任,即予撤换,由使团令行沪领团遵照办理。(查公共租界捕房总巡与工部局总书记在地位关系上,对属下肇事其应负责任,本属相似,特以此案该总巡当负较重责任,且已入刑事范围,故列甲项。)

赔偿提案

赔偿

按照附件第一号,租界捕房对于上海事件之杀伤责任业已成立,其应如何赔偿此多数华人生命财产之损失,应即讨论。按法律上著名之格言谓:有过失必有赔偿。此项法律原则,凡要求损害赔偿,无论中国或何国法庭之判决,莫不备载。

法律上既许损害赔偿,其赔偿之数应以损害之程度为比例,此通例也。查华人之受损害者约分二类,(一)生命损害,(二)财产损害。生命损害又可分而为二:(甲)死者,(乙)伤者。

(一)关于死亡之损害赔偿请求,文明国各法庭之通例,大都考量各种要素,用以计算损害。所谓要素者,如死者之年岁,精神与身体之康健及其状况,寿数,受伤时与其受伤前之职业、技能、经验与才力或所擅长之程度。如为工人、机器师、商人或专门家等。及其相当之前途希望,经验上之增加技能,已往之优高位置,商务或职业或较高位置与专门声誉之情形。又行使职业之范围,所得进款之数目,劳力之价格,预期之收入,获利之能力。如有经验,可期增加,不必问其能力可否继续。其他要素,则死者之节制、勤力、省俭等习惯,支配进款,维持家庭及供给家室之情形,财产之数量或经济之状况,用度与生活之大概情形。仰赖其所生活之人,不问其已婚或未婚与否。如死者为未成年人,则其智力、性情、年岁、身体大概之有用能力与服务,应一并考量。总言之,计算因死所致之损失,应包括现在之经济损失,将来之经济损失,与赖其抚养之人所受之损失,或其亲属等因死者不死可享受之利益等而言。

至受身体之损害者,应增加赔偿,以完补其苦痛。此种苦痛因身体见伤而推定,故此种损害赔偿例所常许,唯苦痛无金钱价格,不能以金钱计算。是以赔偿苦痛之要点,在以各案事实及情形,所与吾人之经验为标准,凡受身体伤害之结果,往往有一部分或全部分不能从事于职务生意或事业者。如遇此结果,各国法律多以负伤害之责任者,须赔偿被害者时间上之损失。换言之即赔偿其收入工资或工人因伤所减少之工作能力,此种经济损失之赔偿范围,当依各人之职务与亏损之程度及时间而定。

再各国法律之用意,有使负责者赔偿被害者之预期损害,缘身体上之损害往往致有精神上或身体能力上之永久亏损,并致将来苦痛及减少获利与获利之能力,故算定将来或预期之损害,并无一定之比例标准,唯就其事实与证据可得约略估计。

(二)商界工界或学人等,所受财产上之实际损失,亦应为适当之赔偿。

以上所述,为现今各国计算赔偿损失一般适用之原则。查沪案死者共计三十二人,伤者共计五十七人。本国政府现参照上述原则,并比较近数年中国偿恤外人死伤成案,酌定最小限度。对于此案死者,每人偿恤洋二万元,共计洋六十四万元正,伤者每人偿恤洋五千元,共计洋二十八万五千元正。

至财产损失洋数,尚未接到完全报告。中国政府保留其将来提出各该损失要求之权,除死者损失、伤者损失及财产损失外,尚有其他损失,即租界官吏除施行非常戒备外,并无其他举动,以致激成商工界之公愤及罢业,并以租界官吏之干涉,学校因而停课,此种损失实较前者为大,所有数目诚难精确算定。兹拟定一百万元,作为该地华人公益事业之用。此项事业或即创建一施医院,以济贫民之伤病者。

交还会审公廨提案

收回会审公廨及改组上海租界内司法机关之提案

(一)上海会审公廨及其附设之检察处、监狱、押所等,一律交还中国政府。

(二)中国政府就原有会审公廨设立上海租界司法公署,其编制比照正式法院组织,遵用中国现行法律办理租界内民刑诉讼及违警事件。

（三）条约上规定之领事裁判权未取消以前,在上海租界司法公署管辖区域内,有领事裁判权国人为原告,华人为被告之民事案件,得由各该国驻在上海之领事出庭观审。但无领事裁判权国人为被告,有领事裁判权国人为原告之民事案件,及有领事裁判权国人为被害人,而华人或无领事裁判权国人为加害人之刑事案件,均不适用观审办法。

凡领事观审之案件,由租界司法公署附设之特别庭受理。第一审由附设之特别上诉庭受理,第二审倘原告不愿受特别庭管辖,自行向普通法庭起诉,或其上级法院上诉者,听其程序依普通办法办理,不得观审。

（四）对于中国人民及无领事裁判权国人民,上海租界司法公署承发吏及司法警察直接施行传唤、拘提、扣押、搜索及民事强制执行事项。但传唤有领事裁判权国人民时,应先通知该管国领事。

（五）对于有领事裁判权国人民同居之雇用人,就其居所施行拘提、扣押、搜索时,得先行通知该管国领事知照。

（六）刑事或违警之现行犯,经工部局巡捕房拿获者,应于二十四小时内送交上海租界司法公署办理。工部局巡捕房遇有上海租界司法公署嘱托事件,应尽力协助不得延滞。

（七）外国律师准其在上海租界司法公署出庭代理外人诉讼,但以经司法部核准领有证书者为限,关于中国现行律师一切法令一律适用。

（八）上海租界司法公署除本办法所定各款外,适用一切现行中国法例章程。

（九）前列各款系领事裁判权未撤废以前暂行办法,于中国政府与关系国驻使商议妥协后,即为实行。

上海公共租界工部局之改组

上海公共居留地（俗称租界,以下称租界）自一八九九年（光绪二十五年）最后划界,面积五千五百八十四英亩,合三万三千五百〇三华亩,乃中国领土指定为外人居住营业之所,而赋以地方自治之权者也。

故其性质至为明确,中国政府仍保有最高之主权。外人来居其地者,给以自治特权,办理警察、卫生、道路等项。然而,其权仅属委任性质,不能逾于纯粹地方事务以外。居住租界之华人,须具有条件,方允居住,然对于市自治仍不得参与。所谓租界章程,乃外人赁地者及关系各国于一八四五年(道光二十五年)初次订立,嗣于一八五四(咸丰四年)、一八六六(同治五年)、一八八一年[光绪(三)〔七〕年]三次修改,初未经中国官厅明白许可,修改后以已成之事实,遂取得默认,成为公共租界自治组织之唯一宪章矣。

依照宪政原理,地方团体不能有天然附属的自治权,有之必出于一国主权者所赋予。唯公共租界性质,则有两重关系,盖一方为中国之领土,一方为指给外人居住之特定地点,其自治权之发生,不仅得于中国政府之许可,且复基于中国政府与关系各国约章之规定(即租界章程)。故在国际公法上及宪法上,外人固不能享有天然附属的自治权,第得因租界章程之规定而享有之。此项章程,实不啻为中国政府经外国驻使之手授给之自治准许状,则其得由中国政府与关系各国随时磋议修改,正与其他治外法权相同,毫无疑义。

上海公共租界工部局,即根据租界章程而成立,设董事会董事,自五人至九人,任期一年。一九二四年董事费逊敦(S. Fessenden)为主席,其余董事为奈脱(P. L. Knight)、培尔(A. D. Bell)、莱孟(V. G. Lyman)、麦开(E. F. Mackay)、萨库拉(S. Sakurgi)、威尔逊(A. N. Wilson)、贝筱(A. E. Baker)、梅崴(P. W. Massey)。董事会复设各种委员会,分掌保卫、工程、典职、卫生、财政、捐务及其控诉、电气、公共利业、上下职员、中外教育、公园音乐、图书等事。董事资格以洋人为限,且须每年所付各种捐项,除执照费外,满五十两者,或赁住房屋每年所付租金满一千二百两者。选举人资格,亦限于居住该地之洋人付纳各种捐项,并所执不动产价满五百两,所付房地捐项,除执照费外,满十两以上者,或赁住房屋每年所付租金在五百两以上者(租界章程第十九条)。

　　由上可见，租界内华人之选举权，全被剥夺。一九二四年，该地外国居民为三万一千六百五十六人，仅及总额百分之二·五，而同年华人居该地者为八十二万七千九百三十二人（一九二四年上海工部局董事会报告书二二页），实当总额百分之九七·五。一九二四年，外人所付赁房租金为一，六五五，一三三·五四元，华人所付为一，七二三，八三九·七三元，是年总收入为八，四三〇，八九一·七三元，盖自地税、普通捐、特别捐、码头捐、执照费、公共房产租金及公共地方事业税捐等项而来，租界华人既占人口总数百分之九七·五，则其所纳税捐，从不为工部局总收入之大部分，然必超出外人所纳之数，可无疑义。

　　上海五卅事件发生，而后公共租界工部局组织之不适当不称事，暴露无遗。华人既纳税捐大部，人口数目又占总数百分之九七·五，而选举权全被剥夺，董事会中复无代表。仅于一九二〇年（民国九年）四月七日，外国纳税人会议通过议决案，添设华顾问五人，然其职权只能贡献意见，而无执行或议决之权。至于洋董事九人，各有职事，仅以余暇兼顾会务，则其不能如专任职员之尽心致力，可以想见。警察在英人指挥之下，实握有租界政治势力之中心，不仅几变上海一隅为一独立小国，抑其种种行动，横逆无礼，实足令人同深愤慨。五卅事件即其明证。工部局董事会得自由订制细则，只须经各国使领许可及外国纳税人大会通过，而无须得中国官厅之同意，恒以己意解释租界章程，引伸扩大自便私图，俨在中国领土之上设一独立自由之小邦，中国政府转不得行使其主权，如征税、保护、逮捕及其他政事，俱无从施行。领事裁判权既仍存在，而非法之会审公廨，则复使租界住民之诉讼案件亦除免于中国法权之外。

　　公共租界工部局之改组，实已刻不容缓，应依下列原则立行改设。

　　（一）华人居住租界，具备选举人、被选举人必要之资格者，应与外人同等享受各种公权。

　　（二）华人在公共租界内，应有租买作用土地之权，与外人同等。

　　（三）董事会董事，应自九人扩充为二十一人，华人选十一人，洋人选十人。每二年终，洋董事应有一人辞职，补以华董事，至六年后，华人举十四，外人举七（时）〔人〕为止。此二十一董事，应自纳税人中另举六人为董事，合成二十七人，华洋额数如前比例。

（四）设局长、副局长各一人（支薪），由二十一董事选举之，任期一年，耳举得连任。在任期中，应以全力注意市政，俸资由董事会规定，由纳捐人大会通过，在一年期中不得增减。

（五）改组警察，添设中国警长（总巡）、巡长（捕头）、副巡长（副捕头），即公共租界内各捕房，其半数须以中国人为警长，而以外国人副之，其他之半数以外国人为警长，而以中国人副之。所有中国警长、巡长、副巡长，应与同级之外人执行同样之权能，行使同样之职务，享受同样之权利，及一切同样之待遇。其详细办法，由按照上述新章举出之董事议定，呈请中国政府批准。

（六）中国政府在公共租界内，有完全自由行使主权，不受工部局妨碍。

（七）非得中国政府之明白许可，不得修改租界章程或订立任何细则。

至改组工部局之手续问题，自当另行考议。有谓租界章程，只有纳税人会议方能提议修改者，此实谬误。盖无论外国纳税人，或租界本身，均非先天的得有自治权，其所能享受者，乃由于中国政府与各国外交代表磋商成立之租界章程而来，实为中国主权者与外国主权者协商之结果，与其他治外法权相同，可由有约国间随时磋议修改，而决不能由外国纳税人自由更张也。

改组之正当手续，租界章程亦有规定如下：

此项章程，将来如有更改、增添，或所载语言所给权利等项有可疑惑之处，即由各领事及中国官厅会同商拟，必俟各国公使及中国政府批准，方可施行（第二十八条）。

可见改组手续并无预外国纳税人之事，而须由外国领事及中国官厅会同商拟，而须俟外国公使及北京政府正式批准，方能施行。而外国领事与当地官厅,不过为一国政府之代表,其真能允许取消或修改此项租界章程者,最高权利仍在政府,则由外国公使及北京政府各代表其主权者之地位,本其职权直接磋商,或指挥当地官厅与领事会同商决。修改章程,不必过问外国纳税人之意见如何,实至为正当合理之途径也。

中国第二历史档案馆藏北洋政府外交部档案

5.列强对付五卅惨案之策略

上海领事团会议记录

1925年6月4日

领袖领事①说,会议召开的原因已经为众所周知。

当前的形势是,罢工肯定正在蔓延,尽管蔓延的速度缓慢。星期一早晨,在上海附近地区拥有海军武装力量的领事团成员之间进行了会晤,要求各自的公使馆命令那些海军来此地保护公用事业。舰船已抵达,主要目标受到了保护。

星期一,道尹和警察局长曾约见他(领袖领事),表示了他们的要求:释放囚犯;惩处巡捕;抚恤死者家属。他答复说,在目前境况下,没有什么可讨论的,待事态平静些再说。他还说,主要过失在于中国当局未尽力遏止排外的煽动。

工部局已采取措施,以确保食物和其他必需品的配售。领袖领事说,近几天来,已同华商中的头面人物进行了非正式接触,以便商讨解决问题的办法。某些华商也主动与外国当局接触,但这些都是秘密进行的。中外商人之间已进行了磋商。

法国代总领事指出,对此重大而又棘手的事件,在采取任何立场之前,领事团所有成员有必要确切了解发生了什么,以便心中有数。可是迄今为止,领事团除了报上发表的以外,并无其他消息来源。法国代总

---

①　德罗西,意大利总领事兼领袖领事。

领事因此认为进行调查实为必要。他提议领事团委任一个小组委员会充分调查这一事件,掌握证据,以便应付中国人提出的任何要求和争论。

丹麦总领事支持这项建议,并提议小组委员会要调查捕房开枪的行为。在讨论中,大家认为调查是必要的,但是否应该立即进行,还是推迟一些,意见尚未一致。丹麦、法国、意大利、荷兰和瑞典的领事代表们赞成立即进行调查。

英国总领事问,这种调查与会审公堂的审讯活动关系如何?

法国代总领事指出,既然有人被杀是事实,就该在领事团进行调查的同时,由主管司法当局进行司法调查,及工部局进行行政调查。法国代总领事的这项提议未得到领事团成员的一致赞同。有几位领事认为,采取这些做法是软弱的表示。梅里埃先生又建议,领事团至少得进行一次秘密的官方调查,这项提议也未被领事团通过。

会议一致同意领袖领事要求捕房呈报一份全面的事实报告,其中包括应该呈交领事团的公开的司法调查报告。

有人提出了如何对外事交涉员答复的问题。按照瑞典总领事的建议,一致同意递交答复后,交报馆发表。

《五卅运动》第一辑,第 405—406 页

塞鲁蒂^①致德罗西

1925 年 6 月 8 日

外交代表们认为,气氛如能恢复平静,代表团就能顺利地进行工作。上海局势可否允许立即撤除部分登陆海军,继而撤出其他分遣队,任领事团商定。代表团认为,凡通过的决议适宜对外公布。望告领事团的决定。

北京 一九二五年六月八日

《五卅运动》第一辑,第 419 页

---

① 即翟禄第。

上海领事团会议记录

1925 年 6 月 9 日

领袖领事说,捕房的报告和会审公堂的审讯报告都已传阅。又说,接外交团领袖公使来电,问能否撤走已登陆的部队,以便为来自北京的代表团的工作创造平静的气氛。

美国总领事说,关于这个问题,他要听听领事团成员的个人意见。他个人认为,他愿意看到军队撤走,但中国方面必须要有相应的举动,例如银行、商店等恢复营业。

日本总领事说,他认为就他本国的侨民而言,撤兵的时机尚未成熟。法国代总领事说,他同意撤兵要有交换条件。他提议派人同中国商会接触,在停止罢工的基础上,才可撤出登陆的海军。

丹麦总领事问他的同事们,有无可能无条件地做些事情,比如在不影响各国侨民安全的前提下,撤出一小部分登陆军队,或者撤除一些有关当前紧急状态的限制等。

瑞典代总领事认为,撤销公共租界军事保护的问题,只能从外国居民的生命和财产安全的观点来考虑,领事团可以在别的方面做出和解的姿态。他同意把这个问题提交军事当局决定。

美国总领事建议向中国方面提出,如果罢工终止,登陆部队将同时撤出。这同防止盗匪、失业者等侵犯租界是一致的。应该让大家明白,这样做是为了缓和气氛。至于部队撤退的规模,需同工部局商议后决定。经讨论,大家赞同这个建议,并且同意要把此项建议提得十分明确,无争论之余地。

因而,会议提请领袖领事询问工部局,撤退部队是否安全。如果工部局认为撤兵不影响安全的话,则领袖领事即可告诉外事交涉员,一旦罢工终止,登陆部队将予撤退。

《五卅运动》第一辑,第 407—408 页

德罗西致塞鲁蒂

1925 年 6 月 10 日

接六月八日来电。为了创造一个有利于代表团工作的气氛,昨天领事团开会,审查上海局势,以便确定可否立即撤出部分海军陆战队。

经与直接负责保卫租界的工部局有关部门磋商后,他们认为撤兵的时机尚不成熟。专家们认为外交团的撤军建议还不能实行,领事团感到很遗憾,不得不同意这个意见。

租界界内的实际局势虽较以前平静,但鉴于邻近地区约有二十五万罢工工人,界外又继续存在着剧烈的骚动,故采取最严厉的防范措施仍属必要。

再者,领事团考虑到,五月卅日被捕的人员正在会审公堂受审,大概还要继续一些日子,这样暂时不撤兵也是必要的。

令人高兴的是,这些审讯之所以时间长了些,是由于中国当局决定充分利用会审公堂审问来查究捕房的问题。

领事团将同开始时一样,继续抓住最早的机会,只要中国当局一表示相应的愿望,即作出和解的姿态。

中国当局现时似乎热衷于支持中国温和派的意见,不会有什么进一步的行动。

上海　一九二五年六月十日

《五卅运动》第一辑,第 419—420 页

上海领事团会议记录

1925 年 6 月 12 日

领袖领事宣布,今天会议将讨论局势,并说局势无明显变化,北京代表团亟欲按时完成工作,俾能在星期日离开。

领袖领事又说,他已会晤过中国当局所有的人,他们似乎为友谊的感情所动,但没有什么进展。

日本总领事问起,有哪位领事能告诉他关于汉口局势的消息,美国

总领事谈了他收到的电文。

英国总领事概述了镇江事件。

丹麦总领事重提调查五月卅日开枪的问题。有许多人赞同,也有人反对,最终未作出决议。

瑞典代总领事同意丹麦领事的意见。他说,这样的调查应该是公开的,应由公共负责当局担任。在任何国家凡发生了骚乱,当局开了火,当然要接着进行这种性质的调查。所以立即进行调查极为重要。

当领袖领事传达到外交调查委员团准备次日返回北京时,瑞典代总领事便问道,调查委员团是否会不同领事团开一次会就离开上海。

《五卅运动》第一辑,第408—409页

塞鲁蒂致五大国总领事

1925 年 6 月 12 日

下列电文专致五大国总领事,不必在领事团会议上提及:

"本月十日领事团的复信已经过五大国外交代表研究。"

"在为上海困难局势担忧之际,我们不可无视这个事实,即:最近发生的一些事件只不过是我们正确评价中国总的局势的一个组成部分。换言之,当前的实际事态,必须给人这个印象,即:领事团(不应该把它的权威降低到只对工部局有利)已采取了使局势逐步平息的措施。"

"本月八日电报的建议就是基于那种认识和精神拟定的。"

"因此,五国外交代表希望能从道义出发,宣布撤退部分登陆队,哪怕是极小部分,也是一种和解姿态。这种姿态既不危及安全和必要的防卫,却可起到极为吸引人的宣传作用。"

一九二五年六月十二日

《五卅运动》第一辑,第420页

德罗西致塞鲁蒂

1925 年 6 月 12 日

兹复今日来电。五大国代表们要一位代表作出说明,近二天来,五百名商团队员已撤回,而且还在进一步撤回。据目前华人的情绪来看,他们反对公共租界的万国商团甚于海军。

绝密

蔡将军同我们一些人私下表示,他宁愿看到撤军能推迟到与罢工的结束同时进行。因此,把撤军已在进行的消息公诸于众之前,我觉得有必要与蔡将军磋商,以便保证这一步骤不会干扰他自己提出的解决方案。

一九二五年六月十二日

《五卅运动》第一辑,第 420—421 页

德罗西致塞鲁蒂

1925 年 6 月 23 日

顷接(外国)总商会要求书,问可否从速安排,选派一委员会(在我六月六日致中国外事交涉员的信中已提及此事)调查五月三十日捕房所采取的行动。此间普遍认为,应尽快进行这种调查,以防丧失必要的证据,且宣告委员会的组成有助于安抚本地华人的情绪。

六月二十六日的领事团会议上将讨论各商会的要求,如能把北京谈判的目前情状在领事团会议之前告诉我,作为对这个问题的指示,则不胜感荷。

一九二五年六月二十三日

《五卅运动》第一辑,第 421 页

塞鲁蒂致德罗西

1925 年 6 月 27 日

本月二十三日的来电悉。

有关各国代表认为,外交代表团进行的调查已能收集一切必要的判断材料。

另一方面,中国代表团已收集了一切有用的资料,而且验尸官在验尸中也收集了证人的作证书。

在此种种情况下,指派一个新的调查委员会,即使抱着起镇静作用的目的,似乎理由也不充分。

一九二五年六月二十七日

《五卅运动》第一辑,第421—422页

塞鲁蒂致德罗西

1925 年 7 月 2 日

美国总领事将交给您一份有关国外交团的代表通过的决议正文。为了准确起见,文本系用英文。

在向您的同事们传达之后,请将此决议通知工部局。

我们并不怀疑,工部局既然知晓事件的严重性超过了地方事件,一定会方便我们的工作,不会拒不执行决议中规定的条款。

如遇到工部局方面的障碍,我们一定会非常痛心。因为不管怎样,我们的责任心将迫使我们不顾这些,必要时不惜诉诸权力行动,甚至解散工部局,代之以领事管理委员会。

我们认为,领事团如觉得没有必要,就不要同工部局谈及最后一段意思。

一九二五年七月二日

《五卅运动》第一辑,第422页

德罗西致塞鲁蒂

1925 年 7 月 2 日

七月二日的指示电已在今天下午领事团的会议上传达。

鉴于指示中所设想的情况极为严重,我的几位同事认为,必须有时间来研究各方面的情况。因为在某种情形下，领事团可能要担负重大的责任，而这个责任，不是一接到通知，就负得起来的。由于上述正式电报中没有规定通知的时间，故领事团一致要我请求你们同意，将通知工部局的时间推迟到七月六日上午。

一九二五年七月二日

《五卅运动》第一辑，第 422—423 页

上海领事团会议记录

1925 年 7 月 2 日

领袖领事说，接到一份电报及若干文件。文件副本已发。电报内容是外交调查团的决议。电报指示内容向领事团传达后转告工部局。

他提议用公函通知工部局，信中可写上电报第三段简略的内容，按指示精神，如果认为有此必要，第四段内容可以后提及。

在回答第一个提问时，他说，根据他所接到的领袖公使训令，文件无讨论之余地，因为内容十分明确。

有人建议，鉴于外交团已决定采取步骤之重要性，应给予一点考虑和讨论的时间。领袖领事答称，按照指示精神，今晚至迟明晨就该通知工部局。英国总领事说，领袖公使致领袖领事的会上那份电报中，并无立即通知工部局之指示。领袖领事收到的含有该项指示的电报，不是会上的那份。鉴于以上事实，他建议向外交团发电，要求略为延期，以便进一步研究。

领袖领事答称，另外那份电报并不打算向领事团传达。据我看，这纯粹是一种形式。对此，领事们提出反对意见认为，这份不以通常方式发给领袖领事的电报，其指示对领事团整体来说，不具有约束力。经讨论一致认为，既然这份电报不是致领事团的正式公文，可以请外交团准许稍缓，推迟到七月六日再向工部局转达。

领袖领事说，虽然他仍认为应该执行这项指示，但由于该指示下达的方式而造成人们反对立即向工部局转达。他不能不顾同事们的反

对,故只好按建议致电领袖公使,要求延期。

丹麦总领事虽然个人赞成立即执行外交团的指示,但也不反对同事们提出的有必要暂缓转达的意见。

由于没有反对意见,会议按上述建议草拟了一份电报,并即予通过。

荷兰总领事提议组织一个小组委员会来研究如何采取行动,万一要是执行外交团步骤的话。最后,会议决定暂缓组织,待到局势明朗化后再定。

葡萄牙总领事坚持要在会议记录上记述他的意见。他认为,外交团电报的第一段对待工部局总董是不公正的,总董未有机会在代表团面前陈述自己的意见。他认为,总董对工部局负责人,尤其是对捕房的行为不能负责。

《五卅运动》第一辑,第411—413 页

塞鲁蒂致德罗西
1925 年 7 月 4 日

兹答复来电如下:有关公使要我向领事团进一步确认,他们所作出的决定具有约束性,不容再予讨论。

推迟下达通知的要求,只有在考虑到行政安排,保证公务不受影响的前提下才可允许。此项考虑适逢中国政府在北京推迟开展谈判,因此我们同意领事团的请求,把通知推迟到本月六日(星期一)上午传达给工部局。同时,有关代表们无疑会毫不拖延将上述决定转告中国政府和报界。代表团希望各领事无论如何要用自己的影响来避免董事会辞职,绝不使这种可能发生的事态妨碍上述指示的全面实行。

一九二五年七月四日

《五卅运动》第一辑,第423 页

上海领事团会议记录

1925 年 7 月 7 日

领袖领事说,今天会议要讨论工部局答复公使团决议的那份备忘录。他又说,他唯一的建议是,这份复信应用电报转呈公使团。工部局总董已告诉他,工部局准备遵照公使团第四点建议办。会议然后建议领袖领事与总董接洽,征求他的同意,在电报的陈述中加上工部局准备实现的第四点建议。

英国总领事说,他认为不全面修订地皮章程就不能实现公使团以领事委员会取代工部局的威胁,因为目前地皮章程继续有效,领事委员会无法律地位,他建议这一点应引起公使团注意。

法国代总领事不同意这个看法,他说他认为公使团根据权限法,有全权实现他们的威胁。

会议就这个问题进行讨论,领事团成员各抒己见,会后决定提请公使团注意这个情况。会议还决定,第二天再举行会议,时间照旧。

《五卅运动》第一辑,第 413 页

上海领事团会议记录

1925 年 7 月 8 日

领袖领事说,他已见过工部局总董,总董告诉他,领事团对工部局的信建议作一些改动,可无困难。修改后的信已收到,请美国总领事以电报形式发出。

领袖领事又说,现在必须考虑公使团的威胁,要是工部局拒不实行公使团所提的建议的话。

法国代总领事重申他的意见,公使团有全权实现这项威胁,而英国总领事和美国总领事说,他们认为,由公使团任命的领事委员会代替纳税人选举出来的工部局,无合法权力行使职权。其他许多成员未发表意见,他们说对情况不熟悉,无法对哪个方面发表肯定的意见。

最后,经相当讨论后,草拟了一份致领袖公使的电文,并经会议通过。

瑞典代总领事建议，电文中应加一句指出，工部局的复信中所提的司法调查，对目前明显的僵局或许会提供一条出路。

会议同意了这一建议。

挪威代总领事说，他完全同意工部局总董的意见，即为了政治原因，牺牲警务处总巡或其他一些警官，甚至不给他们一个申辩的机会，那是难以接受的。如果对总巡等人指控，这位代总领事认为，司法调查是绝对必要的，好让他们在法庭上辩护。他们要求以通常合法的方式让人听听他们的陈述，这是非常合理的要求，照通例："听取另一方的言词。"公使团派遣的代表团所进行的调查没有司法性质，因此从法律观点来看，尚嫌不足。

经以上发言后，会议一致决定在致公使团的电文中加上最后一句（电文已在会上拟定）：司法调查有可能为困境找出一条出路。

法国代总领事建议，请工部局保护贷栈，以利提货，在船只卸货过程中也应保护，会议同意这个建议，只要货栈业主提出保护申请。于是遵嘱照此草拟一信。

《五卅运动》第一辑，第414页

德罗西致塞鲁蒂

1925年7月8日

美国公使将会把工部局的复文交给你，为了准确起见，交给他的是英文本。

关于建议以领事委员会代替工部局一事，我的许多同事在研究了该机构怎样才能行使市政职责的问题后，认为只有与中国政府协议取消地皮章程后，该委员会才能起作用。

无论如何，领事团一致认为，如现在就将取代的威胁传达给工部局恐怕会更难于使后者服从外交使团的愿望。

相应地，他们在要求就这一问题作进一步指示时，请求准许他们提一下董事会希望组织一个调查团之事，认为此举可能找出解决困难的方法。

上海　七月八日

费信惇与德罗西往来函

1925 年 6 月—7 月

1. 工部局总董致领袖领事（6 月 30 日）

总领事阁下：

阁下六月六日致中国外事交涉员关于五卅、六一、六二事件的函称："有关当局对有关巡捕的行为进行调查乃理所当然之事。"

谨问，外交团的代表于六月十二日至六月十八日在本市进行的调查是否作为已完成了上述任务。如果没有完成，领事团是否认为，现在应由工部局来进行调查。

此致

工部局总董费信惇（签名）

一九二五年六月三十日

2. 工部局总董致领袖领事（7 月 6 日）

意大利总领事兼领袖领事阁下：

七月六日来函以及转来的北京外交代表团的公函收悉，函内有关国代表提出了关于解决沪案的意见。

外交团代表表达了如下基本精神：（1）工部局总董不是没有责任的；（2）警务处总巡表现为玩忽职守，缺乏判断力和业务能力，所以对五卅事件应负主要责任，建议撤销他的职务。

工部局在充分重视中国当前的紧急局势的同时，一贯是，现在更是真诚地愿同外交团代表和上海领事团充分合作，但现在觉得不得不宣布绝对不能同意北京外交团代表所表示的意见。

很明显，外交团代表把五卅事件的个别责任归咎于工部局总董，这是缺乏对上海工部局情况和章程的正确了解。工部局在一切行政工作中，都是作为一个整体行使职权的，其成员对所有活动负集体责任，而不是个人责任。

尽管工部局确实准备郑重地考虑外交团代表的意见，但必须指出，工部局首先对上海全体选民负责。

至于外交团代表建议撤换警务处总巡，工部局不得不声明无法遵照执行。

五卅事件一发生，工部局即报告领事团成员，我们一致主张组成一个独立的法庭，对五卅事件进行司法调查。工部局还向领事团代表表示，对委任这样一个法庭已主动作好了准备，也准备同领事团，或任何其它主管当局一起合作，委任这样一个法庭，并且将坚决接受或执行该法庭在一定时间内作出的决定。

六月六日，领事团在递交中国外事交涉员的一份照会中说："有关当局当然将对当事警官的行为进行调查。除此之外，主管法庭还将受理任何申诉。"鉴于这份照会，工部局一直认为会进行这种调查的，但现在，我们极为诧异地注意到，这种独立调查不进行了。

现在，工部局面临着这样一个现实，即为了政治上的权宜之计，它必须免去一个它所最器重的、资格最老的公务员，作为牺牲品。而且既不给他本人，又不给工部局在调查委员团面前辩护。所以，对上项建议，工部局不能同意。最后，我只能声明，工部局对有关重要问题的各方面都经过郑重考虑，并抱着对上海公共租界华人居民和外侨纳税人的充分责任感作出上述决定的。

此致

工部局总董费信惇（签名）

一九二五年七月六日

3. 领袖领事致工部局总董（7月7日）

总董阁下：

上月卅日来函已于本月三日收悉。关于委任一个委员会调查五卅南京路事件一事,敬复如下:据外交团通知,有关国的代表已作充分调查,并收集了审判所必需的所有材料,包括验尸和证人的证词。而且中国代表团也已代表中国政府收集了类似的有用资料。因此,现在似乎没有理由再委任一个新的委员会。

此致

领袖领事德罗西(签名)

一九二五年七月七日

《五卅运动》第一辑,第518—520页

工部局董事会会议录

1925年7月4日

总董报告他与总裁刚参加了英、美、日、意四国领事会议。会上将北京寄来的照会副本非正式地交给了总董。该照会将于下星期一上午十时正式送交工部局,同时即在报刊发表,并播送世界各地。照会系由意、法两国公使和美国代办签署,认为五月三十日事件责任在工部局,通过了不信任总董的决议,并要求撤换总巡。

照会的内容如下:

"有关各国的代表经对上海五月三十日事件周密调查,并将调查报告审阅后,作出结论如下:

一、工部局总董虽然明知当地的局势及其可能的演变,却并未促使有关方面采取一切适当的、特别是警务方面的防范措施。这是应该引为遗憾的。因此,调查团各首脑不得不认为总董的行为并不是无可指责的。

二、总巡麦高云上校在获得情况紧急的报告以后,依然认为自己离开工作岗位是有理由的;事实上,从示威群众进入公共租界到巡捕开枪,其间相隔一小时一刻以上,而麦高云上校始终不在岗位上。最后,他似乎没有为驱散示威群众和控制示威运动作出必要的布置。由是他表现为玩忽职守,缺乏判断力和职业上的能力。因此,他应负本案的首责。

有关各国的外交代表认为该总巡应即撤换。

三、爱活生捕头,系处于下属地位,除了执行上级命令外,别无其他办法,何况他当时必然恐怕群众会攻陷老闸捕房。至多可以批评他当时相信示威不致达到危险的地步,而拒绝增援,是缺乏判断。

四、有关各国的外交代表,鉴于捕房章程,特别是处理肇事和暴动的章程,缺点颇多,成为导致此次事件的原因之一,因此认为这些章程必须予以修正公布。巡捕在使用武力以前应该先发出众所周知且可以远闻的警告(如吹警笛),在此情况下这种措施是极端必要的。

有关各国的外交代表在将上项意见告知工部局时,希望以公正的精神解决这次事件,建议工部局立即采纳上述第二项、第四项措施。各国外交代表认为这些措施足以平息公众舆论,恢复正常状态。

有关各国的外交代表证明了他们尽力明确事故责任的愿望,觉得有必要宣告,示威是在中国地界内布置的,因此,中国政府必须采取有力措施,明确责任,依法惩办负责官员。再者,为了防止再发生同样事件,将来华界当局与租界当局必须保持密切接触,以保证为维持治安而进行有效的合作。"

总董接着说,照会于星期四早上到达上海,四国领事对此大为惊愕,简直无法表达他们的不满。英国领事即电伦敦、北京,强烈抗议照会所提要求。美、日两国领事也采取同样行动。巴登先生自接到上项照会以来,一直在和伦敦电讯联系,并竭力阻止照会内容的公布。各董事知道工部局始终认为彻底调查将由一个由合适人员组织的法庭进行,这不但是工部局的愿望,而且也是上海所有其他重要外侨社会团体的愿望。然而除了从北京派来六国使馆秘书进行的匆忙而不完备的调查外,始终未举行过恰当的调查。外交团采纳了六国使馆秘书调查的结果,发出了此项照会。英国代办曾电告巴登先生,说发出照会的理由之一就是,外交团认为,全国各地已经受到上海五月三十日事件的影响,因此必须立即设法解决,以便为谈判更广泛的有关争端开辟道路。

鉴于中国的紧急局势，英国公使力劝工部局切勿恼火或提出辞职，为了外国在中国的权益，工部局还得很好合作，把外交团批评中所提责任担负起来。根据照会的条款，为了抚慰一部分华人，工部局无疑正在代人受过。照会的内容已于星期五非正式地通知总董，本日下午他对四国领事表示对北京方面处理局势的做法，完全不能同意。他还明确指出，工部局，而且只有工部局，是对上海居民的生命财产安全负责的，而北京外交团来说，只是间接涉及。至于他个人，他明确表示，只有纳税人要他辞职时，他才提出辞职。英美两国领事曾力劝工部局切勿因上项照会而轻率行动，因为重要的是此时此刻上海的市政工作尤须不受干扰。总董要求各董事接受他的意见，即外交团的批评不能迫使工部局辞职。在这一问题上他们只能受纳税人愿望的支配。如果工部局得到侨民社会的支持，那么对于北京方面一个不够格的团体的批评，毋须给予不相称的重视。

副总董赞同总董的论点，并代表全体董事表示，董事会应与总董共同承担有关当前紧急局面及其前因的一切责任。他以愤怒的心情对待外交团的照会，认为董事会联合一致对待当前局势是非常紧要的。他提议董事会对总董给予一致的支持和完全的信任，这一动议一致通过。

总董对全体董事的信任表示感谢，接着他说，他对当前危机早有预感，但不知道什么时候到来，或者更确切地说以什么事件作为危机的直接原因，为此最近他和万国商团司令和总巡保持着密切联系。他看到外交团对总巡的不公正攻击感到强烈的愤慨，在他看来，外交团这种攻击无非是北京方面各强国的政治行动而已。谁也不能预见到五月三十日会发生惨案，因此，除了当时所采取的行动外，别无他法可以阻止它的发生。如果外交团的照会在下星期一发表，将会产生剧烈的抱怨情绪，影响将是极大的。

总董同意某董事的意见，认为工部局所掌握有关五月三十日事件的证据从未为外交代表所搜集，因此外交团的结论是缺乏事实根据的。所以我们不能接受外交团的主张，或牺牲麦高云先生作为政治上的权宜手段。总董的办法是在情绪高涨的当儿，不作任何决定。他要求各董事先冷静考虑，然后再决定如何对待北京的无理批评。他认为，假如工部局得到选民的信任，外交团的不满是不能作为辞职的正当理由的。

鉴于外交团的照会大概将于星期一广播，总董建议各董事考虑工部局的答复应采取何种形式，并建议除此以外，在星期一照会正式送到以前，不采取其他行动。按照他的意见，工部局在目前的争端中本应和外交团对抗，但是，鉴于目前中国局势的普遍严重性，如果由工部局发起对抗，其结果无疑会造成外交团与工部局之间的分裂，从而产生危机。为了对付当前的局势，工部局必须郑重考虑它的每一个行动，考虑工部局与外交团直接对抗后所产生的严重后果。

在答复某董事的询问时，总董认为，根据他与某些领事的谈话，他不指望照会的公布会推迟到星期一上午以后。外交团的照会之所以没有在星期五发表，完全是由于此间英、美、日三国领事反对的缘故。他获悉，外交团尚未接到各该国政府发布该项照会的批准，而是在批准前，先采取了行动。这一推测有事实根据。当美国领事把照会呈美国公使阅时，公使大为惊奇，说照会尚未获得美国政府批准，竟然已经发出。

总董同意总裁的意见，如果工部局以五月三十日情况尚未全面调查为理由，拒绝接受外交团的要求，并主张举行司法调查，这可能是最强硬的立场了。

在主要国家的领事中，德罗西先生是唯一主张工部局接受外交团决定的，他争辩说，为了整个外侨社会的利益而牺牲一个官员，这正是一种策略。英、美两国领事都不想劝说工部局接受北京的决定。

某董事建议致电英、美、日三国政府从工部局的观点说明当前局势。这一建议总董未予采纳，总董也不同意再向北京提请推迟发表照会。因为这些努力此间各国领事都做过，但都无效。然而总董决定访问美国公使，请求公使运用他的影响使上项照会待他回到北京后再发表。最后会议推定总裁起草上项照会的复文，并要求各董事分别考虑复文应取的形式,以便在明日会议上通过。

《五卅运动》第一辑,第 375—379 页

白拉瑞①致张伯伦②

北京,1925 年 6 月 21 日,8 月 6 日收到

阁下:我在 6 月 19 日的第 142 号电报中报告说,外交代表们从上海返回,结束了事件(可以称之为上海事件)的第一个阶段。所以,现在我借此机会,尽可能简要地回顾到上海谈判中断时事态的进展情况。

我不打算详细叙述骚乱事件,现在我们发现自己身陷其中的困境即起因于此,因为有来自上海的报告,您大概已经掌握了情况(见 6 月 8 日我的第 396 号快信),而且您很快会收到我们代表团的详细报告。只要这样说就足够了:学生和其他人的游行队伍在 5 月 30 日行进穿过公共租界的街道,抗议 5 月 16 日③上海日本纱厂的一名日籍雇员枪杀一名中国人。巡捕们担心他们的反日煽动可能激起骚乱,要求解散队伍。他们拒绝解散,于是逮捕了其头目。这导致了对巡捕房的攻击,在这个过程中开了枪。6 月 1 日、2 日、3 日发生了其他的冲突事件,其间巡捕被迫动用火器。伤亡人数被中国人严重夸大了,在所有这些冲突事件中共计死亡 21 人,受伤 65 人。

现在确定上海巡捕的准备工作是否充足恰当,对付示威活动的方式是否明智,或者捕头爱活生下令开枪是否正当,这不是我的职责,这些各项仍在审理中,我对这个问题发表意见是不合适的。

可是,如果我试着对整个乱局的起源作出某种解释,或许并无不妥。首先,把它归因于劳工怨愤是极为错误的。确实,劳资纠纷是煽动活动的直接起因,煽动活动又导致了骚乱。但是,一开枪整个事件就从

---

① 　C. M. Palairet,时任英国驻华代办——译者注。

② 　Austen Chamberlain,时任英国外交大臣——译者注。

③ 　应为 5 月 15 日——译者注。

劳资关系层面提升到了政治层面,并成为了民族主义和爱国主义示威活动的主题。在全中国已经发表的众多宣言中,大概找不到提到劳工状况的。它们的内容就是辱骂大不列颠和日本(尤其是前者)以及要求去除所有的限制,比如把中国和其他各国区别开来的所谓"不平等条约"。

在中国和海外通常犯的另一个错误,是把整个事件的责任归于被笼统称为"布尔什维主义"的力量。我认为,这方面的情况在上海本地被强调过分了,而没有给予当今中国的民族主义运动应有的关注。我不否认苏维埃密探们的金钱和影响力帮助煽动骚乱,我们的确也有证据,但是,他们没有制造运动,而只是援助它。所以,如果我们认为运动是布尔什维克煽动的结果,就可能对整个事情得出错误的认识。

考虑到在中国生命的价值微不足道,以及中国当局自己惯于冷酷无情地对付此类暴乱,目前发生的事件竟然会激起如此广泛的义愤可能有些令人惊讶。但是,应该记住的是,中国人会容忍来自于自己同胞的很多事情,但如果来自于外国人则决不忍受。可是,我确信,上海当局自己甚至在开枪后还不知道他们的行动会酿成我们眼下所面对的危局。这使我想到一点,尽管它不是动乱的基本原因,但还是值得一提,因为它是助长中外人士之间不信任和敌对气氛的因素之一。我本人不了解上海,谈论这个问题不具有权威性。但是,中外人士留给我的印象是,一般上海侨民对住在国居民的态度是华人怨恨不断增长的根源。在我看来,许多沪上商人没有注意到正在中国发生的变化,他们未能察觉并满足中国人日益增长的参与租界政府的愿望,他们顽固坚持正在迅速变得过时的权利和特权,这些都有助于解释各阶层华人这一次表现出来的对外国人的总体态度,尤其是对上海工部局董事会的态度。这是我一定要提到的一点,但是,由于我缺少实际经验,我并不想坚持这一点。

目前局势的主要特点,当然是它证明了这个国家民族主义以及可以称之为民意的那种力量的发展。6 月 16 日我和总执政会谈时,段元帅说出了这一点。他说,在过去的岁月里,中国政府与各国谈判(经常以非常愚蠢的方式)甚至想不到考虑中国全体国民的看法。他们做自认为合适的事情,除了他们自己的信念或利益,无视其他任何权威。他说,现在这样做是不可能了,而且从今以后每一中国政府都必须考虑到中国的民意。我确信总执政阁下所言非常真实。一个过去十年来日益加剧的运动,如今又发现自己拥有了民众的呼声,要求至少把受过教育和受过部分教育的中国人团结在它的周围,上海事件则为这个运动提供了动力和表达方式。我认为,过去几个星期的事情将构成中国与外国关系的分水岭,各国将来会被迫考虑到中国民意的力量。近来的事件表明了软弱的现政府怎样完全受到学生和其他极端分子的胁迫,这些人仍然会是这个国家的实际主宰,除非有一个真正强有力的权威掌权。

可悲的是,中国民众真情的爆发竟然伴随着蓄意的歪曲和谬传,以及竭尽所能举出大不列颠之名大肆辱骂。无庸向您保证,阁下,我已经想方设法劝使中国政府禁止或反击无数的仇恨我们国家的煽动,它们出现在报纸上、街道上,甚至是政府铁路上,但是,总执政和外交总长都太害怕学生了,不能采取任何行动停止这场谎言战争。我担心,他们还倾向于为了自己的目的利用煽动活动,而且希望它是较平常更快、更容易逼迫各国让步的一个手段。一直软弱、没有骨气的外交总长眼下非同寻常地难对付,因为他每天生活在被暗杀的恐惧中,总是躲避攻击外交部的学生们。我已尽我所能回击报刊上的反英宣传,而且还在这样做,但是,难以劝说中国的报纸(它们不加删节地复制全国各地主要是由教育机构发表的污蔑性呼吁书和宣言)刊发任何令学生反感的内容。苏维埃的代理人自然发现这个局面是他们施展诡计的温床。

简要概述之后,我将叙述上海骚乱之后的事情。上海本地立即爆发了罢工。其他的军舰加入了在港外国军舰的行列,国际部队登陆与义勇队会合维持秩序。此后没有发生严重的骚乱(不过,英国人麦肯齐(Mackenzie)于6月15日被杀,加万中士(Gavan)于6月17日遭到暴徒的凶猛攻击），而上海外国侨民主要关注的是维持这个港口日常生活所必需的公共设施。沿海和内河航运几乎立即空闲下来，但到我写信时，远洋轮船还在继续停靠上海。

迅速遍及全国的煽动活动很快产生了效果。扬子江流域的镇江、南京、汉口、九江和重庆爆发了严重的骚乱。在汉口，为保护英租界不受暴徒们的攻击——他们已经打死了一名日本店员，必须让来自英国船"蜜蜂"号（Bee）的分遣队上岸并向袭击者开枪。我和外交总长关于这个事件的往来照会副本，我已用一封单独的快信递送给您。总长阁下向我抗议他所描绘的我同胞的非人道行为，我只得在回复中向他指出事件的真相，并且拒绝对应由中国人自己负责的事件承担任何责任。这些照会都已经发表，但是，应总长阁下的请求，我抗议这场歪曲诽谤大不列颠运动的照会（见 6 月 22 日我的第 421 号快信）没有如我最初打算那样提供给报界。

哲述森关于镇江发生的事件的报告，我已经发送给您。如果不是他的冷静判断阻止了向暴民开枪，那里的事件的确是严重的。在汉口，骚乱集中在和记洋行工厂附近，那里由于外籍雇员（中国工人全都罢工了）的努力才阻止了价值好几千英镑的存货悉数损失。目前我得到的来自重庆的消息甚少，但我听说英王陛下领事已经被迫撤出领事馆，英侨在街道上遭到打砸。无须补充说明的是，只是因为有英王陛下舰艇停泊在这些港口才阻止了严重得多的事件的发生。与以往任何时候一样，英国臣民应该感谢英王陛下海军的慷慨援助。在九江，暴徒们抢劫并纵火焚烧了英国和日本领事馆，他们扯下英国国旗付之一炬。我向外交总长提出了口头和书面抗议，并保留我要求为此侮辱举动正式道歉的权利。每一次得到反英骚乱的消息，我都立即请求会见总长阁下，并向他提出最强烈的抗议。通常我得到的答复是，上海事件一经解决，就不会再有骚乱。我不能不指出，在（上海事件）解决之前，制止这些危险的煽动活动是中国政府的明确责任。对此总长阁下答称，已经向省级当局发出了最为严厉的保护外国人的命令，我无须担忧我同胞的安全。我还得到了来自总执政的类似保证。在目前的情况下,在大多数省份几乎不承认北京政府权威性的时候,我担心这样的保证毫无价值,而且,在每个事件中,中国人对事情的描述都是把所有的过错推给外国人。正如我屡次向总长阁下指出的那样,在那些当局对学生示威采取坚定态度的地方(比如在厦门、长沙和宜昌),就没有发生骚乱,而且,如果北京政府自己首先有勇气制止这里的煽动活动,局面就不会变得如此严重。但是,正如您从5月22日我的第347号快信中知晓的那样,北京政府对学生的态度始终是可悲的软弱,而且自始至终力图不惜任何代价安抚他们。外交部6月1日向领衔公使发出第一份抗议照会时,私下里让公使馆馆长们理解,这只是一个安抚民意的姿态。可是,一旦让步,中国政府很快就容许事情朝着他们不能控制的方向发展,而且外交总长和总执政都公开宣布,他们不能冒险禁止北京发生的众多示威活动。他们完全意识到了示威活动的危险性,因为他们请求公使馆馆长们禁止其侨民接近煽动者,但是,他们自己不采取任何措施减轻危险。我担心,学生们得到了许多英美新教传教士和牧师的本意良好但不明智的言论的鼓励和支持,这些人公开站在学生一边反对外国人。

　　我收到了来自汕头、宁波、太原府、开封、成都、天津、推南府①以及青岛的反英煽动活动的报告,但性质不是那么严重。今后我们受到工业领域大规模反英运动的威胁,诸如罢工和联合抵制之类。但写信时似乎是暂时的平静。

　　我说说北京的情况就结束此信,我担心太长了。上海五卅事件的消息于5月31日传到首都。6月1日,外交部照会领衔公使(这样从一开始就承认了事件的国际性质),抗议巡捕的行动,诬蔑为非正义、非人道的行动。6月2日公使馆馆长们召开会议,决定复照指出:巡捕的行动出于自卫,以防备正在攻击巡捕房的暴徒。同时,6月2日,我

---

①　音译,原文件为 Tuinanfu——译者注。

和我的美国同事到外交部递交关于开放某些内河港口的联名信以后，以同样的方式和外交总长讨论了这件事情，指出在各个国家都预作准备以向暴徒开枪作为最后的手段。总长阁下显然非常烦恼，对未来非常忧虑，他还请求我们尽我们的能力减轻骚乱，于是我打电报给英王陛下驻上海的总领事，敦促他奉行既有安抚性又适合于维持秩序的行动方针，后来我还告诫英王陛下驻全中国各地的领事官们按照同一精神行事，并尽其所能避免与中国的煽动者发生冲突。我知道，巴顿先生从事情一开始就以最具安抚性的方式行事，刚从上海回来的魏礼克先生谈到巴顿在极端困境中的态度和行动，赞誉之辞，无以复加。在其他发生骚乱的口岸，英王陛下领事官们的镇定和勇气也同样值得热情赞扬。外交总长尚未收到我们 6 月 4 日的照会，就发出了致领衔公使的第二份照会，日期也是 6 月 4 日。他在照会中描述了 6 月 1 日新发生的事件，并以更为强硬的措辞抗议公共租界当局的野蛮和暴行。在 6 月 6 日反驳这些指控的复照中，领衔公使通知外交部，我们决定派公使馆代表去上海调查情况并向我们报告。我们所有人都认为担负着最终责任的公使馆馆长们，必须采取某些建设性步骤对付局面。大家还认为，上海领事团和市政当局肯定无法和我们一样充分认识到多么意义深远的问题现在被牵扯进来，不应该让他们独力谋求解决的办法。我们的代表团组成如下：

祁毕业①，法国公使馆参赞。

魏礼克②，英国公使馆一等秘书。

顾尔霖③，美国公使馆一等秘书。

重光葵④，日本公使馆一等秘书。

---

① C. J. M. Tripier，时任法国公使馆参赞——译者注。

② G. M. Vereker，时任英国公使馆一等秘书——译者注。

③ E. G. Greene，时任美国公使馆一等秘书——译者注。

④ Shigemitsu，时任日本公使馆一等秘书——译者注。

斯嘉图①,意大利公使馆秘书。

于兰斯②,比利时公使馆二等秘书。

这些人于 6 月 8 日离开北京,6 月 20 日返回。如您所知,由于中国代表坚持与正在讨论的问题完全无关的许多要求(诸如交还会审公廨、工部局董事会华人代表、公共租界拓界,等等),他们达成解决办法的尝试没有结果。但是,他们到访上海给我们提供了非常宝贵的讯息和资料,对于魏礼克先生在谈判和调查上海总体情况中发挥的作用,我借此机会表示感谢。以后我会把他的访问报告呈递给您。

6 月 11 日,外交部以一份再次批评巡捕行动的照会又回到这个指责上来,并且要求(除了其他的事情以外)解除上海紧急状态、登陆部队撤回船上以及遣散义勇队。在 6 月 12 日的答复中,翟录第说,已指示在上海的外交代表与领事团和中国代表协调行动,结束上海的危险局面。同时,他提醒中国政府他们所招致的在北京和其他地方维持秩序的重大责任。这里应该注意的是,这个时候公使馆馆长们决定扩大对其代表团的授权,而最初仅仅指示代表团调查情况向馆长们汇报。6 月 12 日发电报给代表团,授权它与蔡廷幹将军及其同僚(外交次长曾宗鉴、上海外事交涉员许沅、江苏省省长虞洽卿③)讨论 6 月 11 日外交部照会所提出的要求。解除巡捕武装的要求不能接受,被搁在一边,从一开始中国政府就力图坚持这一点。但是,其他的要求似乎提供了一个讨论的基础,认为可以按照这些要求开始非正式谈判。我们已经指示我们的领事们尽可能安排至少撤回一小部分海军,因为这可能会产生好的效果。与此同时,询问代表团是否愿意转变为一个中外混合委员会,审查有关骚乱起源的各种调查结果,并由此达成一致的看法。这些努力都没有结果。但是,我认为,它们显示出公使馆馆长们完全愿意以适合中国人的方式进行谈判。只是当后者坚持讨论不相干的诸问题

① G. Scaduto-Mendola,时任意大利公使馆秘书——译者注。

② J. Ullensde Schooten,时任比利时公使馆二等秘书——译者注。

③ 原文有误,江苏省省长为郑谦——译者注。

时,我们的代表团才中断谈判,返回北京。代表团负责人祁毕业以高超的技巧和良好的判断进行谈判,应该得到盛赞。

公使馆馆长们和外交部之间通信的唯一另外一项内容,是6月17日领衔公使致中国政府的抗议书(附回复),其中列举了汉口、镇江、九江以及其他地方的事件,并严正警告中国政府应负的责任。一致认为,比起由我和我的日本同事单独提出抗议,这是更加满意的处理这些事件的办法。借此机会,我高兴地记录在案的是,目前危机的整个过程中,所有的公使馆馆长一致决心保持团结面对中国政府,并且不容许后者把英王陛下政府或日本政府单独挑出来加以攻击,从而利用局势。我衷心感谢他们的支持,尤其是领衔公使翟录第先生的支持,他的态度自始至终都是令人钦佩的。他既坚定又温和,在这个危机关头,事情的处理不可能更加妥善了。

这方面的问题就谈到这里,我或许应该补充的是,在新闻界和其他地方,有过几次尝试证明日本政府急于把自己分离出来,而让大不列颠承担事件的全部责任。我认为最好是和日本公使坦率讨论这件事情,并提醒他注意报上的说法,当然我小心地补充说,我认为它们只是在我们两国间制造麻烦的恶意企图。芳泽谦吉先生①感谢我的坦率,而且给了我最为明确的保证,即,他和他的政府打算与大不列颠和其他各国最密切合作开展工作。我从查尔斯·艾略特爵士②6月19日的第150号电报中看到,日本外相重申了这个保证。

我们的代表在上海谈判期间表现出来的团结一致,无疑也对中国人产生了有益的影响。

领衔公使和外交总长以及我和外交总长之间的往来信件的副本,我正在另行封寄,免得这封信里装满了附件。

在此应该说说北京流传的危言耸听的谣言,尤其是在6月13日到

————————

① Yoshizawa,时任日本驻华公使——译者注。
② C. Eliot,时任英国驻日本大使——译者注。

15 日的周末期间。据说,现在控制北京的冯玉祥的部队不可靠,他们随时会拿起武器对付外国人;另有人说,政变迫在眉睫,学生们在暗杀外交总长和总执政之后,会在我们的俄国同事的帮助下建立共产政府;还有人断言,张作霖元帅和他的对手之间即将爆发内战,而北京会发生巷战。关于张作霖元帅的意图,我们得到了来自于天津的耸人听闻的消息,据说他已经逮捕并处决了几名共产党领导人,其中包括王先生①。惊恐的气氛在公使馆馆长会议上反映出来,正如我在第 124 号电报中向您报告的那样,6 月 14 日下午匆忙召集会议,讨论在京外国人的处境以及张作霖元帅派军队保护的提议,正如我在电报中所报告的,我和麦耶先生②(美国代办)发现,只有我们两个人认为最好让张作霖元帅自己决定是否干预,而且不愿对局势抱极度悲观的看法。一般认为,现政府没有能力保证在京外国人的安全,我们感到抵挡不住这个看法,因此,详细讨论后,我们同意交给元帅密使以下答复,他正在隔壁房间里等候我们的研究结果:

“公使馆代表知悉,张作霖元帅希望他们重视在北京恢复秩序的必要性,以防止可能出现的混乱和局势的恶化。

“公使馆代表很荣幸地通知张作霖元帅,他们非常关注侨民的安全,欢迎一切协助政府维持秩序的努力,以采取适当措施阻止目前的动乱。”

我和麦耶先生坚持这样做出答复,即清楚地表明我们不请求张作霖元帅承担任何政治责任,也决不在他和冯玉祥将军之间进行调停。但是,我甚至对这个含含糊糊的行动一点也不满意,因为我担心我们正在参与元帅的某些秘密策划的阴谋诡计。不过,我本不必担忧,因为他没有依照我们的信件采取行动,或者是因为他认为这样做不明智,或者是因为中国政府对他干预的想法感到忧虑,自己采取行动至少平息了

---

① 音译,原文件为 C. T. Wang——译者注。
② F. Mayer,时任美国驻华代办——译者注。

城里的部分煽动活动。在此我应该补充的是,我以为我们的领衔公使要把我们与张作霖元帅的通信告诉总执政,可是在下一次会议上发现我错了,他并没这样做。但是,我毫不怀疑事情传到了中国政府耳朵里,并促使他们采取更有力一些的行动。

北京时常发生学生和其他人的游行示威。主要的几次发生在 6 月 3 日(当时,英王陛下公使馆正在举行庆祝国王寿诞的花园招待会,煽动者试图深入到使馆区,他们的呼喊声给招待会平添了热闹)、6 月 10 日(其时猛烈的暴雨浇灭了示威者的热情)以及 6 月 15 日。曾经忧心忡忡地等待 6 月 15 日的游行,但它平安无事地过去了。到目前为止,示威者秩序井然,而且,尽管他们言辞激烈(通常是"杀洋人"),但他们的行动是没有恶意的。他们的要求极为广泛。最极端的纲领包括对大不列颠宣战,而他们的要求中最温和的当数由英王陛下政府道歉以及撤回英王陛下驻上海总领事和我本人。许多示威者差不多就是孩子,只是激起了同情而已。不过,为了准备应付事件,修整了公使馆的防御设施,来自天津的一支特遣队加强了公使馆的警卫。还作好了安排,一旦出现真正危险的迹象,所有想来避难的英国臣民都在公使馆内集合,尽管我本人预料不会有这种需要。几乎没有骚扰在京外国人的情况引起我的注意,而且多数居民好像不是非常同情学生们的煽动活动。街道上的反英招贴画和小册子、报刊上刊登的言辞激烈的文章至少在北京没有产生很大的效果。一如既往,拥有长期在华经验的那些人中,看法甚是冲突。有些人认为形势极其严重,比得上以前的拳乱时期,同样消息灵通的另一些人则认为,目前的煽动活动是表面上的,很快就会过去。真相可能介乎于二者之间。

目前局势模糊不清的一点是张作霖和冯玉祥的关系问题。这两位军事领袖发给总执政的电报(见 6 月 12 日我的第 20 号电报)清楚地表明,他们都不愿因指责学生的排外煽动而招致其不满。的确,冯将军至少在他的宣言中几乎变得狂热反英,宣言声称他愿即刻对英开战。对这些不必太认真,但是,张作霖的电报虽然没有那么激烈,也是明确敌视英国的。几天前他的密使拜访我时，我告诉他这封电报的措辞使我很吃惊，后来他一直急于力图为元帅的行动辩解，不是很成功，因为他能够提出的唯一借口是，为了回避冯将军邀元帅联名致电的请求，张作霖被迫独立发出电文。应我的要求，英王陛下驻天津的总领事请求会见元帅本人，向他说明情况。元帅告诉总领事，他不可能置身事外，而听任其他派别表达民族感情。如您所知，元帅派他的儿子张将军率小部队前往上海，打算帮助维持华界的秩序。

我认为，元帅拿不定主意，是否时机已到，可尝试让他的军队占领北京并冒险与冯将军发生冲突，后者可能愿意也可能不愿意不加抵抗就撤出首都。眼下元帅在北京有约200名宪兵，但他的部队还在城外，大部分（一个旅）在通州。他表示，没有政府的邀请不愿向北京派出任何军队。但是，他可能欢迎这样做的机会，而且，如果北京出现了严重的骚乱，我一点也不怀疑他会立即行动。与此同时，张作霖声称冯和布尔什维克要对目前的动乱负责任，而唯有他才能抵挡他们，以此继续着争取外国（尤其是英国）支持的一贯策略。目前局势不确定，其结局取决于他的行动，而且，比我有能力的观察者认为，要到张作霖和冯玉祥之间的问题尘埃落定时，我们才会取得目前危机的满意解决。

正如近几天发生的事件所表明的那样，与现政府继续谈判确实是一项极为艰巨的任务。公使馆馆长们于6月19日开会讨论公使馆代表团回京所造成的局面。大家认识到宣布中止上海谈判可能产生的不利影响，为了抵消这种影响，决定立即向报界发出如下声明：

"关系国外交代表者所派上海委员，本来主要负调查之使命，其后扩张权限，遂令与中国方面委员相与折冲。乃中国方面之委员，逾该派遣委员等权限以外，提出要求，故派遣委员等知悉其事实，遂行回京报告，现在途中。各关系国外交代表，已向外交部发致通知，对于交涉之开始，希望毫无迟滞。但各代表之意，以为应以正义与公平为基础，将上海事速行解决，为协定上之第一目的。顾中国政府之希望，其向各派遣委员所提出者，为关于上海公共租界之组织，及同地租界内之司法行政等事件,此应由各关系国代表者,向各关系国政府要求,与以最友谊的精神,以相协议者也。"①

　　领衔公使急忙把我们的决定告知外交总长,并请求他任命我们与之谈判的代表。但是,得到的是令人惊讶的声明,称外交总长和总执政都强烈反对在北京谈判,这里的气氛远不如上海有利。在北京没有可以安全平静地进行谈判的地方,简言之,唯一可行的步骤是我们的代表团回到上海恢复谈判。拖延几天或几个星期都是无足轻重的。自然,这个惊人的巨变只不过是恐惧造成的,因为仅仅在几天前,总长阁下还在强调拖延解决上海问题极其危险。外交总长已经受到暗杀威胁,他不敢面对如未能谋求到学生们要求的一切所招致的不得人心。翟录第徒劳地向他指出,几乎是世界上任何其他城市不可企及的,北京有无数重重围墙护卫的僻静建筑可供选择,可以在那些地方进行谈判。总长阁下还是态度坚决,而且,如果他和段元帅都继续坚持这个看法,他们不愿意,我们也难以压服。

　　同时,我从魏礼克那里了解到,蔡廷幹将军担心自身的安全——这个情况在上海同样严重,这使他不能以合理的态度对待我方代表的提议。所以,难以预见会在哪里恢复谈判。

　　很遗憾以这么不令人满意的语气结束本信。但我相信,在以后的报告中我或许能够提供给您比较令人释然的消息。

　　本信副本寄送总司令、英王陛下驻东京大使以及英王陛下驻上海总领事。

白拉瑞

BDFA,Part II,Series E Asia,Vol. 29,pp. 239–247

---

① 该法文声明之译文录自《中华民国史料》第3册,第111—112页——译者注。

张伯伦致艾略特

外交部,1925 年 6 月 30 日

阁下:今天上午日本大使求见。

他请求会见,显然是为了获知英王陛下政府对中国时局的看法,我同样急于得到他关于日本政府对中国时局看法的说明。但是,他先告诉我,来自日本的消息少得可怜,关于所发生事件的消息他甚至主要是依靠英文报纸。他了解到中国政府向各国发出了照会,但关于照会的内容还没有任何消息。他问我可否告诉一二。因此,我请沃特洛先生①参加进来,他带来了照会文本以及北京外交团已向各自政府提出的回复建议。大使阁下说明了他的个人看法,即,我们必须支持上海领事团和工部局,我们还必须避免可能令中国人以为能够以暴力逼迫各国让步的任何行动,这是从他并不匮乏的中国事务经验中得出的看法。

我告诉大使阁下,我完全赞同这些看法。以我之见,外交团的回复建议不妥当,因为没有充分说明华盛顿会议以来一无进展的原因。在我看来,必须明确向中国政府指出,停滞不前不是由于各国方面不愿意继续改革的路线,而是由于中国的形势以及中国人独自所能控制的形势使得会议不可能召开,而且这种情况还在继续。我自己的看法与大使阁下所言相一致。我们的首要责任是保护我们侨民的生命财产安全,如他所说,我们不可能召集一个也许伴随着激烈排外活动的会议。所以,第一步是恢复秩序,停止排外运动。如果做到了这一点,我希望各国以开明、宽容的精神考察中国的状况,不过在中国的稳定大有进展以及她的司法制度大有改进以前,我想不可能有任何国家计划取消治外法权,或者是让其侨民毫无保护地听由中国司法机构决定命运。

整个过程中我只是回应和发挥大使所表达的个人看法。我补充说,在我看来,成功应付局面的首要条件是,拥有在华利益的各国紧密团结,由衷合作,尤其是日、美、英政府之间完全的相互谅解,我还特别

---

① Samuel Waterlow,时任英国外交部远东司司长——译者注。

满意地评论了上海领事团和北京外交团在行动时的全体一致。

大使阁下表示他完全同意这个看法,沃特洛先生还得以补充说,(美国)国务院的代表参加在(英国)外交部的会谈,表明了华盛顿亦持有相同的看法。

我向林男爵①提出问题,把他当作中国事务专家而不是日本驻英国宫廷的代表,努力想让他透露一下,日本政府在何种程度上把目前的动乱归因于苏联机构的影响,以及如果有的话,各国可以采取何种举措让各军事首领支持谈判,或者更确切地说,把他们团结起来支持中央政府。但是,两个问题一个也没有得到大使明确的看法。我发现他总是非常沉默寡言,这一次他坦陈没有接到训令,而且对所发生事情的了解极不全面。但是,就会谈的情况看,令人满意的是它预示着对考虑中的即期目标以及实现目标的相应步骤有了大体上的一致。

奥斯汀·张伯伦

BDFA,Part II,Series E Asia,Vol. 29,pp. 143–144

英国外交部致法、日、美、意大使:关于
上海暴乱司法调查的备忘录

1925 年 7 月 17 日

本身就应被视为最严重的中国局势,又因北京外交团和上海公共租界工部局之间令人遗憾的意见分歧而复杂化了。值此最迫切需要团结一致、相互支持之际,面对着中国的排外浪潮,这一争议不仅使上海和北京对立,而且影响到外交团自身的团结。

困难产生于为对付 5 月 30 日爆发的上海暴乱所采取的行动。最初北京政府的态度似乎是理智而和解的,因此希望可以达成迅速的解决。外交团决定派出以法国公使馆参赞为主席的赴沪调查委员会。与此同时,中国政府派出了一个两人委员会,他们都是外交团所信任的

---

① Baron Hayashi,时任日本驻英国大使——译者注。

人。因此,解决的前景似乎并非无望。遗憾的是,中国委员没有能够顶住来自其国民的压力,在解决条件中插入了影响到公共租界整个体制的意义深远而且(与本案)无关的要求。

外交团委员会立即返回北京向负责人汇报,他们随即得出如下结论:

1.他们认为,上海公共租界工部局董事会总董并非没有责任。

2.他们谴责总巡麦高云上校的无能和玩忽职守,认为应予撤换。

3.他们免除了对下级军官、捕头爱活生的严重指责,不过他们认为他或许本可以早一些请求增援。

4.他们认为有缺陷的巡捕条例要负部分责任,应予修订并公布。

他们的最终结论是,导致整个动乱事件的示威活动是在华界组织的,因此中国政府必须采取措施惩处有责任的官员。7月6日外交团把这些结论传达给工部局董事会,并打算还要通知中国政府和报界以平息中国人的情绪,并证明他们公正行事的决心。

工部局董事会立即提出抗议,并要求进一步调查。后来他们表示绝不同意前两项结论,拒绝解除总巡职务,并称"他们主要只对上海公共租界全体选民负责"。他们重申,一致认为应由为此指定的独立法庭进行调查,他们准备指定这样一个法庭,或者与领事团或其他主管当局合作指定,他们作好充分准备接受并执行届时由该法庭宣布的任何决定。

英王陛下驻北京的代表告知,外交团强烈反对工部局董事会的建议及设想,白拉瑞关于这个问题的电报原文照引如下:

"我可否提醒您,6月24日(即您在下院陈辞6天以后)您写给我如下内容:

"'毫无疑问,您将向英王陛下的领事们转述外交团关于委员会调查结果的深思熟虑的看法,包括某些可以公布的证言。如果警察机构应负责任,我们可能应该予以承认,作为我们善意和想要立即消除任何合理怨愤的保证。'

"从那时起,我一直依据这样的设想行事,即,公使馆馆长们将发表对其代表团报告的意见,其中自然包括建议去除他们所认为的骚乱的部分起因。

"我从您给上海的电报中了解到,您正在运用您的影响力劝使上海公共租界工部局接受我们的建议,而且,一般而言,您会批准避免与工部局董事会公开分裂的任何解决办法。

"您现在提出的建议就是巴顿先生①想要强迫公使馆馆长们接受的、但经仔细考虑后予以驳回的建议。我们一致认为,这样一个程序会无限期拖延事件的解决,而且拟议中的委员会不具有合法地位,只能提出不具有约束力的建议。再者,不能期望有中国人参加的委员会会达成一致的决定,而把中国人排除在外只能激起他们敌意的非难。您的设立新的国际调查法庭的建议,自然等同于驳回了公使馆馆长们的结论,并否定了他们尽其所能建议行政措施以应付整个政治局面的权威性。我必须提醒您,如果指示我向公使馆馆长们建议此一步骤,团结的局面将会立即分崩离析,英王陛下政府自己应付所有问题的要求将会卷土重来。

"同时,您会从我以后的电报中看到,工部局董事会准备接受麦高云上校的辞职,并不再坚持进一步的调查。

"您的电报现在再次提出了一开始的问题,我必须请求明确的紧急训令指示我作何态度。"

这就是所出现的僵局,在这个时候,极力地说更审慎地处理问题根本不应该出现僵局是没有用的。僵局摆在那里,必须处理,予以消除。英王陛下政府非常希望维护外交团的团结和威信,但是,他们认为必须考虑上海公共租界工部局的态度,还必须考虑平息中外舆论,即,所有有关各方都得到不偏不倚的公平对待。

尚未对上海暴乱的有关事实进行公开的司法调查,而关于暴乱已

---

① S. Barton,时任英国驻上海总领事——译者注。

经发表了如此大量的带有倾向性的、不确切的报告,正是这个情况必定令任何没有偏见的观察者觉得反常。除了与工部局董事会争执的正反两方面意见以外,为了包括中方在内的各方面的利益,看来需要这样一项调查。尤其是,如果一位年长可信的雇员也许因调查结果受到指责并被撤职,为了做到对工部局董事会公平合理,看来这样一项调查是必不可少的。最初的外交调查委员会由外交团中级别较低的人员组成,派出时非常匆忙,也没有特别的指示。到目前为止,我们还没有关于他们如何进行调查的详细情况,但是很明显,他们调查的方式不可能博得与司法调查同样的认可和信赖。遗憾的是,外交团已经驳回了上海方面提出的这样一项调查的建议,并认为外交团委员会的报告足以作为他们想要公布的结论的根据。但是,如果指出他们的调查委员会所做的只是先期调查,提供了确凿的初步证据,这应该可以维护外交团的地位,为外交团的团结和名望着想,认为由外交团首倡这个建议比较好。

所以,英王陛下政府建议:

1. 支持公开司法调查的建议;

2. 用供发表的信件通知工部局董事会;

3. 主要的有关各国政府向其代表发出相似的训令,内容类似于所附之英王陛下政府准备发给英国代办的电报。

关于第 1 条,司法委员会应由了解远东、但与上海没有直接关系的美、日、法法官各一人以及一名英国法官组成。看来最好不包括中国代表,因为中国政府处在不同的立场,而且不对公共租界负责。该委员会应该有权取得宣誓后提供的证据。如果是英国臣民没有困难,因为可以颁布紧急国王规例,至于其他国家的侨民,希望他们的政府立即考虑让合适的司法机构开始工作。为了使证据确定无疑以维护所有有关各方的利益,还需要中国人的证据,外交团应与中国政府交涉以得到许可采集此类证据。

关于第 2 条,建议再与工部局董事会通信如下:开始先提到中国人的责任,因为最初的示威活动是在中国管辖地区组织的,接着对应付示威的准备工作未能更加令人满意表示遗憾;要求修订并公布巡捕条例;最后,表示他们的调查使外交团得出结论:应进行公开的调查以确定事实,明确责任,平息中国及海外的舆论,即,伸张正义以及在这样的调查表明需要改革之处实行行政改革。外交团应予补充的是,在他们看来,在此项调查之前总巡应停职,但薪酬不损失,地位也不受影响。

外交部,1925 年 7 月 17 日

BDFA, Part II, Series E Asia, Vol. 29, pp. 187–189

有关五卅事件的中外交涉①

1925 年

外交委员会的调查

59. 派往上海的外交委员会由法国公使馆参赞以及英、美、日、比、意公使馆秘书组成。委员会于 6 月 6 日离开北京②,6 月 18 日返回。委员会的调查在此不必详考。

60. 谈判最终破裂实际上缘于上海的政治情绪太过高涨。事件激起了那么多的政治和种族恶感,立即解决的希望不得不放弃。中国警方没有适当的控制措施,这证之于持续发生的许多袭击外国人事件以及委员会逗留期间麦肯齐先生(Mackenzie)和邓肯小姐(Duncan)一死一伤。此外,在背后始终存在着布尔什维克阴谋煽动的幕后黑手。中国谈判代表,尤其是蔡廷幹将军,完全受到学生和工会的胁迫,出于自卫被迫一次又一次地尝试:或是将外交代表团转变为一个中外混合委员会以扩大谈判基础,赋予该委员会一切必要的权力解决所有争论各项;或是被迫提出各种要求,这必定牵涉到扩大谈判基础,以把交还会审公廨这样有争议的问题包括进来。

---

① 本文节选于《1925 年中国事务年报》,段落前标号为原件所有——译者注。

② 原文如此,委员会离京系 6 月 8 日——译者注。

61.因此,中方谈判代表在 6 月 13 日突然把 13 条要求摆在外交代表团面前。13 条要求实际上是由憎恨外国人的上海总商会会长虞洽卿起草的,内容如下:

(译者注:略,请参阅本书中文资料的有关内容。)

62.谈判因中国人的不调和态度而破裂。然而,外交委员会回京具有让中国人普遍清醒的效果,外交委员会在所有问题上表现出的联合阵线进一步强化了这种效果。

63.在此期间,能说法语、有学识的外交总长沈瑞麟和英王陛下代办屡次会谈,会谈证明了沈既懦弱又无能。事实上,他没有做任何事情显示其权威,或是制止学生的煽动活动。

64.(略)

65.这一阶段,北京的重要地点开始张贴狂暴的、侮辱性的标语,主要是反英性质的。有些是图片,画着锡克教士兵射杀无辜的中国逃命学生。其他的是中文或英文的煽动性呼吁书。几个月后中国当局才采取行动清除或擦掉这些呼吁书。

66.英王陛下公使馆现正收到大量情报:北京的示威是由于苏联大使及其资助的代理人的活动造成的。

67.6 月 18 日,在沪的外交委员会中止谈判返回北京,所以现在又要由外交团来解决问题。

68.在 6 月 19 日的外交团会议上,意大利公使强调了各国保持团结并对中国政府的要求表现强硬的必要性。决定由法、意公使和美国代办与中国政府进行谈判。

69.通知外交总长这一决定并请求他任命外交团代表与之谈判的中方代表时,得到了令人吃惊的答复:沈先生和总执政都强烈反对在北京举行谈判,这里的气氛远不及上海有利;北京也没有地方可以安全平静地举行谈判。简言之,唯一可能的步骤就是英国代表回沪恢复谈判。这一惊人的大转变自然只是由恐惧引起的。

70.同时,工党在下院发起的辩论,显然想要把目前中国舆论恶化的情况归咎于以外国方式和外国资本发展中国工业制度的恶果。辩论中,英王陛下首席外交事务大臣张伯伦发表了关于中国局势的重要声明。

71. 张伯伦称:"与其他有关国家一样,我们将保护在华英国臣民的生命和财产安全,而且我们将使中国政府对英国臣民或财产所遭受的一切肆意伤害和损失负责。毫无疑问,不可以软弱,不可以犹豫。"回顾了上海事件的详细情况后,他进一步表示:"我们所有人都认为应该对这些情况进行最为全面和坦率的调查。"

72. 在 6 月 7 日的领事团照会和 6 月 18 日英王陛下首席外交事务大臣在下院所做的陈述中,都没有保证所允诺的调查或质询是司法性质的,尽管确实是这样,但上海方面仍然认为,如果不是作为细致的司法调查的结果而施加处罚,就不可能公正地实行惩处,进行司法调查的人员不同于外交委员会成员,他们应该有能力权衡经宣誓提供的证据。这样的司法调查与英国人在印度和其他地方的类似暴乱事件中确立的先例相一致,在本案中则更为正当,因为它针对的是英国人占优势的市政当局的英籍雇员,而中国人的愤恨主要是对着英国人的。

73. 但是,外交团不是这个看法。上海工部局的独立和顽固过去有几次曾让拉丁各国的代表受挫。主要是在法、意公使的倡议下,大家认为,应立即施加行政处罚以平息中国舆论,这种处罚为了解欧洲大陆行政法概念的人们所熟知。

74. 外交委员会从上海返回时提交的报告,完全撇开了上海工部局拒绝接受任何行政处罚可能产生的危险,报告的性质似乎不证明北京外交团有理由作出现在的决定。

75. 应当记住,委员会只是北京外交团授权派遣的一个政治性委员会,决没有被赋予进行司法调查的权力。

76. 在委员会以法文拟具的、附加说明的报告书中,有某些对工部局董事会以及麦高云先生非常温和的指责,采用的方式是表示委员们心存一个疑问:是否充分运用了先见之明以防止 5 月 30 日出现的危险局面,报告指出,捕头爱活生的命令实际上使他别无选择,只有开枪,同时也认为应该早些派出警力增援他。

77. 尽管报告书语气谨慎,而且,关于工部局董事会和警察当局对事件的责任,委员会显然不愿表示决定性的意见,然而,在代理外交团团长之职的意大利公使影响下,外交团决定不必再作调查,并建议上海公共租界工部局将总巡麦高云免职,捕头爱活生调职。还一致同意工部局董事会总董、美国人费信惇①应该受到指责。7月1日将传达这些处分的电报发给了上海的意大利领事兼领衔领事德罗西②,以通知上海领事团和上海公共租界工部局。电文内容同时传送给中国政府和报界。

78. 遗憾的是,采取这一行动的决定系由英、美、日代表商定,没有惯常的保留,即必须首先经有关政府批准,而且,英王陛下政府尚未有机会表示意见,电报已经发给了上海的领衔领事。

79. 上海对北京可能的行动感到不安,关于行动,工部局董事会认为不会征求他们的意见,而且,通过这样的行动,许多有关的英国利益集团可能受到危害。外交团决定日本公使和英国代办避开,而由意、法公使和美国代办继续谈判解决上海事件,这个决定已加重了上海的不安情绪。

80. 所以,外交团相当突然而专断的决定,这样突然地通知上海,立即激起了英、美、日总领事的强烈抗议——他们代表着约九成的外国利益,并且强调专门组织司法调查的必要性。

81. 英王陛下(驻上海)总领事确信工部局董事会总董和董事们一接到外交团对其行为的公开指责就会辞职,他毅然发电报给英王陛下政府,极力要求阻止传达电文,并重新考虑外交团的决定。7月5日收到了外交部的电令,指示暂停按原计划把外交团的调查结果通知中国

① S. Fessenden,上海公共租界工部局董事会总董——译者注。
② M. de Rossi,意大利驻上海总领事兼领衔领事——译者注。

政府和报界。听从上海领事团意见作出的这个决定在北京外交团中造成极大的震惊和怨愤。但是,对上海问题的来龙去脉及其复杂性有着广泛了解的新任美国公使到任,日本政府声明他们现在也赞同英王陛下政府的看法,即英、日代表不应被排除在对中国政府的谈判之外,这些情况极有助于采取一项不仅英王陛下政府而且濒于危险的许多英、美、日利益集团都更加可以接受的政策。

82. 由于这一形势变化,外交团决定委托美、日、英总领事非正式地向工部局董事会表示,由工部局董事会撤换总巡并修改巡捕条例。

83. 特别遗憾的是,在此时刻,东京的报纸全文发表了外交团原先基于行政理由所建议的惩处,法国公使公开退出三人委员会也几乎不能减轻此事对舆论产生的影响。该三人委员会由外交团委派,与在北京的代表举行谈判。玛德先生发表新闻公报,提到外交团与上海领事团之间的意见分歧,至少就外界舆论来说,这也无助于维持外交团即使是表面上的团结。

84. 可能正是由于知道了这个最初的分歧,上海公共租界工部局受到鼓励,拟具了对外交团建议的答复,该答复等于拒绝撤换总巡,并要求依照 6 月 7 日领事团致上海外事交涉员照会中的承诺做进一步的调查。他们还说只对上海选民负责,这样,似乎是实际上冒称自己完全独立,不受外交团的控制。

85. 经进一步互通电报,现已很清楚,最初讨论进一步调查时,英王陛下政府自始至终想的就是一项司法调查。据认为,虽然外交委员会为施加某些惩处拼凑了一个非常好的、初步证据确凿的案件,但是,这种公开的司法调查提供了唯一可能的方法,可以保证不仅作出公正的判断,而且所有有关中外人士都会知道正义已得到伸张,只有这样才能恢复信任。

86. 因此,建议取得直接有关各政府的同意,任命一个由美、日、英法官组成的委员会,查明并公布事实真相,确定责任,平息中国及海外舆论,即伸张正义并改革调查结果表明需加以改革之处。在调查有结果之前,英王陛下政府认为应暂停总巡之职,但薪酬不减,职务也不受影响。这一建议得到了美、日、法、意政府的赞同,还正在取得比利时、荷兰、瑞典、丹麦、西班牙、葡萄牙、挪威的同意。

87. 整个期间中国政府对任何进一步调查的敌意非常明显,可能部分原因是担心司法调查难免进一步耽搁,会失去有利于他们自己而不利于上海的立即解决的时机,还有部分原因无疑是担心由有资格的国际委员会进行的这样一项调查,可能更便于把动乱归咎于上海周边地区中国警察和政府当局的混乱。

88. 此外还遇到了来自日本政府的反对。他们坚持认为,麦高云先生很是出于公心,为帮助达成解决已经在决定司法调查前自愿提出辞职,所以,在调查之前,不应让他辞职。美国政府最初赞同日本政府的这一态度,但后来坚决主张麦高云暂时停职听候调查结论。还必须弄清上海公共租界工部局是否保证接受委员会的调查结果。还有一个困难来自于日本人和美国人都没有必要的权力强迫其国民宣誓提供证据。

89. 希望委员会的工作在 10 月 26 日北京召开关税会议以前结束,还希望调查结果的公布及其随后的行动会使得气氛比过去 3 个月以来愉快一些。

90. 得到了来自上海的正式保证,即,工部局董事会愿意接受司法调查的调查结果,并在司法调查之前不带偏见地暂停总巡之职,于是,领衔公使在 9 月 15 日照会中国政府通知这个情况,告知受权调查范围,并表示希望他们任命一位中国委员。但是,这从一开始就没有什么希望。

91. 尽管上海的虞洽卿愤而反对,期盼已久的司法委员会还是于 10 月 5 日在上海会集。虞洽卿正在为此动用他身为上海公共租界工部局副董事以及华商总商会会长的全部影响力。他于 10 月 6 日在上海的报纸上发表言辞激烈的声明,称中国居民与司法调查毫无关系。

92. 委员会组成如下:香港首席法官高兰爵士(Henry Gollan)、美国任命的菲律宾高等法院法官约翰逊(E. Finlay Johnson)、日本政府任命的广岛上诉法院首席法官须贺喜三郎(K. Suga)。

93. 受权调查范围如下:

"调查1925年5月30日当天或前后所发生的动乱的起因和性质;预知骚乱并加以应对的理由,倘有的话;已采取或本可能采取的防止骚乱的措施;采取的平乱措施;人员伤亡的详细情况;报告调查结果。"

94. 还增加了一项附文,说明如果可能,委员会的调查结果应为全体一致同意,该附文后来关系重大。

解决上海问题的讨论

95. 作为各国善意的又一证明,外交团于9月16日决定通知中国政府:尽管对由司法调查处理的问题持保留态度,他们还是准备讨论上海事件。

96. 因此,外交团代表和外交部商定互换照会。外交团在照会中首先对上海事件表示遗憾,并表示他们愿意而且希望创造更好的气氛。接着指出,所有的军事措施均已取消,海军分遣队已回舰,义勇队已遣散,紧急办法已解除,被捕者早已释放,学校也已复课;总巡将停职听候有关责任问题的决定。一俟中国政府指示其地方当局推进建立雇主与雇员间美满之关系,就会给领事团发出类似的训令。照会还表示愿意讨论交还会审公廨以及工部局董事会华人代表问题。外交部对此照会给予了和解性的答复。

97. 由此可见,在最初的所有13条要求中,除(4)赔偿、(6)交还会审公廨、(9)工部局选举权这些要求以外,比如(8)劳工、(10)越界筑路或(11)确立的规章等这些要求现在都可以在上海当地处理——那里的反英罢工和联合抵制正接近尾声,或者根据司法调查的调查结果处理。

98. 10月27日,司法调查委员会结束第13次会议,休会考虑调查结论。11月17日,高兰先生向北京的领衔公使递交了他的报告,并解释了送出独立报告的原因:对于从提交给委员会的证据中得出恰当的结论,他和同事们未能达成一致。

99. 意见不一致最为令人遗憾,尤其是考虑到在受权调查范围中特别插入的规定。马上决定不要立即把报告的性质传达给全体外交团,而只是由领衔公使传达给其他有关公使,由这些人秘密确定行动方针。最重要的是有时间与有关政府磋商,取得关于通知工部局董事会调查结果以及报上发表的训令。最合意的是劝使工部局董事会谋求当地解决,方法是支付慷慨的赔偿、修订巡捕条例并实施惩戒措施,表明不赞成巡捕们对五卅局面的处理。与此同时,法官们对调查结论意见不一致的情况通过一家美国新闻机构已经在上海泄露出去了。

100. 关于报告本身,日本法官须贺喜三郎大体上同意英国委员的报告,而约翰逊法官远超出受权调查范围,表达了某些令人吃惊的看法,在许多极具争议的问题上同情中国人的看法。他的某些无关宏旨的评论,以下面的说法为典型代表,或许值得注意:他说,在他看来,如同 1861 年 4 月 19 日炮击森普特要塞(Fort Sumpter)不是美国内战的真正起因一样,上海动乱也不是目前中国排外煽动活动的真正起因。

101. 但是,三位法官的报告在重要的一点上意见一致,即,在 5 月 30 日南京路的环境之下,巡捕别无选择,只有开枪。

102. 现在,公布报告书已是不可避免,而且得到了有关政府的批准,外交团也于 12 月 23 日予以批准。因此,三份报告书的概要同时传送给京沪报界,随同附上的还有解释性说明以及工部局董事会致领衔领事的信件原文,内容是接受麦高云和捕头爱活生辞职,并向伤者和死者亲属支付 75,000 元赔偿金。

103. 但是,由领事团随后将赔偿金交给华商总商会分发的提议却遭到拒绝,主要是由于虞洽卿的努力。

104. 年底时,由北京公使馆馆长们委派的中外专家委员会仔细审查了交还上海会审公廨的问题,而且,朝着与外交部委派官员就交还条件取得一致意见的方向,取得了虽略缓慢却是实质性的进展。这个问题一得到解决,接下来就希望与中国当局再度合作,解决同样有争议的、悬而未决的上海工部局董事会华人代表问题。

BDFA, Part II, Series E Asia, Vol. 19, pp. 317−322

麦耶致国务卿

1925 年 7 月 5 日

北京,1925 年 7 月 5 日下午 1 时。

编号 263。

1. 日本公使芳泽先生来拜访我,说日本政府训令他与我和英国代办非正式地讨论英、日、美代表更全面合作加速解决上海事件的问题。他说,他的政府认为,如果我们三人能够成为引领公使馆馆长们及早解决此事的领导力量,那将大有裨益。芳泽补充说,他推迟了遵行这个训令,因而得以考虑他自己的看法,即,从实际的观点看,可能最好是把我们的法国和意大利同事也吸收到这样的合作中来。他说,法国公使始终表示愿意合作,身为领衔公使的意大利公使,是公使馆馆长们的实际领导者,而且,法、英、意、日、美代表之间过去有而且仍然有极好的合作和相互理解。

2. 在拜访我之前,芳泽拜访了英国代办白拉瑞,和他讨论了这件事情。白拉瑞先生建议,可能明智的做法是把所有华盛顿会议各国都包括到日本政府建议的此类合作中来。

3. 日本公使请求我非正式地告诉他我对此问题的看法,我回答说,我只能发表个人意见,因为关于此类事情,我必须请求我政府的训令,然后作出答复,他可以提供给他的政府。我补充说,由于新任美国公使很快就到,我甚至有些犹豫讨论这件事情,暗示我们公使馆以后的行动。但是,我确实和芳泽非正式地讨论了这个问题,我的特殊目的在于试探他。我告诉芳泽,从实际的观点来看,我们认为合作的人越少情况越好。但我说,我完全理解芳泽的实用性想法,即,让法、意公使加入日本政府似乎正在构想的这个合作。我的看法是,华盛顿会议八强为所考虑的目标联合起来好像很难操作。我提出的反对理由是未出席华会的缔约国国民的感情,关于这一点,我们曾有过 1924 年 12 月 9 日华盛顿会议各国致中国政府联合照会的经历。我怀疑仅仅为了目前的危局很快有结果就创建华盛顿会议各国集团是否有好处,因为这样的集团要么太大,要么不够大。

4. 关于法国和意大利政府的态度,我和芳泽的看法完全一致。自从金法郎问题解决以后,法国政府已经完全转变,现在似乎急于以一切适当的方式帮助中国。因为这个原因,法国公使无疑会与我所认为的美、英、日关于中国的政策基本上保持一致,即,对中国的愿望抱同情的态度,中国人一表现出有能力履行责任以及中国建立了没有外国干预的稳定政府,就通过适当的修约给予这方面的帮助。我和芳泽都认为,意大利对中国的态度相当明显地与以上所说不同。我们都感到,意大利政府似乎倾向于由中国圆满解决意大利金法郎案并偿付意大利的某些前奥地利债券,以此作为对中国抱普遍同情态度,尤其是全心全意支持及早召集关税会议的条件。芳泽还指出,虽然两个月前法国保证批准华盛顿会议条约,但她仍未批准。

5. 日本公使接下来谈到的一点,我认为是他来恳求我的原因。他说,他认为,他的政府考虑的美、英、日政府间有关中国的合作,比仅仅在上海事件上合作范围更加广泛。他以几种不同的方式重复这个扩大合作的想法,这使我有充分的理由相信,日本在明确争取此三强在华合作。我告诉芳泽,对这个非常重要的设想及其所涉及的种种,我不能发表意见,但我说,我愿意遵从他的请求如实报告我政府考虑。这时我问芳泽日本的对华态度。经过讨论,我将我所领会的日本的态度概述如下:

关于满洲,日本已经取得的地位,相信对于日本作为一个国家的生存是至关重要的。但是,至于中国其他地方,日本希望它不受外国干预地决定自己的命运,以建立具权威性的稳定政府。日本还认为,关于修约以及诸如此类的事情,中国国民的愿望应该得到同情的考虑。芳泽显然愿意确认这个概述确系日本政府的态度。

6.我提请国务院注意沃特洛的陈述,在伦敦大使馆珀金斯(Perkins)来电的第三句(195号,7月1日下午1时)。我与日本公使会谈后收到了这封电报。

7.正如以前报告的那样,长久以来我都认为,考虑到以下这些情况,即,日本和苏联在满洲的处境、在蒙古来自苏联的威胁、冯玉祥与苏联人确定无疑的联系以及总体来看他和中国激进分子的关系,日本人迟早得作出决定:是和中国、苏联一起加入亚洲集团,还是仍然作为——可以这么说——一个西方强国。这里所报告的提议完全可以证明,如果能够向日本保证一个与美、英在华合作的明确协定,她会决定仍然与西方各国协调一致。鉴于中国当前相当广泛的反日煽动活动,日本肯定会认识到这样合作的好处。日本人可能已经推断出,美国政府将在中国更为明确地承担领导责任,或表现出相当的行动独立性,以此来表明她比其他有关各国更愿意同情回应中国重新调整其对外关系的愿望。所以,日本可能想要与美国结成联盟,既防止我们因这样的独立立场赢得过分的声望,又通过以某种方式和美国一起执行这种受中国人欢迎的政策而得到好处。

8.关于所考虑的美、英、日政府间的这样的一个协定,除上述各方面外,我只提醒一个可能值得认真考虑的情况,即,关于近来的移民法争执,我们结成这样的联盟就是采取重要步骤调整我们与日本的关系,而且,甚至更重要的是,至少是暂时的,此举会把日本从和苏联的泛亚联盟中分离出来。

9.本电报副本寄往东京。

麦耶

FRUS,1925,Vol.1,pp.771–774